A FÁBULA MÍSTICA

O GEN | Grupo Editorial Nacional reúne as editoras Guanabara Koogan, Santos, Roca, AC Farmacêutica, Forense, Método, LTC, E.P.U. e Forense Universitária, que publicam nas áreas científica, técnica e profissional.

Essas empresas, respeitadas no mercado editorial, construíram catálogos inigualáveis, com obras que têm sido decisivas na formação acadêmica e no aperfeiçoamento de várias gerações de profissionais e de estudantes de Administração, Direito, Enfermagem, Engenharia, Fisioterapia, Medicina, Odontologia, Educação Física e muitas outras ciências, tendo se tornado sinônimo de seriedade e respeito.

Nossa missão é prover o melhor conteúdo científico e distribuí-lo de maneira flexível e conveniente, a preços justos, gerando benefícios e servindo a autores, docentes, livreiros, funcionários, colaboradores e acionistas.

Nosso comportamento ético incondicional e nossa responsabilidade social e ambiental são reforçados pela natureza educacional de nossa atividade, sem comprometer o crescimento contínuo e a rentabilidade do grupo.

A FÁBULA MÍSTICA

SÉCULOS XVI E XVII

volume II

Michel de Certeau

Tradutor: Abner Chiquieri
Revisão técnica: Manoel Barros da Motta

Rio de Janeiro

A EDITORA FORENSE se responsabiliza pelos vícios do produto no que concerne à sua edição, aí compreendidas a impressão e a apresentação, a fim de possibilitar ao consumidor bem manuseá-lo e lê-lo. Os vícios relacionados à atualização da obra, aos conceitos doutrinários, às concepções ideológicas e referências indevidas são de responsabilidade do autor e/ou atualizador.
As reclamações devem ser feitas até noventa dias a partir da compra e venda com nota fiscal (interpretação do art. 26 da Lei n. 8.078, de 11.09.1990).

Traduzido de:
La fable mystique (XVIe – XVIIe SIÈCLE) II
Copyright © Éditions Gallimard, 2013
All rights reserved.

A FÁBULA MÍSTICA SÉCULOS XVI e XVII – volume 2
ISBN 978-85-309-6590-7
Direitos exclusivos para o Brasil na língua portuguesa
Copyright © 2015 by
FORENSE UNIVERSITÁRIA um selo da EDITORA FORENSE LTDA.
Uma editora integrante do GEN | Grupo Editorial Nacional
Travessa do Ouvidor, 11 – 6º andar – 20040-040 – Rio de Janeiro – RJ
Tels.: (0XX21) 3543-0770 – Fax: (0XX21) 3543-0896
bilacpinto@grupogen.com.br | www.grupogen.com.br

O titular cuja obra seja fraudulentamente reproduzida, divulgada ou de qualquer forma utilizada poderá requerer a apreensão dos exemplares reproduzidos ou a suspensão da divulgação, sem prejuízo da indenização cabível (art. 102 da Lei n. 9.610, de 19.02.1998).
Quem vender, expuser à venda, ocultar, adquirir, distribuir, tiver em depósito ou utilizar obra ou fonograma reproduzidos com fraude, com a finalidade de vender, obter ganho, vantagem, proveito, lucro direto ou indireto, para si ou para outrem, será solidariamente responsável com o contrafator, nos termos dos artigos precedentes, respondendo como contrafatores o importador e o distribuidor em caso de reprodução no exterior (art. 104 da Lei n. 9.610/98).

1ª edição brasileira – 2015
Tradução de: *Abner Chiquieri*
Revisão Técnica: *Manoel Barros da Motta*
Crédito: Photo by: Imagno/Getty Images

CIP – Brasil. Catalogação-na-fonte.
Sindicato Nacional dos Editores de Livros, RJ.

C411f
v.2
    Certeau, Michel de, 1925-1986
        A fábula mística: séculos XVI e XVII – volume II/Michel de Certeau; tradução Abner Chiquieri; revisão técnica Manoel Barros da Motta. – 1. ed. – Rio de Janeiro: Forense, 2015.

        il.
        Tradução de: La fable mystique
        Inclui índice
        ISBN 978-85-309-6590-7

        1. Literatura - História e crítica. I. Motta, Manoel Barros da. II. Título.

15-23706   CDD: 809
                                                                                 CDU: 82.09

ÍNDICE

Apresentação, por *Luce Giard* IX

Historicidades místicas 1
1. Uma documentação social 5
2. Um não lugar da filosofia 13
3. Objetos científicos instáveis 22

CAPÍTULO 1. *O olhar: Nicolau de Cusa* 39

Ciência e política 41
1. O onividente 50
2. Uma geometria do olhar 68
3. O discurso circular: "todos e cada um ao mesmo tempo" ... 85

CAPÍTULO 2. *O poema e sua prosa* 121
1. O começo poético 122
2. Uma cenografia de história: do silêncio ao discurso 136

CAPÍTULO 3. *O dizer em fragmentos* 149
Diálogos 152
Fragmentos 156
Músicas 162

CAPÍTULO 4. *Usos da tradição* 165
1. Da interpretação como texto "recebido" 166
2. Surin, leitor de João da Cruz através de R. Gaultier 170
3. João da Cruz, um "santo" que faz autoridade 175
4. A linguagem "mística" 180
5. As "frases místicas": dizer e não dizer 189
6. Das graças extraordinárias à "noção universal e confusa" ... 194

CAPÍTULO 5. A leitura absoluta 203
1. O livro dos "espirituais". Um quadro histórico 205
2. Os momentos da leitura 210

CAPÍTULO 6. Relatos de paixões 227
Uma cena para vozes: um local histórico 228
O excesso modalizador 231
Quebras e ruídos 235

CAPÍTULO 7. A ciência experimental da loucura 241
1. A distância ou o espaço 246
2. O outro mundo: a invenção de um corpo 257

CAPÍTULO 8. O falar angélico 269
1. Metáforas enunciativas: "angelizare" 272
2. Estilos: ser e dizer 278
3. Figuras de ultrapassagem 287
4. Retiros diante da história 295

CAPÍTULO 9. A erudição bíblica 303
1. Claros e obscuros: da corrupção à reforma 303
2. Prévias teóricas 306
3. Le Maistre de Sacy 311
4. Richard Simon 318

CAPÍTULO 10. O estranho segredo: Pascal 327
A quarta carta à Senhorita de Roannez 327
Texto e pré-textos 331
Encenação da instância enunciadora 333
Tripartição das modalidades 339
Os artifícios da argumentação: uma guerra de movimento 342
O sentido: pensar/passar ao outro 348
"Tu": o Deus citado 353
A abordagem se esconde 356

A ópera do dizer: glossolalias 359
Ficções do dizer 360
Um "crer" 362
Duas espécies 364
O engano do sentido 367
Pfister: o equívoco da comunicação 369
Saussure: um falar tomado como uma língua 373

A instituição vocal 375
O insensato e a repetição 378
Ebrietas spiritualis: uma ópera 380

Índice Onomástico 383

APRESENTAÇÃO

Depois da publicação, em maio de 1982, do primeiro tomo de *A fábula mística, séculos XVI-XVII*, Michel de Certeau trabalhou intensamente na preparação de um segundo tomo, que a doença o impediu de terminar. Segundo seu costume, ele tinha a intenção de retomar, nessa obra, remanejando-os com acréscimos, desenvolvimentos novos e amplas modificações, diferentes artigos já publicados, como tantas outras referências, em uma reflexão no longo curso sobre os textos místicos. A esses capítulos, que foram objeto de uma primeira redação, que ele teria relido e modificado, ele tinha a intenção de acrescentar outros, em curso de elaboração, para os quais ele havia reunido os materiais, sem ter ainda chegado a um texto escrito e para os quais só figuram em seus dossiês notas preparatórias disjuntas. Algumas notas são, às vezes, reagrupadas sob um título destinado a uma conferência ou a um seminário, nesse caso um esquema de plano as acompanha, sem que essa organização circunstancial tenha dado lugar a uma formatação contínua; em seu estado, esses rascunhos manuscritos não oferecem páginas redigidas que sejam publicáveis, nem mesmo a título de fragmentos.

Quando ele compreendeu, no último trimestre de 1985, que, doravante, seu tempo estava contado, e que ele não poderia terminar a obra em curso, ele decidiu confiar-me a edição por vir de seus escritos, o que eu aceitei sem medir o que teria que fazer. Nos dias que se seguiram a seu desaparecimento, em janeiro de 1986, tomei consciência da amplidão e da dificuldade da tarefa. Não podendo e não querendo empreender tudo ao mesmo tempo, e para me dar o tempo da reflexão, escolhi proceder por etapas de maneira metódica.[1] Houve primeiramente a ne-

---

1 Eu me expliquei a esse respeito na entrevista sobre Michel de Certeau "Feux persistants", *Esprit*, março de 1966, p. 131-154, da qual participavam também Jeremy Ahearne, Dominique Julia, Pierre Mayol e Olivier Mongin.

cessidade de estabelecer sua bibliografia completa para encontrar o vestígio de suas inúmeras publicações em várias línguas.[2] Esse recenseamento me permitiu, em seguida, editar quatro coletâneas temáticas compostas por centros de interesse:[3] *Histoire et psychanlyse entre science et fiction* (1987),[4] *La Faiblesse de croire* (1987),[5] *La Prise de parole et autres écrits politiques* (1994)[6] e *Le Lieu de l'autre. Histoire religieuse et mystique* (2005).[7] Paralelamente, para tornar disponíveis na livraria as obras anteriores, eu tive que empreender reeditá-las, verificando o estabelecimento do texto, corrigindo os erros de impressão, completando referências elípticas, redigindo, muitas vezes, uma introdução, sempre um índice dos nomes, e, às vezes, algumas notas complementares para esclarecer alusões aos acontecimentos contemporâneos. Esse trabalho concerniu, sucessivamente, a *L'Étranger ou l'union dans la différence* (1991),[8] aos dois tomos de *L'Invention du quotidien* (1990-1994),[9] *La Culture au pluriel* (1993),[10] *A escrita da história* (2002),[11] *Une politique de la langue. La Révolution française et les patois: l'enquête de Grégoire* (2002)[12] e *La Possession de Loudun* (2005).[13] Ao mesmo tempo, para in-

---

2 Luce Giard, Bibliographie complète de Michel de Certeau. In: *Le Voyage mystique, Michel de Certeau*, Recherches de science religieuse et Éditions du Cerf, 1988. p. 191-243. Ela contava com 422 números.

3 Para essas coletâneas, como para as obras anteriores reeditadas de que se tratará mais adiante, eu indico entre parênteses, no texto, a data da primeira publicação que suscitei, e dou em nota a referência da última edição publicada.

4 Nova edição revista e aumentada. Gallimard, 2002, coll. "Folio Histoire".

5 Edição corrigida. 2002, Éd. du Seuil, coll. "Points".

6 Reedição. Éd. du Seuil, 2008, coll. "Points".

7 Gallimard e Éd. du Seuil, 2005, coll. "Hautes Études".

8 Nova edição. Éd. du Seuil, 2005, coll. "Points".

9 Nova edição revista e aumentada. Gallimard, coll. "Folio Essais". O tomo II tinha sido escrito por mim em colaboração com Pierre Mayol.

10 Nova edição. Éd. du Seuil, 2003, coll. "Points".

11 Gallimard, 2002, coll. "Folio Histoire".

12 Edição revista e aumentada com um posfácio inédito por Dominique Julia e Jacques Revel, coautores da obra, Gallimard, 2002, coll. "Folio Histoire". Editado no Brasil pela Forense – Grupo GEN.

13 Edição revista. Gallimard, 2005, coll. "Folio Histoire".

formar uma nova geração de leitores, eu suscitei e editei três volumes coletivos sobre Michel de Certeau.[14] À preocupação do domínio francês acrescentou-se constantemente o do estrangeiro, onde eu me dediquei a manter redes, multiplicar os contatos, suscitar trocas de opinião que poderiam, por sua vez, incitar editores a fazer traduzir tal ou tal título. Isso impunha verificar com cuidado a qualidade das traduções.[15] Foi um trabalho de muito fôlego, que exigiu paciência e tenacidade, mas cujo sucesso acompanhou a circulação da obra através da Europa, nas duas Américas e até na longínqua Ásia. É claro, nada disso tudo teria sido possível sem a qualidade intrínseca da obra em questão, sem a força e a originalidade desses livros que continuam, por toda parte, a atrair novos leitores, e nada se poderia ter feito sem o apoio atento e eficaz de tantos amigos através do mundo.

Cumprida essa parte de minha tarefa, voltei ao problema obsessivo do tomo II de *A fábula mística*, de que me reclamavam tão frequentemente com insistência a publicação, sem adivinhar a dificuldade da coisa. Como fazer para tirar partido dos materiais fragmentários encontrados nos dossiês do autor? Como colocar de acordo esses planos contraditórios, como juntar essas notas disjuntas, essas citações mal identificadas? Esperei muito tempo encontrar uma maneira satisfatória de proceder. Mas todos os meus esforços foram em vão. A transmutação desses elementos, dispersos em fragmentos heteróclitos e anotações elípticas, poderia ter sido realizada pelo autor alquimista que os havia escolhido, recolhido e repartido por grandes temas em seus dossiês. Eis a razão pela qual eu me resigno em editar no estado atual esse volume que reúne somente artigos publicados por seu autor. Um só capítulo, o mais longo, consagrado a Nicolau de Cusa, é, em parte, inédito, mas o autor o tinha redigido inteiramente, depois ele tinha cuidadosamente relido e corrigido a datilografia.

A escolha dos textos aqui reunidos (que teriam constituído cerca da metade do tomo II tal como o autor queria compô-lo), seus títulos e sua disposição em uma sequência de 10 capítulos, enquadrados por uma introdução ("Historicidades místicas") e uma conclusão ("A ópera

---

[14] Ver a obra publicada em 1988, citada na nota 2; *Michel de Certeau*, Centre Georges-Pompidou, 1987, coll. "Cahiers pour un temps"; *Histoire, mystique et politique. Michel de Certeau*, com a colaboração de Hervé Martin e de Jacque Revel, Grenoble, Jérôme Millon, 1991.

[15] Meu trabalho de verificação se limitou a quatro línguas: o alemão, o inglês, o espanhol e o italiano.

do dizer: glossolalias"), se apoia nas indicações dadas por Michel de Certeau em suas últimas semanas e que eu tinha cuidadosamente anotado aos poucos. Foi então que ele julgou útil redizer várias vezes, com tanta nitidez quanta firmeza, que ele não queria que fossem produzidos, depois de sua morte, pseudoinéditos, tirados da gravação de cursos e seminários, ou baseados nas notas de seus ouvintes, ou ainda constituídos por uma montagem de fragmentos manuscritos encontrados em suas gavetas. Essa recusa se explica por sua exigência em matéria de escrita, e anda ao lado do longo trabalho que ele se impunha sempre na atualização de seus textos. Ele considerava que uma diferença intrínseca de qualidade subsiste entre uma exposição oral, mesmo preparada com cuidado e apoiada em uma série de notas detalhadas, e um texto "verdadeiramente escrito".

A produção de um de seus escritos podia estender-se no tempo, a composição de um livro se desenhava por meio das versões sucessivas de seus capítulos, cada uma tida como provisória. Enquanto isso, uma ou outra dessas versões podia ser publicada à parte, sob a forma de um artigo, lançado como um balão de ensaio submetido à crítica de seus leitores, cujas observações inspiravam, em seguida, alguns remanejamentos desse texto. O trabalho de reescrita tinha por objetivo esclarecer a expressão e afinar as análises; se, por esses procedimentos, o autor visava a articular melhor o desenvolvimento de sua argumentação, se ele chegasse assim a matizar suas afirmações, a precisar suas fontes, esse processo contribuía também para densificar seu pensamento e complexificar seu estilo, e ele atrasava o acabamento de seus textos. Assim, nas provas impressas do primeiro tomo de *A fábula mística*, ele quis introduzir correções tão importantes que o editor lhe pediu que ele arcasse com o custo, o que ele aceitou.

Sua exigência em relação aos seus escritos explica os longos anos de gestação de *A fábula mística*, por cujo objeto ele tinha tanto cuidado e cujo projeto, ainda mal definido, o ocupou desde 1958, quando ele começou suas pesquisas sobre Pierre Favre (1506-1546), esse místico companheiro próximo de Inácio de Loyola.[16] Michel de Certeau fazia um julgamento severo a seus próprios textos, e não hesitava em remanejar ou suprimir páginas muito bem-vindas, mas com as quais, por uma ou outra razão, ele não estivesse satisfeito. Aqui voltam à memória suas linhas, na última página do primeiro tomo de *A fábula mística*, tão frequentemente citadas e parafraseadas desde então: "É místico aquele ou aquela

---

16 Bem-aventurado Pierre Favre, *Mémorial*. Traduzido e comentado por Michel de Certeau, Desclée de Brouwer, 1960, coll. "Christus".

que não pode parar de andar e que, com a certeza do que lhe falta, sabe de cada lugar e de cada objeto que não é *isso*, que não se pode residir *aqui* nem se contentar com *aquilo*."[17] Pode-se, pois, ter disso a certeza, os artigos aqui reunidos teriam eles também sido remanejados por seu autor antes de serem incorporados ao segundo tomo.

Como teria sido organizado esse tomo II? Nos dossiês do autor figuram diferentes planos, uns datilografados e sobrecarregados de correções manuscritas; outros, manuscritos e da mesma forma rasurados. Não sendo datados, sua cronologia é incerta, mesmo se se pode reconstituir uma plausível sucessão à medida que aparece a hipótese, ligeiramente esquematizada, de um tomo III, indo do século XVIII ao século XX, onde teriam figurado os convulsionários de Saint-Médard, Charcot (e Janet), Freud (e Romain Rolland), Mallarmé e Wittgenstein. Do segundo tomo, uma carta manuscrita dirigida de Paris, em 25 de agosto de 1984, a um amigo americano, Michael B. Smith (mais tarde tradutor do primeiro tomo de *A fábula mística*),[18] e que seu destinatário teve a delicadeza de me comunicar, dá um "resumo" dele, como o autor o explica:[19]

> Com efeito, eu estou trabalhando no tomo II, consagrado à análise da "ciência experimental" que constitui a mística desde o século XVI até o século XVII. O tomo I era a constituição de uma nova "ciência": seu eixo central, sua formalidade (a enunciação: o sujeito falante); e, finalmente, sua disseminação ("figuras do selvagem"). O tomo II é a apresentação do próprio *conteúdo* dessa ciência, de Nicolau de Cusa (século XV) a Fénelon e Pascal.
>
> *1ª parte*: do evento (místico) à história, ou o problema das "fundações" de historicidades novas, na base de quatro figuras teóricas: Nicolau de Cusa (o "olhar" indutor de sociedade), Teresa de Ávila (a autobiografia ou história do sujeito), João da Cruz (o poema gerador de uma "prosa" histórica) e as "fundações" de sociedades, ordens, conventos

---

17 *A fábula mística, século XVI-XVII*, I, Gallimard, 1982, coll. "Bibliothèque des histoires", p. 411. Editado pela Forense – Grupo GEN.
18 *The Mystic Fable*. Chicago-Londres: The University of Chicago Press, 1992. vol. I, The 16th and 17th Centuries. Para o mesmo editor, Michael B. Smith garantiu na sequência a tradução de *The Possession at Loudun*. Chicago-Londres, 2000.
19 Reproduzo fielmente a grafia do autor, em matéria de aspas, itálico, parênteses e pontuação.

etc. (a articulação da experiência com uma sociedade utópica, modelo social: as "constituições").

2ª parte: os "protocolos" ou *técnicas* dessa ciência: *a*) a "direção espiritual", exercício do diálogo análogo à cura psicanalítica; *b*) os "métodos" corporais e mentais, isto é, uma física da alma; *c*) a leitura, ou prática do texto (artes de ler etc., *id est*, o oral e o escrito); *d*) a reinterpretação do passado ou invenção de uma tradição própria (as artes da memória).

3ª parte: "*a economia do sujeito*", ou desdobramento teórico da experiência: *a*) as retóricas do corpo que fala (as experiências sensoriais, a economia do corpo etc.); *b*) o problema das paixões (o afetivo, os relatos de paixões e suas teorias); *c*) a loucura (o "excesso" e a relação com o patológico); *d*) a língua e as manifestações angélicas (uma poética da palavra ou da alma, a palavra como "eco" do outro etc.).

4ª parte: a "*diáspora*" ou dispersão dessa ciência com a aparição das figuras sociopolíticas e científicas da "modernidade". Quatro figuras essenciais quebram a ciência mística: *a*) a volta da instituição eclesiástica e as estratégias pastorais, *id est*, a oposição dos "teólogos" aos "espirituais"; *b*) o absolutismo político, e a separação entre o público e o privado (cf. alguns casos de "política e mística"); *c*) o progresso da erudição e do historicismo (caso da interpretação da Bíblia, Richard Simon); *d*) uma nova lógica ou arte de pensar (cf. o caso de Pascal etc.).

A conclusão tentará atualizar a significação ética e poética dessa literatura, sobre "a arte de amar" que ela elabora, e sobre a relação entre a "fábula" e o problema de Deus.

Esse plano corresponde por alto ao que Michel de Certeau tinha enviado alguns dias antes, em 19 de agosto, a Pierre Nora, na Editora Gallimard (e que François Dosse reproduziu em sua biografia),[20] mas ele difere em alguns títulos, e no que concerne à introdução; ele é também mais explícito sobre o conteúdo e a intenção das partes anunciadas e de seus diferentes capítulos. Os planos manuscritos que o autor compôs em 1985 e que ele comentou nos últimos dias explicando-me a ordem de seus dossiês se afastam em parte dos dois textos de agosto de 1984. Eles acrescentam ainda outros capítulos de que não existe

---

20 François Dosse, *Michel de Certeau. Le marcheur blessé*. La Découverte, 2002. p. 559, nota 10.

versão escrita. Em todo caso, em relação aos dois planos de agosto de 1984, constata-se que as lacunas temáticas nos artigos já publicados se repartem mais ou menos igualmente entre as quatro partes previstas. Falta assim, para a primeira parte, o que teria concernido à autobiografia de Teresa de Ávila e às fundações de ordens e de conventos. Para a segunda, faltam a direção espiritual e os "métodos" ou exercícios espirituais, mas o artigo muito belo de 1973, intitulado "O espaço do desejo, ou o fundamento dos *Exercícios espirituais*" teria, talvez, servido de núcleo fundador.[21] Na terceira, não se sabe o que teriam sido as retóricas do corpo que fala; é possível que o artigo de 1977 sobre "O corpo folhado" mostre um esboço,[22] entretanto, sua tonalidade me pareceu muito diferente para incluí-lo nesse volume. Enfim, para a quarta parte, nenhum artigo existe que trate das estratégias pastorais, mas a nota consagrada em 1977 a Carlos Borromeu (1538-1584) teria, talvez, sido aproveitada;[23] quanto à questão do absolutismo real, o autor contava aqui retomar seu estudo sobre René d'Argenson (1596-1651), que datava de 1963, e ele me havia pedido em 1985 que o relesse com essa intenção para sugerir-lhe modificações. A diferença no registro de escrita e no tipo de fontes consultadas me incitou a afastar também esse texto.[24]

Para compor este tomo, eu me fundei em última instância nas indicações orais de Michel de Certeau concernentes aos artigos já publicados que ele destinava ao tomo II. Como ordem a adotar, e os títulos a dar aos diferentes capítulos, segui suas indicações, acrescentando-lhes, se necessário, o que diziam os últimos planos manuscritos. Como se verá, os textos reunidos são de tamanho desigual, os mais curtos teriam provavelmente sido completados pelo autor se ele tivesse tido tempo. Nenhuma modificação foi introduzida nos textos aqui reunidos. Eu me limitei a verificar a versão já publicada sobre o exemplar impresso do autor, onde ele tinha feito, às vezes, algumas correções. Quando encontrei em seus dossiês uma versão datilografada dos textos publicados ou mesmo

---

21 Escolhi inseri-lo no volume *Le Lieu de l'autre*, op. cit., p. 239-248.
22 Le corps folié. Mystique et folie aux XVIe et XVIIe siècles. In: Armando Verdiglione (éd.). *La folie dans la psychanalyse*. Payot, 1977. p. 189-203.
23 Versão italiana simplificada publicada em 1977. O texto francês integral, que ficou inédito, foi retomado em *Le Lieu de l'autre*, op. cit., p. 115-134.
24 Como o texto precedente, ele foi retomado em *Le Lieu de l'autre*, op. cit., p. 265-299.

uma versão manuscrita anterior, eu as colacionei com a versão impressa, o que me permitiu corrigir alguns erros de impressão e apagar algumas obscuridades. Por outro lado, completei algumas referências nas notas e corrigi erros que aí tinham ficado. Também unifiquei a apresentação das notas, que diferia muito de uma publicação à outra.

Relendo todos esses textos, constata-se que, entre os autores místicos, Nicolau de Cusa para um capítulo muito longo e João da Cruz para três capítulos têm a melhor parte. Figura, em seguida, menos que no primeiro tomo, o jesuíta Jean-Joseph Surin, esse contemporâneo de Descartes de quem Michel de Certeau tinha feito reviver os escritos.[25] Teresa de Ávila está, também ela, menos presente que no primeiro tomo, enquanto Pascal e Angelus Silesius ganham muito em importância. O primeiro capítulo, o mais longo, em parte inédito, retoma, por meio de Nicolau de Cusa, a questão do ver, que ocupava um lugar privilegiado nas meditações do autor, como se pode verificar em seu artigo de 1982 sobre "La folie de la vision" segundo Merleau-Ponty,[26] ou na parábola poética intitulada em 1983 *"Extase blanche"*, que retomei como conclusão de *La Faiblesse de croirei.*[27] Sobre a maneira de proceder, notar-se-á que o trabalho histórico se apoia às vezes em uma análise restrita de um texto-chave: é o caso, no capítulo 1, para o prefácio do *De icona* de Nicolau de Cusa, no capítulo 2, para o prólogo do *Cântico* de João da Cruz, ou ainda no capítulo 10, para a quarta carta de Pascal à Senhorita de Roannez. Essa maneira de fazer já estava em andamento no primeiro tomo, por exemplo, no capítulo 6, para o prefácio de *A ciência experimental*, de Surin, ou para o início das *Moradas*, de Teresa de Ávila.

Eis a lista dos artigos reunidos neste tomo, com suas referências e seus títulos de origem:

Como introdução, "Historicidades místicas", *Pesquisas de ciência religiosa*, t. LXXIII, 1985. p. 325-354.

Capítulo 1. Publicação parcial: Nicolau de Cusa: o segredo de um olhar, *Traverses*, nos 30-31, p. 70-85, março de 1984.

---

25 Jean-Joseph Surin, *Guide spirituel pour la perfection*, Ed. e introd. Michel de Certeau, Desclée de Brouwer, 1963, coll. "Christus"; *idem*, *Correspondance*. ed. e introd. Michel de Certeau, prefácio de Julien Green, Desclée de Brouwer, 1966, coll. "Bibliothèque européenne".
26 La folie de la vision. *Esprit*. Número consagrado a Maurice Merleau-Ponty, p. 89-99, junho 1982.
27 *La Faiblesse de croire*, op. cit., p. 315-318.

Capítulo 2. O poema e sua prosa: o Cântico espiritual. In: Michel de Certeau et al., *Le Discours mystique:* approches sémiotiques. Urbino: Centro internazionale di semiotica e di linguistica, documentos de trabalho, B/150-152, p. 1-19, janeiro-março de 1986. Esse texto, saído do colóquio "Le discours mystique" (Urbino, julho de 1982), tinha sido enviado a Urbino pelo autor, em 3 de janeiro de 1983.

Capítulo 3. O dizer em fragmentos [prefácio]. In: João da Cruz, *Les Dits de lumière et d'amour.* Dichos de luz y amor, seguido dos *Degrés de perfection.* Grados de perfección. Trad. B. Sesé. Obsidiane, 1985. p. 13-22.

Capítulo 4. Jean-Joseph Surin, intérprete de São João da Cruz. *Revue d'ascétique et de mystique,* t. XLVI, p. 45-70, 1970.

Capítulo 5. Uma versão abreviada e modificada sobre vários pontos apareceu sob o título "A leitura absoluta (teoria e prática dos místicos cristãos: séculos XVI e XVII)". In: Lucien Dällenbach e Jean Ricardou (éd.), *Problèmes actuels de la lecture.* Clancier-Guénaud, 1982. coll. "Bibliothèque des signes", p. 65-80.

Capítulo 6. O absoluto do sofrer: paixões de místicos (séculos XV e XVII). *Le Bulletin* (Groupes de recherches sémiolinguistiques, EHESS-CNRS), n° 9, p. 26-36, junho de 1979.

Capítulo 7. Viagem e prisão: a loucura de J.-J. Surin. In: Bernard Beugnot (éd.), *Voyages, récits et imaginaire.* Paris-Seattle-Tübingen, Biblio 17. Papers on French 17th Century Literature, p. 439-467, 1984.

Capítulo 8. O falar angélico. Figuras para uma poética da língua. *Actes sémiotiques. Documents* (Groupe de recherches sémiolinguistiques, EHESS-CNRS), t. VI, n° 54, p. 43-75, 1984.

Capítulo 9. A ideia de tradução da Bíblia no século XVII: Sacy e Simon. *Recherches de science religieuse,* t. LXVI, p. 73-92, 1978.

Capítulo 10. O estranho segredo. *Rivista di storia e letteratura religiosa* (Firenze), t. XIII, p. 104-126, 1977.

Como conclusão, Utopias vocais: glossolalias. *Traverses,* n° 20, p. 26-37, novembro de 1980.

Luce Giard

HISTORICIDADES MÍSTICAS

Um estudo histórico sobre as místicas cristãs dos séculos XVI e XVII se constrói a partir de proliferantes e silenciosas populações de arquivos dos quais muitos não se deixavam encerrar nas bibliotecas e nos museus. Ele se destaca, texto estabelecido, entre as movimentações dessas mil memórias. Mas ele obedece em si a uma dupla atração. Por método, ele visa a identificar como os documentos "místicos" se inserem na sociedade de um tempo e o que eles revelam; portanto, a situá-los em um conjunto mais amplo que torne inteligível sua singularidade, e a distribuir em quadros coerentes as correlações estabelecidas na base das unidades e das regras que se dá um empreendimento científico. Sob esse viés, ele coloca em operação o postulado de uma racionalidade social, isto é, de uma conjunção possível entre uma ordem e a história. Mas o pesquisador pode também esperar que seus arquivos modifiquem o aparelho de que ele se serve para analisá-los e que as questões que eles colocam desviam o que ele lhes pede. Ele espera, então, não somente o meio de renovar seus modelos segundo um processo que caracteriza toda *ars inveniendi*, mas a sorte de encontrar-se à beira de um insólito. Assim, vai-se em direção ao mar. Como a exigência de racionalidade, a atração do alhures é uma componente (reprimida ou sedutora) da pesquisa. O que ele desconta é que, enfim, nessa paisagem de ruínas, algo "acontece".

Esses dois movimentos do conhecimento não são jamais inteiramente separáveis. O esforço para construir com dados uma figura atual da inteligibilidade depende, no entanto, de um outro "interesse" (como diz Habermas) ou de outro "estilo" de pensamento diferente da atenção a uma capacidade que teriam as coisas de traçar uma estranheza em nossos quadros conceituais. A análise institui um lugar onde a história que fabricamos entre em competição com a que pode vir de alhures obsecar nossos territórios. Seu exercício privilegia seja a revelação de uma ordem, seja a interrupção de um começo. Seu risco se exerce em termos de compreensão ou em termos de instauração.

Em relação a isso, o estudo histórico coloca em cena (uma cena científica) o trabalho da memória. Ele representa, mas tecnicamente, sua obra contraditória. Com efeito, ora a memória seleciona e transforma experiências anteriores para ajustá-las a novos usos, ou, então, pratica o esquecimento que sozinho cede lugar a um presente; ora ela se deixa voltar, sob forma de imprevistos, coisas que se acreditavam ordenadas e passadas (mas que não têm, talvez, idade) e ela abre na atualidade a brecha de um não sabido. A análise científica refaz em laboratório essas operações ambíguas da memória. Ora ela reforça, ora ela preocupa a legitimidade de uma ordem presente. Entre esses dois estilos, as regras de uma disciplina não decidem. Elas controlam a correção e a erudição de um estudo, mas não decidem sobre o interesse que o anima. O movimento que o subentende é para a tecnicidade o que o sentido é para a correção de uma frase. A gramática da historiografia[1] verifica o bom andamento do trabalho; ela não determina a direção que ele toma.

---

1   Entendo por "historiografia" o estudo histórico, "a escrita da história", para distinguir de seu objeto (a história) a análise que é feita dele.

É, portanto, lícito, no campo historiográfico, preferir uma dessas direções e perguntar-se em que condições os místicos de outrora podem ainda traçar suas próprias operações em nossos laboratórios. Semelhante interrogação poderia ligar-se a uma prática banal do espanto. Assim, um rosto, um gesto ou uma paisagem encontra, por meio da tela da televisão, um espaço de visibilidade onde se marca, com detalhes surpreendentes, o repentino começo de outro mundo. Essa aparição nas janelas das mídias não sobrevém mais, certamente, como "a escrita" que outrora "traçava" sobre os muros do palácio de Balthasar as palavras *Mené, Teqél, Perès*.[2] O historiador não poderia contar com tal revelação (mesmo se a psicanálise aponta, desde o sonho até o lapso, manifestações tão terríveis ou fantásticas, susceptíveis de organizar, sem saber, o discurso da razão). Ele se parece mais com o *cameraman* ou com o pintor: ele mostra uma cena (um quadro de hipóteses e de expectativas) que do desconhecido possa impressionar. A própria meticulosidade de sua paciência prepara um lugar de inscrição ao que ele não sabe e de que a singularidade desloca um arranjo do pensável. Esse *efeito de inscrição* é a forma primeira do que eu chamarei "a historicidade" desses documentos antigos: é a maneira como sua história começa a gravar-se na nossa marcando o aparelho científico com o qual nós produzimos nossos saberes.

O cruzamento possível das práticas históricas e das produções místicas se complica com uma dificuldade suplementar: nossas exigências científicas se confrontam com documentos que dependem, dizem eles, de uma "ciência", a ciência mística.[3] Ciência estranha, é verdade. Nos séculos XVI e XVII, ela fica ligada aos pressupostos

---
2   Daniel 5, 24-28.
3   Ver M. de Certeau, *A fábula mística*, I, o substantivo de uma ciência, p. 155-178. Forense Universitária – Grupo GEN.

cristãos de uma teologia medieval, mas ela é doravante privada do aparelho racional que os articulava outrora em objetos de pensamento; assim, levada a exumar os postulados de uma crença que perde seus objetos, ela precisa apoiar seu "fundamento" por outras vias: uma pragmática do diálogo, uma retórica do corpo-sujeito, uma metodologia, na verdade uma tecnologia experimental "moderna".

O que quer que seja, se levarmos a sério essa reivindicação de cientificidade, essencial ao propósito dos místicos, ela introduz um equívoco sobre o próprio conceito de "ciência". De que ponto de vista examinar a relação entre o nosso e o deles? Problema de uma história das ciências quando ela objetiva sistemas epistemológicos heterogêneos (um "pensamento selvagem"), e não mais o desenvolvimento, demarcado com ponto de não retorno, que permite uma base comum de postulados lógicos.

Níveis sucessivos de análise correspondem a diferentes tipos de inscrição dessa ciência em nossa história: 1. uma *documentação* se apresenta inicialmente, que atesta em arquivos e em livros as mil maneiras como esses místicos foram tratados e recebidos no passado; 2. *objetos científicos* são hoje recortados nesse material a fim de que uma parte da informação tome forma inteligível no interior de nossos quadros de pensamento. Poder-se-ia, então, procurar onde e como a ciência mística marca, em *operações específicas*, sua prática própria da história. Esses registros relativos a inscrições formalmente distintas deveriam conduzir do que a história fez dos místicos até o que eles fizeram dela. Tentar essa reviravolta (pela mediação do que toda ciência pretende fazer da história) é passar dos vestígios que uma mística deixou em nossas histórias às maneiras como ela se diz e se faz ela própria – à sua historicidade própria. É perguntar-se o que "acontece" nesses documentos (místicos), isto é, como lê-los para neles reconhecer o que eles "produzem" e o que, a esse título, eles são capazes de instaurar no espaço epistemológico de nossas disciplinas de trabalho. De sua estranheza (ou do que resta dela) pode nascer alguma coisa?

1. UMA DOCUMENTAÇÃO SOCIAL

Ao aventureiro que conta, acreditando no que ele ouviu ou leu, com a descoberta dos ricos tesouros de saberes desconhecidos, a documentação disponível parece logo acabar com seus sonhos. Ela resulta do imenso labor que selecionou, transformou e manipulou materiais antigos antes que eles fossem arrumados nos depósitos onde o pesquisador os encontra. O historiador trabalha sempre em segunda mão, no sentido de que ele utiliza o que usuários que o precederam já definiram, reempregaram e 100 vezes reviraram em seus escritórios ou seus tribunais. Ele chega por último nos cemitérios onde se empilham os restos deixados por tantas operações antecedentes. Ele assiste ao fim de mil histórias singulares. Bem longe de circular em um reino de místicas antigas, ele desfolha em silêncio uma paisagem fragmentária de resíduos sociais.

Essa experiência desmistificadora tem valor positivo. Ela traz a busca da mística para o terreno das realidades sociais, onde os sonhos são capturados pelos conflitos, e as ideias, atingidas pelo tempo. Inventariando alguns aspectos desses arquivos mortos, vítimas e testemunhas da história, identificam-se, pois, os problemas elementares colocados por sua interpretação; evita-se identificar na "mística" esses documentos que são primeiramente os efeitos de atividades sociais. Esse primeiro "estado" da questão abala no pesquisador uma arrogância da ideologia ou uma impaciência do saber em relação ao seu objeto "oculto".[4]

---

4 Para esse rápido panorama, abstenho-me de citar os acervos de arquivos e as "séries" concernentes: a indicação de algumas fontes seria irrisória.

Um bairro suspeito. Os capítulos onde as ordenações arquivísticas e bibliotecárias guardam os documentos a estudar remetem inicialmente ao trabalho classificatório que, nos séculos XVI e XVII, recortou a região particular colocada sob o signo, globalmente pejorativo, de "mística". O próprio reagrupamento do material interroga sobre a função que tinha essa identificação socioideológica. Com que fins se utilizaria essa designação em uma sociedade regida pela ordem e pelo estado? Que arma fornecia ela contra grupos e convicções? Reciprocamente, a que interiorização ela dava lugar entre as pessoas qualificadas de "místicas", a título de que "rebaixamento de nascimento" (como dizia Maria da Encarnação) o aceitavam, em nome de que ruptura com o "mundo" ou de que ambição que escapava às suas hierarquias se prevaleciam? A mística é uma região estigmatizada, agravada por uma denominação tão pesada quanto o são hoje as de "subúrbio" ou de "imigrado". Na idade clássica, não ficava bem residir nesse bairro suspeito, mesmo se há variantes consideráveis, locais e cronológicas, no valor que lhe é atribuído. O destino ulterior da palavra faz esquecer que ele ressalta, então, de uma história das mentalidades, isto é, das relações de força que vêm legitimar qualificações culturais.[5]

---

[5] O caráter pejorativo dessa denominação, nos documentos, não é um fenômeno tardio, devido a um "antimisticismo" do fim do século XVII. Desde o século XVI, as perseguições contra os "alumbrados", as colocações no Index de obras de espiritualidade, os debates sobre os reno-flamengos etc. atestam por toda parte a suspeita que afeta "místico". Se, durante um tempo, a referência neoplatônica dá a esse termo um prestígio em diversas ciências alquímicas ou herméticas (ver Wayne Shumaker, *The occult Sciences in the Renaissance*. Berkeley [CA], 1973), a autonomização da "ciência mística" não cessou de suscitar (como um Estado novo que não chegaria a se fazer reconhecer) empreendimentos para excomungá-la ou para devolvê-la à teologia. Já Henri Bremond evocou essa história (*Histoire littéraire du sentiment religieux en France*. Paris, 1933, t. XI, *Le procès des mystiques*). Mas ela não é somente o contraponto de uma "invasão" mística; ela a domina e a envolve.

Conflitos e violências. A violência reina nesses bairros. As peças relativas à "mística" provêm, em sua grande maioria, de procedimentos disciplinares (doutrinais, jurídicos, médicos etc.) visando, outrora, a exorcizar os "perigos" de uma emigração (real ou imaginária) em relação às autoridades eclesiásticas, civis ou eruditas. Desde o início do século XVI até o fim do século XVII, desde os "alumbrados" espanhóis até os "quietistas" franceses, os documentos formam uma imensa literatura processual, que trata de "complôs", de "ameaças" e de secretas "subversões" a descobrir e reprimir.[6] Talvez nos enganem sobre o que efetivamente aconteceu, mas é o que eles contam. Um fato maciço distingue na informação os fenômenos místicos: eles são geralmente indissociáveis de querelas e de lutas. Não há místicos sem processos. Assim, é primeiro por processos (regulares e públicos, ou internos a um grupo, ou selvagens) que os místicos se dão a conhecer. Uma hostilidade colada a esses textos sobre o amor, como se eles não chegassem a se livrar dele, e frequentemente eles se desenvolvem por si em apologias e em polêmicas dirigidas ao "mundo". Esses relatos povoados por paixões aparecem ligados (pregados?) a uma violência da história.

Esse clima de "crise" denota, sem dúvida, um essencial. As grandes e pequenas tragédias místicas colocam em causa os sujeitos mais que os enunciados. "Toda existência deve mudar", dizem as vozes que se erguem, "e não tuas proposições que se conformarão em seguida com tuas escolhas". Não há mais espaço autônomo onde discutir objetivamente verdades e provas. "Ou te convertes, ou

---

6   Ver, por exemplo, Alvaro Huerga, *Historia de los Alumbrados* (1570-1630). Madri, 1978. 2 vols. Antonio Márquez, *Los Alumbrados* (1525-1559). Madri, 1980 etc.; e, por outro lado, Louis Cognet, *Crépuscule des mystiques*. Tournai, 1958, Jacques Le Brun, *La Spiritualité de Bossuet*. Paris, 1972, "La querelle du quiétisme", p. 439-695 etc.

recusas a vida." A injunção faz discípulos ou adversários. Igual diktat retoma o antigo processo bíblico entre Yahvé e seu povo, mas a contestação, que opõe quereres contrários entre interlocutores, tem nos arquivos figura de perseguições judiciárias, condenações e prisões que proíbem a (suposta) neutralidade de um direito comum ou de uma razão de Estado. Ainda os "casos" inúmeros que marcam as aparições públicas da mística não representam senão um aspecto legal e parcial dessas confrontações, ao lado dos rumores, denúncias, querelas e suspeitas que preenchem crônicas e correspondências privadas, e que sinalizam os fenômenos místicos nos vilarejos e nas cidades. Uma quotidianidade selvagem se desperta em torno dos "santos". Dir-se-ia que eles atingem em cada grupo uma fragilidade da instituição ou uma dor da existência (quais renúncias, quais nostalgias, quais desejos impossíveis?), e que abalando não se sabe que equilíbrio mudo, eles têm que sofrer uma penalização anônima que não cessa de experimentá-los qualificando-os. Por eles se descobre, talvez, um "furor" originário, latente em toda sociedade – violência temporariamente acalmada pela "ordem" que se lhes censuram perturbar.[7]

Ruídos de outro corpo. Paralelos a todas essas febres sociais, fenômenos físicos estranhos povoam os arquivos. Eles não correspondem às doenças de que as "ideias", conhecidas e definidas pela medicina, articulam então um saber cosmo- e antropo-lógico. Nem se trata de corpos

---

7 O que eles despertam em torno deles é também o que eles experimentam neles mesmos: uma "paixão" primeira que eles chamam "cólera", "furor" ou "ódio" e que ultrapassa a cena individual, como um "excesso" originário de que testemunham também as relações sociais. As alternâncias do desafio (um risco) e do dolorismo (um sofrer) dão o retorno a um fundo primário sadomasoquista. Elas são os efeitos de uma "descida" nas raízes do existir e atestam uma visão não idealista da vida humana.

doentes ou que gozam, mas de órgãos confundidos, de cabeças doloridas, de membros feridos, de calores ou pustulências locais, isto é, assinaturas corporais isoladas que têm forma de excessos "extraordinários". "Confissões" ou "observações" expõem uma fenomenologia, dispersa, mas inesgotável, de "singularidades" fisiológicas (feridas, incisões, perdas de sangue, inchaços, levitações, distorções físicas) ou sensoriais (tatos internos, desgostos, alucinações olfativas, auditivas ou visuais). De documento em documento, sobe a camada desses fragmentos corporais, como um mar coberto de destroços que seriam relíquias do futuro: não são, com efeito, os resíduos sagrados de corpos desaparecidos, mas as marcas locais de um corpo por vir, "espiritual", que já se implanta, aqui e acolá, em tatuagens estranhas, como um estar-aí mudo, como o ato anônimo de outro corpo.

Essa teratologia supõe, invisível, uma curiosidade incansável de testemunhas, de biógrafos ou de juízes que observam os menores detalhes nos acontecimentos físicos e suas sutis variações. Os excessos corporais se recortam diante dos olhos ávidos. Nos próprios conventos, uma abundante literatura necrológica erige o inventário minucioso de "mortificações flamejantes", de doenças e de milagres barrocos, ou de agonias que vigiam dia após dia os olhares da família religiosa.[8] De que dor esses olhares são cativos? Em que anatomias fantásticas prendem-se eles? Acumulada a partir de fontes diferentes (religiosas, médicas, jurídicas), essa multidão de "particularidades" remete a uma dramaturgia corporal da sociedade. Colacionando todos os indícios físicos de "combates espirituais", compõe-se, em "brasões" que têm hoje o aspecto de obscenidades, um teatro da crueldade.

---

8   Ver, por exemplo, Jacques Le Brun, L'institution et le corps, lieux de la mémoire. In: *Corps écrit*, n° 11, p. 111-121, 1984.

Um mal-estar apreende o pesquisador (talvez até por causa das cumplicidades que os documentos insinuam em seu trabalho solitário); se ele se subtrai a tal vegetação fisiológica, é graças à atividade técnica que ele deve desdobrar para registrar e classificar o material fornecido pelo "terreno". Mas o que lhe descobre, pois, tal inventividade corporal colocada sob o signo da mística? Sem dúvida, cada jurisdição, no passado, tomou sua compensação sobre os radicalismos espirituais apreendendo-os pelo viés em que suas "doenças" (de amor ou de desespero) lhe davam a possibilidade de um domínio judiciário e terapêutico. Principalmente as dores e os gozos dos "santos" parecem ter feito sair em pleno dia um sadismo coletivo elementar que eles proviam com uma linguagem que lhe correspondia muito bem. No léxico corporal de "estados" místicos exerce-se, em todo caso, a relação patológica que uma sociedade mantém com ela mesma. Os arquivos introduzem uma visão nietzscheana de corpos sociais interrogados sobre sua própria identidade por "doenças" internas, isto é, por todos esses lugares perigosos em que órgãos cessam de ser silenciosos para emitir ruídos preocupantes. Os fenômenos místicos aí figuram, com efeito, esses ruídos insensatos vindos de alhures (é o anjo, é a besta?) e percebidos como questões ou ameaças para a consciência que o corpo social tem dele mesmo.

Legitimidades sociais. A documentação administra bem outras surpresas ao visitante que partia em busca de saberes místicos e identifica pouco a pouco os sintomas de cruzamentos entre os políticos da ordem e as "paixões" sociais que elas exprimem, regulam ou afastam sem conhecê-las. É descobrir que a experiência mística poderia bem caracterizar-se inicialmente pelo encargo de riscos fundamentais escondidos no fundo da vida coletiva. O que quer que seja, para escapar a esses ruídos de conflitos e de corpos que uma concepção idealista da mística considera como caminhos lodosos da história, pode-se tentar daí destacar as obras maiores onde se expõe uma "ciência mística": Teresa de Ávila, João da Cruz, Maria da Encarnação, Angelus Silesius etc. Aí brilhariam, enfim, os castelos de cristal da verdadeira ciência. De fato, essas obras foram titularizadas "místicas" e selecionadas por instituições (uma Igreja, uma seita, uma casa de edição). Elas foram "produzidas no dia" e proibidas por grupos de pressão no curso de guerrilhas entre tendências.[9] Sabe-se a que silêncio foram destinados os textos que não se beneficiavam do apoio de uma ordem religiosa ou de uma rede de poderes,[10] e também como eles são vítimas desse apoio quando dele se beneficiam.[11] Geralmente, a obra editada foi revisada (com ou sem o voto de seu autor), e seus avatares contam o permanente trabalho que fizeram sobre ela genealogias de difusores ou de receptores antes que ela nos

---

9   Que baste evocar os debates apaixonados de que as obras clássicas foram, ao mesmo tempo, o objeto e a expressão, Teresa de Ávila, João da Cruz, Benoît de Canfield etc. Ver Enrique Llamas Martínez, *Santa Teresa de Jesús y la inquisición española*. Madri, 1972; Jean Krynen, *Le Cantique spirituel de saint Jean de la Croix commenté et refondu au XVIIe siècle*. Salamanque, 1948; Jean Orcibal, La Montée du Carmel a-t-elle été interpolée? In: *Revue de l'histoire des religions*, vol. CLXVI, p. 171-213, 1964; Roger Duvivier, *La Genèse du "Cantique spirituel" de saint Jean de la Croix*. Paris, 1971; Jean Orcibal, *Benoît de Canfield*. La Règle de perfection. Paris, 1982 etc.
10 Assim, entre mil, o manuscrito anônimo apresentado por Jean Guennou (*La Coutirière mystique de Paris*. Paris, 1959). Mas a obra de Maria da Encarnação, essa Teresa de Ávila francesa que saiu do Québec, não está nem completamente editada.
11 Seria preciso explicar assim o fato, incrível, de que não há ainda uma verdadeira edição crítica de Teresa de Ávila ou de João da Cruz? E o que dizer de tantas outras, como Jeanne de Chantal, conhecida somente por uma edição incompleta e "retocada por mãos piedosas"?

chegasse.[12] Essa literatura depende de "agregações" sucessivas que a conformaram a modelos e a imperativos sociais. Ela é para a mística o que a canonização é para a santidade.[13] Assim como os "relatos de vida" contemporâneos, bem mais que eles, ela é o efeito das correções que lhe valeram sua legitimidade. Os corpos teóricos também devem pagar com cortes e torturas seu acesso a uma autoridade que eles mantêm, em primeiro lugar, da instituição (dogmática, ontem, ou comercial e midiática, hoje).

Mas, uma vez lançado, onde para o reconhecimento crítico das intervenções sociais que pre- e sobredeterminam os discursos místicos? Antes mesmo de ser manipulada, censurada e arquivada, a maioria desses textos foi organizada pelos pedidos e encomendas às quais eles respondiam (as das autoridades competentes, de "famílias" espirituais, de redes político-religiosas). Eles adotam a linguagem que impõe uma conjuntura interlocutora. Eles obedecem às codificações sensoriais, corporais ou afetivas de um meio. Só pelo fato de serem enunciados, eles se inscrevem em um sistema prévio de regras linguísticas e de protocolos pragmáticos...

Em suma, a documentação muda fundamentalmente o dado inicial. Enquanto o pesquisador podia ingenuamente supor que seu trabalho consistiria em reintegrar fenômenos individuais na história social do tempo, ele reconhece por toda parte as operações coletivas que fabricaram sua informação. Bem mais, não toma ele a vez, em nome de uma instituição científica, das instâncias judiciárias que lhe prepararam seu material, de maneira que com

---

12 Ver uma microanálise a propósito de uma carta de Surin, em M. de Certeau, *A fábula mística, I*, "Disseminações textuais", p. 330-358. Forense Universitária – Grupo GEN.

13 Ver Pierre Delooz, *Sociologie et canonisations*. Liège e La Haye, 1969; André Vauchez, *La Sainteté en occident aux derniers siècles du Moyen Âge*. Roma, 1981.

outras regras ele só continua uma socialização já manifesta por toda parte nos arquivos? Ele não tem, pois, que se perguntar como *unir* esses documentos a realidades sociais – interrogação nascida de uma ilusão de óptica –, mas antes como *separá-los*. O que é difícil discernir nesses produtos do tempo não é o "social" – ele está por toda parte –, mas o "místico".

2. UM NÃO LUGAR DA FILOSOFIA

Por mais necessário que seja o material para um exercício da surpresa e uma prática do controle (ele surpreende a espera e verifica ou "falsifica" hipóteses), não basta para definir uma pesquisa. Tal como o produziu um passado, ele não gera um após outro efeitos de diferença (uma distância) ou confirmação (uma prova, uma ilustração) senão em relação a uma atitude analítica. Toda leitura de documentos se refere a uma expectativa. Ela se desenvolve em função de uma codificação ou de uma "grade" que, por antecipação, determina o que *se espera* encontrar nos textos. É por sua capacidade de explicitar e definir um código de expectativa que se caracteriza um procedimento científico. Ela se constrói, pois, um "objeto", que não é identificável nem à informação recebida nem à própria realidade, e que especifica, de um modo em princípio decisório, um conjunto coerente de critérios que selecionam os traços a levantar em um *corpus* pertinente. Sob esse viés, que a faz aceder a um *status* "científico", a análise se *desliga* do terreno organizado pelas denominações arquivísticas ou bibliotecárias e por operações sociais antecedentes. Ela atravessa a informação para dela extrair e combinar os elementos relativos aos seus próprios interesses. Por esse desligamento epistemológico, ela não se opõe somente às regras, complexas e ainda obscuras, das atividades passadas que produziram o material tal como ele se apresenta hoje, ela se opõe também ao modo sobre o qual a mística dos séculos XVI e XVII se dava também, como "ciência", um objeto próprio, distinto do "mundo" onde se prosseguiam suas pesquisas. Ela se diferencia, pois, ao mesmo tempo, de seu material e de outras ciências. Que esse propósito científico seja mantido estritamente ou não (em ciências sociais, resiste-se dificilmente a curiosidades adjacentes), ele se inscreve, também ele, em uma história, não mais aquela, antiga (séculos XVI e XVII), da qual os documentos mostram os efeitos, mas aquela, recente (século XX), da configuração de que dependem nossas disciplinas. Com certeza, entre essas duas histórias, uma fornecendo materiais à pesquisa, a outra situando-a no âmbito de uma problemática presente, há muitas continuidades: uma reflexão sobre as ciências tem precisamente por tarefa descobri-las seja mostrando, de um modo histórico, como o suposto "material", um passado, determina ainda sem saber nossas atitudes analíticas, seja separando, de um modo filosófico, uma questão relativa ao Real que domina as figuras sucessivas dos dispositivos de conhecimento. Esses dois modos concernem também ao *status* da "ciência mística", enquanto ela se tornou um passado e enquanto ela é uma experiência do Real. Pode-se, pois, retomar essa dupla análise, mas a partir do próprio gesto pelo qual uma ambição científica se destaca hoje dos dados que ela recebe do passado. Um conjunto de interesses sociais e teóricos novos transforma a maneira como a mística aparece no campo de nossas interrogações. Precisar essa relação é exumar os postulados presentes de nossas análises e interrogar-se também sobre o trabalho que efetua essa experiência passada em nossos locais epistemológicos. É "historicizar" nossas pesquisas recolocando-as em uma configuração contemporânea de que elas dependem, e "desistoricizar" a mística mostrando que não se pode reduzi-la a uma positividade do passado. Identificando o que nossas ciências *fazem* da mística, reconhece-se também o que ela aí *inscreve*.

Limitarei esse exame a duas sondagens, para objetivar: 1. qual *função* geral se vê afetar a mística no sistema das ciências sociais desde o início do século; 2. *como* ela é tratada no âmbito dessas disciplinas? Uma visa a especificar o interesse do problema; a outra, a forma objetiva que ele pode assumir.

A fundação das ciências sociais, instituição conquistadora desde o fim do século XIX, provocou uma reclassificação de todas as manifestações religiosas. Às lutas tradicionais entre instituições do sentido (uma clericatura religiosa, uma magistratura civil ou política), às suas alianças contra as emigrações do interior (movimentos espirituais), ou à separação que por muito tempo privilegiou a civilização cristã em face das outras religiões, se substitui o corte que instaura um campo de saber e que opõe a instituição científica a "fenômenos" (históricos, sociais ou psicológicos) que dependem doravante de sua jurisdição. Resultado de um processo histórico de vários séculos, essa instituição retira pouco a pouco das igrejas a gestão intelectual de sua herança. Em particular, todas as espécies de "crenças", reunidas em uma categoria geral (o "religioso" ou o "sagrado"), são doravante constituídas em um face a face com o saber para serem pensadas por ele de forma diferente do que elas se pensavam.

A emergência e a diferenciação das ciências sociais provocam também uma erosão da filosofia, apesar de sua aparente prosperidade acadêmica e profissional. Com a perda da filosofia de Estado promovida por Cousin e a redistribuição das interrogações sobre o homem entre disciplinas especializadas, exprime-se por toda parte a consciência de uma "crise" da filosofia.[14] O "fim" da filosofia

---

14 Ver, por exemplo, Jean-Louis Fabiani, Enjeux et usages de la 'crise' dans la philosophie universitaire en France au tournant du siècle. In: *Annales ESC*, vol. XL, p. 377-409, 1985.

acompanha, como seu contraponto, a constituição do homem em objeto de saberes científicos diversificados. Doravante "o contraste entre a 'cientificidade' desses grupos de ciências e, ao contrário, a 'não cientificidade' da filosofia não pode ser desconhecido".[15] Em sua *Krisis*, Husserl inaugura, pois, uma crítica da própria cientificidade e se dá a psicologia como base estratégica de um retorno ao "enigma da subjetividade".[16]

A mística se torna, então, um dos lugares onde se articulam a apropriação do religioso pelas ciências novas e a crise da filosofia. Fenômenos religiosos, distribuídos em "objetos" que dependem de disciplinas particulares (a crítica histórica, a patologia, a etnologia etc.), repartidos em áreas culturais e em períodos históricos heterogêneos, distingue-se, com efeito, uma espécie de "resto" ou de "fundo" comum que recebe o nome de "misticismo" (empregado já há mais de um século). De Renan mesmo até Bremond, indica-se aí uma experiência situada *aquém* das determinações, instituições ou históricas, destacada de toda aderência a tradições religiosas particulares ou até a objetos de crença ("Eu sou místico no fundo e não acredito em nada", dizia já Flaubert).[17] Ela fornece sua utopia a um "espiritualismo" liberado de toda pertença positiva e local, portanto, distinto de tudo o que faz o objeto das ciências sociais. Essa referência remete evidentemente à elaboração romântica alemã de um misticismo filosófico – de tipo metafísico (em Schelling) ou fundado no "sentimento" (*Gefühl*) imediato de si como "absolutamente dependente" (em Schleiermacher)[18] –, mas também (esquece-se muito) na

---

15 Edmund Husserl, *La Crise des sciences européennes et la phénoménologie transcendantale*. Trad. Gérard Granel. Paris, 1976. p. 9.
16 *Ibidem*, p. 9-10.
17 Carta a Louise Colet, 8 de maio de 1852, *Correspondance*. Paris: Éd. Jean Bruneau, 1980. t. II, p. 88.
18 Em particular na *Glaubenslehere*.

"filosofia espiritual" que o quietismo destacou das razões, dos interesses e das instituições históricas. O "puro amor" se reconhece mesmo no "cristianismo livre", "eterno e universal", defendido por Renan[19] e ao longo de todo século que segue até Bremond.[20] Essa espiritualidade, universal por essência, afetiva e experimental em sua forma, estranha às positividades do "mundo", se opunha por antecipação às teodiceias racionalistas do *Aufklärung* e sustenta ainda, na virada do século XIX, o uso que é feito do "misticismo" em face da parcelização das razões científicas.

Importa só aqui, com efeito, a função epistemológica atribuída a esse misticismo no momento em que ciências positivas se dividem o tratamento objetivo dos "fatos" humanos e em que a filosofia parece, pois, ameaçada. Essa situação leva os pioneiros dessas ciências, quase todos originários da filosofia, a se interrogarem sobre a possibilidade de pensar uma unidade da experiência humana e, portanto, de superar as cesuras que suas disciplinas criam entre positividades antropológicas, históricas ou psicológicas. No âmbito dessa diferenciação entre as ciências e seus objetos, qual pode ser o lugar de questões fundamentais tais como: somos do mesmo mundo? Há um mesmo mundo humano?

Entre outras soluções possíveis (por exemplo, para Durkheim, o desígnio central de fundar uma ética social universal), o misticismo se torna uma maneira de encarar essas questões. É o antídoto de um positivismo científico. Ele indica uma "abertura" para uma essência invisível do

---

19   Ernest Renan, L'avenir religieux des sociétés modernes. In: *Revue des Deux-Mondes*, 15 de outubro de 1860, retomado em suas *Œuvres complètes*. Paris: Éd. Henriette Psichari, 1947. t. I, p. 273.
20   Michel de Certeau, Henri Bremond et la Métaphysique des Saints [1966], retomado em Le Lieu de l'autre. *Histoire religieuse et mystique*. Paris, 2005. p. 59-88; Émile Goichot, *Henri Bremond historien du sentiment religieux*. Paris, 1982. p. 209-233.

Homem (uma abertura subtraída de todas as determinações objetivas), lá mesmo onde a observação científica se apreende de todo o visível e o recorta em unidades heterogêneas. É o *não lugar* de uma exigência filosófica no âmbito de disciplinas que geram todos os lugares objetivos. O conceito de "misticismo" é perfeitamente ajustado à função que ele recebe.

Uma obra pode servir de exemplo. Essa perspectiva esclarece, com efeito, o lento encaminhamento que conduziu Bergson a reconhecer, em uma "experiência", que ele protegia contra as investigações psiquiátricas circunscrevendo-a só aos "grandes místicos cristãos", uma dinâmica do "aberto" capaz de superar a "cercadura" que fecha cada sociedade sobre ela mesma. Essa "cercadura" é um produto das ciências humanas. Bergson a recebe delas como um resultado (que é também um postulado). Em *As duas fontes da moral e da religião* (1932), ele trata, em uma base psicológica, um problema análogo ao que Durkheim se colocava em *As formas elementares da vida religiosa* (1912): como pensar "o humano" em relação à sua fragmentação em grupos positivos (um problema que era já o de Lévy-Bruhl), e que elemento pode atravessar, entre indivíduos ou entre sociedades, as fronteiras cientificamente estabelecidas pela análise? Seu livro é primeiramente um tratado de filosofia social[21] que, depois de ter estabelecido uma lei de encerramento e de heterogeneidade, procura sobre que princípio real fundar uma possibilidade de ultrapassar esse encerramento. Para ele, esse princípio não é ético, como em Durkheim, mas primeiramente metafísico, identificável a um movimento do ser: "O amor místico [...] é de essência metafísica ainda mais que moral."[22] Ele não deixa de cons-

---

21 Marie Cariou diz até "um grande tratado da ordem social" (*Bergson et le fait mystique*. Paris, 1976. p. 236).
22 Henri Bergson, *As duas fontes da moral e da religião*. Paris, 1932. p. 250.

tituir um dado empírico. No olhar das exigências científicas, o recurso à experiência mística é legítimo, visto que ela é "experimental" (é um fato) e que ela consiste em "operações epistêmicas"[23] (são atos de conhecimento), mesmo que ela tenha ainda vantagem sobre o que uma ciência pode problematizar dela em seus próprios termos. Em muitas outras obras contemporâneas se encontra, em evidência, o mesmo funcionamento "filosófico" do misticismo: de É. Récéjac a H. Bergson ou H. Bremond, passando por H. Delacroix, R. Rolland, J. Baruzi etc.[24] Em 1920, Jules Sageret pretende até que todos os filósofos que têm um nome passam para o misticismo.[25] Sem dúvida, o movimento é acentuado pela guerra de 14-18, que revelou verdadeiro choque epistemológico, que a ciência serve à divisão e que um divórcio imprevisível separa de seu progresso o das sociedades. Então proliferam as "metafísicas positivas" a propósito dos místicos próprias a cada área cultural: Olivier Lacombe e Romain Rolland para a Índia, Louis Massignon e Henry Corbin para o Islã, D. Sabbatucci para o mundo grego, Alexandre Koyré para o iluminismo gnóstico alemão etc. – ficando apenas no domínio francês.

---

23 Feliz expressão de M. Cariou, *Bergson et le fait mystique*, p. 236, 239 etc. Dessa análise, Bergson é em grande parte devedor a Henri Delacroix, *Études d'histoire et de psychologie du mysticisme*. Paris, 1908, "um livro", dizia ele, "que mereceria tornar-se clássico" (*As duas fontes da moral e da religião*, op. cit., p. 243, nota 1). A obra permanece essencial; em particular, ele destaca fortemente que a experiência mística tem por natureza ser um "agir", mesmo se não é o do sujeito (*Études*, p. 235, a propósito da Senhora Guyon).
24 Émile Poulat constrói o panorama dessa literatura científica sobre o misticismo, de 1895 a 1935, em *Critique et mystique*. Paris, 1984. p. 254-306.
25 Jules Sageret, *La Vague mystique*. Paris, 1920; ver E. Poulat, *Critique et mystique*, op. cit.

Fato notável, essa função "filosófica" do misticismo reaparece aí mesmo onde um empreendimento científico se recusa a aceitar semelhantes saídas fora de seu domínio e considera somente, nos fenômenos místicos, os objetos que definem seu aparelho conceitual e técnico. Aí também um exemplo bastará, contemporâneo de Bergson. Sabe-se da indiferença, na verdade da alergia de Freud em relação ao "sentimento oceânico" de que R. Rolland lhe objetava o "fato".[26] De *Psicopatologia da vida cotidiana* (1901) a *Mal estar na civilização* (1930), uma interpretação psicanalítica define esse "fato" suposto primeiro como um efeito, segundo, devido a mecanismos de derivação, a uma utilização simbólica dos complexos ou a um investimento libidinal do sujeito em representações: ela capta o fenômeno nos termos que ela mesma construiu. No entanto, sob o nome de "mística", insinua-se nos textos de Freud, e até na última nota de suas *Obras completas*, uma questão vai além dessa explicação e que concerne à relação que a existência do sujeito mantém com o limite e a morte.[27] Que a existência do sujeito se institua de sua relação com a exterioridade que lhe significa seu limite, seria, pois, uma modalidade da "mística". Mas porque essa questão não pode ainda ser tratada de maneira científica, Freud pensa dever colocá-la à parte, para subtraí-la das interpretações irracionais ou dogmatizantes. Nem por isso ele a anula: "Existem absolutamente alguns fatos que nós não pode-

---

26 Ver David James Fischer, Sigmund Freud e Romain Rolland. In: *American Imago*, vol. XXXIII, n° 1, p. 1-57, 1976.

27 Por exemplo, na carta de 15 de novembro de 1920 a Georg Groddeck: "Todo indivíduo inteligente tem um limite onde ele começa a tornar-se místico, onde começa seu ser mais pessoal" (Georg Groddeck, *Ça et moi*. Trad. Roger Lewinter., Paris, 1977. p. 65). Ver Michel de Certeau e Mireille Cifali, Entretien: Mystique et psychanalyse. In: *Le Bloc-notes de la psychanalyse*, n° 4, p. 135-161, 1984.

mos conhecer atualmente".²⁸ O fato místico fica até o fim plantado na obra, à maneira de uma interrogação filosófica, mas uma interrogação que não tem mais lugar.

Todos esses reempregos da mística no início do século visam a 1. um "misticismo" *separado* dos fatos objetivos que analisam as ciências sociais; 2. um dado *experimental* que tem, pois, em princípio, legitimidade científica; 3. um elemento (ora primitivo, ora superior) que permite superar as barreiras criadas pela análise científica entre suas disciplinas ou entre seus objetos, e restaurar o horizonte de uma *unidade* humana em simbiose com o *universo*. Uma desistoricização cria o espaço "atópico" onde pode exprimir-se uma reflexão fundamental. Esse "misticismo" nasce do fato de que as ciências sociais parecem então (e para alguns) não poder mais pensar: por um lado, a unidade humana, enquanto ela é distribuída em positividades fechadas; por outro, o enraizamento do humano em uma dinâmica de "energias" vitais, ao passo que, desde Kant, a "ciência do homem" isola da natureza uma dialética social.²⁹ Esses dois "impensados" correspondem, em suma, às duas interrogações que Bergson procura então ligar em uma metafísica do elã vital fundada na experiência dos "grandes místicos cristãos".

Tornando-se uma espécie de anti-história em um contexto onde a historiografia aparece como a disciplina conquistadora e fornece, com Fustel de Coulanges, Herr, Lavisse, Seignobos etc., o modelo de uma metodologia

---

28 Carta a Romain Rolland, 19 de janeiro de 1930, citado por D. J. Fischer, Sigmund Freud e Romain Rolland, art. citado, p. 38.
29 Sobre esse segundo ponto, ver Serge Moscovici, *Essai sur l'histoire humaine de la nature*. Paris, 1968, exame crítico do corte que por muito tempo separou de uma história natural a história social dos conflitos de classes ou de poderes.

científica,[30] aquele misticismo seduz, por outro lado, os filósofos espiritualistas e, mais ainda, os movimentos irracionalistas que se desenvolvem na literatura. Ele constitui como "intocável" – extática e inefável – uma Razão generalista da qual as ciências tiram pouco a pouco sua dominação e sua pertinência. Ele figura por um não lugar uma "crise" ou um recuo da filosofia. A esse respeito, ele tem uma função análoga à que exercia nos séculos XVI e XVII em relação a uma "crise" ou a um recuo da teologia medieval. Nos dois casos, de modo experimental, ele parece proteger ou encarregar-se das questões fundamentais que carregava uma configuração declinante do saber.

3. OBJETOS CIENTÍFICOS INSTÁVEIS

Bem diferente aparece o misticismo na análise que praticam as ciências sociais. Os fenômenos místicos aí são tratados como "objetos" conformes com as regras de cada disciplina, a psiquiatria, a história ou a etnologia. Se examinarmos desse ponto de vista as transformações que sofre a mística de outrora e, reciprocamente, os deslocamentos que, mesmo sob essa forma alterada, ela introduz em ciências novas, três processos são particularmente notáveis: a) a atribuição dos fenômenos místicos a algumas regiões do saber mais que a outras e os efeitos que eles aí produzem; b) os trânsitos que fazem passar de uma disciplina a outra a definição formal desse "objeto" fugaz; c) finalmente, a colocação entre parênteses da experiência mística pela empresa que leva a sério a tarefa de se dar um objeto científico. Não pretendo traçar uma história da assimilação científica da mística (uma história que começaria com o projeto de colonizá-la e se terminaria com a necessidade de eliminá-la) – seria uma caricatura –, nem

---

30 Ver J.-L. Fabiani, Enjeux et usages de la "crise"..., art. citado, p. 38.

tomar o funcionamento dos "fenômenos místicos" como um indicador possível da evolução recente das ciências sociais – seria outro trabalho –, mas sugerir uma "historicidade" singular: os *avatares* da mística, produtos das disciplinas contemporâneas, têm, no entanto, *efeitos próprios* como se, mesmo no âmbito que as altera em objetos de saber, os fragmentos de uma "ciência selvagem" guardassem algo de irredutível.

Localizações individualistas. Os fenômenos místicos são, de preferência, alojados nas disciplinas que concernem à vida "individual". Stephen Sharot o constatava recentemente: "Pouca atenção foi concedida aos contextos sociais do misticismo [...]. É difícil encontrar uma sociologia do misticismo."[31] Fora as análises célebres de Ernst Troeltsch e de Max Weber,[32] nascidas de uma confrontação com o historicismo alemão, a mística foi geralmente incorporada à psicologia individual, principalmente patológica, cujos trabalhos foram, aliás, privilegiados pela filosofia. É possível surpreender-se com isso, não somente em razão do que é a documentação, mas principalmente porque a experiência mística, passada ou presente, se oferece inicialmente sob figuras sociais: "escolas" e grupos, relações de "mestre de verdade" com discípulos; redes de comunicação e de transmissão (oral, escrita, gestual, itinerante) que passam pelos graus de hierarquia de famílias, de genealogias, de meios, de elos culturais e comerciais

---

31 Stephen Sharot, *Messianism, Mysticism and Magic*. Chapel Hill (NC), 1982. p. 13-16, 20, 255. E já, a propósito do fenômeno religioso, as reflexões mais gerais de Norman Birnbaum, Beyond Marx in the Sociology of Religion. In: C. Y. Glock e P. E. Hammond (éd.). *Beyond the Classics?* Essays in the Scientific Study of Religion. Nova Iorque, 1973. p. 3-70, ou de Clifford Geertz, *The Interpretation of Cultures*. New York, 1973. p. 87-125, "Religion as a cultural system".

32 Ernst Troeltsch, *Social Teaching of the Christian Chuches*, Londres, 1931, p. 734-736, 743-749, 795-900, etc.; Max Weber, *Economy and society*, New York, 1968, p. 544-551, etc.

etc.; modelos de organização (cenobíticas ou eremíticas – o eremitismo constituindo também ele uma forma social) e protocolos conversacionais (confissões, revelações, "direção espiritual"); procedimentos de prova e de reconhecimento (pela ascese, milagres, curas, peregrinação etc.); codificações sensoriais, alimentares, sexuais e linguísticas; técnicas de representação, de concentração ou de "vacuidade" mental; economias de honra, de fidelidade, ou de bens materiais trocados contra valores simbólicos etc. Como se faz, portanto, que toda essa experiência tenha sido maciçamente classificada na psicologia e tratada sob a forma de fenômenos individuais?

Que seu acesso ao *status* de objetos científicos esteja associado à sua *dessocialização* e à sua *despolitização*, é, primeiramente, um efeito da história. Por muito tempo, a mística não foi um caso privado ou individual. Ela se tornou na medida em que as crenças que ela tinha radicalizado apostando absolutamente nelas cessavam de definir a textura do mundo vivido. Porque ela isolava assim os postulados de um universo, ela contribuiu outrora, sem dúvida, ela própria a separá-las da realidade que eles fundavam até aí, ou, pelo menos, a manifestar seu exílio progressivo para longe dos combates quotidianos. Assim, ela foi frequentemente acusada de ser "ateia", o que, no léxico da época, significava tirar da instituição religiosa ou civil o direito de se propagar em nome de suas origens ou de seu fundamento. A esse respeito, censura já dirigida ao cristianismo iniciante, o "ateísmo" é essencialmente um crime contra as autoridades aceitas. Ele concerne à credibilidade delas, bem mais que à existência de Deus. Cada Igreja, então, acusa disso as que abalam sua legitimidade. A mística atinge precisamente esse ponto, em um grande debate histórico sobre as "autoridades". Nos séculos XVI e XVII, o que está em jogo é fundamentalmente político, e as estratégias que organizam novos dispositivos de poder animam por toda parte as atitudes do saber, em ações comprometidas com o serviço de uma reforma pela produção de métodos, de utopias e de pedagogias. No *imbroglio* das instâncias que compõem, então, uma espécie de jogo em três termos – o príncipe (uma testemunha sagrada da ordem cósmica), as instituições civis e religiosas (uma realidade movente da história) e a "alma" (um princípio transcendental) –, os "santos" praticam uma redução, justificada aos seus olhos pela "corrupção" das instituições, que tende a privilegiar o face a face (já bíblico e tradicional) do rei e do profeta,[33] do político e do místico, ou do "príncipe" e da "alma".[34] Em uma conjuntura que fragmenta e submete frequentemente as Igrejas, e que acentua desmesuradamente (principalmente no século XVII) a natureza por assim dizer divina do Rei,[35] inúmeras são as formas que assume o encontro entre essas duas figuras sociais da referência última, desde o apelo de Teresa de Ávila a Felipe II, para que ele apoie a fundação do Carmelo contra autoridades religiosas,[36] até a inquietude quase supersticiosa que manifesta Luís XIV (no entanto,

---

33 Tema constante, espiritual e literário, que desloca para o príncipe a obrigação ou o protesto outrora dirigido ao papa. Teresa de Ávila comprova isso somente quando ela tem por ambição, "mulherzinha" que é, de "falar aos que governam" (*Libro de la vida*, 21). Ver Steven Ozment, *Mysticism and Dissent*. New Haven (CT), 1973, um tema que remonta a Engels (*La Guerre des paysans*) e a Ernst Bloch (*Müntzer, théologien de la révolution*) e se encontra até em Perez Zagorin, *Rebels and Rulers*, 1500-1660. Cambridge, 1982.

34 Há toda uma literatura sobre o assunto, inclusive a que faz da pessoa real o teatro por excelência de uma confrontação entre "a alma" e o poder. Ver J. G. A. Pocock, *The Machiavellian Moment*. Princeton (NJ), 1975; Hans Blumenberg, *The Legitimacy of the Modern Age*, Cambridge (MA), 1983. p. 123-226.

35 Ver Marc Bloch, *Les Rois thaumaturges* [1924]. Paris, 1983. p. 327-379.

36 Ver sua carta de 18 de setembro de 1577 a Felipe II, e *Las Fundaciones*, cap. XXIX.

diz ele, gratificado também com "inspirações")³⁷ em relação a obscuros complôs quietistas. A autoridade e não a realidade do poder está em jogo. Trata-se de uma política do crível. Por meio das confrontações dos místicos com o poder que une o céu à terra, desenha-se, da Inglaterra à Espanha, uma forma espiritual do que se tornará o "cidadão", separando do poder um princípio transcendental ou ético da sociedade.³⁸ Já o quietismo e, em sua vizinhança, Fénelon o comprovam.

No início do século XX, essa política da mística, ou da "alma", está terminada, pelo menos na Europa ocidental. Ela passa para o privado, relegada na cena pública por outras experiências e outras linguagens. A psicologia a acolhe, pois, onde a história a deporta. Aliás, Bergson, não mais que Husserl, não se enganava nisso, ela adquire um papel dominante nos saberes relativos a uma sociedade doravante fundada sobre o postulado individualista. Ela trata as unidades que combinam uma economia liberal e instituições democráticas. Se a historiografia promove um discurso coletivo da nação, da classe ou da pequena pátria, a psicologia, química do humano, perscruta os mecanismos "elementares" da vida social e visa à sua racionalização. Ela constitui o laboratório central de uma nova política. É a ela também que compete a tarefa de explicar, nos termos de uma problemática ainda pioneira, os fenômenos tornados marginais, senão aberrantes, da mística. Nada de surpreendente que esses fenômenos dependam progressivamen-

---

37 Ver Jean-Louis Thireau, *Les Idées politiques de Louis XIV*. Paris, 1973. p. 33-56.
38 Pode-se estender aos místicos a tese (muito unilateral) de Michael Walzer, *The Revolution of the Saints*. Cambridge (MA), 1965. David Hume, em sua *History of England*, tinha já, aliás, analisado esse alcance político – e, para ele, o perigo – do "entusiasmo" (ver Laurence L. Bongie, David Hume, *Prophet of the Counter-Revolution*. Oxford, 1965. p. XII-XIII).

te da patologia, setor de elite em que se apegam, em nome da psicologia e da medicina científicas, em compreender e cuidar do que "resiste" aos avanços da Razão. Para o Dr. Michéa, em 1871, não está tão longe o tempo em que o êxtase, "que é sempre um estado mórbido", "não tinha completamente entrado no seio da patologia".[39] Na virada do século seguinte, ela entra aí completamente, com o arrebatamento, a levitação, e tantas outras "perturbações", inicialmente sob a categoria de "manias" ("teomania", "demonomania" etc.) que designam zonas anormais ainda a explorar para aí detectar primeiramente "afecções" malignas, depois "constituições" patógenas. É a história que fornece o quadro onde se inscrevem "observações" cada vez mais precisas, com uma semiologia notável, frequentemente diferente desde então.

Outro elemento determinante nessas análises: seu caráter "objetivo". Um recorte anatômico dos "fatos" permite identificar suas combinações e estabelecer "quadros", mas ele os subtrai de sua função de ser o léxico de uma linguagem *falada* e de se inscrever em práticas *interrelacionais* onde o próprio observador se encontra implicado. Não é surpreendente que a concepção "patológica" desses fenômenos isolados do processo interlocutório junte, em muitos pontos de vista, a crítica, tão frequente entre os místicos dos séculos XVI e XVII, "estados" (visões, êxtases etc.) nos quais o espiritual se fixa, como se fosse "isso" a experiência divina, e que, por serem assim protegidos contra uma ultrapassagem necessária ("não é isto, nem aquilo"), tornam-se as "doenças" da alma. Reciprocamente, é surpreendente que a observação psicopatológica, quando ela é bastante longa e atenta para deixar

---

39   Dr. Michéa, art. "Extase". In: Dr. Jaccoud (éd.). *Nouveau dictionnaire de médecine et de chirurgie pratique*. Paris, 1871. t. XIV, p. 337-347. Ele visa, em particular, à *Nosologie méthodique* de F. Boissier de Sauvages (trad. Gouvion, Lyon, 1772. 10 vols.).

aparecer em seu movimento os efeitos da troca entre sujeitos, toma de novo a atitude de uma "direção espiritual" – fato que já surpreendia Freud.[40] Assim, a obra célebre *De l'angoisse à l'extase* (1926), consagrada por Pierre Janet a essa "Madeleine" que ele, como diz, "seguiu durante 22 anos". Analisada como um caso de "astenia constitucional", é uma "mística" estranha: nascida de uma família burguesa do norte da França, tendo partido aos 18 anos para compartilhar, na Alemanha, da vida do proletariado (em 1872, depois da guerra de 1870 e a Comuna), depois mendiga, operária ocasional e presa várias vezes em Paris, onde ela recusa todo elo com outros próximos além dos "miseráveis", enfim acabada em Bichat, em Necker e na Salpêtrière (1896). Ela fascina seu observador, para quem ela escreve mais de duas mil páginas dirigidas a "padre". Piedosa, extática, mas alérgica aos padres, ela restaura na própria cena da psiquiatria esses diálogos místicos onde o "diretor", seja Francisco de Sales ou Fénelon, tornava-se o discípulo e o intérprete de sua dirigida. As 900 páginas que Janet dedica à ciência e a Georges Dumas trazem a conversão do objeto patológico em relato de uma relação cujo caráter dialogal é levemente velado pelo pudor do médico. É no hospital que, doente parecendo-se com tantas heroínas de Bremond, a mística fala.[41]

Objetos em trânsito. O fenômeno se altera e se transforma no lugar que lhe foi fixado. É preciso, pois, circunscrever formalmente o que se entende por "místico". Trabalho de Sísifo: o objeto não cessa de recair fora do lugar teórico aonde uma definição o elevou. Típico, em relação

---

40 "Nossos predecessores (*Vorgänger*) em psicanálise, os diretores de consciência católicos", escrevia ele a Pfister, em 18 de março de 1909 (Sigmund Freud e Oskar Pfister, *Briefe 1909-1913*. Frankfurt/Main: Éd. Ernst-L. Freud e Heinrich Meng, 1963. p. 18).
41 Pierre Janet, *De l'angoisse à l'extase* [1926]. 2. ed. Paris, 1975. 2 vols.

a isso, é o debate que ocupa há meio século a reflexão anglo-americana. Simplificado ao extremo, ele visa a determinar quais elementos podem recapitular tantas experiências diversas e em que nível de análise reconhecer o que as unifica. A empresa começa, é claro, com investigações psicológicas. Em uma tradição americana que sempre considerou o "sentimento religioso" como fundamental ou "elementar" que as Igrejas diversas onde ele pode encontrar um abrigo, uma linguagem e aplicações práticas, William James caracteriza "a experiência mística" por quatro traços específicos: a inefabilidade, a qualidade noética, a forma transitória e a passividade[42] – descrição de uma fenomenologia mais rigorosa que a redução praticada mais tarde por James Leuba, que levava os fatos místicos ao êxtase e este a uma "inconsciência" compatível com toda espécie de ideologizações secundárias conformes ao lugar cultural do arrebatamento.[43]

Quando Zaehner, em 1957, retoma essa descrição, ele faz o demonstrativo de um teísmo e o emblema experimental de uma presença divina. Estabelecendo caracteres

---

42 William James, *The Varieties of Religious Experience* [1902]. Nova Iorque, 1958, "Mysticism". p. 292-328.
43 James Leuba, *The Psychology of Regilious Mysticism*. Londres e Nova Iorque, 1925, que teve a honra de ser traduzido em francês por Lucien Herr. Tinha-se inicialmente publicado em francês Les tendances fondamentales des mystiques chrétiens, na *Revue philosophique*, em julho e novembro de 1902: Henri Delacroix (*Études*, p. 381-397) tinha então a "teoria" de Leuba como "a mais penetrante e a mais ampla", mas, mais filósofo, à "inconsciência" que o americano colocava no centro de sua "teoria", ele substituía "a apercepção irracional de um querer essencial, espalhado em toda a natureza e que a natureza repete em inúmeras variações, como a música escande os movimentos de uma alma" (p. 389). É a Leuba mais que a William James que se prende Joseph Maréchal (*Études sur la psychologie des mystiques*. Paris, 1937. t. II, p. 383-407), escandalizado principalmente pela assimilação da "alta contemplação cristã" ao "transe dos selvagens".

supostos constantes, ele pensa isolar um fenômeno que atravessa as antinomias institucionais, as diversidades sócio-históricas e até a oposição entre "sagrado" e "profano". Ele reconhece aí, pois, a manifestação positiva de uma realidade universal.[44] É tomar uma interpretação pela própria Coisa. O deslizamento é notável: a descrição fenomenal de James se encontra alterada por Zaehner em indicador e em prova de um espiritualismo: ela garante à unidade a vitória sobre as diferenças ("abissais" para R. Otto)[45] que separam entre elas as intuições místicas. A mesma concepção monista de uma experiência identificada com um "núcleo universal" se encontra em W. T. Stace[46] ou, apesar de suas reservas quanto a Zaehner, em Ninian Smart, para quem a mística é "fenomenologicamente por toda parte a mesma", ainda que seja preciso levar em conta variantes "extrínsecas" atribuíveis à autointerpretação dos visionários em seus contextos socioculturais próprios.[47] Como mística, a experiência não pertence nem à história nem à sociologia. Antibabélica por essência, ela

---

44 Robert Charles Zaehner, *Mysticism, Sacred and Profane* [1975]. Oxford, 1978. A obra se inspirava em Aldous Huxley (*The Doors of Perception*. Londres, 1954) e em Jung.
45 Rudolf Otto, *Mystique d'Orient et mystique d'Occident*. Trad. J. Gouillard. Paris, 1951, principalmente p. 144-213, sobre "a diferenciação do sentimento místico" e as "diferenças" entre os místicos, a propósito de Çankara e de Mestre Eckhart. Um grande texto, ainda para meditar.
46 Walter T. Stace, *The Teaching of the Mystics*. Nova Iorque, 1960, e principalmente *Mysticism and Philosophy*. Filadélfia, 1960. Ver já Evelyn Underhill, *Mysticism*. Londres, 1911, que popularizou toda uma corrente.
47 Ninian Smart, Interpretation and Mystical Experience. In: *Religious Studies*, vol. I, n° 1, 1965. Do mesmo autor, Mystical Experience. In: William H. Capitan e Daniel D. Merrill (éd.), *Art, Mind and Religion*. Pittsburgh, 1967. p. 133-158; e History of mysticism. In: Paul Edwards (éd.), *Encyclopedia of Philosophy*. Nova Iorque, vol. V.

restitui ao Uno sua linguagem primeira. A psicologia se tornou o instrumento de uma teologia fundamental. Contra essa tendência, já criticada por R. Otto e levada a supor a mística "sem pátria",[48] Steven Katz construiu "uma defesa para o reconhecimento das diferenças": ele refuta também a possibilidade, para um comparatismo, de assimilar a linguagem de uma tradição espiritual à de outra, e, para uma fenomenologia, de postular que uma mesma "intencionalidade linguística" nos textos garanta que eles visam a um mesmo "objeto intencional".[49] Pela via de uma análise da linguagem, ele devolve a mística à sua pluralidade histórica e restaura com a diferença o *status* de não ser "extrínseco", mas um essencial.

Mas, então, o que é, pois, essa mística, disputada entre Deus e a história que ela pretende reconciliar experimentalmente? Deve-se acreditar nela, e como, quando ela se diz intuição do absoluto de um modo singular? Os debates teóricos a seu respeito a lançam, apesar dela, ora de um lado, ora de outro. Segundo que critérios? É em nome de uma filosofia da linguagem, e de Wittgenstein, que S. Katz recusa a universalização cujas proposições místicas seriam o objeto. Fato significativo, em 30 anos, a discussão passou do terreno da psicologia ao da linguística, pela mediação de uma fenomenologia à qual se atribuía a capacidade de enunciar a própria estrutura de uma experiência fundamental. De fato, essa estrutura especifica apenas uma *forma*, reduzida finalmente a dois caracteres: o paradoxal e o inefável. Ao termo, têm-se assim duas regras essenciais próprias de uma gramática do discurso místico. Elas não concernem mais nem à história nem à

---

48 R. Otto, *Mystique d'Orient...*, op. cit., p. 144.
49 Steven Katz, Language, Epistemology and Mysticism. In: *idem* (éd.), *Mysticism and Philosophical Analysis*. Nova Iorque, 1978. p. 22-74. Do mesmo autor, *Jewish Concepts*. Nova Iorque, 1977.

ontologia. Elas designam um protocolo de linguística fora do qual não parece haver expressão mística, mas que não diz nada do que é a própria experiência. Necessária, mas não suficiente, essa determinação não acede a um valor universal que, separado do *uso* ("*use*", em inglês) que dele faz o sujeito místico, isto é, do ato singular que ele performa. Pelo menos, recortando uma forma de saber que decide sobre a forma usual das nossas, designa ela, em princípio desembaraçado de um *a priori* monista ou ontológico, um tipo de discurso – outro "gesto do pensamento" na língua. Mesmo se não é certo que essa forma seja própria só ao discurso místico, ela traça uma "maneira de dizer" simultaneamente estranha aos nossos modos científicos de raciocínio ou de verificação, e completamente homólogo à definição essencial que a "ciência mística" dos séculos XVI e XVII dava dela mesma caracterizando-se (num registro da língua) como um "*modus loquendi*".[50] Uma vez mais, "o objeto" passado parece voltar, como um fantasma, na cena científica, mas em outro lugar e diferentemente do que se pensava.

Omissões necessárias. A dificuldade de circunscrever formalmente a experiência mística provoca uma estratégia diferente, que consiste em eliminar o que não é tratável. Todo empreendimento científico deve renunciar em manter o real nos objetos que ela aí recorta. Seu rigor se funda nos limites que ela se dá. Uma aprendizagem do esquecimento sustenta, pois, a produção de conhecimentos. Talvez, afinal das contas, não está aí mais que uma artimanha de caçador, que prepara cuidadosamente armadilhas onde venha prender-se o que não se pode captar, mas essa artimanha tem por recíproca a das coisas, advindas bem antes que se as procure, e insinuando nos textos (e

---

50 Ver M. de Certeau, *A fábula mística*, I, p. 156-208. Forense Universitária – Grupo GEN.

inicialmente em uma maneira de escrever) mil maneiras de transbordar ou contornar o que eles pretendem controlar. Não é tão cômodo praticar o esquecimento. E, portanto, também, diagnosticar o que é efetivamente omitido por um estudo científico.

Um caso notável nos é fornecido pela obra, monumental em tantos sentidos, que Leszek Kolakowski consagrou aos *Chrétiens sans Église*.[51] O livro, que concerne às figuras holandesas e francesas de um radicalismo espiritual, tenta rearticular uma história social sobre uma história intelectual. Ele não cessa de exercer sobre a relação entre essas duas histórias que representam dois grandes modelos contemporâneos, por um lado György Lukács e sua filosofia marxista da cultura, por outro, Alexandre Koyré, a erudição mais aguda a serviço das obras pioneiras da ciência "moderna". O que quer que seja dos sistemas intelectuais que ele exuma sucessivamente (de maneira mais feliz em sua parte holandesa que em sua parte francesa), ele oferece toda uma reflexão metodológica sobre essa rearticulação, cujo princípio consiste em restaurar a pertinência política e social dos movimentos espirituais. No início, ele esbarra em uma dificuldade preliminar que se refere, uma vez mais, ao próprio objeto da pesquisa: o que é a mística? Como ela é tratável? Para "construir" seu "objeto", Kolakowski tem como primeiro gesto eliminar "a mística", especificada, diz ele, pela experiência e pela questão de sua autenticidade que dependem da psicologia. Por outro lado, ele retém o que chama "o misticismo", uma série de "doutrinas teológicas que interpretam as experiências místicas". Seu "objeto" é, então, as variantes da relação entre dois fatores: um, "ideológico", relativo

---

51 Leszek Kolakowski, *Chrétiens sans Église*. La conscience religieuse et le lien confessionnel au XVIIᵉ siècle. Trad. Anna Posner. Paris, 1969.

às especulações religiosas fundadas em uma experiência, mas consideradas independentemente do que ela é; o outro, "social", concernente à função de pessoas ou de grupos que negam a uma Igreja sua autoridade em matéria doutrinal, mas pretendem atestar seu espírito verdadeiro separando-se de instituições corrompidas.[52] Que esse objeto transponha sobre a cena de um passado religioso a situação política do autor, marxista excluída do partido comunista polonês, e que se interroga sobre a possibilidade de ser "marxista sem Partido", ver-se-á aí não o indício de uma assimilação indevida (sendo dada a extraordinária minúcia da investigação histórica), mas uma colocação em evidência da interrogação contemporânea de onde tira sua origem toda obra científica de peso. O "objeto" da investigação formaliza uma experiência atual que se substituiu aqui à de outrora. A omissão da "mística" marca o lugar deixado à atualidade que organiza a problemática (mas não o conteúdo) da pesquisa e à qual outro campo operatório é oferecido para que a interrogação presente, confrontada com dados diferentes, possa ser explicitada e aberta a novas hipóteses. De fato, Kolakowski constata mais que o "cristianismo não confessional" do século XVII foi um "radicalismo fracassado", ou, então, levado a um conformismo institucional, ou, então, excluído da história. Pode-se perguntar se não acontece o mesmo com os místicos, mas se é necessariamente o sinal de um fracasso para aquilo de que eles testemunham e que não cessa de reaparecer, como uma exigência ética, como uma "canção" de que os retornos desafiam a história. Talvez a análise de Kolakowski, vítima do que ela elimina, reduza muito a política aos seus sucessos.

Em todo caso, a omissão que institui seu estudo poderia bem ter no próprio livro um vestígio curioso. Com

---

52 *Ibidem*, p. 1-68.

efeito, o que quer que seja de pontos discutíveis nesse estudo,[53] se a intenção que o organiza é conjugar as técnicas seguras de uma história dos textos doutrinais com o quadro fornecido por uma teoria das lutas sociais, de fato o casamento não acontece. A obra apresenta mais um entrelaçamento de duas abordagens heterogêneas. Ela pontua observações epistemológicas sobre a possibilidade de tratar as doutrinas como as "manifestações de conflitos sociais" uma análise textual cujas qualidades de precisão e de acuidade correspondem ao modelo de história intelectual fornecido por Koyré. Em sua espessura, ele fica dividido, em uma tensão que é menos o sinal de um empreendimento "fracassado" que a vibração de uma obra com dois suportes – um trabalho da questão inicial. Como, ouvindo o barulho que fazem nessa obra os elementos que ela não pode conciliar, não evocar a experiência que está ausente e que, tomada entre uma violência da história e uma prática excessiva de cada razão, descobre no insucesso uma abertura "mística"?

OPERAÇÕES MÍSTICAS

A mística, analisada, observada e tratada por tantas pesquisas, obseca já o trabalho científico. Pelos diferentes ecos que ela desperta no campo de nossos saberes, pelas questões às quais seu estudo fornece uma linguagem, se revelam, como por anamorfoses, aspectos do que nós tínhamos como um objeto passado. É preciso sair da epistemologia que opunha a um sujeito de saber seus objetos de estudo. A estranha "historicidade" da mística no próprio interior dos discursos que têm a ambição de conhecê-la

---

53 Sobre os aspectos inovadores e os pontos fracos dessa interpretação histórica, ver Michel de Certeau, *L'Absent de l'histoire* [Paris], 1973, "La mort de l'histoire globale: Leszek Kolakowski", p. 109-114.

obriga a elaborar outro modelo de análise, ao qual o exame da literatura científica contemporânea serviria de introdução.

Parece-me, com efeito, que é possível analisar a literatura mística em si como um campo, definido por um conjunto de positividades históricas, onde se efetuam e se traçam operações místicas. Ou seja, a ciência mística seria constituída pelos modos diversos sobre os quais essas operações se inscrevem nas redes históricas do saber, da linguagem corporal e das instituições próprias a uma época e a um meio. Cada texto ou cada documento (visto que somos obrigados a trabalhar sobre eles) constitui um teatro que organizam o léxico e a sintaxe de um momento da história, mas onde se marcam, como em um corpo atingido, ações singulares. Seria deixar inscrever-se essas operações nos lugares que eles formam, e tentar especificar suas formas próprias, que se ligariam os místicos quando eles elaboram sua "ciência". Por aí, ela se articula, *ela própria*, sobre a história. Deve-se, pois, poder reconhecer hoje nos textos dessa ciência uma *escrita* que é sua "maneira de fazer" – como há "manipulações" características nos laboratórios. Cada documento místico é também ele um laboratório onde gestos específicos se descrevem como os de uma dança sobre um palco. Em relação a isso, um modelo nos é proposto por G.-G. Granger se, deixando de lado, em seu *Essai d'une philosophie du style* (1968), o que concerne à "individuação", retivermos dele o projeto de uma "estilística da prática científica", isto é, a possibilidade de isolar, em uma obra, seu "estilo próprio, essa "estruturação latente e vivida da atividade científica em si enquanto ela constitui um aspecto da prática".[54] Como há estilos científicos (euclidiano, cartesiano, vectorial),

---

54 Gilles-Gaston Granger, *Essai d'une philosophie du style*. Paris, 1968. p. 13-16, 187-216.

há estilos místicos, também eles indissociáveis de uma estética. Por aí se encontra igualmente a pertinência da definição que a ciência mística dava de sua inscrição na história. A mística não tem próprio: é um exercício do *outro* em relação a um *local* dado; ela se caracteriza por um conjunto de "operações" específicas em um campo que não é o seu – por uma maneira de proceder ou de dizer.

Capítulo 1

O OLHAR: NICOLAU DE CUSA

> *Estoy dentro el ojo: el pozo*
> *donde desde el principio un niño*
> *está cayendo, el pozo cuento*
> *lo que tardé en caer desde el principio...*
>
> Estou dentro do olho: o poço
> onde desde o começo uma criança está
> caindo, o poço onde eu conto
> o tempo que passa a cair desde o começo...
>
> Octavio Paz, *Passado em claro*

"Eis, pois, irmãos muito caros, as explicações que eu lhes tinha prometido sobre a facilidade da teologia mística": erudito, matemático, diplomata, sempre em deslocamento, Nicolau de Cusa escreve do Tyrol, exatamente de Brixen, ou Bressanone (um lado alemão, um lado italiano, como ele). Nomeado bispo em 1450, ele recebeu a missão de reformar essa diocese de montanhas, posição estratégica entre a área germânica e os principados italianos. Ele esbarra na maioria do clérigo, hostil a esse estrangeiro, um renano imposto pelo papa, e às forças do conde de Tyrol, Sigismond, que o fará prisioneiro em 1460. Em outubro de 1453, ele envia, pois, aos monges instalados nas margens de seu belo lago Tegernsee, nos Alpes bávaros, o tratado que ele lhes prometeu e que ele mesmo designará pelo título *A Imagem* ou *O Quadro (Icona)*, mas conhecido como o *De Visione Dei sive De icona*[1] (Da Visão de Deus ou Sobre os ícones). Ano memorável. No Oeste, a guerra de Cem Anos (1337-1453) se conclui entre a França e a Inglaterra. Um tempo das nações começa. A Leste, o Império Romano do Oriente desmorona com a tomada de Constantinopla pelos turcos (1453): Nicolau de Cusa, que tinha estado lá em 1437, acaba de trazer de Roma a terrível notícia e, no meio dos rumores sobre os horrores, a violência e o sangue por toda parte, ele escreveu, um mês antes de *L'Image*, o *De*

---

1   O *De icona* ou *De Visione Dei* não foi, infelizmente, ainda publicado na grande edição dos *Opera omnia* de Nicolau de Cusa, publicada pela Academia de Heidelberg, Leipzig, depois Hamburgo, F. Meiner, 1932 sv., ainda em curso, nem nos *Philosophische Schriften* (éd. Alfred Petzelt, Stuttgart, W. Kohlammer, 1949. 2 vols.), mas ele figura nos *Philosophisch-Theologische Schriften* (éd. Leo Gabriel, Vienne, Herder, 1964-1967, 3 vols., com tradução alemã), t. III, p. 94-219. Eu me refiro, pois, à edição de Viena (designada por Vienne) para o *De icona*, e à de Heidelbert (designada por Heid., com a indicação do tomo e do fascículo) ou à de Stuttgart (designada por Stutt.) para as outrs obras. Recorri também às *Opera* (éd. Jacque Lefèvre d'Étaples, Paris, J. Bade, 1514) na reedição de Basileia, Henri Petrus, 1565 (designada por Basileia), e a várias traduções: *Traité de La Vision de Dieu*. Trad. pelo Sieur de Golefer. Paris: C. Chappelain, 1630; *La Vision de Dieu*. Trad. E. Vansteenberghe, Louvain, Museum Lessianum, 1925; *The Single Eye*. Trad. Giles Randall. Londres, 1646; *The Vision of God*. Trad. E. Gurney Salter, 1928, reed. Nova Iorque, F. Ungar, 1960; assim como na tradução alemã de Vienne. Ver também Eduard Zellinger, *Cusanus--Konkordanz*. Munique, 1960 (que sua classificação doutrinal torna pouco consultável). Quando ele cita ulteriormente seu tratado, Nicolau de Cusa remete ao *Icona* (por exemplo, *De Possest*, 58, Heid., XII, 2, p. 69-70), enquanto as edições antigas dão todas o título *De Visione Dei sive De icona*.

pace fidei (a fé instauradora de paz), "visão" antibabeliana de um "teatro" celeste onde, vez por vez, o delegado de cada nação se levanta para testemunhar sobre o movimento que a conduz. O grego, o italiano, o árabe, o indiano, o caldeu, o judeu, o cita, o gaulês, o persa, o sírio, o turco, o espanhol, o alemão, o tártaro, o armênio etc., vêm cada um, na língua de sua tradição própria, atestar a verdade que é uma: essa concórdia de "espíritos livres" responde às fúrias do fanatismo.[2] Uma história morre. Uma outra deve nascer com a aurora utópica dessa nova internacional. Aqueles anos, a imprensa inicia (1450); Leon Battista Alberti perfaz seu *De re aedificatoria* (1452); Piero della Francesca pinta sua *Légende de la Vraie Croix* em San Francesco d'Arezzo (por volta de 1453). Uma outra maneira de ver instaura uma maneira de construir. Tal é a questão de Nicolau de Cusa em *L'Image*: o que é "ver"? Como uma "visão" pode dar à luz um novo mundo?

CIÊNCIA E POLÍTICA

Durante mais ou menos 10 anos (1451-1460), *L'Image* está no centro de um debate regional. Entre o Alto-Trentino, a Baviera meridional e a Baixa-Áustria, os textos circulam, ao ritmo das estações e dos trabalhos.[3] Eles sobem o Brenner, descem o Inn ou o Danúbio e compõem uma rede de lugares: a abadia de Tegersnsee, uma sementeira de

---

2   *De pace fidei*, Praefatio editorum (R. Klibansky e H. Bascour), Heid., VII p. IX-XIII; texte, surtout cap. I-IVI et XIX, p. 1-17, 61-63.

3   Assim, em 14 de julho de 1454, Geissenfeld (de Tegernsee) escreve a Wilhaim (em Melk) a propósito do tratado: "Farei uma cópia dele durante as horas que me sobram para escrever e lhe enviarei no momento das colheitas"; o texto editado por Edmond Vansteenberghe, *Autour de la Docte Ignorance*, Münster, 1915 (Beiträge zur Geschichte der Philosophie des Mittelalters, XIV, 2-4). Essa obra dá uma grande parte dos documentos relativos ao debate sobre o *De icona*, op. cit.: ver p. 105-220.

homens notáveis (Gaspard Aindorffer, o abade, e Conrad de Geissenfeld, Bernard de Waging etc.), calorosos parceiros de Cusa, que aí passa no início de junho de 1453; a abadia de Melk, perto de Sankt Pölten, na margem direita do Danúbio, foco de um movimento reformista que ganhou toda a Alemanha meridional (e mesmo Tegernsee, em 1426) e que difunde a mística renana; a jovem cartuxa d'Aggsbach (margem esquerda do Danúbio) de quem o prior, Vincent, autor prolífico de manuscritos que terminarão também em Melk, polemiza sem fim contra o intelectualismo gersoniano ou cusano; a faculdade de teologia de Munique onde ensina, "poderoso e letrado", o professor e decano Marquard Sprenger.[4] Uma rede local impõe seu quadro de pressupostos, de alianças e de lutas, ao passante Nicolau de Cusa: seu tratado dá sequência a um pedido de Tegernsee sobre a teologia mística; suas cartas respondem a questões ou a irritações. Esse estilo de correspondência depende do "diálogo", que privilegiam os tratados cusanos, mas aqui montanhas e rios separam os interlocutores e tornam visível a natureza das relações, como se fosse na mesma região.

Assim como de conivências, um lugar é feito de conflitos. Eles proliferam em torno de *A Imagem*. Já, em 1448, Nicolau de Cusa era tomado à parte, e o *De docta ignorantia* (1440), seu tratado maior, caído no ridículo por um bom teólogo conciliarista, Johannes Wenck, em um panfleto irônico cujo título, *De ignota litteratura*, poderia traduzir-se: "Esquecer Nicolau de Cusa." Esse professor de Heidelberg, arruinador do "cego" Aristóteles e do "opaco" Platão, dirigia a seu adversário uma exprobração sobre o que deve ser uma "boa" teologia e sobre que autoridades

---

4 Sobre Marquard Sprenger, ver E. Vansteenberhe, *Autour de la Docte Ignorance*, op. cit., p. 66-77.

fundá-la.⁵ Debate universitário, e não monástico. Cena renana, e não alpina. Em sua resposta, a *Apologia doctae ignorantiae* (1449), uma autobiografia intelectual sob forma de entrevista dada a um discípulo (italiano) escandalizado pelo "insolente" professor, Nicolau de Cusa, fazendo brilharem os mil sóis de sua erudição e o vasto horizonte de suas investigações (de Platão a Mestre Eckhart), tenta definir o que ele chama a "caça" (a "*venatio*") filosófica – uma palavra-chave que repete ao longo de toda sua obra a pressa e o desejo. Não, não é desses "teólogos" emparedados em algumas "autoridades" que eles se contentam em reproduzir sem os pensar: "Eles se creem teólogos quando sabem repetir outros de quem eles fizeram seus autores."⁶ O que lhe é oposto, por volta de 1448, é uma teologia positiva; em torno de 1453, será uma teologia afetiva. Entre essas duas maneiras de hipostasiar um lugar ou uma experiência particular – a Faculdade ou o mosteiro, a literalidade de "autores" selecionados ou os sentimentos de uma "devoção" –, arrisca-se a atitude cusana que se designou justamente como uma "teosofia".⁷

O teatro alemão desses "casos" concerne também à teoria. Enfraquecido fora e dentro, o "Santo Império romano"

---

5 Ver Edmond Vansteenberghe, o *"De ignota litteratura" de Jean Wenck de Herrenberg contre Nicolas de Cues*. Münster, 1910 (Beiträge zur Geschichte der Philosophie des Mittealters, VIII, 6); Rudolf Haubst, *Studien zu Nikolaus von Kues und Johannes Wenck*. Münster, 1955 (mesma série, XXXVIII, 1), p. 118-136. Haubst data o *De ignota litteratura* de 1542; G. Ritter etc., antes, de 1548: ver Robert E. Lerner, *The Heresy of the Free Spirit in the Later Middle Ages*. Berkeley (CA), 1972. p. 168-174.
6 *Apologia doctae ignorantiae*, Stutt., t. I, p. 274.
7 E. Vansteenberghe, *Autour de la Docte Ignorance*, op. cit., p. 15, 104 etc. É retomar a expressão que já empregava Bernard de Waging (de Tegernsee) em seu *Defensorium Laudatorii Docte Ignorancie* [1459]: a obra cusana era para ele uma "teosofia mística" (texto editado por E. Vansteenberghe, op. cit., p. 175).

se regionaliza. Ele se separa definitivamente da investidura pontifical que marcava seu caráter "universal". No início do século, a menção oficial de *deutscher Nation* acrescentada ao título tradicional, delimita e afirma um nacionalismo do *Reichsvolk*, em países onde o latim é há muito tempo substituído pelo alemão nos textos administrativos e jurídicos. Os preconceitos dos humanistas italianos contra a Alemanha, contra seus costumes "bárbaros", contra seu "jargão" (um "*gèrgo*", diziam eles) ou contra sua incapacidade especulativa, assim como as *razzias* de manuscritos às quais eles se entregam nos mosteiros bávaros ou renanos, exacerbam, entre os letrados germânicos, uma consciência nacional em busca de uma legitimidade própria.[8] O *De Germania* de Tácito vai fornecer a referência e a linguagem de um patrimônio autônomo a essa busca de uma identidade. Grande perito de arquivos "maltratados e perdidos nos armários" possuidores inconscientes,[9] Nicolau de Cusa é "o primeiro homem da época moderna" a ter conhecimento desse texto ainda ignorado e do qual Humboldt comparará a descoberta à da América: ele o recopia parcialmente e, parece, como se roubavam outrora as relíquias, ele o retira da abadia de Fulda para comunicá-lo a Poggio Bracciolini, colecionador erudito e secretário da cúria romana, ao qual ele traz re-

---

8   Jacques Ridé, *L'Image du Germain dans la pensée et la littérature allemandes, de la redécouverte de Tacite à la fin du XVIe siècle*. Lille et Paris, 1977. t. I, p. 79-191; e Robert Folz, *L'Idée d'Empire en Occident du Ve au XIVe siècle*. Paris, 1953. p. 160-184.

9   Ver o prefácio do *De concordantia catholica*: "Eu recolhi com muito cuidado grande número de originais (*originalia*) nas reservas (*armaria*: armários e bibliotecas) de antigos mosteiros onde eles estavam perdidos por terem sido por muito tempo maltratados [...]. Tudo, aqui, é tirado de originais antigos..." (Heid., XIV, 1, p. 3).

gularmente em 1427-1429 manuscritos raros.[10] A quem ele serve, ou a quem ele trai tirando esse tesouro "perdido" garantindo-lhe assim, pelo desvio italiano, um papel de catalisador, na Alemanha? Ele exerce em várias regiões. Ele não se idenfica à lei de um lugar.

Essa lei, ele não a nega também. Ele afirma sua pertença à nação germânica. Ele destaca solidariedades: assim Hugues de Saint-Victor é para ele "nosso alemão", "nosso eminente saxão".[11] Com certeza, mosano de nascimento, ele é primeiramente lotaringiano. Estudante, ele assina "Nicolas de Trèves" suas notas sobre a *Théologie mystique* de Gerson e sobre o comentário de *Parmênides* por Proclus.[12] Sua formação inicial, a aprendizagem das "artes" em Heidelberg, o ensino do direito em Colônia, a atividade de decano em Coblence, e até a leitura de Mestre Eckhart em Mayence,[13] toda essa experiência é renana, frequentada pelo Reno sempre lá (*"stabiliter"*), rio turbu-

---

10 Ludwig Pralle, *Die Wiederentdeckung des Tacitus*. Ein Beitrag zur Geistengeschichte Fuldae und zur Biographie des jungen Cusanus. Fulda, 1952. Ver as cartas de Poggio, em Phyllis W. G. Gordan, *Two Renaissance Book Hunters*. Nova Iorque, 1974: Poggio é particularmente excitado pelos Plauto inéditos que deve trazer a Roma o Cusano (p. 135, 138, 160); ele observa também quanto o Renano foi ferido por ser mal recebido pela corte pontifical no fim de 1427 (p. 115). Sobre as esperanças exageradas que provocavam em Roma as "descobertas" de Nicolau de Cusa na biblioteca da catedral de Colônia, ver Paolo Botta, *Il cardinale Niccolò di Cusa*. Milano, 1928.
11 *De concordantia catholica*, II, 29, e III, 39.
12 Ver Edmond Vansteenberghe, Quelques lectures de jeunesse de Nicolas de Cues. In: *Archives d'histoire doctrinale et littéraire du Moyen Âge*, 1928. t. III, p. 275-284; Rudolf Haubst, Die Thomas – und Proklos – Exzerpte des "Nicolaus Treverensis" in codicillo Strassburg 84. *Mitteilungen und Forschungsbeiträge der Cusanus-Gesellschaft*, n°. I, 34, p. 9-11, 1961.
13 *Apologia*, Stutt., t. I, p. 291. Ver Herbert Wackerzapp, *Der Einfluss Meisters Eckharts auf die ersten philosophischen Schriften des N.*

lento ou límpido ("*jam turbulentior, jam clarior*"), permanência que atravessa todas as províncias da obra.¹⁴ Depois de suas primeiras estadas na Itália, ele se pensa e se diz "alemão" (*germanus*). No prefácio do *De concordantia catholica* (1433), ele se excusa de um "estilo" distante da elegância dos "italianos", que são, diz ele, latinos "por natureza" e ligados aos gregos pelo parentesco. "*Nós, alemães*, mesmo se nenhuma constelação estelar discordante não nos vale ser tão inferiores aos outros pelo *espírito* [...], não é sem um trabalho extremo (*labor maximus*) que, fazendo de alguma maneira violência às resistências da natureza, nós conseguimos falar corretamente o latim." Ainda língua universitária, o latim, ontem norma da "cultura", corre do lado de uma "natureza" e de uma genealogia mediterrâneas. Ele se nacionaliza. A obra apresentada às "outras nações" por um alemão não deve, pois, ser julgada pelo critério de sua conformidade a regras e a uma elegância locais, isto é, aos costumes de uma "nação", mas segundo "o espírito" que se exprime em um estilo "sem arte (*incultus*)" e "sem artifício (*absque fuco*)": "O sentido é o mais brilhante aí onde a maneira de falar é mais apagada."¹⁵ Por trás da ironia do emigrante que deve usar um falar estrangeiro se afirma uma diferença entre a

---

Von K. *(1440-1450)*. Münster, 1962 (Beiträge zur Geschichte der Philosophie des Mittelalters, XXXIX, 3).

14 *De conjecturis*, II, 15, Stutt., t. I, p. 188.
15 *De concordantia*, prefácio, Heid., XIV, 1, p. 2-3 (sou eu quem destaca). O *De docta ignorantia* se abre da mesma maneira: Nicolau de Cusa destaca as "inabilidades bárbaras (*ineptiae barbarae*)" que, como "alemão (*germanus*)", ele dirige a Giuliano Cesarini (1398-1444), cardeal de Santo Angelo, jurista e humanista italiano (ver DHGE, t. XII, col. 220-249), mas ele afirma "o imenso labor (*labor ingens*)" de que resulta "a maneira de raciocinar (*ratiocinandi modum*)" que ele lhe apresenta (*De docta ignorantia*, op. cit., Stutt., t. I, p. 1).

universalidade do espírito ("*ingenium*") e a diversidade étnica das línguas ("positividades"). O "*humile eloquium*" cusano, se ele inspira ainda a concepção agostiniana de um "*sermo humilis*" a serviço do espírito (*spiritus*),[16] remete já a relações de força entre nações identificadas com suas línguas. "Uma nação, na Idade Média, é primeiramente uma língua".[17] Na abertura de um livro consagrado às condições políticas de uma "concórdia católica" e, portanto, às instituições que permitem um "*populus*" universal, recorta-se a particularidade da "*natio*" italiana ou alemã. O "*populus*", conceito "político" no século XV, é para a "*natio*", entidade *étnica*, o que "o espírito" é para a língua. Essa tensão define o trabalho da obra.

Às atividades "alemãs" se acrescenta a experiência italiana ou estrangeira: os estudos de direito e de matemática em Pádua (desde 1417); a participação no Concílio de Basileia (1432), as missões diplomáticas na Bohêmia junto aos Hussitas (1433), e a Constantinopla junto ao "Basileus" e ao patriarca do Oriente (1437); o cardinalato romano (1448); as missões do Legado através da Europa (da Áustria aos Países-Baixos) (1451); mais tarde, as responsabilidades de adminstrador geral dos Estados pontificais (1462-1464). Suas tarefas fazem medir as contradições entre forças regionais e a derrocada babeliana das instituições unitárias. Um mundo se despedaça: lutas entre papas, ou entre os papas e os concílios (o Grande Cisma, 1378-1449); despertar dos nacionalismos inimigos (por exemplo, a epopeia de Joana D'Arc, queimada em 1431, ou o movimento hussita, até 1434); emancipa-

---

16 Ver Erich Auerbach, *Literary Language and its Public in Latin Antiquity and in the Middle Ages*, trad. R. Manheim, Londres, 1965, p. 25-81.

17 Bernard Guenée, *L'Occident aux XIVe et XVe siècles. Les États.* Paris, 1971. p. 117 (trata-se do fim da Idade Média) e 299: "Na formação do sentimento nacional alemão, é bem a língua que desempenhou um papel essencial."

ção das cidades; diversificação das línguas; explosão das doutrinas; nascimento de um novo individualismo. Por sua imensa erudição que "corre", diz ele, dos gregos ao Corão, do direito à matemática, dos acervos de arquivos aos cálculos da astronomia, ou de mil "curiosidades" técnicas aos grandes filósofos, assim como por suas inúmeras viagens, Nicolau de Cusa parece querer superar a disseminação de um universo. Mas ele aceita como postulado o caráter *irredutível* dessas diferenças "positivas" e introduz assim o paradigma novo de uma atitude filosófica "moderna". Encontrar e colocar em ação um princípio que articula essa dispersão sem poder reduzi-la à unidade, é, ao longo de sua existência agitada, o "*labor maximus*" que não cessa de "fazer violência às resistências da natureza".

Esse trabalho se orienta principalmente em duas direções: uma, institucional, dá lugar, no campo eclesial de instâncias arruinadas, à filosofia *política* do *De concordantia catholica*; a outra, especulativa e envolvendo as relações do espírito com a multiplicidade das línguas, desemboca na figura *científica* da *Docta ignorantia*. Esses dois textos maiores, opostos pelos métodos e pelo objeto, se chamam um ao outro pelo movimento que os dirige. O primeiro elabora uma maneira ainda inédita de gerar a divisão e propõe modelos para temperar uma hierarquia de "ordens" sacramentais com um sistema de eleição pelo povo e de representação democrática.[18] O segundo produz uma teoria das relações dialógicas entre as "contradições" identificadas pela análise filosófica e do princípio inapreensível ao qual esses pontos de vista heterônomos remetem o espírito.[19] Essa dupla tarefa, associando à carreira do administrador diplomata as investigações do pesquisador, se apoia nas duas referências essenciais de seus interesses

---

18 Ver Paul E. Sigmund, *Nicholas of Cusa and Medieval Political Thought*. Cambridge (MA), 1963.
19 Ver o livro pioneiro de Ernst Cassirer, *Individuum und Kosmos in der Philosophie der Renaissance* [1972]. Darmstadt, 1962

científicos, o direito e a matemática. Já leibniziana por esse projeto constante e pelas modalidades multiformes de sua execução, a obra cusana não cessa de entrelaçar a preocupação política e a especulação científica. É manifesto só no nível de uma estratégia teórica geral, com os conceitos-chave que especificam as operações do espírito no meio das antinomias onde a análise deve reconhecer o próprio local do trabalho de pensar. O *"consensus"* é a mola de toda a organização institucional apresentada na *Concórdia católica*, assim como a "coincidência dos contrários" é o ponto infinito em torno do qual se organiza a filosofia da *Douta ignorância*. De ambas as partes, o princípio do movimento não é idenficável com nenhum dos elementos colocados em jogo, e ele não os mantém também a distância por um processo de abstração; ele supõe, em singularidades opostas, uma mola interna susceptível de realizá-las por relações mútuas. Nessa perspectiva, cada positividade particular não é mais definida por seu *status* em um cosmo ontologicamente hierarquizado (um "cosmo em escada" ou em "degraus"), mas é a testemunha direta de um absoluto, como um "ponto de vista", ao mesmo tempo "total", "singular" e insubstituível, cuja relação com outros manifesta a potencialidade infinita. Sob uma modalidade ora jurídica, ora especulativa, o indivíduo tem um valor de infinito cujo próprio "impulso" o coloca em relação com outros. Como o mostrou Cassirer, Nicolau de Cusa inaugura uma *concepção "moderna" do indivíduo*.[20] Ele o faz porque se apegou em *pensar a potencialidade* em termos de *posições* definidas por uma *determinação recíproca*. Os dois pontos, igualmente fundamentais, ligam também a hermenêutica jurídica a uma especulação geométrica que já tem comportamentos de topologia. De qualquer maneira,

---

20   *Ibidem*, p. 9, sobre "a representação geral do *Stufenkosmos*", na Idade Média.

visto que, em um espaço de lugares sociais ou teóricos, as oposições constituem a condição necessária e intransponível de uma reciprocidade unificadora, os gestos decisivos desse pensamento têm com o "político" uma relação que não caracteriza somente seu elo com a conjuntura, mas sua própria formalidade.

1. O ONIVIDENTE

É com essas operações que se identifica um estilo científico e teórico. Apesar da diversidade das técnicas a que recorre Nicolau de Cusa (a comparação erudita, a hermenêutica jurídica, a demonstração geométrica etc.), suas maneiras de fazer obedecem a uma problemática comum. Há "gestos" cusanos bem reconhecíveis, mesmo se eles se produzem em campos diferentes. Melhor ainda que os conceitos que são seu efeito, essas práticas discursivas traçam, na imensa geografia de suas viagens, sua maneira própria de pensar.

A relação que sua *localização* de locutor alemão mantém com sua *prática* do latim, língua clerical e universitária, fornece um primeiro exemplo desse "estilo". Ele "germaniza (*alemannizare*)", diz ele a propósito do imigrante alemão que chega à Itália.[21] Com efeito, os germanismos frequentam seu latim. Eles são os que voltam de um lugar particular (a Renânia ou a Alemanha) em um lugar outro, o latim, língua suposta "universal", mas de fato limitada a uma área e a uma genealogia particulares. Eles traçam igualmente o presente de um falar local em uma herança recebida do passado. Essa contradição, humanistas italianos se esforçam para suprimi-la, conformando o latim ao modelo da *elocutio* antiga: assim eles substituem à diversidade geográfica ou étnica das línguas o privilégio hierárquico de uma língua da elite (o latim erudito) sobre falares "vulgares".

---

21 *De conjecturis*, II, 8, Stutt., t. I, p. 173, onde ele fala manifestamente de sua própria experiência.

Nicolau de Cusa procede diferentemente. Ele transita *de um a outro* por uma operação que consiste em colocar *uma na outra* duas particularidades qualitativamente heterogêneas (o alemão, que especifica uma identidade étnica, e o latim, que permite uma comunicação intelectual). Seu tratamento do latim é uma coincidência dos contrários. A prática linguística já tem um valor teórico.

É, aliás, notável que essas operações de passagem dão lugar a criações léxicas, às vezes fulgurantes, que marcam frequentemente os momentos decisivos de seu pensamento; então, *o ato* linguístico se torna ele mesmo o *sinal* da teoria. Esses rodeios são modos diferentes de "tornear", deslocar e remodelar o vocabulário pelo *uso* diferente que é um fato dele. Eles dão ao estilo cusano a aparência enigmática ou "obscura" de que lhe censuraram frequentemente, classificando-o na categoria, suspeita, do que é "raro (*rarus*)".[22] Elas se inscrevem, no entanto, na perspectiva que nesses mesmos anos Alberti desenvolve em Mantua com seu *De Trivia* (por volta de 1460) e segundo a qual "a palavra será não mais o signo imutável de uma ideia, mas uma aproximação provisória, suporte de uma criação sempre renovada".[23] No Cusano, essa criação

---

22   Um dos primeiros, Jean Wenck (*De ignota litteratura*, texto *in* E. Vansteenberghe, O *"De ignota litteratura" de Jean Wenck*..., op. cit., p. 22) o censura a Nicolau, para quem o "raro" é antes um estimulante do pensamento ("Rara quidem, et si monstra sint, nos movere solent", diz ele a propósito desses germanismos no início do *De docta ignorantia*, Heid., I, 2, p. 4), ou uma causa de admiração ("Pulchra atque rara narras", diz o interlocutor de *O Idiota*, I, Heid., V, 14, p. 16). Sobre o sentido pejorativo de *rarus*, ver H. Wackerzapp, *Der Einfluss Meisters Eckharts*, op. cit., p. 14, nota 71.

23   Pierre Francastel, *La Figure et le Lieu. L'ordre visuel du Quattrocento*. Paris, 1967. p. 230. E Bruno Zevi, L'operazione linguistica di Leon Alberti. *L'Architetura*, vol. XVIII, p. 142-143, 1972. Cajetan desenvolverá essa problemática do "falar em vários sentidos (*diversi modo loqui*)", que procura multiplicar a potencialidade semântica das palavras a partir da unidade linguística.

desenha o próprio movimento do "conceito", isto é, do que ele concebe e produz (o "conceptus"). Quando ele não se deixa transbordar por sua própria virtuosidade verbal e por seu gosto (bem contemporâneo) pelas ricas surpresas de sentido que oferece a língua por meio da aliteração, à homofonia e, mais geralmente, aos jogos fonéticos,[24] seus rodeios são os gestos de pensar com e entre dois corpos de linguagem. "Muito frequentemente, com *uma palavra*, com um termo felizmente cunhado, toda a profundidade especulativa de problemas fundamentais se encontra esclarecida em um relâmpago."[25] O *Blitz*, esse relâmpago no discurso, define ao mesmo tempo uma "maneira de falar" (cuja teoria logo vai focalizar a ciência mística) e uma maneira de pensar a coincidência dos contrários. Não é surpreendente que as palavras latinas sejam frequentemente empregadas segundo as regras gramaticais alemãs (o infinitivo tomado como nome, os depoentes conjugados como passivos, os termos *aliud* ou *duo* utilizados como indeclináveis, 100 construções particulares, tais como o dativo depois de *participare* – "*teilnehmen*" – etc.), ou construídos sobre modelos léxicos alemães (como *epilogatio, improportionaliter, inunibilis, possest* etc.), ou pensados em função de análogos alemães (como *explicatio*, no sentido de "*Auslegung*"; *complicatio*, no de "*Zusammenlegung*"; *conjectura*, no de "*Mutmassung*" etc.).[26] Elas represen-

---

24 Haveria toda uma pesquisa a fazer sobre os *jogos de sentido* que sugerem a Nicolau as proximidades de sons, uma "arte" poética muito à moda do século XV (ver nota 70). Assim também, no que concerne aos *jogos de letras*: por exemplo, sobre "i" e "n", ou sobre a repetição do "e" em "posse", "esse" e "nexus", o "e" sendo para a língua o que Deus é para o mundo, em *De Possest*, 54, Heid., XI, 2, p. 65-69.
25 E. Cassirer, *Individuum und Kosmos*..., op. cit., p. 20. É Cassirer quem destaca.
26 Ver as observações de Raymond Libansky e Hans Gerhard Senger, "De latinitate Cusani", Praefatio editorum, *De venatione Sapien-*

Capítulo 1 – O Olhar: Nicolau de Cusa

tam as passagens de uma particularidade a outra, mas passagens que não apagam os termos da oposição. Duas línguas antinômicas, definidas cada uma por uma "natureza", uma raça e uma genealogia, se encontram trazidas a pontos de coexistência: essas palavras significam o que elas fazem; elas articulam um discurso da coincidência ao mesmo tempo que elas efetuam a coincidência de duas línguas; são maneiras de pensar o Uno na dualidade linguística. Por esse uso da língua, tem-se um indício do que é a "práxis" cusana. Esse procedimento não supõe uma língua própria à teoria, uma metalinguagem autônoma que forneceria à especulação um espaço linguístico distinto – nem a filosofia cusana supõe uma essência superior que superaria em um nível mais elevado as antinomias de um nível inferior. Um trabalho relativo a cada singularidade libera, de alguma maneira, e desenvolve (*explicat*) "o impulso" que é interior a cada uma e se revela infinito pela própria impossibilidade de encontrar entre singularidades uma unidade hierárquica. Despertada pelo choque entre contrários, a "práxis" filosófica *passa* de uma positividade a outra, como de uma perspectiva a outra, "explicando" assim a "semente de infinito" que anima cada uma delas. Ela é *translatio*, transferência.

Com esse tipo de operação se conforma, mas em uma maior escala, a maneira como Nicolau de Cusa trata a tradição escolástica. Ela se caracteriza por novas maneiras de praticar um *corpus* recebido. Ela não procede a partir de uma ruptura, ou de uma separação, que permitiria a construção de um sistema diferente. "A massa de pensa-

---

tiae, Heid., XII, p. XXI-XXII; e Hans Gerhard Senger, Die Sprache der Metaphysik. In: *Nikolaus von Kues*. Fribourg in B. e Münster, 1979. p. 95-97. Eu interpreto muitas *asperas compositiones* cusanas como efeitos de um falar alemão no latim.

mento (*Gedankenmasse*) da filosofia escolástica [...] não é colocada de lado, mas envolvida em um movimento de pensamento inteiramente novo."[27] Esse movimento se efetua *no interior* dessa "massa", em função das contradições que opõem alguns elementos a outros, internos ou externos (platônicos, árabes etc.). A vigilância em identificar essas oposições no campo indefinido do saber disponível estimula o olhar a quem é dada, em um "relâmpago", sua coincidência.

Os dois "ver". Uma estética matemática

Uma erudição interminável, relativa às "positividades" do saber, se combina, pois, com a visão instantânea, que apreende sua relação. Uma oferece à outra o campo sem fim das realidades particulares onde reconhecer, por meio de suas próprias oposições, as modalidades de uma dinâmica do infinito. Para exprimir a intensidade da experiência visual em Nicolau de Cusa, seria preciso antes falar de uma combinação entre a observação e a intuição. Uma é "desenvolvida" em uma busca insaciável, captada por toda espécie de curiosidades quotidianas (o berilo, o jogo da bola, o pião, a colher de pau, o relógio etc.)[28] assim como por tantas regiões atravessadas ou pelo inumerável dos livros ou dos arquivos: ela dá lugar ao discurso que leva frequentemente o *título* de um objeto (*o berilo*,

---

27 E. Cassirer, *Individuum und Kosmos*..., op. cit., p. 20-21.
28 "O berilo é uma pedra brilhante, branca e transparente, que se talha ao mesmo tempo convexa e côncava" (*De Beryllo*, 2). Como o quadro para o *De icona*, é o objeto que induz o tratado que leva seu nome (1458). O mesmo acontece para o jogo da bola, no *De ludo globi* (1463); para o pião (*trochus*, ou o "tamanco"), no *De Possest* (1460), ou para a colher fabricada pelo "profano", no *Idiota* (1450). Sobre o relógio, ver *De icona*, op. cit., p. 11: na Itália, acabava-se de instalar por toda parte relógios públicos (Paul Lawrence Rose, *The Italian Renaissance of Mathematics*. Genebra, 1975. p. 7).

o jogo da bola, o quadro ou *a imagem* etc.), como se o objeto "instituísse o lugar da reflexão, na ausência de outra instituição, e como se a visão da coisa (nesse nível da observação ou da pintura) "ocupasse o lugar" de "autoridades" supostas a criar esse lugar, mas tornadas incertas. A intuição, ao contrário, está "concentrada" na evidência de "visões do espírito (*visus mentis*)". Essas duas formas do "ver" se entrecruzam constantemente. Elas têm como ponto de coincidência a figura visível onde o olhar capta o invisível que aí se move. Esse instrumento de passagem (*transumptio*) de um "ver" ao outro é o *espelho*. Engastado nos textos, ele é o equivalente das citações de poemas nos tratados místicos do século XVI. Ele é, com efeito, para o visual o que a "palavra"-relâmpago é para o verbal. Ele escande a prosa do discurso por bruscos pontos de cruzamento entre vários espaços.

Em Van der Weyden, Van Eyck (por exemplo, o retrato dito dos Arnolfini, 1434) ou o Mestre de Flémalle (o retrato do cônego Werl, 1438), mais ou menos contemporâneos do Cusano, o espelho é um lugar colocado *no interior* do quadro pintado e frequentemente decorado como o ostensório ou o relicário que circunscreve a manifestação de outro mundo. No interior, ele dá a ver um *além* – outro tempo (a morte), outra dimensão (o luto, o vício etc.) – que não é visível sobre a cena representada pela pintura e que está, no entanto, *já* em operação. É o revelador (ou a alucinação) de uma história oculta, mas presente, a visibilidade do que não pode ser visto *aí*. Em Nicolau de Cusa, é "espelho" um objeto concreto que dá a ver o que o anima já, além ou aquém de suas aparências. No escrínio das prosas explicativas, coisas se iluminam de repente em "espelhos". Assim, a colher de pau se altera em "todo tipo de espelhos, côncavo, convexo, reto, cilíndrico – reto na base do cabo, cilíndrico na parte inferior da haste, côncavo no oco da colher, convexo em suas costas" – quando as for-

mas invisíveis são reconhecíveis na imagem sensível.²⁹ A colher se realiza como espelho, como joia para o espírito, quando, ultrapassando a observação minuciosa, o espectador aí capta um esplendor que o olho não conseguiria ver. Então, um "ver" dá lugar a outro. A visão de crepuscular se torna "auroral (*ut aurora*)"; à luz de outro dia, ela vê o que vem no objeto, transformado em figura "anunciadora", como um anjo.³⁰
Uma intuição intelectual mudou todas as coisas em espelhos possíveis. Ela é observada ao termo da *Douta ignorância*, no destino final ao cardeal Cesarini, sob a forma de um envio. O discurso terminou, "*Amen*". Segue, então, esse extratexto; nem conclusão nem prova (o tratado se basta), é uma assinatura, a de um nome recebido, o indecifrável do próprio. A evocação é breve. É, no entanto, a intuição fundadora, como a visão de Ostia para Agostinho, mas ela nasce de e na própria divisão. A cena se desenrola no mar. O diplomata traz de Constantinopla o Patriarca e o Imperador com o objetivo de um encontro com o Papa (primavera de 1438): "*In mare ex Graecis rediens.*" Entre o Oriente e o Ocidente, esses dois contrários, e no ato de passar de um ao outro, ele "crê", escreve ele, ter sido "conduzido", viagem imitando a navegação, "por um dom do alto, vindo do pai das luzes [...], abraçando de maneira incompreensível as coisas incompreensíveis na douta ignorância (*ut incompraehensibilia incompraehensibiliter amplecterer in docta ignorantia*), transcendendo as verdades incorruptíveis que se pode conhecer humanamente". Esse princípio fulgurante de uma coincidência dos contrários, esplendor no cerne do não saber, ele não

---

29 *Idiota*, op. cit., III, 2 e 5.
30 Maurice de Gandillac, *La Philosophie de Nicolas de Cues*. Paris, 1941. p. 466. Giordano Bruno, fervoroso leitor de Nicolau, explicitará a distinção dessas duas "vistas": *Des Fureurs héroïques*. Trad. Paul-Henri Michel. Paris, 1954, I, diálogo IV, p. 218.

pôde, apesar de seu desejo, atingir aí pelos "diversos caminhos das doutrinas".[31] O que ele "concebe" lhe é dado de repente: se ele o exprime em fórmulas agostinianas que designavam já a maneira como o Espírito torna "douta" nossa "ignorância",[32] ele as transforma na concepção que vai reger toda sua obra.

Quando Johannes Wenck acusa a "douta ignorância" em nome de fontes julgadas comprometedoras (Denys, Eckhart etc.) e vê, pois, o texto de seu adversário como a repetição de expressões positivas que um olho erudito pode reconhecer, Nicolau de Cusa retifica, antes de defender as obras incriminadas: "Não é Denys ou algum outro teólogo antigo que eu vi (*vidisse*) quando recebi do alto o conceito" da douta ignorância. Ele não deixou de "correr" avidamente, como um "cão caçador", para os escritos dos doutores (*avido cursu me ad doctorum scripta contuli*),[33] mas a "visão" de que ele fala não se reduz ao que os documentos apresentam a um olho crítico; muito ao contrário, ela detecta em sua positividade visível o que neles vem de mais longe. Ela não é incompatível com a "corrida" incansável de uma erudição, mas, dos textos e "curiosidades" que o pesquisador não cessa de inventariar, ela faz os "espelhos" do que os anima sem aí ser visível. A "caça (*venatio*)" observadora e colecionadora fornece continuamente novos lugares onde se reproduz a alquimia que transforma um "ver" no outro, como o chumbo em ouro.

Entre as duas formas do "*videre*", a matemática cusana constitui um espaço de coincidência. É uma geometria. A espécie de operações mentais que a define começa com composições de lugares visíveis: "Imagine uma pi-

---

31   *De docta ignorantia*, op. cit., III, 12, Peroratio. Sobre Cesarini, ver nota 15.
32   Ver M. de Gandillac, *La Philosophie de Nicolas de Cues*, op. cit., p. 111.
33   *Apologia doctae ignorantiae*, Stutt., t. I, p. 282-283.

râmide...", "conceba um triângulo...", "seja um círculo..."
etc. Mas nessa "imagem sensível" oferecida ao "olho",[34]
o espírito vê relações formais e seus desenvolvimentos
possíveis. A geometria junta observações ou construções
ópticas a evidências racionais. O "ver" do espírito coincide aí com o "ver" do olho; uma intuição intelectual, com
uma percepção ocular; o universal de uma "forma", com a
singularidade concreta de uma figura. Reciprocamente,
não é matemático aquele que sabe ver de uma maneira,
mas não de outra.

A geometria fornece, pois, o modelo de uma *cientificidade*, no próprio momento (ou antes: na própria medida) em que ela é separada de seu funcionamento ontológico antigo. Com exceção, talvez, do que concerne ao
"um" (cuja ambivalência, por falta do zero, não cessou de
criar problema a Nicolau de Cusa), essa matemática não
é mais a revelação de formas ou de verdades que organizam o universo. Ela não é epifânica. Assim como a pintura, é uma "construção" do espírito (um *conceptus*) inscrita
na problemática à qual o Tasso dará logo o belo nome de
"*fabbrica della mente*".[35] Enquanto ela ordena sequências
coerentes de "exercícios" sobre figuras elementares (o
ponto, a reta, a curva etc.) e que ela não tem mais o *status*
de um discurso que manifesta as estruturas do ser, ela se
torna capaz de formular e de regular as produções do espírito em todas as disciplinas. Ela adquire o valor de uma
língua privilegiada, protegida do equívoco ou da polissemia que permite às outras línguas os jogos de imprevisíveis invenções; ela é, pois, susceptível de controlar e de
desenvolver, como em laboratório, as atitudes intelectuais
aplicáveis a todas as regiões do saber. "Em nossa ciência,

---
34 *De conjecturis*, I, 11-12, Stutt., t. I, p. 140.
35 Torquato Tasso, Del giudizio sovra la sua gerusalemme da lui medesimo reformata. In: *Le prose diverse*. Firenze: Éd. C. Guasti, 1875. t. I.

não temos de certo senão nossa matemática" e nada de "grande" foi dito "que não tenha sido fundado sobre o modelo da matemática".[36] Em cada pesquisa particular, ela apresenta esquemas de construções e de transformações a efetuar sobre "positividades" diferentes.

A geometria concerne primeiramente às operações relativas ao "ver", visto que ela se desdobra inteira nesse elemento e que ela faz do visível o próprio campo de visões intelectuais. A esse respeito, ela não apresenta somente a formalidade de procedimentos aplicáveis *também* à experiência visual: ela tem valor de modelo para uma ciência *do "ver"*. Essa ciência é nela mesma uma *estética*. Daí seu *status* de enigma: "É um enigma para se colocar em caça (*venatio*) das obras de Deus." Assim, é preciso "enigmatizar matematicamente".[37] Essa arte visa não a "ver o visível", mas a "ver o invisível no visível",[38] por um movimento do espírito que a pintura de Van Eyck ou do Mestre de Flémalle exerce igualmente[39] e que Nicolau de Cusa funda, referindo-se não a Proclus mas a São Paulo: "*Videmus nunc per speculum in aenigmate*".[40] "Enigma" no "espelho" de suas figuras, a geometria se torna uma ciência do espelho, mas na medida em que ela consiste em ver o invisível em um lugar visível, na medida em que ela é uma prática desse "ver"-aí. Tal é, com efeito, a característica de Nicolau de Cusa geômetra, que ele estende à filosofia. Ele procede a

---

36 *De Possest*. Heid., XI, 2, p. 54. Ver *De docta ignorantia*, op. cit., I, 11 etc.
37 *De Possest*, p. 71: "*mathematice aenigmatizare*".
38 *De non aliud*. Basileia, p. 189, a propósito do sentido de "videre"
39 Ver Erwin Panofsky, *Early Netherlandish Painting*. Nova Iorque, 1971. p. 149-204, e principalmente sua bela análise de *A Virgem na Igreja* de Van Eyck como presença do imaterial, p. 144-148.
40 1 Coríntios 13, 12. Ver *De docta ignorantia*, op. cit., I, 11: "quase in speculo et in aenigmate"; *De Beryllo*, 1 etc. Nicolau de Cusa associa frequentemente as duas palavras.

partir de *excessos* teóricos: "relâmpagos" conceituais prevêm, transbordam e desviam o curso legal do raciocínio; eles têm a capacidade de surpreender a análise e, portanto, de renová-la; eles não obedecem ao princípio de não contradição e não podem, pois, ser submetidos a uma verificação. Gênio inventor, ele pertence à categoria dos matemáticos que, para retomar as palavras de David Hilbert a propósito de Georg Cantor, abrem à matemática um "paraíso" ou uma "teologia" não refutável. A produtividade da imaginação inventiva se mede somente na coerência de seus efeitos. Nicolau de Cusa "vê" primeiro. É na formalização ou na demonstração que ele se mostra mais fraco, frequentemente rápido, ou levado pelo que ele "concebe". Assim, julgaram-no de maneira contraditória, conforme se privilegiasse a inventividade matemática (assim Moritz Cantor) ou o rigor do raciocínio (Pierre Duhem).

Arte de "ver", ou de mudar as figuras em espelhos, a geometria cusana exerce, pois, o que deve praticar-se *também* na leitura dos autores ou na observação das curiosidades físicas. Língua visual e prática conceitual, ela ensina a reconhecer nos textos legíveis e nos objetos visíveis, como em "imagens sensíveis", mil espécies de espelhos – e uma multidão de espelhos possíveis – formando a visão viajante que tem do universo o matemático "mais dotado" e mais "inventivo" de seu tempo.[41]

---

41 Moritz Cantor, um bom juiz, citado por E. Cassirer, *Individuum und Kosmos...*, op. cit., p. 63. Pierre Duhem, ao contrário, leva 100 páginas explicando os "malabarismos de palavras" do Cusano, seus plagiatos e seus erros matemáticos; é finalmente para reconhecer nele o digno precursor "des Fichte e des Hegel": *Le Système du monde*.Paris, 1959. t. X, p. 247-347. Sabe-se que, para Giordano Bruno, Nicolau é "il divino Cusano", "autor dos mais belos segredos da geometria" (De la Causa, 5º dialogue) e, para Kepler, "*divinus mihi Cusanus*" (ver Alexandre Koyré, *Études d'histoire de la pensée scientifique*. Paris, 1973. p. 336).

O prefácio de "A Imagem"

Nicolau de Cusa tem 52 anos quando redige seu tratado. Por seu estilo calmo, o *De icona* parece inicialmente um espelho límpido onde aparece, Cassirer já o destacava,[42] o ponto focal da especulação cusana. De pronto, ele se dá como programa a "facilidade" da teologia mística. Programa típico, não somente porque ele define o estilo de inúmeros textos cusanos, concebidos como sequências lógicas de operações simples, ou ainda, aspecto já mais central, porque, nesse domínio como em matemática, "vê"-se ou "não se vê", não é uma questão de esforços, mas principalmente porque o tratado postula uma "semente" de infinito em cada um de seus leitores. Ele dá uma linguagem à que já está aí. Ele oferece palavras ao que os destinatários sabem em algum lugar, de forma que eles podem contentar-se em responder: "Como é verdade! É absolutamente isso!" A verdade já está aí, só falta vê-la – assim começa o *De Beryllo*; a sabedoria clama nas praças públicas, só falta ouvi-la – assim começa o *Idiota*.[43] Os clérigos que confundem por suas argúcias o acesso do "profano" (o *idiotus*) ao verdadeiro escandalizam o Cusano; ele tem para expulsá-los exorcismos zombadores cujo estilo se encontrará em Rabelais: "*A dialecticis libera nos, Domine* – Dos dialéticos, livra-nos, Senhor."[44] A "facilidade" designa uma experiência desligada de longas prévias escolares e fundada no "impulso" de cada espírito livre.

O prefácio do tratado *Da imagem* ou *Do quadro* visa precisamente a abrir ao tratado um espaço que escapa

---

42 E. Cassirer, *Individuum und Kosmos*..., op. cit., p. 32, 34, 38-39. Ver as observações de Mariano Alvarez-Gómez, *Die verborgene Gegenwart des Unendlichen bei Nikolaus von Kues*. Munich e Salzbourg, 1968. p. 59 e segs., sobre a importância central do *De icona*.
43 *De Beryllo*, 1; *Idiota*, I, 1.
44 *Apologia doctae ignorantiae*, Stutt., t. I, p. 288.

às preliminares indefinidas de uma competência técnica assim como ao privilégio, finalmente positivista, do "vivido". Análogo à "comparação" geométrica (a esfera una e plural) que induz, em Teresa de Ávila, o discurso novo das *Moradas*,[45] ela serve de fundamento a todos os capítulos que seguem. É o grau zero do tratado. Ele precede e permite a palavra: *"prae-fatio"*. Ele se apresenta como uma "experimentação sensível (*sensibile experimentum*)" que, desalojando os destinatários de suas posições prejudiciais, "dá" lugar à teoria cusana. Trata-se de um "exercício (*praxis*)". Um *fazer* tornará posssível um dizer. Essa propedêutica é, aliás, usual na formação espiritual e nas relações entre mestre e discípulo: "Faze-o, e compreenderás depois." Ele tem igualmente o alcance de uma observação em laboratório, cuja interpretação teórica virá em seguida. Ele exerce sobre o duplo registro de um "exercício espiritual" e de uma experiência científica. Eis, pois, o texto inteiro desse prefácio (exceto as duas últimas linhas):

> Prefácio
>
> *Se eu quero realmente conduzi-los por caminhos humanos às coisas divinas, preciso usar uma comparação (similitudo). Entre as produções humanas, não encontrei nada de mais conveniente ao meu desígnio que a imagem de um onividente (imago omnia videntis), cujo rosto (facies) é pintado com uma arte tão sutil que ele parece olhar tudo no entorno. Existem muitos, muito bem pintados: o do Sagitário, na praça de Nuremberg; o que o grande Roger [Van der Weyden] executou em um quadro muito precioso que se encontra no Tribunal de Bruxelas;[46] o de Verônica, em minha capela de*

---

45 M. de Certeau, *A fábula mística*, I, p. 297-316, Forense – Grupo GEN.
46 O quadro de Van der Weyden, um autorretrato, desapareceu, mas sobra uma cópia (uma tapeçaria conservada no Museu de Berna). Ver Erwin Panofsky, Facies illa Rogeri maximi pictoria. In: Kurt Weitzmann (éd.), *Late Classical and Mediaeval Studies in Honor of*

Coblence; o do Anjo que segura as armas da Igreja, no castelo de Brixen, e muitos outros em outros lugares. Para que nada lhes falte em um exercício (praxis) que exige a figura sensível de que eu pude dispor, hes envio um quadro levando essa figura do onividente, que eu chamo quadro (ícone) de Deus (ícona Dei).⁴⁷ Fixem-na em algum lugar, por exemplo, na parede norte. Vocês, irmãos, mantenham-se a igual distância em torno dela e olhem-na (intueri): de qualquer lado que o examine (inspicere), cada um de vocês fará a experiência (experiri) de ser como o único a ser visto por ela. Ao irmão que se encontra a leste, ela parecerá (videbitur) olhar (respicere) para o leste; ao que se encontra ao sul, para o sul; e ao que se encontra a oeste, para o oeste.

Vocês ficarão admirados (admirari), perguntando-se primeiro como pode ser que ela olhe ao mesmo tempo todos e cada um. Ao que se mantém a leste, é impossível imaginar que o ícone vire sua vista (visus) do outro lado, por exemplo, para o oeste ou para o sul. Então, ele irá colocar-se do lado oposto, e fará a experiência que aí também ela fixa (figere) sua vista sobre ele, como ela o fazia a leste. Sabendo a imagem sempre fixa e imóvel, ele se surpreenderá com o movimento desse olhar imóvel. Se ele fixa os olhos sobre ela (figere obtutum) e faz o percurso do oeste a leste, ele descobrirá que a imagem coloca sua vista continuamente sobre ele e que ela não o deixa mais se ele faz o percurso inverso.

Ele se surpreenderá que ela se mova imovelmente (immobiliter) e é também impossível a sua imaginação apreender

---

Albert Mathias Friend Jr. Princeton, 1955. p. 392-400; idem, Early Netherlandish Painting. Nova Iorque, 1971. p. 248. O autorretrato se encontrava na parte direita de um dos Exemplos de justiça (Justiça de Trajano e Herkinbald).

47 As pinturas de Nuremberg, de Coblence e de Brixen não puderam ser identificadas. Quanto à "figura" onividente de que ele pode dispor, Nicolau de Cusa escreve em Tegernsee, em 14 de setembro de 1453, que ele "possui uma pintura dela com ele" e que ele "tem um pintor" a quem pedirá que faça uma cópia para os destinatários do tratado (texto editado por E. Vansteenberghe, Autour de la Docte Ignorance, op. cit., p. 116).

que o mesmo tipo de movimento se produza com um irmão que se deslocaria em sentido contrário. *Se ele quer fazer a experiência, ele se arranjará para que um confrade vá de leste a oeste sem deixar com os olhos a imagem, enquanto ele mesmo vai de oeste a leste; ele interrogará seu parceiro para saber se a imagem gira continuamente a vista sobre ele também, e ele ficará sabendo com seus ouvidos que o olhar se move da mesma maneira em sentido oposto; então ele acreditará. Se ele não acreditasse, não poderia entender que é possível.*

*Graças à revelação feita pela testemunha (*revelatio relatoris*), ele chega a saber que o rosto não deixa nenhum dos seus andantes, enquanto seus movimentos são contrários. Ele faz assim a experiência que essa face imóvel (*immobilis facies*) se move ao mesmo tempo para o leste e para o oeste, para o norte e para o sul; que ela se dirige simultaneamente para um lugar e para todos; e que seu olhar segue tanto um movimento particular quanto todos ao mesmo tempo. Se ele observa (*attendere*) que o olhar não deixa nenhuma das pessoas presentes, ele verá (*videre*) que esse olhar cuida de cada uma com tanto cuidado como se ela fosse a única a fazer a experiência de ser seguida, a ponto que a que é olhada não pode conceber que outra seja o objeto da mesma atenção. Ele verá que esse olhar vela com um cuidado extremo pela menor criatura (*minima*) como pela maior (*maxima*) e pela totalidade do universo.*

*A partir desse fenômeno sensível (*sensibilis apparentia*), eu me proponho, irmãos muito amados, elevá-los por um exercício da devoção (*praxis devotionis*) até a teologia mística.*[48]

Um fantástico

O prefácio impõe a atmosfera de um lugar. O léxico faz proliferar os verbos significativos de olhares (ver, parecer – videri –, olhar, examinar, observar, seguir com os olhos, fixar sua vista etc.). Essas múltiplas atividades visuais se estendem pouco a pouco a todos os atores, de maneira que elas compõem progressivamente um labirin-

---

48 *De icona*, "Praefatio", op. cit., Viena, p. 94-98.

to não de coisas, mas de olhares que se cruzam surpresos ou fixos, imóveis ou viajantes, instantâneos ou contínuos. Um fantástico do olhar frequenta essa porta fechada, com seu acompanhamento de surpresas, de inimaginável e de incrível. Essa floresta de olhos lembra muitas antigas visões, das quais aquela, famosa, e renana, de Hildegarde de Bingen, captada pela aparição de um corpo coberto de olhos.[49] O olhar fixo sobre o espectador tem também o valor cultural de um milagre. Assim, para a festa da "Invenção da Santa Cruz" (3 de maio), a *Lenda dos santos* (ou *Lenda dourada*) faz dele a recompensa atribuída pelo céu a um jovem "secretário (*notarius*)" que resistiu ao diabo pelo sinal da cruz (sinal, aliás, traçado pela composição de lugar cusana). Algum tempo depois desse gesto por assim dizer sacramental, enquanto na Igreja de Santa Sofia o mestre e o secretário ficam de pé diante de uma imagem do Cristo, o mestre constata que a imagem tem "os olhos fixos (*oculos fixos*)" sobre o jovem: uma por vez, ele "o faz passar à direita, depois à esquerda", várias vezes, mas a imagem "volta os olhos" para o lado aonde vai o secretário e "conserva os olhos fixos sobre ele".[50] O exercício cusano parece muito com o milagre da *Lenda dourada*, inclusive pela relação do mestre com Nicolau de Cusa, ordenador dos movimentos da cena e do espectador desses jogos de olhares. Ele se inscreve, com efeito, no âmbito de uma longa tradição fantástica, mística ou milagrosa. Ele se destaca com uma aura de mistério e de segredo que

---

49 Hildegarde de Bingen, *Scivias*. Éd. A. Fürkötter e A. Aarlevaris, Corpus Christianorum, CM, t. 43-43 A, Turnhyout, 1978: Pars prima, visio prima, p. 7 e 9; Pars tertia, visio octava, p. 481. Ver Josef Schomer, *Die Illustrationen zu den Visionen der hl. Hildegard als dünstlerische neuschöpfung*, Diss., Bonn, 1937.

50 Ver [Jacques de Voragine], *Legenda aurea Sanctorum*, Madri: Éd. P. Lopez, J. Garcia, 1688, "legenda 64", p. 241; e, na tradução sempre um pouco aproximativa de Teodor de Wyzeva, *La Légende dorée*. Paris, 1929. p. 310-311.

enriquecem ainda 100 histórias de devoção, de almas do outro mundo ou de mau olhado. A operação iniciática se desenrola no clima, mítico, de uma experiência historicamente fundamental.

Os exemplos de "onividente" citados pelo texto (que parece, então, com um catálogo de colecionador ou de arquivista) acrescentam uma dimensão autobiográfica a todos esses olhares que organizam o espaço e parecem as almas de visões ancestrais. Nuremberg,[51] Bruxelas, Coblence, Brixen: esses lugares demarcam a carreira de Nicolau de Cusa; houve, ou há ainda, sua residência. Um olhar parece tê-lo seguido pela Alemanha, do norte ao sul, de leste a oeste, apesar da diversidade de seus aspectos: o Sagitário, centauro atirando a flecha que une a terra ao céu, no Zodíaco; o autorretrato de Van der Weyden, de três quartos e voltado para o espectador, no meio da multidão reunida, no painel direito da *Justiça de Trajano*; a *Santa Face* que mostra Santa Verônica, ou a própria Verônica;[52] o Anjo portador do brasão eclesial, no castelo (o de Sigismond?) que domina Brixen; enfim, a própria pintura que ele possui em casa, no bispado de Brixen, e da qual ele man-

---

51 Em Nuremberg, Nicolau conseguiu manuscritos e instrumentos astronômicos provindos de Praga (ver Barbara Obrist, *Les Débuts de l'imagerie alchimique du XIVe au XVe siècle*. Paris, 1982. p. 282). Ele conheceu aí o astrônomo Georg Peurbach (ver página 111, nota 107). É, pois, uma cidade localizada sob o signo do zodíaco.

52 Assim, o *Calvário*, de Roger Van der Weyden, no Museu de Viena traz (parte esquerda do tríptico) uma Verônica segurando um pano onde um santo Rosto de Jesus olha o espectador (ver também o Véu de Verônica de Quentin Metsys, ou os *Volto santo* divulgados pelos mercadores de Lucques). Do mesmo Van der Weyden, há também rostos de mulheres fixando o espectador (ver o *Retrato de mulher*, Museu de Berlim). A pintura nórdica apresenta inúmeros casos de "onividente". Geralmente, nessa época, ela busca "um efeito que parece englobar no espaço representado aquele que o olha". (F. Panofsky, *La perspective comme forme symbolique*, trad. Guy Bellangé, Paris, 1976, p. 49).

da fazer uma cópia por um pintor para enviá-la a Tegernsee. Não são somente os lugares que são múltiplos, mas as espécies figuradas (centauro, homem, mulher, anjo) e os locais profissionais ou simbólicos (o zodíaco público, o tribunal da justiça, o oratório privado, o castelo militar, o palácio eclesiástico). Seriam as aparições sucessivas e diversas de um olhar, sempre o mesmo, que "não o deixa". Nesse caso, a cena contruída para Tegernsee recapitula, como em um espelho, todas essas aparições sucessivas. Assim como ela introduz em uma experiência visionária tradicional uma observação óptica já "moderna", ela insinua toda uma série de eventos pessoais em um exercício pedagógico. Ela faz coexistir múltiplas cenas. Lugares heterogêneos são levados a coincidir nesse olhar ubiquitário que não tem mais nome nem rosto próprio (ele não tem no texto nenhuma identidade):[53] o espaço que ele organiza tem assim uma profundidade de histórias apagadas; plural, fato de estratos visuais que funcionam uma sobre a outra, é o teatro anônimo de uma memória.

A densidade própria da imagem se manifesta, enfim, na relação que a pintura mantém com o discurso. Estrutura dialogal. O exercício, diz o Prefácio, "exige" a imagem. Em uma demonstração geométrica clássica, o enunciado supõe a figura; assim também, o texto exige o quadro. Não há um sem o outro. Enviados conjuntamente, o discurso e o quadro constituem por sua própria diferença a dinâmica da práxis. Os "momentos" racionais que ordenam a experimentação levam, cada vez aumentado, o fantástico da imagem, e, cada vez, a *admiratio*, surpresa visual, marca essa volta. Mas de um ao outro, do verbal ao icônico, a relação se inverte em curso de exercício. No início, é o quadro,

---

53 Mais adiante (cap. IX etc.), ele invoca "essa pintura de sua Face", a propósito de Jesus, mas essa precisão parece um efeito do desenvolvimento discursivo (que percorre sucessivamente as formas do olhar divino) mais que ela diz respeito ao próprio quadro.

condição necessária, que gera inicialmente um espaço (o semicírculo dos espectadores). Ao termo, é um testemunho oral (a *revelatio relatoris*) que só permite acreditar no que escapa à visão, de maneira que os ouvidos dão a entender o que os olhos não podem ver. A partir de então, a imagem "exige" o discurso; no espaço que ela lhe abriu e que torna possível o projeto de "contar maravilhas (*enarrare mirabilia*)",[54] o tratado vai se desenvolver em 25 capítulos. Mas doravante, de que esse discurso não cessa de falar, de que ele é cativo, senão da imagem sempre aí que retira dos olhos o que ela faz ver ao espírito e que fica, ou que se torna até cada vez mais, no centro dessas palavras tecidas umas com as outras, uma presença de ausência?

2. UMA GEOMETRIA DO OLHAR

Que a imagem não acabe mais de se tornar o outro do texto, isso começa quando ela *aparece* inapreensível. A experiência deve garantir esse começo. Ela visa a "converter" uma maneira de ver em outra. É uma "translação" conforme ao método cusano, que consiste em mudar, *no* lugar recebido, a operação que aí se faz. O exercício se desenrola no inteiro de uma abundância visual, mas para aí recortar uma outra *prática* do lugar.

Ele depende da geometria. Nicolau de Cusa o precisa em uma carta de 14 de setembro de 1453, onde ele explica a Aindorffer o futuro *De icona*: uma "figura matemática" aí fará o objeto de transformações que estendem seu alcance até a "infinidade teológica (*theologicalis infinitas*)". O "procedimento experimental (*praxis experimentalis*)" que ele entende desenvolver, acrescenta ele, é "muito elegante (*pulcherrimus*) e muito claro (*clarissimus*)"[55] – qualidades de uma demonstração matemática. Segundo essa mesma car-

---

54 *De icona*, Apresentação.
55 Texto editado por E. Vansteenberghe, *Autour de la Docte Ignorance*, p. 116.

ta, o *De icona* foi inicialmente um "capítulo" do *Complément* anexo aos *Mathematicis complementis* que ele dirige então ao papa Nicolau V, o mecenas e instaurador da renovação humanista e matemática em Roma.[56] Ele pertence, pois, a essa cascata de "complementos", aplicações da geometria à teologia. Destacado desse *Complementum theologicum figuratum in complementis mathematicis*, onde ele não se encontra mais, o "capítulo" foi desenvolvido à parte; mas completamente separado que seja quando é enviado, enfim, em 1453, ele fica definido pelo programa do *Complément théologique*: "Eu me esforçarei para tornar teológicas as figuras desse livro [os *Complementos matemáticos*] de maneira que, com a ajuda de Deus, nós vejamos com a visão do espírito (*mentali visu intueamur*) como o verdadeiro, procurado em toda coisa conhecível, brilha no espelho matemático não somente sem [que seja preciso usar] semelhanças, mas em uma resplandecente proximidade [...]. Com efeito, as coisas teológicas, nós as veremos melhor com o olho do espírito que não se pode exprimir com palavras."[57] Privilégio do "ver" para aceder ao verdadeiro, mas pelo "espelho matemático": essa convicção dos 25 últimos anos de Nicolau de Cusa, desde *A Douta Ignorância*, fixa no *De icona* seu objetivo, e no prefácio que o introduz, seu *status* científico.

O privilégio do olho sobre o ouvido não tem nada de específico: na época, a pregação o repete à saciedade.[58] Mas o exercício que deve permitir a transformação da experiência visual "sensível" em teoria da visão mística é para Nicolau de Cusa uma operação matemática. Ela se

---

56 *Ibidem*, para a carta a Aindorffer. Sobre esse aspecto de Nicolas V (1447-1455), ver P. L. Rose, *The italian Renaissance of Mathematics*, p. 36-44.
57 *Complementum theologicum*, 1, Basileia, p. 1107.
58 Michael Baxandall, *Painting and Experience in 15th Century Italy*. Oxford, 1974. p. 41 e segs.; Daniel Arasse, Fonctions de l'image religieuse au XVe siècle. In: *Faire croire*. Roma, 1981. p. 131-146.

une às pesquisas do século XV que, de Alberti a Piero della Francesca (esperando Leonardo da Vinci), associam estreitamente a teoria matemática a uma teoria da arte. A matemática não é somente uma condição de certeza no conhecimento, mas o meio metódico de decodificar ou de organizar "observações" científicas. Ao mesmo tempo que escola de rigor, é uma ciência do ver (uma hermenêutica das figuras) e uma ciência "arquitetural" (uma arte de construir experiências arrazoadas e demonstrativas). Na cientificidade nova, essencialmente visual, ela ocupa o lugar do que era a lógica na cientificidade medieval, essencialmente linguística. Mas deixando de lado essas comparações com contemporâneos, basta destacar que Nicolau de Cusa pensa como matemático o exercício que os monges têm que executar não com um compasso, mas com suas pernas, no decorrer de uma cerimônia que prolonga também os "jogos", mímicas e "acrobacias" tradicionais na abadia de Tegernsee há muito tempo,[59] e que apresenta, enfim, a estranha audácia de substituir a liturgia por uma ordenação geométrica, e principalmente o altar e a Bíblia por um quadro.

Essa liturgia matemática coloca em cena um espaço distribuído em lugares por um sistema de diferenças entre singularidades que constituem suas posições recíprocas. Ela parece corresponder à "*geometria da posição*" de que Buffon, três séculos mais tarde, destaca tão justamente a necessidade: "Tudo o que tem imediatamente relação com a posição falta absolutamente às nossas ciências matemáticas. Essa arte que Leibniz chamava *Analysis situs* não nasceu ainda, e, no entanto, essa arte que nos faria conhecer as relações de posição entre as coisas seria tão

---

[59] Desde o século X, os noviços de Tegernsee fazem acrobacias (*joci*), imitam animais e contam fábulas. Ver um poema de Fromond a seu respeito, em Edgar de Bruyne, *Études d'esthétique médiévale*. Bruges, 1946. t. I, p. 179.

útil e, talvez, mais necessária às ciências naturais quanto a arte que não tem o tamanho das coisas como objeto".[60] Ignorado de Buffon, mas não de Leibniz, Nicolau de Cusa inventa à sua maneira uma geometria das relações de posição, antecipação de uma topologia, e ele a aplica à relação vidente-visto. Ele constrói sua demonstração experimental em três tempos que ele distingue com precisão.

Uma simultaneidade de estupores

O olhar do quadro constitui um *ponto*. Conforme a teoria constante de Nicolau de Cusa tal como ele a retoma no *Complemento teológico*, o ponto é em si um "quase-nada (*prope nihil*)", mas dotado de uma "fecundidade" infinita; ele é, "ao mesmo tempo", próximo do nada em uma perspectiva analítica, e quase tudo em uma perspectiva dinâmica.[61] Ele é inseparavelmente, como unidade mais simples, o princípio epistemológico da definição geométrica, e, por sua fecundidade, o princípio genético da construção espacial. Há, pois, *geração de um espaço* por meio das linhas iguais extraídas a partir do ponto. Equidistantes do quadro, os monges representam essa propriedade. Eles fazem o semicírculo. Eles constroem uma "figura matemática" em vista de operações do espírito.

Com o mesmo gesto, eles constroem, em vista de movimentos corporais, esse "teatro em círculo" que caracteriza, na Alemanha dos séculos XIV e XV, a encenação dos Mistérios e das Paixões. O semicírculo dos monges, que

---

60 Buffon, *Œuvres complètes*, t. IV, p. 73, citado e comentado, sem precisar a edição consultada, por Jean Petitot, Psychanalyse et logique: plaidoyer pour l'impossible. In: René Major (éd.), *Le Lien social, Confrontation*. Paris, 1981. p. 171-324 (um estudo cujas perspectivas poderiam esclarecer muito o prefácio cusano). Ver também Gilles Deleuze, *Différence et répétition*. Paris, 1969. p. 309-311.
61 *Complementum theologicum*, 9. Sobre o ponto, ver M. de Gandillac, op. cit., p. 156, 159, 405-407, 420-421 etc.

são ao mesmo tempo espectadores e atores, como em uma liturgia, obedece ao primado do centro e da circunferência. Ele figura ainda esse teatro em círculo que é no século XV o que a catedral é nos séculos XII e XIII:[62] a cena por excelência, a forma de visibilidade dada à representação do que é fundamental e ao que Nicolau de Cusa vai chamar a "teologia circular", o lugar simbólico proporcionado a um exercício do sentido.

A figura é, enfim, um mapa, relativo aos quatro pontos cardeais, segundo um dispositivo que não obedece a um simbolismo cosmográfico (onde, por exemplo, o centro seria o Oriente), mas ao quadro abstrato suposto por uma construção geográfica. Ele mesmo, autor de um mapa da Europa central (a *Tabula cusana*) mais tarde comentado por Sebastian Münster,[63] Nicolau de Cusa dá à sua composição do lugar o alcance de um atlas do mundo, mas um mundo cujo centro (o olhar) *pode ser*, arbitrariamente, colocado ao norte tanto quanto em qualquer outro lugar, de maneira que por trás da figuração um instante fixado em torno desse ponto pelas necessidades de uma experimentação, há a visão cusana de um universo cujo centro está em toda parte, e a circunferência, em nenhuma.[64] Organizado por posições independentes dos substratos, mas atualizadas neles, o mesmo lugar funciona, pois, em um triplo nível: como "figura", em um espaço geométrico; como cena, em um espaço teatral; e como mapa, em um espaço geográfico ou cosmológico. Sua gênese o afeta com uma polivalência. É um *jogo de espaços* qualitativamente diferentes. Um esquema pode representar esse primeiro momento.

---

62 Henri Ry-Flaud, *Le Cercle magique*. Essai sur le théâtre en rond à la fin du Moyen Âge. Paris, 1973. p. 44-50, 299-301.
63 Ver S. Münster (o Estrabão alemão), *Germaniae atque aliarum regionum (...) Descriptio*. Bâle, Andreas Cratander, 1530.
64 Ver os textos famosos do *De docta ignorantia*, op. cit., II, 11-12.

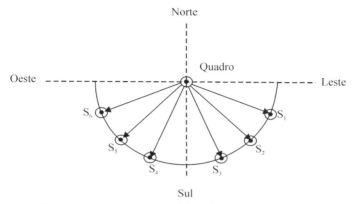

Fig. 1. *A cena: uma estratificação de espaços e uma relação de posições.*

Estranha aos estudos contemporâneos sobre as cores e o cromatismo, sobre as espécies de luzes (irradiante, refletida etc.) e, portanto, sobre o olho como superfície que reflete,[65] a problemática do olhar depende de uma perspectiva geométrica. O olhar é um vetor – uma linha e uma ação no espaço. Como uma flecha, ele se planta em cada um dos espectadores. Ele dá assim forma "sensível" à teoria que faz do ponto uma relação entre o que ele contém em um "quase-nada" (é a *complicatio*) e o que se desenvolve dele na linha (é a *explicatio*). Essa matemática do ponto concorda, aliás, com a concepção antropológica que, na tradição da óptica euclidiana, de Guillaume de Conches até Ficino, ou mesmo Bramante, tem o olhar como o efeito de "espíritos naturais" emitidos pelo olho e "saindo" para

---

65 Ver E. H. Gombrich, "Light, form and texture in XVth Century Printing", in Journal of the Royal Society of Arts, v. CXII, 1964, p. 826-849.
Uma tradição medieval dionisiana (por exemplo, Ulrich de Strasbourg, conhecido de Nicolau de Cusa) define, entretanto, a beleza por sua luminosidade; ver F. de Bruyne, op. cit., t. III, p. 262-277.

as coisas⁶⁶ – uma concepção que se mantém, de um modo cada vez mais hesitante e ambíguo, até a *Dióptrica* de Descartes.⁶⁷ Mas, no prefácio cusano, se o movimento tradicional permanece, seus termos se invertem: o suposto objeto (a pintura) olha, e os sujeitos (os espectadores) fazem as vezes do quadro. Durante esse primeiro momento, a cena é imóvel; os personagens, fixos em diversos pontos do semicírculo; os olhos observadores, medusados pelo olhar; o espaço, congelado em uma pura coexistência de posições relativas no centro e sem relação entre elas.

Quinze anos mais tarde, em seu *De Amore*, Marsílio Ficino evocará um olhar que "enlouquece": abstraído do corpo opaco e belo que o sustenta, o olhar do outro "surpreende" o apaixonado que se aproxima dele e que "fica

---

66 Guillaume de Conches (†1154), *De Philosophia mundi*, IV, 25, "De oculis" (Migne, PL 172, col. 95-96): "*Visualis spiritus usque ad rem pervenit*" etc. Esse texto foi indefinidamente recopiado na Idade Média, e editado desde o século XV em Nuremberg, sob o nome de Honoré d'Autun que Nicolau cita, por exemplo, em sua *Apologia*. Stutt., t. I, p. 294. Sobre Guillaume de Conches, ver E. de Bruyne, op. cit., t. II, p. 112-113 e 255-279, em particular sobre a possibilidade para o "olho" de reconhecer as "formas" abstratas: "*Formae vero oculis possunt discerni in opere*" (cit. p. 262). A Escola de Chartres teve, aliás, um papel decisivo no pensamento do Cusano, e Thierry de Chartres mais ainda que Guillaume de Conches; ver P. Duhem, op. cit., t. X, p. 269-272. À concepção euclidiana se opunha a teoria estoica (são as formas das coisas que vêm ao olho), mencionada e rejeitada por Guillaume de Conches. Retomada por Ibn al-Haytham (Alhazen), traduzida em latim no fim do século XII por Gérard de Crémone (*Opticae thesaurus Alhazeni Arabi libri VII*), a tese estoica se imporá muito lentamente no século XVI, a partir do *De artificiali Perspectiva* (Toul., 1505) de Jean Pèlerin, dito "o Viator" (ver Lilibane Brion-Guerry, *Jean Pèlerin Viator*. Paris, 1962). Nicolau de Cusa conhece também Alhazen: *Apologia*. Stutt., t. I, p. 282-283.

67 "Os objetos da visão podem ser sentidos, não somente pelo meio da ação que, estando neles, se estende para os olhos, mas também pelo meio da que, estando nos olhos, se estende até eles" (*Dioptrique*, Discours 1ᵉʳ, éd. André Bridoux. Paris, 1953. p. 183).

aí".⁶⁸ Rápido seria o choque do olhar de "uma passante", de que fala Walter Benjamin, comentando o poema de Baudelaire. Relâmpago fulgurante, retirado do tempo vivo ou lento das viagens da visão sobre os corpos e as coisas. A composição cusana, usando uma pintura, subtrai o corpo que deixaria os olhos dos espectadores com seus movimentos e com suas buscas. Ela só retém o olhar. Mas não isola uma relação dual. Ela faz coexistirem *todos* esses olhos dos quais *cada um* é captado por *um* olhar. Ela coloca em cena o nascimento de um espaço (uma multiplicidade) no instante em que ele surpreende todos os seus ocupantes. Para falar como Ficino, o que "enlouquece" não é ficar exilado por um olhar fora dos lugares e dos elos sociais; é o espaço em si, é a coincidência de impressões que esboroam a consciência coletiva de se acreditar em um lugar comum; é a simultaneidade de estupores singulares.

A torção do espaço: o movimento

Escandido pela admiração (*admiratio*) que fomenta e ritma toda a reflexão cusana, o exercício passa a um segundo estágio, que cria o movimento nesse lugar atomizado. Um ator deve experimentar a fixidez do olhar deslocando-se. Sua marcha introduz também uma duração. A prova, ainda solitária e muda, confronta o olhar a uma sucessão de ações, a idas e vindas de leste a oeste, ou do Oriente ao Ocidente, figuras físicas e itinerantes de uma temporalidade narrativa.

---

68 Marsílio Ficino, *Commentaire sur le Banquet de Platon* [1469], VII, 10, Paris: Éd. Raymond Marcel, 1956. p. 254-256.

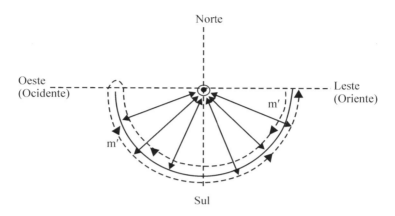

Fig. 2. *A torção do espaço.*

O olhar "segue" por toda parte o caminhante. Ele domina esses percursos. Mas ele não é exterior como se fosse "outra coisa" senão eles; ele lhes é imanente sem lhes ser idêntico. Bem mais, essas viagens sucessivas são frequentadas pelo *mesmo* olhar, ainda que eles tenham *sentidos contrários*. A discursividade que eles instauram, feita de sequências traçadas sucessivamente no mesmo lugar, é reversível. Essas linhas, afetadas cada uma com um sentido, evocam (Nicolau de Cusa faz ele mesmo a comparação no capítulo 8) as de um livro que se poderia ler tanto da direita para a esquerda, como o hebraico ou o árabe, quanto da esquerda para a direita, como o latim ou o alemão, ou, então, alguns quadros nórdicos, por exemplo, *O casamento da Virgem*, do Mestre de Flémalle, concebidos para serem lidos a partir da direita assim como a partir da esquerda, e remetendo assim a um espaço que não obedece à coerência de um dispositivo visual.[69] Nessa compossibilidade de dois sentidos, de duas escritas

---

69 Ver P. Francastel, *La Figure et le lieux*, op. cit., p. 244-245.

ou de duas narratividades que são contrárias, poder-se-ia também encontrar equivalentes nos palíndromos e "malabarismos" ou prestidigitações linguísticas que proliferam no século XV, "proíbem" a leitura linear e multiplicam os sentidos diferentes, na verdade contrários, pela intercambialidade dos percursos de decifração.[70] Essas práticas consistem em frustrar a sucessão temporal (uma discursividade não reversível) que garante à frase ou ao texto *um* sentido. Transgredindo a sucessividade, elas abalam o sentido. Por isso, elas substituem à lei de um *sentido* uma problemática do *lugar* equívoco. Quando elas curvam, invertem e multiplicam os percursos possíveis onde o sentido mantinha na seleção de um dentre eles, elas criam uma proliferação polissêmica e, no limite, contraditória, o texto *se torna uma imagem*. O espaço traçado, mas irredutível a um sentido é, com efeito, uma imagem. A experimentação cusana, nesse estágio, procede à mesma anulação da discursividade, e, portanto, do sentido, pela reversibilidade dos trajetos (físicos ou narrativos), mas aquilo a que ela visa assim é mostrar o caráter ilegível, fora de sentido e fora do texto, desse espaço enquanto ele é *uno*. O que priva de sentido os trajetos – e o quadro que eles desenham –, é a própria unicidade, ou o centro (situável em qualquer lugar). Em outros termos, o olhar não é nem um objeto, nem uma imagem, nem um conceito, e ele "falta em seu lugar" (Jacques Lacan):[71] ele está em toda parte e em nenhuma. É um operador que faz "*uno*" tornando *insensatos* todos os percursos. Esse momento é o do antirrelato. A viagem aí é praticada como prova de que ela não muda nada e que seu tempo, bem longe de criar pontos de não retorno, volta sempre ao mesmo, visto que cada ponto

---

70 Ver Paul Zumthor, *Langue, texte, énigme*. Paris, 1975. p. 25-88; idem, *Le Masque et la lumière*. Paris, 1978. p. 244-281.
71 Ver J. Petitot, Psychanalyse et logique, op. cit., p. 201.

repete o mesmo impensável e que a leste ou a oeste, em um sentido ou em outro, é igual. Sob o olhar, o tempo se anula, e o próprio movimento se torna irreal. Uma perda de objeto é também o efeito do olhar. Não há mais *objeto visto* para quem é *olhado*. A anormalidade desse olhar persistente faz desaparecer a possibilidade de apreender como um objeto entre outros, antes ou depois de outros. O observador acreditava ver. Mudado em observado, ele entra em um "espanto" que não é acompanhado por representação. A experiência do olhar é uma surpresa sem objeto. O olhar do outro exclui a posse de uma imagem. Ele priva da visão, ele ofusca, ele cega. Reciprocamente, perceber um objeto é, pois, defender-se contra sua capacidade de olhar, é exorcizar seu poder de enfeitiçar a visão. Se, como Nicolau de Cusa o esclarece mais adiante, o próprio *ser* é um *sujeito olhado*,[72] enquanto o objeto visto se torna o álibi do ser olhado; ele serve para enganar um olhar; ele desvia o sujeito e o protege dele. Ou, então, ele supre uma falta de olhar, ele é seu *ersatz* e a espera, como se a multiplicação dos objetos vistos representasse essa ausência. Os objetos vistos reintroduzem, pois, uma história e uma narratividade, as dos desvios, de atrasos ou de expectativas; eles contam, eles soletram em um mito interminável o distanciamento de um olhar. Nesse estágio do exercício cusano, se o olhar é a perda do objeto, a história nasce da perda do olhar.

A antinomia entre a visão e o olhar, que faz aparecer o movimento, se acompanha de uma oposição entre duas espécies de espaço. As viagens do olho de leste a oeste e de oeste a leste *deveriam* transformar a paisagem per-

---

72 "Eu sou porque você me olha" (cap. IV). Ver as análises de Jacques Lacan, *Les Quatre Concepts fondamentaux de la psychanalyse*. Séminaire XI, Paris, 1973. p. 63-109, "Do olhar como objeto pequeno *a*".

cebida: o espectador modificando seu "ponto de vista", a pintura, tal como ele a percebe, é submetida a anamorfoses proporcionais aos lugares sucessivos que ele ocupa. A paisagem mexe. Mas o olhar, ele, não obedece à lei dessa reciprocidade visual que define uma paisagem. Ele "segue" os movimentos e *ele* permanece imutável. Sua ubiquidade unifica um espaço *imóvel* onde os deslocamentos do olho não cessam de mudar a pintura. As circulações do espectador diferenciam dois tipos de espaço, o do olho e o do olhar, que se contradizem no mesmo lugar. Mais exatamente, elas imprimem uma torção a um espaço onde a fixidez do olhar desafia a lei da paisagem. Essa contradição funcional igualmente em dois tempos históricos da visão: no próprio quadro da estética renascentista, onde a análise dos pontos de vista, relações visuais entre móveis, impõe pouco a pouco uma problemática da perspectiva (ligada ao que eu chamo a paisagem),[73] o exercício cusano mantém uma problemática medieval do olhar, universal e estável, que domina todas as coisas e cada uma dentre elas. A deambulação do espectador, desencadeando uma combinatória de movimentos reais e de movimentos aparentes, manifesta ao mesmo tempo a oposição e a coincidência entre duas práticas visuais do lugar, que correspondem a duas "visões" históricas e antropológicas. Ela maximaliza o fantástico do ver, à maneira como Chirico, em sua *Lassitude do infinito*, abre sua paisagem com uma diferença qualitativa do espaço por uma torção interna entre dois tipos de visão.

---

73 "Paisagem" no sentido amplo de uma reciprocidade entre lugares, e não no sentido estrito de uma autonomização do fundo em relação às figuras do quadro, fenômeno mais tardio, e inicialmente nórdico, analisado por E. H. Gombrich, *Norm and Form*. Londres, 1966. p. 107-121.

O espaço social do olhar: crer

Marcado de novo por uma admiração (*admiratio*), o terceiro momento garante a passagem do visual ao discurso. Ele o faz primeiramente excluindo a possibilidade que a imaginação supra a insuficiência da visão. O inimaginável (*"neque poterit imaginatio capere"*) prolonga, aliás, a *"admiratio"* e explicita sua "natureza": privado do objeto representável, a surpresa se torna o gesto, ético e poético ao mesmo tempo, de responder a um excesso, conduzindo-se para o inapreensível. É da surpresa que o discurso vai nascer. A ausência de objeto visível ou imaginável serve como prelúdio, ainda sem conteúdo, branco, à necessidade de acreditar na palavra do outro. O texto-guia recusa, pois, a imaginação, mas, por outro lado, ele apela ao "querer".

"*Experiri volens*": *se você quer* continuar a experiência e continuar a buscar, então se oferece a possibilidade de um deslocamento não físico, mas intelectual, passando por um caminho outro que não está mais na continuidade da percepção visual, mas da "*admiratio*" em si, surpresa em imagem, abertura ao não sabido.

O limiar da socialidade aparece com o recurso a um parceiro. Há repetição dos movimentos previstos na etapa anterior, em um sentido pelo ator, em sentido inverso por seu confrade, mas a articulação entre esses dois circuitos contrários se faz de um modo social, primeiro em uma coordenação no *agir*, depois em um acordo no nível do *dizer*.

Mandando fazer por seu parceiro o que ele mesmo executou conforme o manual (o prefácio), o primeiro ator socializa a cena. Ele introduz aí uma transmissão e uma cooperação. Algo acontece como a entrada de Sexta-Feira na Ilha de Robinson. No teatro cusano, o itinerário de um homem só e silencioso perseguido por um olhar se *transforma* na gênese de uma associação. *Há indivíduos, mas como formam eles um grupo? Como fazem eles um?* Tal é a questão cusana. Essa microutopia concerne ao problema que vai obsecar o pensamento social "moderno": em que modelo encarar a origem da sociedade humana, tomando como prévia a existência dos indivíduos? Nesse prefácio, o modelo não é mais bíblico: a coletividade não se funda na diferença sexual, isto é, em uma situação de "natureza" (de que Nicolau de Cusa reconhece a origem divina, mas relativiza o alcance, cada ser humano tendo ao mesmo tempo traços masculinos e femininos):[74] ela resulta de um contrato de cooperação e de uma divisão do trabalho; ele é em si a primeira das "opera humana", mesmo se o princípio disso é o infinito que anima cada indivíduo. De um esquema teológico que privilegia a diferença sexual, o pensamento passa a um modelo de economia política, colocado sob o signo de uma produção: uma comunidade se constrói a partir de ações voluntaristas, diferenciadas ou contrárias, mas coexistentes e coordenadas. Esse modelo subentendia os dispositivos de representação e de cooperação outrora apresentados pelo *De concordantia catholica*. Ele é "moderno" por seu postulado individualista e por sua perspectiva produtivista, ainda que ele seja tradicional por seu fundamento teológico ou místico, uma "semente" de infinito em cada um e em todos.

O estilo dessa cooperação desenha já a forma que recebe a palavra quando ela surge enfim: um diálogo, forma dada à maioria das obras cusanas. Ele supõe a irredutibilidade de cada locutor em relação a outro: por falta de visão comum, um deve acreditar no outro. O protocolo de um acordo verbal entre eles é feito de atos sucessivos (mas contrários e recíprocos), ordenados na produção de uma sentença comum. O texto os resume em uma conversação *"canônica"*, série temporal, como se ele apresentasse uma

---

74 Há, diz ele, masculino no feminino, e reciprocamente, mesmo no que concerne aos sinais da diferença sexual. Por sua *natureza*, o indivíduo é uma espécie de mônada. Ver *De conjecturis*, II, 8, Stutt., t. I, p. 172.

formalização jurídica de procedimentos conversacionais: a *"interrogatio"*, a *"revelatio"* (depoimento e revelação feita pela testemunha-interlocutora), a *"auditio"* (escuta tanto quanto audição), e o assentimento (*"credere"*) que permite "captar (*capere*)" o que não se pode ver. Ao termo, a experiência do olhar consiste em crer sem ver, portanto, em viver em sociedade, em "entender-se".

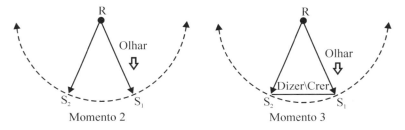

Fig. 3. *Do ver ao crer: dizer. O olhar é para cada espectador, no momento 2, o que o crer é entre eles no momento 3.*

A conclusão é abrupta. O ser olhado tem como única linguagem adequada o *"ex auditu"*, isto é, o que ele aprende ou entende do outro. No curso do terceiro momento do exercício, como se passou do *não saber,* que marca seu início, ao *saber,* que é seu fim? Essa passagem se efetua primeiramente por uma transposição da relação não saber/saber em uma relação entre um espanto inicial ("não acredito no que vejo") e um assentimento terminal ("acredito no que diz o outro"). Nessa base, alguns elementos são decisivos.

a. Um *querer* marca o limiar de um acesso a outro regime de operações, efetuadas em muitos e não mais sozinho; ele torna possível uma mudança qualitativa de espaço, permitindo a introdução de um campo social no campo visual. "Eu quero experimentar", "eu quero fazer mais", ou "eu quero ir até o fim": essas transcrições possíveis do *"volens experiri*" substituem por um "querer saber" o *status* atual do "saber", elas remetem um estado do conhecimento ao desejo que é sua mola, elas apelam à dinâmica fundamental que, na própria raiz do saber, conjuga o *desejo* de conhecer (eu quero saber) à coragem de fazer (eu quero fazer). Manifestando o movimento ético (ou ascético, ou "espiritual") que sustenta uma busca, esse primeiro elemento prepara já a forma de hospitalidade ativa que será o "crer". Não é mais o estupor que responde ao olhar, mas o desejo.

b. Uma *torção entre o fazer e o dizer* caracteriza o local induzido por esse "querer o outro". A cena desse terceiro momento combina duas atividades opostas que consistem, para os parceiros, em *fazer* cada um o *contrário* do outro (percursos inversos) e em se *dizer*, em seguida, *a mesma coisa* ("Você também? – Sim"). O "fazer" depende de uma pluralidade contraditória; o "dizer", de uma coincidência unificadora. No modo de uma comunicação temporal (e não mais somente de percursos espaciais), encontra-se a torção que criava, no segundo momento, a relação entre os movimentos da paisagem atravessada por olhos viajantes e a imanência do mesmo olhar em todos esses percursos. Não há mais redutibilidade do "fazer" ao "dizer" do que desses movimentos no único por que elas são frequentadas: nessas duas esferas de operações, o plural ("todos e cada um") não é suprimido pelo "um". No espaço social, o "fazer" é para o "dizer" o que, no espaço visual, os olhos são para o olhar, de maneira que no interior das relações humanas, "dizer" tem uma função análoga ao olhar.

c. "*O olhar fala*". Desde o início, ele introduz a questão do outro, ponto cego da visão que apreende objetos. Esse olhar que o fixa e o segue por toda parte é para o suposto espectador uma interrogação sem resposta: "O que, pois, você quer de mim?" Nenhum objeto visível ou imaginável pode ser colocado no lugar dessa questão. O olhar aniquila toda posição que garantiria ao viajante um lugar tratável, um alojamento autônomo e protetor, um "*home*" individual e objetivo. Fundamentalmente, o olhar é *um dizer* que organiza todo o espaço. "O seu olhar fala", comenta Nicolau de Cusa.[75] Ele é *enunciativo*. Mas ninguém sabe nem pode saber *o* que ele quer dizer. Nada articula ou distribui em "artigos" e em objetos pensáveis esse querer desconhecido.

Nessa concepção enunciadora do ícone, poder-se-ia encontrar antecedentes entre as teorias estéticas medievais[76] ou fontes na filosofia ockhamista, que subtrai ao discurso a "Potência absoluta" e a vontade divina, para as quais não há veridicção possível. Como quer que seja, o ícone onividente funda a distinção entre um *signo-operador*, índice de um querer desligado de todo lugar efetivo ou de todo "substrato", e *signos-objetos*, imagens visíveis alojadas em uma paisagem. Ela institui a questão do sujeito por um olhar alógico, ou por um querer absoluto que "faz furo" na representação.[77]

d. O olhar se inscreve no discurso e na socialidade por *um "crer"*. Sem corpo e sem lugar, ele "enlouquece". Mas o exercício cusano, em sua última etapa, lhe proporciona um corpo dialógico e social por meio da comunicação que tem como mola essencial uma relação de sujeito com sujeito: se você não acredita no outro, você permanece no impossível e no insensato. O crer corresponde entre os interlocutores ao que o olhar é para cada um deles. Sua contradição é irredutível, visto que cada marcha leva nela o segredo solitário de sua relação com o infinito. Nenhum elemento cambiável pode passar de um ao outro. Nenhum código de transformação pode, como por uma moeda, englo-

---

75 *De icona*, 10.
76 Assim Thomas de Verceil: ver E. de Bruyne, op. cit., t. III, p. 58 e segs.
77 Ver J. Petitot, *Psychanalyse et logique*..., op. cit., p. 209.

bar sua troca particular em um sistema geral de equivalência. O que cada um pode dizer, como sujeito possuído pelo olhar, não pode ser visto do outro, mas somente acreditado. Assim seria com um amor ou uma loucura. A adesão ao "dizer" de parceiros multiplica a relação que cada um mantém só com o olhar. Ela o articula em experiências enunciativas recíprocas. Sob esse viés, a crença *socializa o insensato*. A "loucura" do olhar se faz (quase) corpo; nem por isso ela é dominável, mas geradora de trocas que colocam em movimento o estupor inicial e que mudam a "*admiratio*" solitária em trabalho produtor de um grupo. A crença é, pois, o momento, para repetir indefinidamente, pelo qual a loucura do olhar se transforma em discurso e em história.

3. O DISCURSO CIRCULAR: "TODOS E CADA UM AO MESMO TEMPO"

Do prefácio aos 25 capítulos do tratado, há também a passagem de um "fazer" a um "dizer", de um exercício comum a um discurso que pede que seja acreditado por seus destinatários. Mas um corte mais brutal marca essa passagem. A cena da "experimentação sensível" se fecha com a lembrança de seu *status* de ser apenas a colocação em jogo de uma "aparência". A "práxis" é da ordem do "parecer", e, portanto, separada do discurso que enuncia a "verdade". Ela depende de uma ilusão de óptica de que os contemporâneos conheciam muito bem os efeitos, as técnicas de produção (por exemplo, o rosto pintado de três quartos etc.) e, sem dúvida, os aspectos psicológicos ("nós pensamos sempre que um olhar nos procura").[78] Mesmo se o caráter fictício desse quadro tenha permitido uma operação já semelhante às "ações imaginárias", ou, como dirá

---

78 E. H. Gombrich, *A arte e a ilusão*. Trad. Guy Durand. Paris, 1971. p. 346 etc.

Mach, às "experiências de pensamento", praticadas pelos cientistas dos séculos XVI e XVII e consistindo, por falta de meios técnicos de experimentação e de instrumentação suficientes, em imaginar para os elementos a considerar condições perfeitas de isolamento,[79] uma transferência se impõe, do "que parece" que afetava o teatro do olhar à "verdade" que deve dizer o discurso. Ele se efetua, globalmente por meio de duas transformações do local. Por um lado, o texto didático do prefácio (uma espécie de manual), dirigido aos atores de Tegernsee e que fornece indicações de encenação, é substituído por um texto meditativo (um "solilóquio", dirão os destinatários),[80] dirigido a Deus e percorrendo o ciclo dos mistérios cristãos. Por outro, o olhar anônimo e sem rosto da pintura (*quem* é? Não se sabe) é substituído pelos nomes próprios de uma teologia (Deus, Jesus etc.), e, portanto, a polissemia de uma inapreensível figura, pela determinação linguística de um referencial. Enquanto o prefácio desemboca no ato de crer, os capítulos que seguem especificam o que é preciso crer, e como. A articulação dessas duas partes e a relação da segunda com a primeira revelarão, enfim, a concepção cusana do "ver". Ficarei somente com alguns aspectos.

---

79 Essas "experiências imaginárias", praticadas por Galileu, Descartes etc., têm "um papel de intermediário entre a matemática e o real". Ver A. Koyré, *Estudos de história do pensamento científico*, Ed. Forense Universitária – Grupo GEN, op. cit., p. 224-271 sobre Galileu, e as reservas de Maurice Clavelin, *La Philosophie naturelle de Galilée*. Paris, 1968. p. 389-459.

80 Ver, por exemplo, a carta de Geissenfeld (de Tegernsee) a Weilhaim (em Melk), em 15 de julho de 1454, texto editado por E. Vansteenberghe, *Autour de la Docte ignorance*, p. 219.

A "conveniência"

A descontinuidade que separa a "práxis" e a teoria não exclui, entre elas, uma "conveniência", mas uma conveniência de um tipo particular que designa, no vocabulário cusano, o fato de "vir com", de "ir junto (*convenire*)" ou de "chegar ao mesmo tempo (*simul*)", e que se liga, além de uma metáfora espacial de coexistência ou de conjunção, ao conceito da "coincidência dos contrários". Essa conveniência intervém no texto em dois momentos estratégicos destinados a precisar a relação do prefácio com o discurso que segue: uma primeira vez, no início do prefácio, depois da introdução que definia o objeto do tratado, para garantir o trânsito das "coisas divinas" à pintura "humana" ("eu não encontrei nada de mais conveniente..." etc.); a segunda vez, no início do primeiro capítulo, para garantir o retorno das "aparências" ao enunciado da "verdade" (a "propriedade de ver ao mesmo tempo todos e cada um... não poderá convir menos verdadeiramente à verdade do que aparentemente à imagem ou à aparência"). Nos dois sentidos contrários – do divino ao humano, e das aparências à verdade –, a passagem se efetua a título de uma conveniência. Esta se acompanha de uma ausência de proporção (uma "improporcionalidade", cap. 1). Ela não designa uma homologia e não remete à analogia ontológica (a "*analogia entis*"). Ela depende antes de uma *proximologia*, no sentido em que Nicolau de Cusa falava de "uma brilhante proximidade" da matemática em relação com o verdadeiro. Segundo um gesto próprio ao estilo de pensamento cusano, ela é afetada com o comparativo: um elemento "convém" mais ou menos com outro, ele se torna mais ou menos próximo dele, até um "*maximum*" impensável que não fornece, portanto, nenhuma identificação estável em uma hierarquização e que é a coincidência. Os termos *se aproximam*, mais ou menos, *sem se parecer*: assim, o polígono e o círculo, a reta e a curva, ou os dois interlocutores do exercício. A conveniência é tratada como uma relação entre posições, em uma espécie de topologia onde o comparativo rege a "comparação".

A aproximação – conveniência e comparação – entre o olhar da pintura e o de Deus se encontra esclarecida, na abertura do primeiro capítulo, por um "*praesupponendum*" muito elíptico (um relâmpago) que visa, no entanto, a definir o funcionamento do discurso "verdadeiro".[81] "É preciso supor em primeiro lugar", estima Nicolau de Cusa, que "nada aparece no olhar da pintura que não seja *mais verdadeiro* (*verius*) no verdadeiro (*verus*) olhar de Deus". O "aparente" e o "verdadeiro", o fenômeno observável e a existência invisível constituem dois níveis de ser sem proporção nem semelhança um com o outro, mas "em" um como "no" outro se apresenta uma "propriedade" notável (ou "perfectio"), a coincidência entre todos e cada um – *simul omnia et singula* – que é "mais verdadeiro" (categoria relativa à veridicção) afirmar da existência que do fenômeno. Ainda que, por um jogo de palavras característico da rapidez cusana, na mesma frase, o mesmo termo ("*verus*") receba um por vez um valor ontológico ("verdadeiro") e um valor epistemológico ("mais verdadeiro"), o pensamento é claro: é em razão da propriedade notável como eles comprovam cada um (à maneira dos interlocutores do exercício) que dois níveis de ser dessemelhantes (o aparente e o existente) se aproximam. Mas, diferentemente dos dois inerlocutores, que representam dois pontos de vista heterônomicos, mas de mesmo nível e dos quais nenhum, por conseguinte, é "mais verdadeiro" que o outro, aqui o comparativo atribuído à veridicção se refere a um movimento do pensamento que assume, em Nicolau de Cusa, uma forma essencialmente matemática e que se inscreve em

---

81 Nesse parágrafo, eu cito e comento *De icona*, 1, início. Sou eu que destaco.

uma tradição filosófica cujo "argumento" de "Anselmo" (tardiamente suposto "ontológico") já comprovava: uma propriedade (ou "*perfectio*") é tão *mais verdadeira* quanto mais *desaparece*; mais ela escapa à visão (a dos olhos, depois a da própria inteligência), mais ela se aproxima do "verdadeiro", de maneira que no limite é um resplendor cego dos olhos do corpo e da razão, em um ponto de esmaecimento do visível, que ela pode ser o objeto de um *dizer verdadeiro* idêntico a um não ver ou a um *crer*.

A conveniência cresce com a invisibilidade. Ela concerne à ressurgência da mesma propriedade em dois níveis diferentes dos quais "é preciso pressupor" que um, menos visível, é mais verdadeiro que o outro. A experimentação não é, pois, a base de uma indução, nem a prova ou a verificação de uma propriedade. Ela faz somente aparecer o que outra "visão" permite reconhecer nela. Ou seja, em geometria, uma propriedade notável, por exemplo, que a soma dos ângulos de um triângulo retângulo é igual a dois retos (propriedade extensível a toda espécie de polígonos, como o mostrou Bouligand): ela funda a relação de diversas representações concretas (ou figuras) entre elas e com o enunciado da propriedade; por outro lado, ela define o que o traçado de uma figura particular tornará também perceptível ao olho. No texto cusano, a "propriedade" que "isolou", de um modo artificial e experimental, o exercício do prefácio, tem esse duplo funcionamento: ela funda uma aproximação entre duas ordens desproporcionais, a *percepção* "sensível" (*apparenter*) e o *enunciado* "verdadeiro" (*veraciter*); ela define, como simultaneidade entre *todos e cada um*, a *relação formal* que faz aparecer esse exercício.

A esse respeito, "ver" já assume duas significações. Primeiro, ver é *reconhecer a conveniência*, isto é, detectar *uma* mesma coisa em *vários* lugares heterogêneos. Essa primeira visão já se aproxima, tendencialmente, de outra. Porque, fundamentalmente, ver é o ato pelo qual *a singula-*

ridade coincide com a totalidade, isto é, a própria propriedade do olhar. Esse ver é "mais verdadeiro" – mais dizível – de Deus, mesmo se (ou melhor: na própria medida em que) ele é ainda menos pensável. "Com efeito", acrescenta o texto, retomando uma etimologia cara a Nicolau de Cusa e emprestada de Dionísio o Areopagita (*theos*, "deus", viria do grego *theôrô*, "eu vejo"),[82] "Deus é dito *theos* porque ele vê tudo" – *todos e cada um* ao mesmo tempo.

O visível e o dizível

Sutilmente, o texto funciona em três elementos: a figura, o enunciado e a propriedade. O primeiro é visível; o segundo é verdadeiro; o terceiro não é pensável. A figura torna visível a relação geométrica do ponto (ou do centro) na circunferência, referência constante da reflexão cusana e fundamento da construção cênica apresentada no prefácio. O enunciado verdadeiro declara a propriedade, simultaneidade de "um" e de "todos". Em suma, o que se *vê* como relação do centro com a circunferência se *diz* como relação de um com todos. Mas essa relação em si, alógica, não pode ser pensada. Ela escapa à percepção visual como do discurso racional.

Ou seja, o *enunciado* verdadeiro não é a verdade; é somente uma positividade, verdadeira com certeza, mas que é preciso ser capaz de "ver" para aceder à verdade. Uma prática própria, que Nicolau de Cusa chama "ver", permitirá ela só a transformação da figura visível ou do enunciado verdadeiro em "teologia mística". O procedi-

---

82 Essa etimologia se encontra no *De icona*, 8, no *Complementum theologicum*, 13 (Basileia, p. 1119), no *De quaerendo deum* (Heid., IV, 1, p. 22, ou sob a forma de uma alternativa entre Deus "que vê" e Deus "que corre": "*Theos dicitur a theôrô sive theô, quod est video et curro*", *ibidem*, p. 15), no *De Deo abscondito*, 14, 1 (Stutt., t. I, p. 207) etc. Ver Denys l'Aréopagite, *Des noms divins*, XII, 2 (Migne, PG 3, col. 969 C).

mento que ele utiliza consiste, pois, em um *remetimento mútuo* da percepção visual à enunciação verdadeira, e desta àquela, de maneira que elas sejam levadas a um ponto de coincidência que não diminui em nada a diferença ou a contradição entre elas. Se o exercício transforma finalmente a circulação no visível em uma troca dialogal – ou a viagem do olho em crença correspondendo a uma palavra –, inversamente, uma vez instaurado a partir do corte que o separa da aparência, o discurso não cessa de voltar ao "ícone",[83] conforme a declaração do *Complemento teológico*: "As coisas teológicas, nós as veremos melhor com o olho do espírito que não se pode exprimir com palavras".[84] Em si mesmo, o enunciado do verdadeiro não é mais a verdade da imagem quanto esta não é a verdade do discurso. Importa mais o movimento pelo qual eles "convêm", como dois pontos de vista diferentes, ou como os dois atores, em uma coincidência sem positividade, que não se pode "manter" em nenhum lugar visível ou dizível.

Sem dúvida, poder-se-ia acrescentar, em razão dessa diferença entre eles, que o visível dá a *forma* (o ponto – a circunferência) da qual o dizível indica o *nível* (não é "sensível" nem localizável). Em relação a isso, para retomar um estilo de pensamento costumeiro ao Cusano (A é para B o que C é para D), e corrente entre os "*calculatores*" da época, a figura é para a estrutura o que o discurso é para o simbólico. Mas o essencial não está aí. Ele se mostra no *encontro*, ou na coincidência, entre o visível e o dizível, de uma maneira que os faz "testemunhar" sobre o que não é

---

83   O tratado é demarcado com retornos ao quadro (cap. IV, IX, X, XV, XXII etc.) do tipo: "o quadro que tenho sob os olhos etc." (cap. IX). Esse movimento não corresponde somente à capacidade que tem a imagem de "fazer falar" e de induzir desenvolvimentos, mas à necessidade para a expressão discursiva de encontrar na figura *a unidade* desses desenvolvimentos e sua totalização intuitiva.

84   Ver acima, p. 69, nota 57.

visto nem sabido, à maneira como os atores do exercício, desapropriados de todo objeto possuído que eles possam trocar, devem crer um no outro: "Você também? – Sim." A combinação do prefácio (a experimentação sensível) e dos 25 capítulos que seguem (o discurso verdadeiro) compõe, pois, uma cena análoga à que organizava o terceiro tempo do exercício. No tratado, a *juntura* entre seu momento visual (um fazer) e seu momento discursivo (um dizer), marcada pela "conveniência", é o *efeito do olhar* que eles atestam diferentemente. Como os dois espectadores da pintura, essas duas "partes" do texto formam por seu encontro o discurso de um olhar que os "segue" por toda parte; elas "fazem quadro" em relação a esse "um" que não os deixa ao longo de todos os seus procedimentos próprios e contrários. A falha que os separa traça o relâmpago, o *"Blitz"* desse olhar. Não é o olhar em si, que não tem nenhum lugar, mas seu efeito textual, um equivalente literário do crer: uma presença de ausência, o "furo" do operador.

O discurso da coincidência ou a metonímia

Esse encontro já faz aparecer como Nicolau de Cusa constrói uma teologia "mística", isto é, um discurso organizado por um olhar. Ele supõe que há conveniência entre dois regimes de expressão que traçam caminhos contrários, e que se poderia figurar pelos dois lados de um triângulo retângulo cujo ápice seria o "furo" do texto:

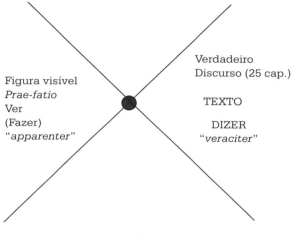

Fig. 4.

Esses dois regimes de expressão, um sobre o modo do fenômeno observável (*apparenter*) e o outro sobre o modo do enunciado verdadeiro (*veraciter*), são os espelhos do mesmo olhar. Por essa razão, deve haver no discurso também algo que corresponde à torção gerada pelo olhar na experimentação visual. No campo desse olhar, a sequência dos enunciados verdadeiros não pode mais se ater à linearidade de uma ordem racional quanto a observação à coerência de um dispositivo visual. Com efeito, como o espectador vê sem ver (ele se sente olhado), o locutor dos capítulos diz sem dizer (ele fala no lugar do outro). Relativa a uma *prática* do espaço discursivo, isto é, à própria maneira de se situar no discurso, uma *torção do texto* concerne à sua enunciação: *quem* fala, e como? Reterei disso somente o ponto focal, o funcionamento do "eu" (*ego*) ao longo de todos esses 25 capítulos.

Do primeiro ao último, eles são escritos na primeira pessoa. Assim, eles foram recebidos como um "solilóquio", uma meditação solitária, uma oração dirigida a Deus. Mas esse "eu" não é a mesma pessoa: ela muda no caminho. Os três primeiros capítulos introduzem os personagens de uma cena pedagógica: entradas de "eu", o mestre (cap. 1), de "você", o discípulo (cap. 2, não é mais o "vocês" do prefácio), e de "nós", os homens (cap. 3). Trata-se ainda de postulados teóricos e de prévias práticas do "dizer verdadeiro". O capítulo 4 sai do eixo. Após uma breve recapitulação da experimentação, sempre destinada a "você, irmão", o primeiro parágrafo se vira bruscamente: "[...] E tu dirás: 'Senhor, em tua imagem [...] Se tu não te deixas'" etc. Então começa o "dizer verdadeiro", que sera inteiramente uma citação da outra. Doravante, e até a última linha do tratado, "eu" é o destinatário, e "tu" é Deus. O "solilóquio" é supostamente enunciado pelo irmão, que se supõe dirigir ao Vidente verdadeiro. Tem-se um "*ego*" no lugar do outro. O discurso "verdadeiro" é inteiramente mantido por esse "eu" fictício. Ele é, pois, a colocação em jogo de uma "aparência" e ele depende de uma ilusão enunciadora como a "práxis" era o desenvolvimento de uma ilusão óptica.

Com certeza, a esse "*ego*" que o substitui, o autor empresta lembranças ou sentimentos que lhe são próprios, por exemplo, sua experiência de orador, suas impressões nas montanhas de Brixen ou entre as árvores, sua meditação diante do relógio etc. Mas é o mesmo em toda ficção, e o exercício do prefácio tinha também um aspecto autobiográfico. O problema se refere ao *status* de um discurso "verdadeiro" (os enunciados) de que o locutor é "aparente" (a enunciação). A obra de Nicolau de Cusa apresenta, sem dúvida, muitos antecedentes dessa maneira de falar no lugar do outro, desde a própria prática da língua (o alemão fala no latim) até a estrutura desses inúmeros diálogos ou "triálogos (*trialogi*)" onde, como no *Idiota*, "o outro", o "profano", diz a "verdade" ao "filósofo", e onde, por conseguinte, o autor se enuncia na posição de seu destinatário.

Um elemento biográfico redobra essa situação paradoxal. Ele se refere à teologia mística de que o prefácio do

De icona declara querer explicar "a facilidade". Escrevendo em 22 de setembro de 1452 a Gaspard Aindorffer, que ele encontrou em Tegernsee nos dias 1º e 2 de junho anteriores, e anunciando-lhe a redação próxima do tratado, Nicolau de Cusa lhe confia não ter conhecido ele mesmo a experiência mística: "Alguém pode mostrar aos outros o caminho que ele sabe ser verdadeiro graças ao ensino recebido (*ex auditu*), ainda que ele mesmo não faça o caminho. Mas, mais seguro é aquele que o viu (*visu*) por tê-lo praticado. Quanto a mim (*ego*), se escrevo ou digo alguma coisa dele, isso será tanto menos seguro que eu não experimentei (*gustavi*) quanto o Senhor é suave."[85] A alusão é clara: a citação bíblica à qual ele remete designa tradicionalmente a experiência mística: "*Gustate et videte quoniam suavis est Dominus.*"[86] Ele a retoma, aliás, no próprio *De icona* onde, para mostrar a identidade entre "ver" e "experimentar", ele descreve precisamente aquilo de que não tem a experiência pessoal: "Experimentar tua própria suavidade é apreender em seu princípio, por contato experimental (*experimentali contactu*), a suavidade (*suavitas*) de todas as coisas deleitáveis."[87]

O "eu" autobiográfico da carta se *limita* a um lugar particular, ele depende de outrem para aceder ao verdadeiro (*ex auditu*) e ele está *separado* do "*gustus*" que criaria ao mesmo tempo o "deleite" do sujeito e a "segurança" de seu discurso. Ao contrário, o "eu" do tratado, falando de um lugar fictício que não é nem o seu nem o de seu destinatário,

---

85 Texto latino editado em E. Vansteenberghe, *Autour de la Docte Ignorance*, p. 113. A carta retoma propósitos da *Apologia*: "Testimonium de visu esse certius..." etc. (Stutt., t. I, p. 283).
86 Salmo 33, 9 (Vulgata). Curiosamente (ou lucidamente?), J. Wenck tinha tomado esse versículo como epígrafe de seu panfleto (*De ignota litteratura*) contra Nicolau: ver página 43, nota 6.
87 *De icona*, 5 ("Quod videre sit gustare..."), Vienne, p. 108 e segs.; *De icona*, 17.

pode crer/fazer crer que ele *diz a mesma coisa* que o interlocutor, um discurso "verdadeiro" para os dois, inclusive quando ele descreve o "paraíso" onde encontra certeza e delícias: "Eu começo a te ver sem véus e a entrar no jardim de delícias."[88] O primeiro "*ego*" está ligado a uma história cujos "caminhos" divergem e se separam quando eles não se contrariam; ele pertence ao domínio da disjunção (*disjunctive*) que é o do *fazer*. O segundo "*ego*" se aloja no não lugar de enunciados relativos ao que um locutor pode crer, mas não ver do outro, e, graças a essa crença que se enuncia em nome do outro, ele fala do "olhar" que gera trajetos contrários; ele se enuncia a título de uma conjunção (*copulative*), ou antes, de uma coincidência em *um* centro que está "em toda parte e em lugar nenhum" – ele especifica o próprio campo do *dizer*. O primeiro é narrativo; ele depende da "*relatio*"; ele relata viagens singulares, situações de dependência e de histórias de separação. O segundo é "místico"; ele caracteriza a "fábula", esse "dizer" da crença que torna possível uma "conveniência".

Uma semelhança com o "modelo" matemático se imporia sem dúvida: qual é o "*ego*" que fala em uma demonstração de geometria? Mas mais esclarecedora ainda, para apreender a articulação dos dois "*ego*" na "teosofia mística",[89] é a maneira como Nicolau de Cusa relata sua experiência do "dom do alto", no fim do *De docta ignorantia*. Como a "*revelatio relatoris*" do parceiro no exercício, seu testemunho pessoal sobre o olhar se situa em um cruzamento, no momento em que, o tratado uma vez acabado ("*Deus [...] qui est in saecula benedictus. Amen*"), o autor parece se voltar três quartos para se dirigir ao cardeal romano Giuliano Cesarini, seu antigo "mestre", três anos mais velho, jurista igualmente formado em Pádua, legado também na Boêmia,

---

88 *De icona*, 12.
89 Ver p. 43, nota. 7.

junto aos hussitas, presente também no concílio de Basileia que ele presidia, conciliarista convertido à primazia do papa como o Cusano e, como ele, envolvido na união dos gregos e dos latinos, em Florença.[90] Evocado de passagem nessa "*peroratio*" que serve de extratexto e de envio ao *De docta ignorantia*, o "dom do alto" não é apresentado como uma "visão", ainda menos como um "gosto". Nicolau de Cusa o repete em vários textos pessoais (sua *Apologia*, por exemplo, ou, ainda, escrevendo a Gaspard Aindorffer),[91] é um "conceito (*conceptus*) ou um "princípio" transcendental – a "douta ignorância" – que permite pensar sem ser ele mesmo pensável e que, conforme a epistemologia cusana, permanece uma produção do espírito, mas uma "geração" pela qual o espírito produz para fora a surpresa íntima de seu próprio movimento infinito, à maneira como o interlocutor do exercício dizia a impressão de seu percurso solitário por um olhar: "Sim, eu também."

Esse conceito não é identificável nem com um nem com o outro dos contrários de que ele estabelece a coincidência fora de toda compreensão racional, mas no espírito. Inacessível pelos "diversos caminhos das doutrinas", ele permite manter sua "colocalização" em um ponto que escapa a toda localização intelectual. Ele parece com o local, marítimo, de sua chegada: conceito de entre dois mundos, o oriental e o ocidental, ele é o encontro de duas histórias contrárias das quais cada uma não chega ao conceito senão pela crença do que o outro diz dela mesma: um olhar não me deixa, também a mim. Era em 1438, dois anos antes do término do tratado. No mar, voltando de "entre os gregos" com o *Basileus* e o Patriarca de Constantinopla

---

90 Ver página 46, nota 15.
91 *Apologia*, Stutt., t. I, p. 282-283: Nicolau de Cusa fala aí, aliás, do que ele *não viu*, e não do que ele *viu*; carta a G. Aindorffer, texto editado em E. Vansteenberghe, *Autour de la Docte Ignorance*, p. 116.

para um "sínodo" com o Papa de Roma, em Florença, Nicolau de Cusa recebe o conceito do que pode ser o "encontro" dessas duas longas tradições inimigas do mesmo Espírito, se, de cada lado, se acredita que a testemunha do outro diz de sua própria história.

No início do *De docta ignorantia*, a dedicatória, que é também um extratexto, faz simetria com o destino final. Ela é igualmente consagrada a um encontro, que não concerne, desta vez, ao Ocidente e ao Oriente, mas ao "Alemão (*Germanus*)", com suas "extravagâncias selvagens (*barbaras ineptias*)" e seu "conceito talvez completamente extravagante (*fortassis ineptissimum conceptum*)", e, por outro lado, a Giuliano, cardeal de Roma, latinista distinto e até helenista: Nicolau de Cusa espera que "a admiração (*admiratio*)" que é "fonte da filosofia" permitirá ao Romano "acreditar" em "algo" que "habita em segredo (*latitare*)" a atitude filosófica do "Alemão".[92] Quanto ao registro retórico da "dedicatória ao príncipe", tem-se aqui uma variante diferente do próprio movimento que, no outro lado do tratado, concerne ao conceito recebido no mar.

O importante, aqui, não é a colação dos dados biográficos, mas a homologia de gestos que, com modos históricos, literários ou especulativos muito diferentes, dão a reconhecer o estilo de uma mesma maneira de pensar. A esse respeito, a dedicatória a Giuliano Cesarini é comparável à carta a G. Aindorffer, mesmo se uma opõe ao Alemão "bárbaro" o Romano humanista, e a outra colo-

---

92 *De docta ignorantia*, dedicatória, Stutt., t. I, p. 1. Maurice de Gandillac (em Nicolau de Cusa, *Œuvres choisies*. Paris, 1942. p. 66-67) eufemiza muito o texto, traduzindo *barbaras ineptias* por "aproximações sem elegância" e omitindo a outra ocorrência de *ineptus* (em sua tradução *De la Docte Ignorance*. Paris, 1932, Louis Moulinier traduzia "extravagâncias inábeis"). Por outro lado, a tradução de Gandillac para *suscipere* ("crer" em vez de "adotar", "acolher") esclarece muito o texto.

ca o intelectual formado pelo ensino (o *"auditus"*) a distância do beneditino que passou pela *"schola affectus"* (o caminho do *"gustus"*). A explicação do que separa duas posições permite a cada uma dizer sua verdade em nome da palavra do outro. Esse procedimento, apresentado no microlaboratório de um exercício, vale também para o encontro de Bizâncio e de Roma, e sobre o fim de sua vida, na *Cribratio Alchorani* (*O Peneiramento*, ou exame crítico, do *Corão*, 1461), Nicolau de Cusa o estende, além das fronteiras cristãs, a uma confrontação entre o Islã e o Cristianismo, onde, depois de uma busca apaixonada de fontes e testemunhas, ele faz ele próprio falar o Muçulmano. Aqui, ainda, a coincidência não é uma semelhança nem uma assimilação; ela supõe uma "contradição" entre religiões das quais cada uma recebe a inteligência de sua própria relação com o infinito crendo no testemunho do outro.

Um quadro pode reunir os poucos casos já encontrados e mostrar sua coerência "conceitual":

	O uno	A marca da coincidência no discurso	O outro
De concordantia, dedicatória	Língua alemã →	**Crer**	← Língua latina
De icona, estrutura	O fenômeno visível →	**O dizer**	← O enunciado verdadeiro
exercício, tempo 3	Trajeto em um sentido →	**do outro**	← Trajeto contrário
o discurso	O "eu" biográfico →		← O destinatário
De docta ignorantia, dedicatória	O Alemão "bárbaro" →	**Falar em nome**	← O Romano humanista
peroração	O Ocidente cristão →	**do que um**	← O Oriente cristão
Cribratio Alchorani	Cristianismo →	**acredita do outro**	← O Islã

Quadro I

Por toda parte, a coincidência entre "o um" e "o outro" se marca por um lugar vazio que é, ao mesmo tempo, em cada um, o ponto de esmaecimento de sua atitude (uma "surpresa", um "furo") e, entre eles, o corte de um "crer". O discurso do "conceito" ou da coincidência se constrói a partir desse lugar vazio. Ele faz refluir em um "caminho" particular o que introduz a crença no outro. O "místico" (a fábula do dizer) converte o "narrativo" (a "relação" das operações próprias de um caminho). Por esse viés, o "eu" fictício do tratado é a inscrição, no texto, do que uma crença muda na inteligência do itinerário próprio ao "eu" biográfico. Não é um ecletismo, como se, para tomar conhecimento do outro, bastasse insinuar alguns enunciados *a mais*, os seus, no discurso próprio; como se a coincidência fosse da ordem de uma adição ou de uma aquisição (interminável) e obedecesse à lógica do "também". Ela se exerce em um crer, isto é, em uma relação *de sujeito a sujeito*, um irredutível ao outro. Ela coloca em causa a *enunciação*, que é central na crença, relação entre locutores e não entre enunciados.[93] O "eu" tem, pois, uma posição estratégica no discurso da coincidência. Como falar a título do que eu creio do outro? O *"ego"* fictício do texto responde a essa questão. É um *efeito de crença* na posição – ou no ponto de vista – do sujeito enunciador. Ele gera uma prática nova do caminho particular ao autor. Mais exatamente, ele representa no texto esse efeito do olhar que é o recurso à crença; é um efeito literário desse *efeito de olhar*.

Esse "eu" discursivo ou conceitual não é, pois, nem aquele, autobiográfico, a carta a G. Aindorffer, nem o do destinatário. No rigor dos termos, ele não fala em nome do outro, mas *em nome do que ele crê do outro*. A esse respeito, Nicolau de Cusa permanece fiel, em seu tratado, ao que ele escreve, em seu nome pessoal, ao abade de Tegernsee. Em sua carta, ele não funda o saber "verdadeiro" sobre o *"ex auditu"* – sobre o que ele ouviu e creu? Mas,

---

93 Ver Michel de Certeau, L'institution du croire. In: *Recherches de science religieuse*, vol. LXXI, p. 61-80, 1983.

para ele, o "*auditus*" não designa a submissão a autoridades textuais ou aos enunciados de um autor privilegiado (ele o lembra a propósito de J. Wenck);[94] é uma maneira de ouvir e de crer, em outros, o testemunho concernente à relação de suas atitudes com um "olhar". Então, sem dúvida, o próprio "*gustus*", que não pertence à experiência pessoal do autor, pode ser, "*ex auditu*", apresentado pelo "*ego*" fictício do tratado. Esse funcionamento conceitual ou "especulativo" não apaga o aspecto retórico do processo. A técnica é conhecida. Pascal usará muito, assumindo, em seu próprio discurso, os enunciados supostos do outro: "O silêncio eterno desses espaços infinitos me assusta."[95] Em si mesma, a arte de "dizer o outro" tem empregos bem identificados: ela capta o investimento do leitor, que se identifica a esse "eu"; ela faz do texto escrito em razão desse "eu" que é outro o romance do autor e de seu desejo etc. Ela se exerce em muitos gêneros, em particular, no romance fantástico, que visa precisamente a confundir, por um terceiro insólito, a distribuição do espaço em fatos reais e em fatos "imaginários".[96] Pode-se também ligar suas artimanhas e suas virtuosidades com os desenvolvimentos luxuriantes da retórica durante o século XV. Tudo isso existe em Nicolau de Cusa, que tem, aliás, todo um lado romanesco e fantástico, mas preso pela rapidez da imaginação especulativa. O problema não se apresenta nos termos de uma alternativa entre a teoria e a ficção ("ou um, ou o outro"), ou sob a forma de uma teoria tomada de fraqueza e caindo no "literário". Parece antes que a "coincidência" é o "conceito" do "dizer um pelo outro" e que, visto que esse proce-

---

94 Ver página 43, nota 5.
95 *Pensées*, Brunschvicg fragm. 206; e Louis Marin, *La Critique du discours*. Paris, 1975. p. 215-238, 343-351.
96 Ver Tzvetan Todorov, *Introduction à la littérature fantastique*. Paris, 1970. p. 113-130.

dimento é fundamentalmente o da metonímia, tem-se com o seu discurso conceitual *uma lógica da metonímia*. Nessa perspectiva, a reflexão instaurada pela coincidência é, ao mesmo tempo, uma teosofia "metonímica" e uma teoria da metonímia. O que quer que seja dessa questão a retomar, o discurso de Nicolau de Cusa se dá, por um processo retórico, o meio de *fazer a operação* da qual ele *enuncia* a teoria em termos de "douta ignorância", e de transformar assim a própria escrita em uma prática conceitual.

A circularidade dialógica

A relação do *um ao outro*, tal como aparece no exercício ou na construção discursiva do *De icona*, tem a forma, elementar, de uma relação dual: o primeiro ator e o segundo, o autor e o destinatário, isto é, *um* e *dois*. Em princípio, é possível estender esse modelo à sequência inteira dos números: *3, 4, 5, 6* etc. O texto vai proceder a essa generalização, mas uma dificuldade preliminar se apresenta. Sob sua forma binária, a ambiguidade do termo "um" coloca um problema de escrita. Com efeito, nos textos cusanos, o "um" designa seja uma unidade que *pertence* à série dos números e à qual *2, 3, 4* etc. dão sequência (assim, o primeiro ator pode ser seguido de um segundo, de um terceiro etc.), seja o princípio que *gera* a série e que, portanto, "precede o número"[97] (assim é com o ponto, ou com o olhar, centro gerador da circunferência). Nicolau de Cusa não tem dois signos diferentes para distinguir essas duas posições, sem dúvida, porque, no século XV, ele não dispõe de uma escrita algébrica suficiente e que lhe falta uma teoria do zero (ele evoca somente o zero com sua concepção do ponto "quase-nada" ou "próximo do nada").[98]

---

97 *De docta ignorantia*, op. cit., I, 8.
98 Sobre o zero, "*une chiffre donnant umbre et encombre*" como o diz Nicolas Chuquet [1484], ver Florian Cajori, *A History of Ma-*

Essa distinção que não se escreve, ele a vê, no entanto, como geômetra, como relação do centro com os pontos da circunferência:

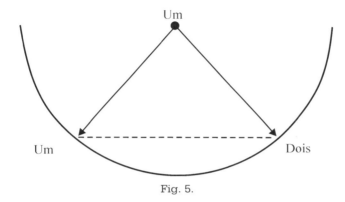

Fig. 5.

O termo "outro" tem a mesma ambiguidade. Ou é o segundo em relação a um primeiro ponto da circunferência. Ou, então, é a circunferência inteira em relação ao centro que a gera; nesse caso, "chama-se *outro* o que não é um",[99] e "a alteridade", opondo-se à unidade,[100] designa a "diversidade", ou ainda o estado do que é distinto. Quando há passagem do número *1* aos números *2, 3, 4* etc., toda a série permanece "a alteridade" ou "o outro" em relação ao um (ou ao centro). Em uma filosofia do Um, tal como a do Cusano (para quem o Um é superior ao Ser), a questão é particularmente importante e remete, aliás, a uma tra-

---

thematical Notations. La Salle (IL), 1928. t. I, p. 124-139 (sobre os autores do século XV); Geneviève Guitel, *Histoire comparée des numérations écrites.* Paris, 1975. p. 653-706; Karl Menninger, *Number Words and Number Symbols.* Trad. P. Broncer. Cambridge (MA), 1969. p. 396-406, 420-424 etc.

---

99 *De icona*, 14.
100 Ver *De conjecturis*, I, 11: "De unitate et alteritate".

dição antiga. Plotino já se aplicava em definir o "um" não quantitativo, que "não reside em uma multidão" e "não é um mínimo".[101] Ao contrário, inscrevendo o "um" em um "gênero comum" e tendo por "manifesto" que "nada pode ser dito *um* e *único* senão se concebeu previamente outra coisa que combina com a primeira", Spinoza escreverá: "Dizer de Deus que ele é *um* e *único* mostra ou que não se tem dele uma ideia verdadeira ou que se fala dele impropriamente."[102] A ambiguidade do termo, perigosa coincidência entre as duas funções, provoca Nicolau de Cusa a especulações casuais. Ser-lhe-ia preciso, para observar o "um"-princípio, uma espécie de termo-zero, um símbolo-índice que designasse uma absoluta "deslocalização" da referência.[103] A linguagem tem sua lógica.

É em relação ao "um"-princípio (*unitas*) que a relação dual do um ao outro pode ser generalizada em uma série indefinida colocada sob o signo da "alteridade". Um primeiro exemplo disso é oferecido, que dará uma ideia do método. Ele concerne aos nomes que a teologia atribui a Deus. "Toda a teologia é circular", ou "formada em círculo (*in circulo posita*)", diz Nicolau de Cusa, designando assim uma forma definida por "posições". Com efeito, acrescenta ele, desses nomes "o um é afirmado do outro (*unum affirmatur de alio*)".[104] A expressão é em si ambígua. Ela poderia significar: a Unidade é afirmada de tudo

---

101 Plotino, *Ennéades*, IX, VI.
102 Spinoza, Carta 50 (a Jarig Jelles, 2 de junho de 1674), *Œuvres complètes*. Éd. Roland Caillois et al., Paris, 1962. p. 1230 (tradução modificada, sou eu quem destaca); e Stanislas Breton, *Unicité et monothéisme*. Paris, 1981. p. 19-35.
103 Ver, em outro contexto, as sugestões de J. Petitot, Psychanalyse et logique..., op. cit., p. 214-225, a propósito do "significante" lacaniano. Encontram-se, aliás, em Jacques Lacan, sobre o olhar, páginas muito próximas da análise cusana (ver página 78, nota 72).
104 *De icona*, 3.

o que constitui sua alteridade. De fato, aqui, "um" e "outro" se referem aos predicados atribuídos a Deus: "[...] a visão, a audição, o olfato, o tato, o sentimento, a razão, a inteligência e muitos outros pontos de vista (*rationes*) distinguidos pela significação de cada palavra".[105] Essa lista parece colocar no mesmo nível graus de ser diferentes: o sentido, a razão etc. Na realidade, ela não obedece à ordem de uma hierarquia antropológica ou ontológica. Ela segue a *distribuição semântica* operada pela língua, mas é tendo em vista uma *operação* sobre essas unidades. Ela corresponde a *uma espacialização do sentido pela língua*. Todos esses "pontos de vista" heterogêneos, repartidos e separados no espaço linguístico, contrários entre eles pelos desenvolvimentos próprios a cada um, devem, pela teologia, ser "afirmados um do outro", sobre o modelo que valia para uma relação dual.

---

105 *Ibidem*. Neste texto, "visão (*visus*)" participa da ambiguidade de "um": o termo designa ora o "olhar" (o princípio, que é *videre*), ora um dos "pontos de vista (*rationes*)" sobre o princípio, como a audição, o paladar etc.

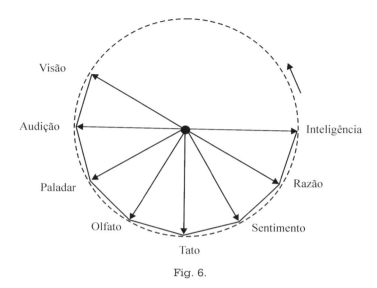

Fig. 6.

Cada um desses pontos de vista, irredutível aos outros e se desdobrando em um processo relativo ao infinito que o anima, tem a partir de então com os outros uma relação homóloga à do primeiro ator com seu parceiro, ou do autor com seu destinatário. Comparável ao percurso de uma atitude autônoma, seu desenvolvimento próprio (por exemplo, na perspectiva da "razão" ou da "inteligência") tem relação com outro desenvolvimento (por exemplo, na perspectiva do "gosto" e do "afetivo") exumando de seu movimento a surpresa que o constrói e que pode ser "acreditada" ou reconhecida de outra posição. É nesse sentido que "o um é afirmado do outro", ou que cada ponto de vista persegue sua própria lógica, mas em nome do que ele acredita dos outros. Generalizando-se, a circulação conserva a forma dialógica inicial, do tipo: "Você também? – Sim." Como Nicolau de Cusa disse frequentemente, essa teologia não é "negativa" nem "apofática": o ponto de vista particular não é negado; ele é mudado do interior, ou antes, revelado a ele mesmo, entregue ao "impossível" que o habita, reconhecendo que outras atitudes se constroem sobre o mesmo segredo. Esse processo dialógico e transcendental define também, no Cusano, a forma que assume sua prática da tradução (passagem de um sistema ao outro, ou de uma língua à outra), o método que inspira sua interpretação de doutrinas, de períodos ou de religiões diferentes (passagens de figuras discursivas ou históricas a outras), ou a ideia que ele faz para si da socialidade. Geometricamente, a figura dialógica permanece poligonal. O crescimento das unidades e a extensão das "transferências" de uma a outra, multiplicando os ângulos, aproximam, no entanto, cada vez mais, o polígono da forma do círculo, que seria, enfim, a totalização dos contraditórios gerados pelo centro. Um *"maximum"* permite, pois, superar o limiar qualitativo que separa do polígono o círculo? Ter-se-ia aí um modelo matemático para pensar "a resolução de todos em um". É a quadratura do círculo. O problema apaixona muitos espíritos do tempo, pintores, como Piero della Francesca (que, em sua *Flagelação*, opõe o polígono do pavimento ao círculo que aureola o rosto do Cristo),[106] assim como matemáticos, Toscanelli, Regiomontanus etc. Nicolau de Cusa cuida muito disso e, durante os anos em que ele escreve o *De icona*, ele lhe consagra dois tratados, o *De quadratura circuli* (1452) e o *Caesarea circuli quadratura* (1457), que não parecem, aliás, ter convencido os amigos aos quais ele os enviou, o grande matemático florentino Paolo Toscanelli e, por ele, o astrônomo austríaco Georg Peurbach, velho mestre conhecido outrora em Nuremberg.[107] Para o Cusano, "deve existir", na ordem geométrica, o meio de pensar um "círculo feito

---

106 Ver Rudolf Wittkower e B. A. R. Carter, The perspective of Piero della Francesca's *Flagellation*. In: *Journal of the Warburg and Courtauld Institute*, vol. XVI, 1953. p. 292-302.
107 Ver, por exemplo, P. L. Rose, op. cit., p. 91-94.

de ângulos infinitos", e, pois, de passsar do angular ao "inangular", ou da reta à curva (a perfeita "*curvitas*").[108] Dada a "resplandecente proximidade" da matemática com o verdadeiro,[109] deve existir em geometria uma demonstração que mostra, em seu "espelho", a imanência do infinito em todas as partes do finito. Temeridade, mas "inventiva", dirá Moritz Cantor.[110] Uma vez mais, o matemático e filósofo não procede pelo raciocínio ou indução; ele parte de um "excesso" teórico (uma espécie de crença também) do qual ele procura desenvolver efeitos coerentes entre eles. Os olhos não conduzem ao olhar. É o olhar que pode encontrar olhos.

Deixando a quadratura do círculo, basta reconhecer aí a forma geométrica ideal e máxima do "conceito" que constrói um discurso "circular" a partir de pontos contrários igualmente testemunhas do infinito. Essa circularidade funda um discurso suceptível de "contar maravilhas (*enarrare mirabilia*) cuja revelação ultrapassa toda visão sensível, racional ou intelectual".[111] Programa romanesco? O "contar" é escandido pelos cortes que o "crer" introduz entre as partes contraditórias do relato, e esses "lugares vazios" insinuam por toda parte um efeito de olhar que altera as partes em "maravilhas" umas para as outras. Esse discurso *conta um olhar*. Por uma incessante relação de cada atitude com seus "contrários", ela garante um devir, portanto, a possibilidade de um relato na imanência do infinito. O místico se articula como narrativo. Um *tempo* discursivo é dado ao *estupor* primeiro.

Jean-Luc Godard dizia: "A imagem vem da noite dos tempos."[112] Em Nicolau de Cusa, a colocação em coinci-

---
108 Ver M. de Gandillac, *La Philosophie de Nicolas de Cues*, p. 91-94.
109 Ver página 69, nota 57.
110 Ver página 60, nota 41.
111 *De icona*, prefácio, onde Nicolau de Cusa explica seu projeto.
112 In: *Art Press*, número intitulado "Audiovisuel", 1982.

dência dos momentos contraditórios que a compõem ("um e todos ao mesmo tempo") permite ver chegar à imagem essa noite do fundo dos tempos. Ele a chama "nuvem (*caligo*)", "trevas", não saber.[113] Tal é sua teologia mística. Mas o clima que reina nessa especulação nascida da "*admiratio*" e aspirada pelo dinamismo de outro dia deve levar um emblema mais "auroral". Essa teologia se sustenta com uma surpresa que transforma o tempo. O "*Blitz*", relâmpago do olhar, torna-se aí duração. Esse discurso "conta" a palavra de René Char: "O relâmpago me dura." Isso é "fácil" e se impõe, ou, então isso não é.

"O idiota"

No *De icona*, o exercício não apresenta mais a posição do segundo ator quanto os capítulos objetivam a do destinatário em nome do qual eles falam. O segundo ator recebe o testemunho do primeiro e chega ele a "entender que é possível"? Por sua vez, os "irmãos" de Tegernsee devolvem a recíproca ao autor, "escutando" e acreditando no texto que ele lhes envia? Questões relativas à recepção do tratado. À pergunta que Nicolau de Cusa dirige aos seus destinatários – e que, segundo sua própria teosofia, ele só pode lhes dirigir: "Vocês também?" –, que resposta lhe deram e que efeito de retorno essa recepção tem sobre sua teoria?

O debate que, de 1451 a 1460, orquestrou a elaboração e a circulação do *De icona* pode servir de teste. O clima passional das adesões ou das rejeições surpreende. Sem dúvida, é preciso levar em conta temperamentos pessoais, divisões da época, e a agressividade que aumenta a instabilidade. Mas a teoria em si provoca essas

---

113 Nicolau retoma com insistência, para caracterizar a "douta ignorância", o vocabulário dionisiano da "treva", da "nuvem" etc.; ele precisa ele próprio, em sua *Apologia*, sua dívida e sua admiração em relação ao Areopagita.

reações. Nicolau de Cusa escapa a toda problemática da identidade. Ele apresenta a experiência "positiva", seja ela erudita ou afetiva, na qual um método se fixaria: ele a "infinitiza" confrontando-a com outras, contrárias. Ele não propõe também um sistema novo: em nome da "douta ignorância", suas operações conceituais destacam um "impossível necessário"[114] na origem de cada doutrina. Exceto pelos lugares onde o colocaram as missões sucessivas que ele recebeu (mas ele nunca registra), ele não dispõe mais de um prato estável que lhe forneceria, como aos monges seu mosteiro, o postulado, o apoio e o controle de uma instituição de sentido: ele é em toda parte estrangeiro, emigrante, diplomata – um passante que tem a preocupação de ser "recebido" –; e sua filosofia não supõe a garantia muda de uma ordem que seria sua base, ela deve, ao contrário, assumir ela própria a construção "dialógica" de uma socialidade, que depende, aliás, mais da comunicação do que da comunidade. Por todos esses aspectos, ele retira de seus leitores a possibilidade de uma identificação, ele os priva de uma identificação "certa", no momento mesmo em que a degradação do cosmo medieval suscita por toda parte a instauração de novas unidades sociais, políticas ou religiosas em busca de identidade.

Assim, não é um acaso se ele não tem por assim dizer "discípulos",[115] e se, muito mais tarde, somente alguns pensadores originais serão seduzidos a distância pelas

---

114 "O impossível necessário", uma formalidade da coincidência. Ver *De icona*, 9, 13, 17; carta a Aindorffer, editada em E. Vansteenberghe, *Autour de la Docte Ignorance*, p. 115: "degustar a necessidade na impossibilidade" etc.

115 No fim da *Apologia*, Nicolau menciona, através da Itália (*per Italiam*), alguns "espíritos estudiosos" com quem seu "fervoroso" interlocutor teria, com "muito fruto", cultivado "a admirável semente" da douta ignorância (Stutt., t. I, p. 299). Caso raro, e que permanece o fato de um intermediário italiano.

estimulações que lhes oferece sua obra, tais como Charles de Bovelles ou Lefèvre d'Étaples primeira maneira, e Giordano Bruno.[116] Por fulgurante que seja, ou por causa até de sua rapidez, o pensamento cusano desorienta. Jamais ele está onde se acredita. Os entusiastas lhe fixam lugares e encontros que não são os seus. Em Tegernsee, o *Laudatorium Docte ignorancie*, escrito "com amor (*amorose affectus*)" por Bernard de Waging em 1451, toma a "douta ignorância", "ciência das ciências" pela própria experiência, ou a "teologia mística", da tradição dionisiana — assimilação excessiva que o generoso monge apoia ainda, nove anos depois, em seu *Defensorium Docte ignorancie* (1459).[117] Frequentemente, Nicolau de Cusa procura retificar. Não, eu não estou aqui; não, eu não sou isso. Por exemplo, em sua carta a G. Aindorffer, a propósito do "gosto" místico. A mesma coisa com os adversários, por exemplo, com o teólogo de Heidelberg, Wenck, um conciliarista convencido, tão firme em suas convicções eclesiológicas quanto exato em suas técnicas profissionais e que, já suspeitando uma traição na conversão de seu compatriota jurista à autoridade papal, farejando nessa obra um iluminismo, aí não reconhece nenhum tratamento legítimo dos textos doutrinais.[118] Não, responde Nicolau de Cusa... Em vão, ele não consegue se livrar da ilusão que acompanha a difusão de seus textos.

---

116 Ver Joseph M. Victor, *Charles de Bovelles* (1479-1553). Genebra, 1978. p. 15-25; M. de Gandillac, L'art bovillien des opposés. In: *Charles de Bovelles en son 5ᵉ centenaire* (1479-1979). Paris, 1982. p. 157-170; Guy Bedouelle, *Lefèvre d'Étaples et l'intelligence des Écritures*. Genebra, 1976. p. 60-70; Frances A. Yates, *Giordano Bruno*. Londres, 1971. p. 124-244 etc.
117 Texto editado em E. Vansteenberghe, *Autour de la Docte Ignorance*, p. 163-188.
118 Ver página 43, nota 5.

A essa teosofia matemática que é tão coerente, e mesmo repetitiva, em seu *movimento*, mas que não dá a apreender nenhum *objeto*, responde-se finalmente pelo ódio ou pelo amor. Ela é muito estreitamente articulada sobre a questão do sujeito, e seu estilo, muito "passageiro" e pessoal, para não ficar presa ela mesma nas relações *de sujeito a sujeito*. Por sua recepção, a teoria é, aliás, conduzida ao que ela não cessa de dizer. Fundamentalmente, ainda que ela não seja para crer (como o seria uma crença), só um ato de *crer* permite *pensá-la*. Um excesso sem objeto, um "impossível" que não se pode "apreender" em si senão crendo nele também do outro, é o ponto de onde se origina seu rigor lógico próprio. Na prática da leitura, esse "postulado de crença" é relativo ao autor, e ele toma frequentemente a forma da confiança ou da suspeita a seu respeito.

Característico, desse ponto de vista, o calor vingativo com o qual o cartuxo Vincent d'Aggsbach ataca o *De icona* em seu *De mystica theologia* (1453) e em um texto redigido contra os apologetas de Cusa, particularmente Bernard de Waging, o *Impugnatorium Laudatorii* (1454). Como a Gerson, ele censura a Nicolau de Cusa de "aliar" (*"concordare"*, uma palavra bem cusana) a teologia mística aos "filósofos" e de arruinar assim "a espécie ou ato de devoção (*quedam species vel actus devocionis*)" que é a mística.[119] Ele mistura um pouco de tudo, tomando a "coincidência" como um concordismo, e o "movimento intelectual" cusano como a *"ratio"* escolástica contemporânea. Ele não sabe bem, também, como definir a mística afetiva, mas ele sabe de que *lugar* ele é. Ele não se engana sobre o desafio, a própria problemática da identidade, quando ele ergue de novo

---

119 Texto editado em E. Vansteenberghe, *Autour de la Docte Ignorance*, p. 189-201 (cito a p. 195). Ver também E. Vansteenberghe, *Un écrit de Vincent d'Aggsbach contre Gerson*. In: *Studien zur Geschichte der Philosophie*, 1913. t. I, p. 357-364.

Capítulo 1 – O Olhar: Nicolau de Cusa   113

a fronteira que garante o afetivo contra o racional e quando ele defende a tradição cartusiana da *"schola affectus"*, região protegida pelos muros do mosteiro. O *"concordare"* lhe é odioso. O alvo é o gesto cusano de "passar", mesmo se ele só é tratado em termos de conteúdo. Em suma, a teoria não controla sua recepção. Ela tem o mesmo destino que o "rosto" divino descrito pelo *De icona*: o desprezador aí vê seu desprezo; o amante, seu amor; o jovem, uma figura juvenil; o velho, uma representação senil; o leão ou o boi, uma imagem leonina ou bovina.[120] A obra torna-se também o espelho de seus leitores; ela lhes apresenta um objeto conforme ao que eles esperam ou acreditam dela. Essa mobilidade trai uma fraqueza, na medida em que a teoria deveria impor-se por ela mesma, à maneira como Spinoza queria que sua *Ética* aparecesse sem ele, sem seu nome, sem apoio institucional, radiante somente, como uma joia, com sua verdade. Paradoxalmente, Nicolau de Cusa conhece um destino contrário. O equívoco envolvendo a obra tem como avesso as promoções atribuídas ao homem: missões diplomáticas, legações, cardinalato, administração geral dos Estados pontificais. Por um lado, a fragilidade da teoria e o sucesso da carreira têm uma razão comum: a mobilidade sutil, a curiosidade inventiva do autor.

Em sua atividade profissional, acrescenta-se uma contradição mais importante. Enquanto sua teoria é conciliarista, sua prática a partir de 1437 serve ao papado. Ele apoiava a superioridade do concílio sobre o papa por razões que permaneceram sempre fundamentais. Em 1433, no *De concordantia catholica* (principalmente no livro II, fundado sobre a noção jurídica, romana e canônica, de "consen-

---

120 *De icona*, 6.

timento" ou "consensus"),[121] ele faz do "povo" a fonte da designação do poder, e da eleição, o procedimento regular para prover a toda "presidencialidade", inclusive o papado. "É, com efeito, no povo", escreve ele, "que repousam em potência (*in potentia latent*) todos os poderes (*potestates*) tanto espirituais quanto temporais e corporais".[122] A necessidade de uma reforma, permanente convicção, e a instauração de instituições que garantam a representação do povo se amarram em uma teoria que é coerente com todo o movimento da obra. Mas, na conjuntura, ela não é aceitável. Participando do concílio de Basileia, Nicolau de Cusa constata a vaidade do projeto conciliarista, enquistado em intermináveis querelas intestinas. A assembleia de Basileia não é mais para ele um concílio "*in concordia et consensu*". Então acontece a reviravolta. Ele parte para Ferrara, onde se junta a uma minoria favorável a Eugênio IV e coloca-se a serviço da autoridade pontifical, única e última oportunidade para uma reforma. Por seu trabalho, ele sustenta doravante a concepção tradicionalista, mas uma concepção relativa aos cismas internos da Igreja e ao desmoronamento da cristandade medieval.

"Radicalismo em teoria e conservatismo na prática."[123] Apesar dos ajustes doutrinais que ela invoca, sua atividade segue caminhos contrários aos da teoria.

---

121 Ver P. E. Sigmund, *Nicholas of Cusa and medieval Political Thought*; e os indícios do *De concordantia* para a palavra *consensus* (Heid., XIV, 4, p. 509).
122 *De concordantia catholica*, II, 19, Heid., XIV, 2, p. 205.
123 P. E. Sigmund, op. cit., em especial p. 226-228, sobre a fidelidade do Cusano a seus princípios. Ver Erich Meuthen, *Nikolaus von Kues in der Entscheidung zwischen Konzil und Papst*. In: *Nikolaus von Kues als Promoter der Oekumene, Mitteilungen und Forschungsbeiträge der Cuysanus Gesellschaft*, t. IX, p. 19-33, 1971; James E. Biechler, *Nicholas of Cusa and the end of the conciliar movement: a humanist crisis of identity*. In: *Church History*, vol. XLIV, p. 5-21, 1975.

Capítulo 1 – O Olhar: Nicolau de Cusa

De fato, o papa se torna o substituto "conjectural" e histórico da Igreja conciliar de que o tratado apresentava o modelo ideal, e sempre ideal. Ele é, pois, também o critério (historicamente absoluto) de tarefas administrativas que conservam a significação religiosa de serem colocadas no campo da unidade e de promovê-la de um modo provisório, mas possível. Assim, ele fornece, enfim, um ponto de identificação, um "centro", às errâncias do diplomata reformador. A teoria formula sempre uma espécie de política divina, mas a prática se desligou dela para obedecer aos imperativos que ressaltam da conjuntura. Uma se torna *utópica*, e a outra *ética*, mesmo se elas permanecem no mesmo horizonte religioso. De *uma* a *outra*, não há coerência, nem mesmo um compromisso que encontraria entre elas algo de comum, mas, antes, uma coincidência dos contrários de uma nova espécie, que escapa à teoria, que é apenas um de seus termos, mas que permanece conforme às antinomias que a reflexão cusana se esforça em pensar. Nessa relação da teologia com a política, a primeira se torna uma teologia "mística" – uma especulação fundamental e fundadora, mas que só enuncia um essencial no modo de um afastamento e do segredo, ou de uma poética desorbitada da realidade social. A esse respeito, a teosofia cusana articula a teoria sobre o *insucesso*, isto é, sobre uma nova forma, autônoma, de história, e aquela relação define, sem dúvida, o *status* "moderno" da filosofia.

A teoria introduz, pois, antes, uma "loucura" nas práticas. Ela a marca desde o início do movimento intelectual, não somente com o estupor que é sua origem, um branco, mas com o limiar que torna possível seu discurso. Se você não acredita no outro, dizia o prefácio, você não poderá compreender que é possível. Essa condição, necessária para sair do mutismo inicial, é a loucura que permite a teoria. Um irracional instaura o racional. Nicolau de Cusa não teme destacar: "É loucura (*stultitia*), afirmam eles, acreditar isso possível."[124] E ele sabe reconhecer essa loucura não em um *objeto* em que crer, mas no próprio *ato* de crer, que coloca a possibilidade de pensar e que se poderia considerar, para ele, como a forma *epistemológica* de um ato *ético*, isto é, um ato que não depende do possível. Da mesma forma, o objeto "não possível" desse crer ("Você também? – Sim. – Não possível!"), seu enunciado, é apenas a inscrição desse ato no discurso; o objeto acreditado é *a metáfora de um ato metonímico*, ou de uma mudança de espaço, de um deslocamento de ordem.

Esse ato não se exerce somente na relação de um a outro, ele concerne também a todos os outros, a multidão. Como? Uma história cusana, uma a mais, bastará para indicá-lo. Ela é contada no início do terceiro livro de O Idiota (1450, Nicolau de Cusa está em Roma para o Jubileu).[125] Um "filósofo célebre" vindo de longe (de Trébizonda?),[126] personagem de "rosto pálido" e com a "longa toga", exótico, portanto, e "selvagem" no cenário da Cidade, está parado na ponte de Roma, no meio da multidão: ele "se surpreende com os passantes". Um letrado, orador de profissão, o aborda e lhe pergunta "que razão o mantém fixo (*fixus*) nesse lugar". "A admiração (*admiratio*), diz ele." Não dos objetos, mas a própria surpresa. Depois de um momento, ele explica: "Quando vejo passar apressa-

---

124 *De icona*, 22, a propósito da coincidência dos contrários em Jesus Cristo.
125 Nesse parágrafo, eu cito e comento o *Idiota*, III, 1, Stutt., t. I, p. 321-322. Esse terceiro livro é consagrado ao "pensamento (*mens*)".
126 Esse "filósofo célebre" é provavelmente Georges de Trébizonda, "príncipe dos aristotélicos", dizia-se, que, naquele ano, residia em Bagno di Romagna até julho, depois em Firenze: ver John Monfasani, *George of Trebizond*. Leyde, 1976. p. 36 e segs. Mais tarde, em Roma, Nicolau, que o tinha conhecido em Florença, o protegerá e lhe fará a encomenda de várias traduções de Platão, o *Parmênides* e as *Leis* (*ibidem*, p. 321-329).

das populações inúmeras vindas quase de todas as latitudes, eu me espanto que haja uma fé de todos em uma tão grande diversidade de corpos." Lembrança pessoal do Jubileu, essa multidão de peregrinos na ponte romana, como um verdadeiro rio, um Reno de seres humanos. A surpresa é a mesma que fixava os experimentadores da pintura: todos e cada um ao mesmo tempo, testemunhas do "olhar" sempre o mesmo. "Eu", continua o filósofo, "percorri incessantemente o mundo e visitei os sábios" (em relação à peregrinação para o santuário, são viagens em sentido contrário), para tornar-me "mais seguro" de que o pensamento (*"mens"*) é "conjunto (*conjuncta*) com o pensamento divino, mas até o presente eu não encontrei ainda pela razão uma luz tão perfeita quanto esse povo ignorante pela fé". O filósofo diz *crer* da multidão o que ele não *vê*, para sair de sua incerteza e entender que a coincidência de todos e cada um em "um" (um olhar ou uma fé) é "possível". O "profano", ou "idiota", que está fabricando uma colher de pau numa venda do bairro, vai-lhe explicar. Assim, *crer no dizer dos outros* é o que dá acesso a *um pensamento do Um*. Essa loucura primeira torna possível a teoria. Reciprocamente, essa teoria se acha apagada, e seu funcionamento social, determinado, pela loucura que o autoriza em nome de uma crença na multidão. O eco de outrem que traz à experiência íntima de cada um o testemunho da multidão, rumor oceânico do "eu também", muda com certeza a alucinação privada em um pensamento do infinito, mas ele não é "visível", ele é apenas "audível", de maneira que esse pensamento, dado ao seu próprio infinito pelo que ele crê dos outros, tem como discurso uma utopia (ou uma "atopia") teórica separada das "positividades" históricas onde ela traça, no entanto, a loucura da qual ela nasce.

Que a teosofia cusana seja finalmente o discurso de uma loucura, o fantástico do *De icona* o sugeria. Mas re-

atravessando-a a partir daí, a obra inteira faz aparecer a estranha consciência que tem o autor de uma loucura da qual ele escande seus textos, como se ele prevenisse um fim de não receber. Eu me contentarei em voltar sobre os escritos já encontrados. Dirigindo o *De docta ignorantia* ao cardeal Cesarini, ele insiste sobre as "inépcias" de sua linguagem "bárbara" e sobre o caráter "absolutamente excêntrico" de seu próprio "conceito". Aos leitores do *De concordantia catholica*, ele destaca o estilo "inculto" e selvagem de seu tratado. A Gaspard Aindorffer, destinatário do *De icona*, ele precisa que ele não tem a experiência (o "*gustus*") que valeria a seu texto ser tido como "seguro" e acreditado no mosteiro de Tegernsee. Não penso também que se possa atribuir somente a uma tática pedagógica nem reduzir ao personagem do não especialista (o do "profano" e do não letrado) o "idiota" ("*pauper idiota*")[127] em nome do qual Nicolau de Cusa expõe seu próprio pensamento no "*trialogus*" do *Idiota* – um lugar então indissociável das referências, primeiramente renanas, aos loucos do Cristo e à iluminação do iletrado.[128] Por todos os indícios que o demarcam, o texto conta sua relação com um centro obscuro que circunscrevem uma incapacidade, um déficit, um insensato.

Esse negro sol frequenta o discurso, experiência solitária de um olhar pelo viajante. Detalhe surpreendente, no prefácio onde ele o coloca em cena, Nicolau de Cusa reconhece nesse olhar o relâmpago ("ao mesmo tempo todos

---

127 *Idiota*, I, 1.
128 O *Idiota* se apresenta como um diálogo entre três "interlocutores" (livros I e II), depois quatro (livro III). Entre eles, há o "eu" do "autor (*auctor*)", mas, como no *De icona*, ele serve de introdutor à palavra do "idiota", em nome de quem Nicolau de Cusa se dirige aos leitores. Sobre a história, renana, do "Amigo de Deus" ou *idiotus* no século XV, ver M. de Certeau, *A fábula mística*, I, Ed. Forense Universitária – Grupo GEN, p. 321-329.

e cada um") que não cessa de ser sua própria surpresa; o que ele "vê" é sua própria loucura, é ele mesmo. Ou, antes, como ele o explica a propósito desse olhar "preexistente (*antecedens*)",[129] ele só é ele mesmo uma "imagem (*imago*)" desse "modelo (*exemplar*)". Ele é o espaço que essa loucura se dá nele. Seu espírito é apenas o espelho onde ela aparece. A essa experiência que se impõe, "fácil", pois, mas impossível, impensável, ele procura toda sua vida "correspondentes" que, caminhando por vias contrárias às suas, lhe tornam "compreensível". Assim, em uma obra colocada sob o signo da "facilidade", ele não se glorifica senão de uma única coisa, em seus prefácios ou suas cartas: seu "imenso labor", de arquivos em arquivos, de observações em observações, de doutrinas em doutrinas ou de missões em missões, para "ouvir" o dizer de outras testemunhas e tentar assim abrir a essa loucura um caminho na história.

---

129 *De icona*, 6.

Capítulo 2

O POEMA E SUA PROSA

Encarando como, em João da Cruz, o poema se articula com seu comentário em prosa, eu não me interesso diretamente pelo problema, clássico, da interpretação; eu me interrogo antes sobre as relações entre dois discursos dos quais um representa a abertura de um espaço à beleza (*hermosura*) e o outro remete a uma dor da história. De saída, uma imagem biográfica pode designar de longe essa questão: o contraste entre as primeiras "*canciones*" ou "canções" do *Cântico espiritual* e o local de seu nascimento, o calabouço do convento de Toledo onde João da Cruz foi colocado no segredo, de dezembro de 1577 a agosto de 1578. Do corpo glorioso que é o poema ao corpo doente do prisioneiro, que relação? Ela organiza a escrita de João da Cruz como uma troca entre o canto e a história.

Exceção feita de alguns poemas isolados, *Aforismos* ou cartas, suas obras são, com efeito, cortadas de alto a baixo em duas "metades" heterogêneas: as "*canciones*" (ou poemas) e as "*declaraciones*" (ou explicações em forma de tratado). Esses dois discursos, como as duas metades do andrógino descrito pelo *Banquete* de Platão, remetem um ao outro: eles se buscam, eles se chamam, eles se alteram mutuamente, eles se entrelaçam. A separação que os distingue instaura entre eles ligações estranhas. Nenhum deles exclui o outro ou é a "verdade" da obra.

Sua diferenciação, corte entre eles, dá início a uma dinâmica cuja lei poderia se enunciar: não há um sem o outro. O funcionamento da escrita coloca em jogo uma dialética do êxtase poético e da discursividade histórica. Essa estrutura dialogal organiza uma tensão criadora entre as vindas de um canto e as etapas de uma ascese, ou entre o dom de uma Palavra e um trabalho do negativo. A Beleza e a dor se entre-têm assim, mas uma Beleza alterada pela dor e uma dor acolhida e transformada pela Beleza.

Minha hipótese consiste em reconhecer nesse funcionamento literário a operação de uma historicidade, uma maneira própria de articular o tempo naquilo que lhe escapa e, portanto, finalmente, de pensar o tempo. Ou seja, as relações do poema e de sua prosa, em João da Cruz, manifestam a formalidade de uma história; na cena escriturária que circunscreve o texto, elas produzem um modelo de "história espiritual", se entendermos por esse termo a relação que uma história mantém com "o que fala", isto é, com o "Espírito".

1. O COMEÇO POÉTICO

De repente, a Palavra

Toda a obra de João da Cruz tal como nós a conhecemos,[1] isto é, sem os textos que ele escreveu antes

---

1 Ver principalmente, além de um clássico, Dámaso Alonso, *La poesía de san Juan de la Cruz* [1942], 5. ed. Madri, 1962, alguns trabalhos recentes: Eulogio de la Vírgen del Carmen, *San Juan de la Cruz y sus escritos*. Madri, 1969; Roger Duvivier, *La genèse du "Cantique spirituel" de saint Jean de la Croix*. Paris, 1971; idem, *Le dynamisme spirituel dans la poésie de Jean de la Croix. Lecture du "Cántico espiritual"*. Paris, 1973; Colin P. Thompson, *The Poet and the Mystic: A Study of the "Cántico espiritual" of Saint Juan de la Cruz*. Oxford, 1978. Para os textos, ver *Obras de san Juan de la Cruz*. Ed. Silverio de Santa Teresa, t. III, *Cántico espiritual*, Burgos,

de 1577, e que foram destruídos (talvez, no momento da prisão), tem como ponto de partida um grito:

> A donde te escondiste
> Amado y me dejaste con gemido?[2]
>
> Onde te escondeste
> Amado,
> Onde me deixaste
> em lágrimas?

As *Obras* começam com esses dois versos. No princípio, há o que Massignon chamava "a palavra dada".[3] Um dizer advém de repente (*"repente"*), que faz do poeta o "filho" dessa palavra. Uma genealogia se inaugura com "a filiação simbólica a um criador desconhecido", condição da criação poética.[4] No século XVII, o desejo que ele levanta daí ou abate, como seu fluxo e refluxo mais intenso, a poesia de Angelus Silesius; ele berça com uma esperança jamais preenchida esse vigia atento a todas as músicas susceptíveis de transformá-lo em "filho" de uma Palavra. Silesius não é mais seguro dessa voz passante – ou passada. Ressoa já nele a "viuvez" que hoje obseca Dominique Rouche:

> 1930 (designado por Silverio); *Le Cantique spirituel de saint Jean de la Croix*. Bruges: Éd. Dom Chevallier, 1930 (designado por Chevallier); *Vida y obras de san Juan de la Cruz*. 3. ed. Madri: Éd. Lucínio del Santo Sacramento, Biblioteca de autores cristianos, 1955 (designado por BAC). Para as traduções, ver as *Œuvres complètes*. Trad. Cyprien de la Nativité. 4. ed. Paris: Ed. Lucien-Marie de Saint-Joseph, 1967. Salvo indicação, eu cito a versão A do *Cántico* e dou dele uma tradução original.

---

2 *Cántico*, estrofe 1, versos 1 e 2.
3 Louis Massignon, *Parole donnée*. Paris, 1962.
4 Didier Anzieu, *Psychanalyse du génie créateur*. Paris, 1974. p. 3.

Qu'ai-je été, en ces tremblement pâles et conséquents:
qu'attente et viduité sans nom?
Rien sinon rien, office d'Un manquant à la lettre. Songe
Et cela qu'encore j'ai pu dire, ou Dire, s'effacera comme
le reste,
Qu'il m'arrive d'énoncer quelque fois. En l'Extase.[5]

Ao contrário, uma certeza habita João da Cruz. No começo da poesia, há o que fala sem razão. Uma música "dá corpo à chegada de uma medida".[6] Ela chega entre noite e dia, antes da hora do trabalho:

> En par de los levantes del aurora
> La música callada.[7]
>
> Nos acessos dos nasceres da aurora
> A música sem ruído.

É poesia o que nada autoriza, nem a ordem de um significado, nem o referencial de uma realidade. O poeta obedece a uma nominação instauradora de que ele se torna o enunciador. Ele "pertence àquilo para que é preciso". Ele faz passagem a esse "evento de advir"[8] que é roubado do tempo. A voz cria aquilo a que ela dá espaço. Ela é, para

---

5 Dominique Rouche, *Hiulques copules*. Paris, 1973.
6 Christiane Rabant, L'enfer des musiciens. In: *Musique en jeu*, nº 9, p. 30, 1972. Ver também Reinhord Hammerstein, *Die Musik der Engel*. Berne et Munich, 1962, sobre a Idade Média; Ernst Benz, *Die Vision Erfahrungsformen und Bilderwelt*. Stuttgart, 1969. p. 418-440, "*Die himmlische musik*".
7 *Cântico*, estrofe 14. Em Hölderlin, a nomeação aprazível vem também "antes que a mahã se ilumine" (élégia *Retorno*). A "música silenciosa" retoma o "concerto silencioso" de Ruusbroec (*Livre des douze Béguines*, 14). Continuidades poéticas. Sobre João da Cruz e Ruusbroec, ver Helmut Hatzfeld, *Estudios literarios sobre mística española*. Madri, 1955. p. 33-143.
8 Martin Heidegger, *Approche de Hölderlin*. Trad. Henry Corbin et al., nouv. éd. augm., Paris, 1973, respectivamente, p. 252, p. 244.

João da Cruz, "abundância e impetuosidade" no "dizer" da alma.⁹ Hölderlin fará disso também o eco:

> Soudain survient et fond sur nous
> une Étrangère
> l'Éveilleuse
> la Voix façonneuse d'hommes:
> stupeur aux âmes des frappés,
> et nuit sur les yeux des meilleurs.¹⁰

> De repente sobrevém e se precipita sobre nós
> uma Estranha
> a Despertadora
> a Voz modeladora de homens:
> estupor nas almas dos atingidos,
> e noite nos olhos dos melhores.

O poeta é subtraído por esse excesso que chama e que não é nomeável. Ele é "surpreendido" pelo que ele desempenha.¹¹ Pode-se evocar, aqui, o retrato que pintou disso Jérôme Bosch em seu *Jardim das delícias*: o artista preso em sua harpa, o corpo atravessado pelas cordas, os braços em cruz. É êxtase ou suplício? Esse Ícaro transportado, aprisionado e transpassado por seu instrumento de música, João da Cruz o desenhou, por sua vez, como crucificado voando que cai como um sombrio pássaro pregado no instrumento do amor e que "se precipita sobre nós";¹² ele o descreveu no poema do "pequeno pastorinho"

---

9   *Cântico*, Prólogo, ed. Silverio, p. 3; BAC, p. 901.
10 Hölderlin, *Poèmes*. Gedichte. Trad. Geneviève Bianquis, éd. revue, Paris, 1943, "Am Quell der Donau" (Na fonte do Danúbio), p. 360-361; *idem*, *Œuvres*. Paris: Ed. Philippe Jaccottet, 1967. p. 841.
11 Mallarmé, intimado a definir a poesia, respondia: "Eu balbucio, magoado" (carta a Léo d'Orfer, 27 de junho de 1884, in *Correspondance*. Paris: Éd. Henri Mondor e Lloyd James Austin, 1965. t. II, p. 266).
12 Sobre esse desenho, Michel Florisoone, *Esthétique et mystique*. Paris, 1956. p. 94-113.

("*pastorcico*") cujos braços abertos, enlaçados à árvore onde ele sobe para morrer, formam com os galhos a harpa de suas penas de amor:

> Y a cabo de un gran rato se ha encumbrado
> sobre un Árbol lo abrió sus brazos bellos
> y muerto se ha quedado asido de ellos,
> el pecho del amor muy lastimado.[13]

> E bem depois ele se ergueu
> em uma árvore, seus belos braços estendidos,
> e morto ele aí fica suspenso,
> com o coração tão ferido.

Nessas figuras onde a beleza não se separa da dor, onde o Verbo feito poeta une nele a palavra e a violência, mostra-se primeiramente a origem do discurso, análogo ao "comentário rapsódico do pensamento" evocado por Kant. O leitmotiv do *Cántico* ("*salé*, eu saí", diz a Esposa) designa o próprio poema, que sai, evento singular. Esse nascimento, marcado pela história, é também princípio de história: só há do tempo o começo. Não há história sem evento. Assim, bem longe de opor-se à historicidade, a irrupção de um presente o impulsiona — à maneira como o ato enunciativo (ao mesmo tempo modelo e pequena moeda do ato poético) introduz uma temporalidade na língua.[14] Mas esse começo não é pensável em si. Ele sobrevém de repente, abrupto ("*jählings*", diz Hölderlin), não se sabe de onde, sem porquê. O originário se refere não ao que o precede, mas ao que ele instaura. "A poesia não nasce: ela gera."[15] Ela se reconhece no que ela faz nascer.

---

13 *Obras*, BAC, p. 1.315.
14 Ver, a propósito de Benveniste, M. de Certeau, *A fábula mística*, I, Editora Forense Universitária – Grupo GEN, p. 222-223.
15 Joë Bousquet, *Mystique*. Paris, 1973. p. 33.

O devir do começo

A gênese do poema tem sua lei própria. Ela não consiste em respeitar um "gênero" literário (simbólico, alegórico etc.), isto é, em seguir uma regra semântica e cultural, que é, por si, estranha à natureza da palavra inicial. Ela visa a "manter" a música primeira, a oferecer-lhe e a tornar-lhe dóceis campos semânticos diversos, a permitir-lhe obsecar ou enfeitiçar uma língua aí entrando à maneira de uma dançarina. O *Cântico espiritual* vai ser o itinerário – viagem e relato – da "música sem ruído" em diversos lugares. Ele não poderia ser definido, como pensava Jean Baruzi, por uma imaginária "alegórica" cuja origem viria de menos alto que o "simbolismo" de *A noite obscura*. O *Cântico* passa do símbolo à alegoria; ele vai e ele vem, atravessando regimes diferentes da imaginação conceitual, em um percurso que se escalona em anos e que fica, finalmente, suspenso, como a maior parte das obras sanjuanistas. Esse longo itinerário de uma música é interminável em seus efeitos virtuais; é uma *Divina Comédia* inacabada, inacabável, à qual, depois de muitas adições ligadas às circunstâncias, um acidente impõe um fim. Valéry dirá também que suas poesias não eram jamais terminadas, mas interrompidas por uma intervenção externa (um empréstimo, um pedido, um editor). O poema de João da Cruz se terminará como se morre, depois de muitas viagens. Um dom o inaugura e um acaso o encerra: essas duas figuras do evento enquadram sua história, como dois cortes, duas surpresas, duas modalidades do "de repente" ("*repente*").

Em suas palavras poéticas, João da Cruz diz que, às vezes, Deus lhas dá, e, às vezes, ele as buscava.[16] O "buscado"

---

16 Magdalena del Espíritu Santo relata essa resposta de João da Cruz: "*Unas veces me las daba Dios, y otras las buscaba yo*" (*Obras*. Ed. Silverio, t. X, p. 323). Ver R. Duvivier, *La Genèse du "Cantique spirituel"*, op. cit., p. 127-129.

segue o passo do que é "dado"; é um efeito do evento, uma sequência a encontrar, que seja "comparável ao verso que foi um dom".[17] Na *Vita nuova*, no momento em que ele se decide por um novo "falar", mas sem "ousar começar" porque a empresa é "muito alta para suas forças", Dante conta que, caminhando ao longo de uma clara ribeira, ele estava apressado pela "vontade de dizer". De repente, "sua língua falou como por seu próprio movimento". "Palavras" vinham e, diz ele, "eu as depositei em meu espírito com grande alegria, pensando tomá-las como começo". Elas estão recolhidas aí, durante vários dias, antes de dar à luz nova "*canzone*" de que elas formam o primeiro verso.[18] O mesmo acontece com o *Cántico*, mas sua gênese, com o ritmo mais longo, expõe-se em sete anos, de 1577 a 1584, desde o "começo" que aconteceu na prisão de Toledo até as três, depois as cinco estrofes que João da Cruz acrescenta tardiamente em Baeza e em Granada. A música se difunde. O caminho que ela se abre assim na língua da *lira* espanhola e dos *Cânticos* bíblicos inicia já o que vai se traçar dele, por meio das "*declaraciones*", nas regiões mais distantes da elucidação exegética ou escolástica, relativamente aos pedidos e às tarefas que se apresentarão.

Uma mobilidade caracteriza as "*canciones*". João da Cruz não concebe uma obra marmórea que escapa à histó-

---

17 Paul Valéry, Au sujet d'Adonis. In: *Œuvres*. Paris: Ed. Jean Hytier, 1959. t. I, p. 482: "*Les dieux, gracieusement, nous donnent pour rien tel premier vers, mais c'est à nous de façonner le second, qui doit consonner avec l'autre et n'être pas indigne...*" (Os deuses, graciosamente, nos dão por nada esse primeiro verso, mas cabe a nós modelar o segundo, que deve ser consoante com o outro e não ser indigno...).
18 Dante Alighieri, *Vita nuova*, XVIII-XIX. Milano: Ed. E. Sanguineti, 1979. p. 29-30; tradução em suas *Œuvres complètes*. Paris: Éd. André Pézard, 1965. p. 35-36. Teresa de Ávila conta uma cena paralela no início das *Moradas*, ver M. de Certeau, *A fábula mística*, I, Editora Forense Universitária – Grupo GEN, p. 303-309.

ria. Ele corrige, ele aumenta, ele modifica ele mesmo suas "canções", em nome do "ímpeto" de onde elas nascem e que gera sem cessar um movimento nas linguagens existentes. Não mais que o êxtase ou a Bíblia, ele sacraliza o poema. Ele sempre combateu os feitiços do sentido ou do texto "revelado". Ele trata da mesma maneira os ditos bíblicos ("*los dichos de Dios*"), as visões ou palavras extraordinárias ("*visiones y locuciones*") e as poesias ("*dichos de amor*"): aí, diz ele, encontra-se "encerrado" ("*encerrado*") o que fala – um "espírito" que "transborda os limites da letra", um *Dizer* que é "mais" ("*mas abundante*") que o *dito*. Sem a atenção ao *Dizer*, que "entreva" a inteligência do *dito*, a exegese engana.[19] Esse "método"[20] que consiste em escutar a Palavra em seu enunciado, ele o aplica à revelação bíblica assim como às revelações privadas; ele o exerce também em sua prática das "*canciones*", alteradas incessantemente pela música ou pelo espírito que as cria. Mais que poemas, trata-se de uma poética. As "canções" mudam continuamente, corpos dóceis à "abundância" que aí se encontra, isto é, no Começo poético.

A fluidez textual das "*canciones*" desorienta. Nós só temos uma imagem mexida do texto. Análoga à famosa Bíblia poliglota de Cisneros, o *Cántico* se tornou hoje o quadro de seus estados sucessivos, uma sinopse onde o número, a disposição e o conteúdo das estrofes variam. Esse corpo se desloca, como os de que E.-J. Marey fotografava a marcha e cujos membros constituem redes de transfor-

---

19 *Subida del Monte Carmelo*, II, 19, texto fundamental sobre a *maneira de entender* as palavras bíblicas ou as palavras e visões interiores.
20 A propósito desse capítulo da *Subida*, Jean Baruzi destacava que João da Cruz propõe aí, "a respeito da Bíblia toda, e dos textos quaisquer que sejam, um método espiritual" (*Saint Jean de la Croix et le problème de l'expérience mystique*. 2. ed. Paris, 1931. p. 507).

mações.²¹ Assim, as seis versões do poema atribuídas ou atribuíveis a João da Cruz. O *Cántico* não tem forma fixa. Ele não para. Com certeza, opondo ou conjugando seus esforços (que obedecem também à ideologia do "bom texto"), a autoridade eclesiástica e a instituição erudita tentaram fixar a esse "caminhante" uma forma e uma identidade "definitivas". Esforço perdido. As variantes pululam, passagens e simbioses entre diferentes estados, entre diferentes momentos e também entre diferentes autores. O *um* do texto se dissemina em pluralidade. Ele não é redutível a um objeto. Sua"unidade" é "espírito" ou "palavra" que excede seus enunciados e que aí se marca ultrapassando-os por mudanças literárias. Na ideia dogmática ou histórica de um "original", texto autorizado ou primitivo, a prática poética de João da Cruz – o trabalho que se opera em suas *"canciones"* em remanejamentos de sua "letra" – nos obriga a substituir o movimento e "a amplitude" de uma "Origem" que, diz ele, "toca (*toca*) de um extremo ao outro".²² Suas canções não são pedras preciosas para se colocar no estojo de um comentário; elas mudam na linguagem como os vestígios de fogo que o "toca" e o altera, semelhantes às vibrações que difundem em um corpo os toques da carícia.

O corpo não constitui aqui uma região estranha de onde importar comparações no texto. Como a língua, ele é movido pelo Começo poético. Improvisações sobre um motivo "dado", as *"canciones"* carregam o dizer. Mas o mesmo "fervor" (*"fervor"*) inspira a João da Cruz outras danças, que carregam o corpo. Assim, durante essa noite de Natal, em Granada, onde "ele começou a dançar e a

---

21 Sabe-se que a filosofia do "movente" em Bergson se deve às demonstrações de Marey.
22 *Cántico*, Prólogo. Citando o hino da Sabedoria (*"Attingit ergo a fine usque ad finem"*, Sabedoria 8, 1), João da Cruz transforma "atingir" em "tocar", termo focal de sua linguagem mística.

cantar", segurando a Criança em seus braços.[23] O corpo e a língua obedecem aos mesmos transportes. Essa efervescência do dizer e do gesto orquestra um "*furore*" que o século XVI liga com a *mania* dos gregos (uma "loucura") ou com seu "entusiasmo". Para Ronsard, que se refere ao *Ion* de Platão mais do que à "*ebullitio*" divina de Mestre Eckhart, ela é "o efeito" de uma música:

> *Mon Dieu! que de douceur, que d'aise et de plaisir*
> *L'âme reçoit alors qu'elle se sent saisir*
> *Et du geste et du son et de la voix ensemble.*[24]

> Meu Deus! quanta doçura, quanto contentamento e quanto prazer
> A alma recebe enquanto se sente apreender
> Não só com o gesto, mas também com o som e com a voz juntos.

Recurso mesmo da pedagogia sanjuanista e da transmissão espiritual, esses "efeitos" se prendem a uma "música sem ruído", figura que atinge primeiro a própria articulação do corpo e da língua: ela toca a voz. Ela tem a forma de canto. Daí ela se estende seja do lado da língua, em escritas poéticas, seja do lado do corpo, em figuras de dança. A oscilação entre as escritas e as figuras faz uma por vez de umas a metáfora das outras. Tocada em dois instrumentos que se respondem, esse fervor é essencialmente uma moção que cria uma espacialidade outra. É uma prática diferente dos lugares. Essa loucura lhes acrescenta uma dimensão nova. Assim, ela funda o dinamismo espacial que caracteriza todo o simbolismo sanjuanista. O

---

23 Ver Emilio Orozco Días, *Poesía y mística*. Madri, 1959. p. 77-78.
24 Ronsard, Hymne au cardinal de Lorraine. In: *Œuvres complètes*. Paris: Éd. Prosper Blanchemain, 1866. t. V, p. 96. Ver Gilbert Rouget, *La Musique et la transe*. Paris, 1980. p. 317-348; Angel C. Vega, *Cumbres místicas*. Madri, 1963, cap. "Misticismo y música", principalmente p. 250-252.

poético é invenção de espaço em uma prisão. Ele anima, ele mexe do interior uma ordem fechada e decadente. Ele é, pois, "místico" enquanto cria movimentos no segredo de uma situação bloqueada, como um estilhaço do Dizer ao coração de uma linguagem fechada. Desse ponto de vista, ele responde à conjuntura histórica, definida pela reforma (uma re-criação) que chamam uma Igreja corrompida e um tempo de decadência. A reforma é primeiramente uma poética. Mas o contraste entre o gesto dançarino e os muros da prisão remete também a uma estrutura pessoal. A rigidez dos muros é, com efeito, um traço psicológico de João da Cruz; local do nascimento poético, ela reaparece, aliás, com o sistema muito estrito e tradicional que enquadra o comentário das "*canciones*". "A impetuosidade" abre o fundo de um cosmo emparedado. Ela aí brilha mais. A intensidade do fervor poético está ligada a essa extrema tensão.

"A amplitude" e seu quadro: uma gênese de espaço

Se deixamos de lado a psicologia do autor, é a própria música do poema que manifesta como "a Despertadora", a Interrompedora de sonos ("*erwecken*") "atinge" o ritmo regular, na verdade monótono, que lhe serve de quadro. Adotando de uma maneira quase sistemática a "*lira*" italianizante já praticada por Garcilaso e Sebastián de Córdoba,[25] João da Cruz parece pacificar, na verdade terminar com as extravagâncias e as fugas do novo estilo. Com o ímpar que caracteriza a "*lira*" (sete ou 11 sílabas), ele combina uma acentuação cuja estabilidade (2^a, 6^a e 10ª sílabas) garante a toda a estrofe uma regularidade de melopeia por um incansável batimento em quatro tempos. Os versos hendecassílabos se encontram, aliás, repartidos em duas metades simetricamente acentuadas como

---

[25] Ver Max Milner, *Poésie et mystique chez Jean de la Croix*, Paris, 1949, p. 61-75.

segue: "1 **2** 3 4 5 **6** 7 8 9 **10** 11". Além disso, ao contrário de uma prática usual (em Garcilaso, o discurso passa frequentemente por cima da estrofe, ele tem seu ritmo próprio que escapa ao da música, mas compõe com ele uma rede infrangível de tempos diferentes), a *"lira"* ou estrofe sanjuanista fecha uma unidade completa de sentido (de maneira que esse núcleo duro forma um todo isolado e facilmente deslocável, como um aforisma ou uma carta de jogo): esse indissolúvel casamento do ritmo sonoro e do ritmo semântico acentua ainda o hieratismo da cadência. Mas essa salmodia leva nela uma proliferação de fenômenos exógenos: rimas interiores, repetições fonéticas (assim: "a*qu*el *qu*e yo más *qu*iero", em II, 4; "un no sé *qué que qu*edan *b*al*b*uciendo", em VII, 5), vocalizações glossolálicas (assim: "*apártalos amado*", em XII, 1, ou seja, a-á-a-o-a-á-o). Jogos de letras e derivas de sons desorientam a ordem rítmica, como o faria um violino louco sem um baixo harmônico enunciado no piano. Todas essas "performances", "*acti vocali*", escapam à cadência que os apoia.

Do ponto de vista narrativo, a estrutura do poema, dócil ao estereótipo bíblico do Esposo e da Esposa, e à ordem de suas duas sequências (primeiro a busca, depois os encontros), se encontra ela também pouco a pouco dissolvida do interior por procedimentos desviantes: multiplicação de destinos enigmáticos (a ele, a ela, a eles, perde-se aí); uso ambíguo dos pronomes pessoais (o "seu" visa a quem ou a quê?); troca dos predicados entre os atores ("cervo", "pomba", "ferido", "sofrido" etc., circulam de um ao outro). O relato é, aliás, privado de todo nome próprio religioso (Deus, Jesus etc.) que o proveria com uma referencialidade positiva. Ele é riscado de brilhos estranhos. Relíquias de corpos aí são semeadas: um rosto, olhos, um pescoço, braços, uma mão, um cabelo... Intensidades sensoriais aí se espalham, concerto disseminado de perfumes, de ruídos de águas, de toques pelos gemidos do vento, de sabores de romã. Ele é atravessado por esses detalhes singulares que isola uma obsessão erótica: mãe violada, bálsamo do corpo, único cabelo no pescoço, ebriedade nas grutas. A visão principalmente se exorbita até desaparecer, em espelhos de fontes onde passam pupilas, em evitamentos e cruzamentos de olhares, em feridas que fazem aos olhos outros olhos, em espaços cegos que só existem para olhares desconhecidos, em entrelaçamentos de visibilidades finalmente invisíveis como palavras. A tradicional história de amor transporta com seu passo regular preocupantes alucinações. Em suas belas pregas, quantas loucuras.

Ela nos leva à cena inaugural. Em seu calabouço, João da Cruz "se entretinha" ("*se entretenía*"), ele se ocupava o espírito, ele se consolava e ele se sustentava com "*canciones*", e "ele as conservava em sua memória para escrevê--las".[26] Seus poemas são ainda inacabados (por acaso deixaram eles de sê-lo?) e ainda não escritos (essa oralidade viajante se executa em movimentos gestuais). Eles habitam a noite do poeta, seu corpo de memória, como o fazia "o começo" de que falava Dante. De performances em performances, repetições da dança, eles são os operadores de uma tensão feliz entre uma ordem (um ritmo salmódico e um lugar comum) e excessos (invenções e derivas sem fim). Essa linguagem ao mesmo tempo "provocante e hierática"[27] ocupa, ou, mais exatamente, mata o tempo fechado e desolador da conjuntura, para lhe substituir um *espaço* aonde *sair* ("*salir*"). Tudo acontece como se a cadência e a retomada do antigo refrão de amor, o *Cântico dos cânticos*, adormecessem a história opressora do presente, e tornassem possível, como um sonho, um campo de liberdades e de movimentos. Seu próprio êxtase, João

---

26 Testemunho de Ana de San Alberto, citado por R. Duvivier, *La Genèse du "Cantique spirituel"*, op. cit., p. 11.
27 Jean Baruzi, *Saint Jean de la Croix et le problème de l'expérience mystique*, op. cit., p. 352.

da Cruz o chama às vezes um "sonho" (*"sueño"*),²⁸ termo que Teresa utiliza para designar o alhures aonde ela é transportada.²⁹ É sonho, com efeito, a transformação das relações temporais em relações espaciais que servem de quadro a um desencadeamento. Mas essa mutação corresponde também, na experiência do século XVI, à passagem do fechado ao aberto. Ao tempo, então vivido e concebido como uma degradação desde a "idade de ouro" ou desde a Igreja "primitiva" até a "corrupção atual, se opõem um espaço de desenvolvimentos, uma área de circulações, o impulso proliferante de uma "amplitude".

O poema triunfa da decadência histórica: ele é gênese de espaço, animação espacial, fonte de movimentos e movendo-se a si mesmo. É a velocidade de uma dança no interior de um mundo envelhecido e dividido.

Pasó por estos sotos con presura (V, 2)

Ele passou por esses bosques apressado

A canção passa como a própria Palavra. Comparável também aos cantos e contos que circulam nos grupos onde eles instauram o possível e restauram o crível apesar das fatalidades da história. Sem cessar, ela re-começa, no próprio âmbito da repetição. Um corpo animado renasce no túmulo de uma prisão – ou do mundo. A esse respeito, o gesto dançarino verifica o crer. Para João da Cruz, a crença constitui o fundamento de todo itinerário espiritual. A fé,

---

28 Assim, em seu depoimento (processo de Beas), a Madre Francisca conta que, arrebatado (*"arrobado y elevado"*) durante um sermão feito aos carmelitas (em Granada?), João da Cruz diz, depois de ter voltado a si: *"¿Han visto que sueño me ha dado?"* (BN Madri, ms 12738, p. 427; R. Duvivier, op. cit., p. 107).
29 Ver a seguir.

diz ele, postula que há sempre o outro: é "*creer su ser*",[30] estabelecer o princípio de um transbordamento sem fim de sê-lo. Ora, o ato poético dá "lugar" a essa fé. Ele efetua esse excesso em um momento espacial que rasga, de repente, do interior, as clausuras históricas de habitá-lo.

2. UMA CENOGRAFIA DE HISTÓRIA: DO SILÊNCIO AO DISCURSO

O lugar poético fomenta uma mobilidade insensata no interior de um âmbito ritual. Esse modelo, já em obra no *Jardim* de Jérôme Bosch,[31] organizará também os carmelos e os conventos reformados onde os ritmos de uma regularidade sustentam as escapadas da oração: "Apesar da estreita clausura na qual vocês vivem", diz Teresa aos carmelitas, "vocês podem entrar" nas delícias "a qualquer hora" e "sem permissão dos superiores".[32] No entanto, o "*sueño*" deve rearticular-se em um trabalho histórico, por um movimento que especifica a atitude mística e a diferencia da poética. Mestre Eckhart o dizia: o mais difícil não é sair, mas entrar.[33] Globalmente, as "*declaraciones*" têm como função garantir esse retorno ao campo da história, por junções entre a dança extática e os labores ou as prosas do mundo.

A relação das canções com o comentário, análogo sanjuanista da relação que, em Teresa, a "comparação" mantém com os desenvolvimentos narrativos ou didáticos, distingue essa mística da teologia que articula uma glosa racional sobre um *corpus* de "autoridades" (bíblicas,

---

30 *Subida del Monte Carmelo*, II, 4. João da Cruz escreve a *Subida* ao mesmto tempo que termina o primeiro comentário do *Cántico*, em 1584.
31 Ver M. de Certeau, *A fábula mística*, I, Editora Forense Universitária – Grupo GEN, cap. II.
32 *Moradas*, conclusão, em *Obras completas*. Madrid: Ed. E. de la Madre de Dios, BAC, 1954. t. II, p. 494.
33 Mestre Eckhart, *Sermons*. Trad. Jeanne Ancelet-Hustache. Paris, 1974. t. I, p. 47-48 etc.

patrísticas ou magisteriais). A substituição das canções com as "autoridades" desloca todo um sistema de interpretação. As idas e vindas do poema à prosa constituem o afastamento dessa "ciência" em relação aos discursos construídos aparentemente sobre o mesmo modelo de comentários autorizados por um corpo falante – a exegese, a teologia, o direito ou a medicina. Em João da Cruz, elas aparecem sob formalidades cada vez mais sutis à medida que se entra mais no trabalho da obra. Essa complexidade se prende ao mesmo tempo à maneira como o *Cântico* se desenvolveu durante pelo menos 10 anos (1577-1587) e à estratificação dos níveis que aí se cruzam ("intenções" do autor, instâncias bíblicas ou escolásticas a manifestar, estratégias textuais). O funcionamento do comentário pode, pois, ser representado em vários roteiros, que inteferem, aliás, com os estados sucessivos do poema. Esses modelos não obedecem à lei da alternativa, um ou outro. Antes, eles desenham juntos, no espaço criado pelo jogo das *"canciones"* e das *"declaraciones"*, as combinatórias próprias à animação de um corpo, isto é, a uma prática da história. Reterei aqui apenas o primeiro desses roteiros.

O Prólogo

O primeiro roteiro ressalta do programa que João da Cruz apresenta no Prólogo do *Cântico*. Essa declaração de intenção (*"mi intento"*) só corresponde de muito longe à forma que vai tomar o comentário efetivo. De uma a outra, há a distância da teoria à prática. Como de costume, a teoria não determina as práticas (dóceis a regras ou a exigências diferentes e frequentemente heterogêneas entre elas), mas ela lhes fornece um sistema de referência que exerce um papel de afastamento, estimulador e corretivo, sobre usos pertencentes a diversas disciplinas e tradições. O Prólogo tem, pois, valor prospectivo em relação a um conjunto de técnicas já constituídas de que a lógica, embutida em seus postulados, vai continuar, mas alterada por uma "lei-quadro" inspirada de princípios diferentes. Ele sobreimpõe o modelo de uma nova "ciência" com os mesmos procedimentos que ela reutiliza – e com as quais, em suma, ela vai-se medir. O discurso destinado a rearticular o poema com uma história se chama "*declaración*". Ele foi redigido inteiramente fora da prisão. A esse gênero que concerne ao conteúdo do texto e define o conjunto do comentário, acrescenta-se tardiamente, a título excepcional, a "*anotación*", um "aviso" que se destina ao leitor para indicar-lhe um modo de uso do comentário: como reunir duas seções discordantes de "*declaraciones*".[34] O verbo "*declarar*" não designa somente a ação de manifestar uma verdade oculta,[35] mas a de destiná-la a um interlocutor, de apoiar seu discurso diante de alguém e de desdobrar seus efeitos para fora. Essa explicação traça em uma rede de trocas pessoais os caminhos que aí abre o poema, mais do que ela visa à explicar um texto por outros discursos. Ela é primeiramente interlocutória, e não intertextual. Ela depende, pois, também, de outro tempo e de outro lugar além do momento solitário das "*canciones*". Ela postula uma socialidade. Uma conversa a inaugura. Quando, saindo da prisão, em Beas (1578-1581), João da Cruz comentava oralmente

---

34 A *Anotación*, única na versão A, figura no início da "*declaración*" das estrofes 13 e 14 (Ed. Silverio, p. 63; BAC, p. 964-965). Ver também, na versão B, a "*anotación*" que ajusta as "*declaraciones*" das estrofes 27 e 28 (Ed. Silverio, p. 356-357; BAC, p. 1.052). Como em Inácio de Loyola, a "*anotación*" é um "aviso", um "modo de uso", que visa a uma operação do leitor e não ao próprio conteúdo do texto.

35 No latim cristão, *declaratio* não significa somente a manifestação ou a exposição, mas a revelação e até a festa da Epifania: "*festivitas declarationis ejus*", diz Léon le Grand. Eu traduzirei declarar por "explicitar": trata-se de desdobrar para outro. Em um sentido vizinho, João da Cruz emprega também "manifestar".

suas estrofes em respostas às questões das carmelitas, eram "*declaraciones*";[36] quando as irmãs, como Maria de Jesus, se dirigiam a ele, elas lhe "manifestavam (*declarar*) sua alma".[37] Essa comunicação mútua entre a alma das religiosas e a alma do poema dá início à redação das primeiras "*declaraciones*" (sobre as estrofes 16 a 31), em 1578-1581. Mais tarde, em 1584, respondendo à questão da grande "*apasionada*" teresiana, Ana de Jesús, e também ao testamento teórico das *Moradas* que Teresa escreveu logo antes de morrer (1582),[38] um comentário contínuo toma forma, ele próprio sujeito às modificações ulteriores que chamarão de outras conversas. Eis, pois, o início do Prólogo onde, depois de ter experimentado durante sete anos o "bom uso" interlocutório do poema, João da Cruz precisa seu programa e o *status* da "*declaración*".[39]

Prólogo

Na medida (por cuanto) em que essas canções, fervorosa Madre, parecem escritas com algum ardor do amor desse Deus cuja sabedoria e amor é imenso a ponto, diz o livro da Sabedoria,[40] de "atingir de um extremo ao outro extremo", e na medida em que a alma à qual ele dá forma e movimento produz de alguma maneira abundância e impetuosidade em seu dizer, eu não tenho o pensamento de explicitar (declarar) aqui toda amplidão e riqueza que o espírito fecundo do amor

---

36 Ver Eulogio de la Vírgen, *San Juan de la Cruz y sus escritos*, op. cit., p. 207-218.
37 BN Madri, ms 12738, citado por J. Baruzi, op. cit., p. 191, nota 1.
38 Redigidas em 1577, as *Moradas* foram primeiro mantidas em segredo, depois, em 1580, censuradas por Gracián e Diego de Yenguas a fim de evitar ao autor o processo inquisitorial que a *Vida* lhe tinha já valido.
39 Tradução original. Ver ed. Silverio, p. 3-5; BAC, p. 901-902. O livro tem como título, no manuscrito de Sanlucar, "*Declaración de las Canciones que tratan del ejercicio de amor entre el Alma y el Esposo Cristo (...), a petición de la Madre Ana de Jesús, priora de las desclazas en San José de Granada*".
40 Livro da Sabedoria, 8, 1.

produz nelas. Seria mais ignorância supor poder bem explicitar (declarar), mediante alguns rodeios de linguagem, os ditos de amor de uma inteligência mística como os das presentes canções. Com efeito, o Espírito do Senhor que "sustenta nossa fraqueza", como diz São Paulo,[41] *permanecendo em nós "pede por nós com gemidos inefáveis" o que a nós é impossível ouvir e compreender muito bem para manifestá-lo. Quem, pois, poderá escrever aquilo que às almas amorosas onde ele mora ele faz ouvir? E quem poderá manifestar com palavras o que ele lhes faz sentir? E que, enfim, o que ele lhes faz desejar? Seguramente, ninguém o pode. Seguramente, aquelas mesmas a quem isso acontece não o podem. Assim é em figuras, comparações e semelhanças que transborda o que elas sentem, e da abundância do espírito elas espalham secretos mistérios, mais do que explicitá-los (declarar) com razões.*

Tais semelhanças, se não as lemos com a simplicidade do espírito de amor e de inteligência que elas carregam, parecem loucuras mais que enunciados fundados na razão, como se vê nos Cânticos de Salomão[42] *e nos outros livros da divina Escritura onde o Espírito Santo, por falta de poder dar a entender a abundância de seu sentido através de termos comuns e usuais, fala de mistérios em figuras e semelhanças estranhas.*[43] *De onde se segue que os santos Doutores, ainda que eles digam muito e até se eles dissessem mais, não podem jamais chegar a explicitar (declarar) o que já as palavras podem tampouco (tampoco) dizer. Em geral, o que se explicita (declarar) disso é o mínimo (lo menos) do que aí se encontra contido.*

Por terem sido compostas em amor de abundante inteligência mística, essas canções não são susceptíveis de uma explicitação (declarar) exata. Também não é meu propósito, mas somente dar alguma luz em geral, como Vossa Reverência me pediu. É melhor, eu creio, porque os ditos de amor, vale mais

---

41   Romanos, 8, 26.
42   O *Cântico dos cânticos*, na Bíblia.
43   Referência à doutrina e ao próprio vocabulário de Dionísio o Areopagita sobre "a disformidade dos signos". Ver *La Hiérarchie céleste*, II, 1 e 3, Ed. René Roques *et al.*, 2. ed. Paris, 1970. p. 75 e 77: a Palavra de Deus emprega "muito santas ficções poéticas", "dessemelhanças" levadas "ao cúmulo do inverossímil e do absurdo".

lhes deixar sua amplitude a fim de que cada um tire partido daí segundo o modo e o fluxo do espírito, mais que reduzi-los a um sentido que não convenha a todos os paladares. Mesmo se há aqui uma espécie de explicitação (declarar), não é preciso, pois, se fixar nisso. A sabedoria mística passando pelo amor de que falam essas canções não precisa entender-se de maneira distinta para produzir na alma um efeito de amor e de apego: ela é como a fé em que nós amamos a Deus sem entendê-lo.

Serei, portanto, muito breve, sem poder fazer menos, no entanto, senão estender-me em alguns lugares, onde a matéria o exige e onde se oferece a ocasião de considerar e explicitar (declarar) alguns pontos e efeitos de oração. As canções tocando em muitos, não se pode fazer menos do que considerar alguns deles.

Processo de passagem

Pontuando sua marcha com "mais" (*más*) e com "menos" (*menos*), progredindo por "antes" (*antes*) ou por "melhor" (*mejor*), apoiando-se em postulados que servem como molas a relações proporcionais (*por cuanto, así como tampoco* etc.), e visando, enfim, por essas operações a um "*maximum*" e um "*minimum*", o texto funciona com comparativos que circulam ao longo de escalas móveis, entre superlativos inacessíveis. Esse movimento generalizado atribui a todas as unidades um "mexido" que marca principalmente, vestígio de aproximação, aura de incerteza em torno das identidades verbais, o indefinido "algum" (*algo, algún, algunos*) cujo uso por assim dizer obsessivo é em João da Cruz o efeito e a assinatura de um tratamento das coisas: como a margem prateada pela qual Bosch retira os seres de seu universo costumeiro, esse coeficiente de indeterminação situa os objetos mentais em um espaço segundo onde seu lugar não é mais certo. O emprego do indefinido não é, aliás, senão o índice linguístico de um processo mais geral. Uma "aparência" (*parecer*) desestabiliza da mesma forma as canções de amor (que "parecem" loucuras): o valor de umas e outras depende do movimento, ou do "espírito", do leitor-praticante, e não de um *status* objetivo. Os próprios indivíduos são lugares de passagem distendidos entre o "fluxo" (ou caudal: "*caudal*") do que aí acontece e os "efeitos" que disso decorrem no exterior: à maneira de rios, eles ex-istem pelo que eles recebem e pelo que eles espalham; eles são ao mesmo tempo outros além deles mesmos pelo que eles têm, e fora deles mesmos pelo que eles fazem: sempre "mais" ou "menos" além de sua identidade suposta. Todas as positividades mencionadas (o poema e o comentário, a Bíblia e os Doutores) se encontram, enfim, desequilibradas, colocadas em marcha, e de alguma maneira colocadas em in-finito, por "mais" e "menos", operadores de deslocamentos proporcionais entre elas. Assim, elas aparecem "tocadas" por um "ardor" motor de que, no entanto, não se constatam senão os "efeitos" de vibração. Com esse aparelho de recursos comparativos, tem-se, pois, uma prática textual do in-finito.

O desafio do Prólogo não concerne somente ao objeto da escrita, mas à condição de possibilidade da escrita. O desafio é: pode-se *dizer*? Ele comporta um corolário: o que é dizer? A resposta vai autorizar uma escrita e circunscrever seu campo. Ela repousa sobre uma distinção entre dois estados da linguagem: por um lado, "dizer" (*decir, dichos*, mas também: *manifestar, rebosar, verter* etc.), que caracteriza os poemas e a Bíblia; por outro, "explicitar" (*declarar, declaración*, mas também: *explicar* etc.), que designa os comentários do poema ou os que os "santos Doutores" consagraram à Bíblia. Uma diferença corta, pois, a aparente homogeneidade dos discursos. Por esse fato, entre o indizível (o Espírito) e a explicação (o tratado), introduz-se um terceiro lugar que exerce a função de passagem ou de mediação: o "dito" poético ou bíblico.

Os dois registros da linguagem se distinguem como o "mais" e o "menos". O "*dito*" (ou "dito de amor") manifesta uma "imensidão" em um espaço limitado. Seu conte-

údo é maior que o continente; um "muito" transborda em um "não bastante". De tipo metonímico (uma parte pelo todo), o dito se apresenta em "semelhanças", em enunciados alterados por um excesso de locutor, em "torrentes" provenientes de um lugar tocado pela abundância. É o primeiro pedaço da linguagem pelo ato enunciador de um Desconhecido. No Prólogo, o termo "*dicho*" qualifica, aliás, ao mesmo tempo, as "*canciones*", as "almas amorosas" e "a Escritura divina".
Entre essas três formas que assume o "dito", a "*declaración*" explicita as relações. Ela não se refere mais diretamente ao dizer inefável, mas aos redemoinhos que ele produz na linguagem traçando aí os "ditos". Ela os examina, ela os compara, ela marca suas consequências nos saberes existentes. A esse respeito, ela explica nos campos que ela conhece os efeitos do que ela não conhece. Ligando-os uns aos outros, ela constrói também, com "razões" e não mais em "imagens", uma imagem da unidade de onde esses efeitos derivam. A "*declaración*" religa, pois, esses lugares de enunciação que são os "ditos de amor"; ela nasce de suas trocas e de seus percursos nos campos diversos do saber; assim, ela representará, no modo discursivo, a unidade que lhe escapa. Ela formula assim o programa sanjuanista de um discurso teológico. Esse primeiro esquema corresponde ao quadro seguinte:

silêncio	[inmenso abundancia impetu]	amor ▼————▼————▼
linguagem	"dichos" (*lo más*) figuras	*cauciones* almas amorosas escritura divina (religiosa Madre)
linguagem	"declaraciones" (*lo menos*) razones	▲————▲————▲————▲ [conversar] ▲————▲

A frase inicial do Prólogo precisa a relação entre os dois estados da linguagem. Ela se abre sobre um primeiro ator, os "ditos" (as canções da alma, copiadas pelos dizeres bíblicos), sujeito da oração subordinada que fornece ao discurso seus esperados, e ela passa a um segundo ator, o "eu" (*yo*), sujeito da oração principal, que especifica o projeto do comentário. O "falado" (*dicho*) tem prioridade sobre o "explicado" (*declarado*) de que ele é o postulado. O itinerário da frase leva de um a outro e caracteriza a caminho o lugar e o estilo do segundo.

Primeiro, no próprio limiar do discurso, uma aposição coloca face a face o lugar de onde o texto fala (os "ditos de amor") e sua destinatária (a "Madre" Ana de Jesús). São dois corpos falantes, duas variantes do poético: o poema inspirado e "a alma amorosa". Suas comunicações criam o campo onde a "*declaración*" pode-se formar. Elas compõem sua paisagem. Um "*conversar*", rede interlocutória entre "ditos de amor", define o espaço onde vão ser desenvolvidas correspondências entre eles. Para uma "*declaración*", é preciso "pelo menos dois", mínimo dialogal ou eclesial.[44] "*Por lo menos dos*": é a regra de ouro da produção discursiva em João da Cruz. Assim, como de um navio, se encontra definida a *posição* do comentário.

Sua atitude ressalta em outro dado textual. Enquanto as "*canciones*" remetem à verossimilhança de uma "amplidão" (um "parecer"), as "*declaraciones*" se edificam sobre o reconhecimento de uma incapacidade (uma impossibilidade de explicar). Por um lado, tem-se uma presunção de imensidão; por outro, a evidência de um limite. Imediatamente, as duas linguagens se distinguem pelas modalidades que as afetam: uma é provavelmente infinita (em seu movimento); a outra, seguramente não adequada (a esse movimento). Ao infinito, uma incerteza é proporcionada, enquanto a negação constitui um enunciado

---

44 *Subida*, II, 22; BAC, p. 535.

certo. Há aí duas maneiras de falar. A abertura ao imenso é privada de segurança, ao passo que o limite pode ser o objeto de afirmação. Esses dois estilos caracterizariam, por um lado, a palavra do "crer" e, por outro lado, o discurso do "saber". Eles não são incompatíveis. Eles se conjugam, ao contrário, visto que, colocado em operação por um comentário que repete que o absoluto não é "isso", "nem aquilo", indefinidamente, o trabalho do negativo vai manifestar o que do infinito escapa à certeza e fica somente provável. Por suas "*declaraciones*", João da Cruz talha no "parecer" o que *não é* o Dizer em si; ele manifesta nos "ditos de amor" o excesso que os transborda; ele coloca a seu serviço uma "potência inexorável de discriminação".[45]

A proporcionalidade

Entre essas duas linguages desiguais que cooperam, no entanto, na manifestação de um inefável, as relações são reguladas pelo "mais" e pelo "menos". Como se viu, os comparativos sanjuanistas não designam uma hierarquia de estados estáveis, mas uma relação de proporção entre móveis. Sua fórmula seria: y cresce à medida que x decresce, até um máximo para y e um mínimo para x. O que quer que seja de seu uso nas práticas contemporâneas (econômicas e calculadoras)[46] e na tradição especu-

---

[45] Hans Urs von Balthasar, *La Gloire et la Croix*. Aspects esthétiques de la révélation, II, 2, Trad. Robert Givord et Hélène Bouboulon. Paris, 1972. p. 11.

[46] Assim, a arte dos Calculadores medievais medindo as "proporções" entre faltas terrestres e penas purgatórias (ver Jacque Le Goff, *La Naissance du purgatoire*. Paris, 1981. p. 307-310), ou as técnicas desenvolvidas pelos pioneiros da economia mercante em Salamanca, quando João da Cruz aí estudava (ver Pierre Vilar, Les primitifs espagnols de la pensée économique. In: *Mélanges Marcel Bataillon*. Bordeaux: Éd. Maxime Chevalier *et al.*, 1962. p. 261-284.

lativa (cusana ou dionisiana),[47] a proporcionalidade é em João da Cruz um gesto de seu pensamento. Na relação das "*canciones*" com "*declaraciones*", como em outros casos (por exemplo, a relação da luz divina com a obscuridade humana),[48] ela reintroduz a continuidade de um movimento entre as linguagens que separa uma descontinuidade de *status*. Sua diferença de nível se transforma na relação de seu "conteúdo" (uma compreensão) com sua apropriação por um saber (uma apreensão). Desse ponto de vista, "o mais" do poema visa a um "todo" (*todo*) que ele "compreende" nele, mas que continua inacessível;[49] reciprocamente, "o menos" do comentário designa um conteúdo que, no limite, não seria mais nada (*nada*). Da compreensão máxima ("*en ello se comprende todo*") que se contenta com uma apreensão mínima, o diagrama da palavra vai até seu polo contrário, apreensão máxima de um conteúdo mínimo. O "mais" e o "menos" se mexem entre esses dois extremos, de maneira que, nos textos, a proporção do poético e do explicativo varia conforme o conteúdo cresce para o "todo" ou decresce para o "nada". Isso dá uma curva assintótica do tipo seguinte:

---

47 Mais que em Nicolau de Cusa, em quem os comparativos tendem à coincidência do máximo e do mínimo (ver *De docta ignorantia*, op. cit., I, 4), Dionísio o Areopagita recorre frequentemente à relação de desproporção (ver *La Hiérarchie céleste*, II, 2-3). Encontra-se, aliás, esse uso em Tomás de Aquino.

48 Por exemplo, *Subida*, II, 16: "O que em Deus é luz e clareza mais altas é no homem treva mais obscura"; também II, 8 etc.

49 A *Anotación* que é colocada no início da "*declaración*" das estrofes 13 e 14 e que exerce, no interior do comentário, um papel análogo ao do prólogo, precisa um por vez que no poema "*se contiene lo más...*" e "*se comprende todo*".

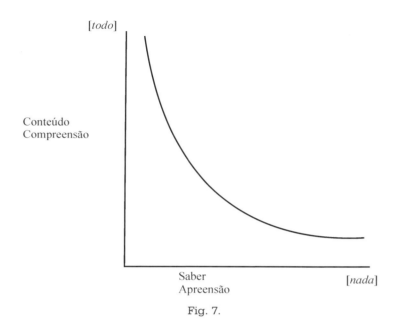

Fig. 7.

A dinâmica da proporcionalidade impõe ao poema e ao comentário outra regra que não a separação dos gêneros. Ela é também dialogal ou, se preferirmos, conversacional, mas em misturas onde se inverte a proporção de aspectos heterogêneos. A poética e o explicativo não são separados por margens precisas; eles compõem antes ligas onde variam os índices dos elementos combinados. Seria preciso pensá-los no modelo das "funções" jakobsonianas (o fático, o poético, o metalinguístico etc.),[50] porque eles designam não somente polarizações inerentes à linguagem em si (o que aí se diz ou o que ele ensina), mas também maneiras de falá-lo (para deixar dizer ou para fa-

---

50   Ver Roman Jakobson, *Essais de linguistique générale*. Trad. Nicolas Ruwet. Paris, 1963. p. 213-214.

zer saber). Há, portanto, transições desde o puro poema, Dizer inacessível, até a explicação que não diz mais nada. Um movimento introduz o poético na prosa, e reciprocamente. A obra (o conjunto do *Cântico espiritual*) vai apresentar, inclusive na parte que isolamos hoje sob o nome de "poema", uma série dessas combinações alquímicas. Depois de ter ainda uma vez afirmado a prioridade do Dizer inspirado (*"autoridades de la Escritura divina"*) e o apagamento do "eu" comentador (*"no pienso afirmar cosa de mío"*), o prólogo termina descrevendo as operações que introduzem progressivamente "o mais" no "menos": a tradução do latim bíblico em espanhol, e a transformação desse espanhol em explicações; por outro lado, a passagem da totalidade inicial das "canções" (*"juntas todas"*) à *"declaración"* que elas induzem verso a verso.[51] A água do dizer se insinua na prosa do saber, em um estilo (*"estilo"*) que os mistura sem confundi-los e que tende menos a circunscrever "um sentido" do que a indicar o movimento "geral" de uma mutação recíproca das linguagens a partir de um indizível.

---

51 Fim do prólogo, não traduzido anteriormente.

Capítulo 3

O DIZER EM FRAGMENTOS

Uma árvore solitária e sem proprietário no campo (5),[1] os frutos saborosos e persistentes que se colhem em país "frio e seco" (41), um homem puxando sua carroça para o alto da encosta (55), uma ave presa no visco (22), outra escapando da mão (31), uma mosca presa no mel (24)... Esses detalhes, um olhar os recortou na paisagem. Seres singulares fixaram a atenção e eles ficam encaixados na sequência dos "Pensamentos" de João da Cruz, reunidos sob o nome de *Dichos*. Eles já têm a forma de fragmentos. Destacados de um ambiente quotidiano, na Andalusia ou na provínciade Jaén, eles têm um papel de citações, pontuando com co-

---

1   Os números entre parênteses remetem à numeração dos *Dichos* na tradução de Bernard Sesé (Jean de la Croix, *Les Dits de lumière et d'amour*. Paris, 1985). Refiro-me ao texto espanhol dos 78 *Dichos* contidos no manuscrito autógrafo de Andújar, os únicos cuja autenticidade é segura, e às edições que deram deles uma por vez Jean Baruzi (*Aphorismes de Jean de la Croix*. Paris, 1924), José Vicente Rodríguez (*Dichos de luz y amor*. Transcrição e facsímile. Madri, 1976) e Lucinio Ruano de la Iglesia (*Obras completas*. 11. ed. Madri: BAC, 1982. O trabalho crítico de Dom Chevallier (*Les Avis, sentences et maximes de saint Jean de la Croix*. Paris, 1933) concerne à constituição histórica de um *corpus* ou "cadeia" sanjuanesca pela tradição carmelita (o texto é dado às p. 166-217, segundo uma classificação própria a Dom Chevallier).

meços visionários o discurso de "aforismos",[2] assim como, nos tratados de João da Cruz, as citações de seus próprios poemas produzem ecos na prosa dos comentários (ou "Declaraciones"). Algumas imagens passantes do campo ou da casa se repetem nos pensamentos que lhes correspondem. Os *Dichos* dão ressonância, no espaço da reflexão, aos fragmentos de uma contemplação perseguida por meio do país aonde João da Cruz vai e de onde vem durante esses anos de 1578-1582. Um diálogo com coisas que "falam" permanece gravado no pensamento que reflete ainda esses pequenos pedaços de paisagem.

A essa ressonância do ver em um dizer, acrescenta-se outro diálogo, que concerne aos destinatários desses pensamentos e que situa seu enunciado em uma rede de interlocutores. O prólogo define os *Dichos* como uma relação entre o escritor que os articula na linguagem (é o "eu") e "outras pessoas" às quais eles são dirigidos. O próprio texto dos aforismos nos sugere aqui e acolá a história contemporânea que serve de quadro a essas trocas verbais – um cenário apenas evocado, brumoso, bem diferente das cenas precisas que constituem as preciosas implantações da paisagem natural no discurso. Por trás dos *Dichos*, por meio das ilusões que eles condenam, passam as sombras de experiências espetaculares ("visões" e "consolações"), de performances ascéticas ("obras") e de aventuras solitárias que seduzem então uma proliferante população de "espirituais", de "iluminados" ou de "beatas" em torno do carmelo de Beas ou da cidade de Baeza, e que João da Cruz encontrava constantemente em sua atividade itinerante de confessor e de diretor espiritual. Os "Ditos de luz e de amor" se desenham em um fundo de movimentos afetivos e religiosos que oscilam do sublime ao diabólico,

---

2   Jean Baruzi traduzia por esse termo os *Dichos*.

como 100 relatos da época o contam.³ À ordem diária de uma terra se opõe, pois, esse oceano de paixões. Os "pensamentos" se desenvolvem entre uma natureza serena e uma história extraordinária, como se elas costeassem margens onde o austero campo espanhol bordejasse por toda parte as grandes águas de místicos desejos. Na junção desses dois mundos, o "*dicho*" tem o valor de um conceito. No uso contemporâneo, o termo designava um propósito, uma sentença, um provérbio, na verdade uma boa palavra, ou até uma injúria (dizer-se "palavras"), mas também, no plural, uma coletânea de pensamentos escolhidos (*Los dichos de Quinto Curcio* etc.). Para João da Cruz, o "dito" inclui em si mesmo seu enunciado (*la "lengua"*) e seu poder operatório (*la "obra y virtud"*). Como o explica também o Prólogo do *Cântico espiritual* a propósito dos "ditos de amor" (*"dichos de amor"*) que compõem o poema, é um lugar linguístico onde advém uma "impetuosidade" transbordando o que pode ser compreendido disso ou explicado. Ele articula verbalmente uma "abundância".⁴ Nele coincidem uma forma e uma força do dizer. Da mesma forma, essa palavra é afetada com o duplo poder de esclarecer (ela é "luz") e de animar (ela é "amor"). Ela permite ver a estrada (*"luz para el camino"*) e fazer o caminho (*"amor en el caminar"*). Ela é ao mesmo tempo princípio de discernimento (*"discreción"*) e de movimento (*"moción"*).⁵ Ela corta como a faca de dois gumes, e ela opera. Ela diz o que ela faz. Tais são, neles mesmos, esses "*dichos de luz y amor*" cuja definição caracteriza também o "estilo" buscado por João da Cruz: uma ma-

---

3   Ver, por exemplo, Crisógono de Jesús, *Jean de la Croix. Sa vie*. Trad. Pierre Serouet. Paris, 1982. p. 151-209, cap. X-XII.
4   *Cântico espiritual*, Prólogo, 1.
5   Paralelamente, no prólogo do *Cântico*, as palavras ou "*dichos*" aliam "a inteligência" ao "amor": "*los dichos de amor en inteligencia mística*" (*ibidem*).

neira de falar estendida para uma intensa nitidez, em um incessante trabalho da distinção e da negação a serviço do que ele chama um "fervor".

No entanto, essa palavra (o "*dicho*") é por toda parte pensamento no plural: por um lado, ela só é recebida em sua integralidade própria por uma pluralidade de interlocutores ou de trocas entre seus ouvintes; por outro, ela só se dá em uma sucessão de fragmentos relativos a situações singulares, de maneira que João da Cruz só a chama no plural ("*los dichos*") assim como o poema ("*las canciones*" – as canções, diz ele). É essencial ao "*dicho*" circular entre destinatários que se dirigem mutuamente (ele não tem existência autônoma, diferentemente da máxima), e apresentar-se como uma totalidade singular que chama necessariamente outros (ele apreende o todo, mas de um ponto de vista parcial e circunstancial). Essas duas características do "*dicho*", interlocutório e fragmentário, concernente, uma, à sua enunciação, a outra, ao seu enunciado. Precisando-as, aparecerá melhor o conceito sanjuanesco de um "dizer" que articula o *um* que fala (o Espírito é "aquele que fala")[6] com o plural das elocuções (uma diversidade de respondentes e de pensamentos).

DIÁLOGOS

O prólogo colocado no início dos *Dichos* apresenta seu fundamento. Ainda que ele não figure no manuscrito autógrafo de Andújar e que tenha sido, de fato, enviado a uma carmelita muito cara, a Madre Francisca de Maria de Deus (Sandoval y Luna), no início de um "pequeno tratado" ou "caderno" ("*tratadito*") de conselhos espirituais,[7] ele descreve em que configuração se inscrevem as "palavras".

---

6 *Subida del Monte Carmelo*, Prólogo, 2.
7 Ver Juan de la Cruz, *Escritos breves*. 5. ed. Madri: Ed. José Vicente Rodríguez, 1983. p. 35; Dom Chevallier, *Les Avis*, p. 111-114.

Capítulo 3 – O Dizer em Fragmentos 153

No começo de seu "trabalho", o escritor ("eu") declara, a propósito desses "*dichos*", que ele tem suas palavras ("*lengua*"), mas não a eficácia ("*obra y virtud*"). Parcial, seu testemunho o leva, pois, para "outras pessoas" que serão as testemunhas do que ele não tem. Não é somente em nome do que ele tem, mas mais ainda em nome do que lhe "faz falta", que ele se dirige a "muitas almas" movidas já pela palavra, mas privadas do saber susceptível de lhes evitar quedas e desvios. O discurso que ele mantém tem para esses destinatários valor de discernimento, como seus progressos serão para ele consolação. Assim se encontra excluída, para o escritor, uma posição de mestre ou de autor, enquanto um "guia" continua necessário para pessoas animadas pela força da palavra.

João da Cruz parece conformar-se aqui à ideia que Teresa de Ávila se fazia dos "diretores espirituais": letrados ("letrados") com julgamento "certo" graças ao seu conhecimento das Escrituras.[8] Escrevendo a uma carmelita (que será, aliás, a inspiradora de várias estrofes do *Cântico*), ele aparece fiel, no que depende da "linguagem", do "saber" e da "certeza", na missão que a fundadora fixa aos confessores de suas casas. Mas ele o integra em uma visão mais ampla. A palavra circula entre vários, ela é interlocução, a título do que falta a cada um; ela é um *mais* para todos em razão do que suas diversas testemunhas têm de *menos* umas em relação às outras. Assim, a diversificação e disseminação de seu enunciado e de sua força instauram a troca coletiva graças à qual cada um recebe da palavra o que ainda lhe falta. Nessa troca, nenhum lugar particular é o da palavra; ela se exerce em vários lugares ("muitas almas", diz o prólogo), em uma rede onde o "tu" dirigido entre interlocutores e leitores é indissociável de um apelo a "ti", "o que fala".

---

8   Teresa de Ávila, *Vie*, 5 e 13 etc.; *Chemin de perfection* (Escorial), 3 e 8; *Demeures*, IV, 1 e V, 1 etc.

De fato, depois desse prólogo, o texto dos "dichos" apresenta um entrelaçamento de destinos ora a "ti", Senhor, ora a "ti", leitor – com essa diferença que o primeiro "tu" tem um nome próprio (Deus, Senhor, algumas vezes Jesus), e que o segundo fica sem nome. Encarados em seu conjunto, os aforismos passam bruscamente de um destinatário ao outro, a ponto que essas "reviravoltas" aparecem a Dom Chevallier "inadmissíveis" em uma mesma coletânea.[9] As preces que correspondem a Deus, "tu que primeiro te mostras e sais ao encontro dos que te desejam" (2), alternam com os conselhos dados a outro "ti": "Nega teus desejos e encontrarás o que teu coração deseja" (15). Mas porque esse outro não é jamais nomeado, ele poderia remeter a um diálogo do escritor com ele mesmo, como o explicita um desses "ditos": "O que pedes e procuras, minha alma?" (26). O prólogo colocado à parte (mas ele não pertence ao manuscrito), esse terceiro interlocutor, a alma, substituível às "outras pessoas", transformaria o texto em uma meditação análoga aos *Solilóquios* agostinianos. Os *Dichos* colocariam em cena as diversas instâncias do diálogo que compõem a vida do solitário: o "eu", a "alma" e Deus. Eles podem, com efeito ser lidos inteiros como o desenrolar de um discurso interno a várias vozes, como o volume orquestral de uma interioridade dialogante. Nos registros alternados de invocações a Deus (preces), de injunções à alma (conselhos) e de referências a verdades experimentais ou evangélicas (sentenças), desdobrar-se-ia, à maneira de um deserto povoado de palavras, o mundo do espírito onde "eu" caminha e escreve.

De fato, é historicamente certo que João da Cruz enviava respostas ("*respuestas*") às perguntas que lhe

---

9   Dom Chevallier, *Les Avis*, p. 113. Para ele, esses destinos heterogêneos não podiam, pois, depender de uma mesma coletânea, apesar de sua coexistência no autógrafo.

eram feitas e que ele dirigia a pessoas ou a coletividades, por escrito ou oralmente, avisos ("*avisos*") ou sentenças ("*sentencias*").[10] Não se poderia desconhecer essa evidência, nem esquecer que os "*dichos*" se formularam inicialmente durante trocas verbais das quais os enunciados em si provinham frequentemente de uma tradição oral bem anterior, religiosa e monástica, ainda muito reconhecível nos aforismos de Andújar. A questão colocada pelo texto é de outra ordem. Ela concerne à maneira como João da Cruz pensa e vive essas relações. A redação dos "*dichos*" articula o que ele faz desses encontros. O texto é a forma da experiência que ele tem disso. Desse ponto de vista, a ambivalência de um escrito legível seja como um "solilóquio", seja como um guia mostra quanto é fácil – ou secundário – a passagem da conversação interior à conversação exterior. O mesmo texto vale para uma e para outra. Não há duas escritas diferentes do diálogo, conforme ele se exerça no deserto animado da solidão ou nos parlatórios e nas ruas. Um mesmo "conversar" a várias vozes continua de uma cena interior a uma cena exterior, de modo que João da Cruz pode dizer a "outras pessoas" o que ele diz à sua alma, e que o discurso mantido com o outro não é uma exterioridade (pedagógica, magisterial) em relação às relações íntimas entre "mim", "a alma" e Deus. Por toda parte se desenvolve a chegada plural da palavra ou do "*dicho*". Ela não muda de natureza quando ela passa da "*oratio*" suposta solitária (diálogo com a alma e com Deus) à verbalização entre locutores ou à escrita destinada a leitores. Uma rede de questões, de respostas e de avisos, floresta viva de voz, é o próprio elemento, interlocutório, no qual a palavra "sai ao encontro dos que a desejam". Esse plural é a forma do "dizer".

---

10 Ver J. Baruzi, op. cit., p. XI e segs. etc.

FRAGMENTOS

As mudanças de destinatário que esconde o mesmo "tu" não fornecem senão um primeiro indício dos movimentos desse texto, organizado como uma série de variações sobre palavras, sons e temas. Essa composição musical não poderia surpreender da parte de um escritor cuja sutileza literária não cessou de aparecer mais desde as análises de Dámaso Alonso.[11] Ficando com os 78 "*dichos*" que apresenta o manuscrito autógrafo de Andújar (eles formam um todo isolado e concebido como tal pelo autor, pelo menos no momento dessa redação), o exame dos procedimentos sanjuanescos esclarece a natureza desses fragmentos e o próprio gesto do pensamento que os modela.

Cortada no fim de seu primeiro terço pela "oração de uma alma amorosa" (26), a coleção se apresenta inicialmente como uma série de "núcleos" consagrados cada um a um mesmo tema e caracterizados pela repetição de um leitmotiv. Assim, os fragmentos 5 a 7 tratam do mestre (o mestre-pedagogo ou "maestro", e o mestre-proprietário ou "*dueño*"), termo associado a uma fertilidade crescente ("*fruta*" 5, "*beneficio*" 6, "*virtud*" 7), e eles são seguidos de um contraponto de quatro fragmentos (8 a 11) que ligam a solidão à queda em uma espécie de refrão:

8. *El que a solas cae...*
9. *... el caer a solas...*
10. *El que cargado cae...*
11. *Y el que cae ciego... solo*

Uma rítmica sonora e semântica do mesmo tipo caracteriza os fragmentos 12 a 14, dedicados ao mínimo de que Deus mais gosta:

---

11 Dámaso Alonso, *La Poesía de San Juan de la Cruz* [1942]. 3. ed. Madri, 1958.

12. *Más quiere Dios de ti el menor grade de pureza...*
13. *Más quiere Dios en ti el menor grado de obediencia...*
14. *Más estima Dios en ti el inclinarte a la sequedad...*

A repetição torna mais notáveis diferenças: "em ti" (13 e 14) substitui "de ti" (12); "estima" (14) se substitui a "querer" (12 e 13); uma gradação faz passar da "pureza" (12) à "obediência" (13) e, enfim, à "secura" (14), assim como, antes, a fertilidade aumentava a hierarquia do "fruto" (5), do "benefício" (6) e, enfim, da "virtude--força" (7). Em um fundo de retomadas, efetuam-se sutis espaços por uma série de combinações entre os elementos modificados. Como nos contos ou nos poemas, a transformação de um detalhe no interior de um fluxo de semelhanças cria o instante que surpreende: é só um nada, um obstáculo de passagem, só um distanciamento de som na melodia, mas ele desvia a sequência do fragmento, ele provoca uma deriva e sequelas nesse espaço de sentido, antes que o fragmento seguinte volte ao mesmo refrão para dar dele uma nova variação.

Assim procedem os aforismos, frequentemente reagrupados nesses pequenos poemas que comportam geralmente três estrofes (ou fragmentos), algumas vezes quatro ou seis (duas vezes três): 18-20, 22-24, 27-29, 36-37, 43-45, 55-57 e 60-65, 73-76. As modulações que efetua cada poema não se referem somente sobre regularidades rítmicas e fonéticas. Elas se exercem também em um registro de imagens. Por exemplo, a propósito da "leveza" e "liberdade" que permitem à alma seu voo, a variação compreende o passarinho preso no visco ("*pájaro*", 22), a ave ou volátil plumado ("*ave*", 23) e, enfim, a mosca colada no mel ("*mosca*", 24); esses três graus nas maneiras de ficar preso ao chão são desenvolvidos segundo um procedimento análogo ao que usa Teresa de Ávila em sua *Autobiografia*, quando ela apresenta as quatro figuras da oração, inventariando as relações variáveis entre o jardim e a irrigação, isto é, tratando uma "comparação" como um campo conceitual.[12] A esses "núcleos" ou pequenos poemas é impossível atribuir um título – e seria um contrassenso –, ainda que eles tenham uma forte unidade musical e semântica. Eles formam combinações com várias entradas. Uma palavra (por exemplo, "solo" ou "a solas", de 8 a 11) é o pivô da unidade, ela aí indexa ao mesmo tempo a pergunta e a resposta, mas um rico repertório de seus sentidos possíveis se encontra desenvolvido pelo uso (poético e aforístico) que é feito, de maneira que a palavra em si, permanecendo um lugar-dito, um lugar marcado na linguagem, é oferecida a toda uma série de circulações. À maneira de um lugar público, ou de um lugar comum, ela cria um espaço de liberdade. Ela não pode mais ser fixada em um único sentido. Ela *fala*, isto é, há outro nela. Ela não depende mais dos "*modos y términos bajos*" (26), dessas maneiras de dizer e expressões "baixas", literalistas e positivas, que impedem o espírito de "passar mais adiante" ("*pasar adelante*").[13] Pela operação que modela o fragmento, ela é alterada em uma palavra "mística". Ela entra no movimento do "*dicho*".

A série dessas unidades alquímicas, verdadeiros laboratórios espirituais, é enquadrada por uma introdução (1) e por uma conclusão (78, o mais longo dos fragmentos, se colocarmos à parte a "oração", 26). A introdução afirma,

---

12 Teresa de Ávila, *Libro de la vida*, 11-21. Teresa repete várias vezes que ela usa uma "comparação" (*Libro de la vida*, 11, 6. In: *Obras*. Burgos: Ed. Silverio de Santa Teresa, 1915. t. I, p. 77) para aí desdobrar suas distinções teóricas. É também uma "comparação" (o castelo de cristal) que fornece seu "fundamento" a todo o tratado das *Moradas* (I, 1, In: *Obras*. Ed. Silverio de Santa Teresa. t. II, p. 341). Ver M. de Certeau, *A fábula mística*, I, Editora Forense Universitária – Grupo GEN, p. 297-313.

13 *Montée du Carmel*, Prologue, 3.

Capítulo 3 – O Dizer em Fragmentos 159

como um postulado, um princípio teológico da história (o ataque é *"siempre"*, sempre); ela estabelece a lei do tempo e, portanto, do presente: quanto mais a malícia mostra seu rosto mais Deus mostra seus tesouros de sabedoria. Desafio à decadência, fundamento de uma proliferação reformadora. A conclusão recapitula toda a prática espiritual, reunindo suas figuras essenciais sob o signo evangélico do "quem perde ganha". No começo, o paradoxo da teoria; no fim, o da práxis.

Após a invocação ao Deus que "sai ao encontro dos que o desejam" (2) e o indicativo (leitmotiv de todo o texto) do "bom pé", "coragem" e "teimosia corajosa" ("porfia animosa", um autorretrato?) que é preciso no caminho (3), vem a sequência dos poemas (três, quatro ou seis fragmentos), mas escandida por aforismos isolados, portanto, uma sucessão de tempos longos e de tempos breves. Três partes aí se distinguem claramente. A primeira (2 a 25) visa a destacar os "espirituais" das ilusões sucessivas que podem enganá-los interiormente (o isolamento, as consolações, o irracional, o narcisismo etc.). Ela recorta o perfil de uma "pureza" do desejo na profusão exaltada ou inquieta dos fenômenos espirituais: "Oh, amor de Deus mal conhecido!" (16). O conhecimento é aqui um trabalho da "negação", que faz dessa parte um resumo da *Subida do Monte Carmelo* – ou, talvez, sua primeira forma. A terceira parte (53 a 77) trata essencialmente das relações com os eventos externos, sortes e desgraças de toda espécie que esclarece, do alto e de longe, o evento do julgamento final.

Entre essas duas coleções, a parte central (26 a 52) tem totalmente outro estilo. Ela é pontuada de preces, de confissões e de invocações pessoais (30, 32-33, 38, 46-47, 49, 52). A grande "prece" que a introduz (26) parece inundar essa região do texto. Ela se insinua por toda parte. Aforismos de tipo constativo permanecem aqui e acolá: são os mais resplandecentes (34), os mais elípticos (35) ou os mais audaciosos (39, 51)[14] da coletânea; eles são, aliás, isolados uns dos outros (salvo a propósito da "razão", 36-37 e 43-45), em breves irrupções de pensamento, e é nessa única parte de seu autógrafo que João da Cruz separa quase cada fragmento do seguinte por um longo traço, como se ele marcasse assim entre eles o silêncio de uma suspensão.[15] Por outro lado, os fragmentos 53-54 (início da terceira parte) se ligam aos fragmentos 23-25 (fim da primeira parte) por um vocabulário que lhes é próprio (o "vazio" em 25 e 53, a "leveza" em 26 e 52): a meditação, interrompida por um fluxo de preces, retoma, depois dela, no ponto onde estava? Ou, então, os termos vazio, excesso e voo que precedem e seguem a confusão da parte central traçam suas margens, zonas fronteiriças já ou ainda tocadas pelo que advém aí de inesperado?

As primeira e terceira partes dos *Dichos* formam, pois, um conjunto em duas metades iguais (1 a 25 e 53 a 78), consagradas uma à purificação interior, e a outra à firmeza no meio dos acontecimentos exteriores, ligadas entre elas pela permanência de um gênero literário e também por uma sucessão de referências só ao Evangelho de Mateus (4, 18, 74 e 78),[16] traço típico da escritura sanjua-

---

14 O "*rendimiento*" (39) é a conduta da mulher que "se abandona" ao seu amado. O "*recogimiento*" (51), que Cyprien de la Nativité traduz felizmente por "santa introversão" (*LesŒuvres spirituelles du B. Père Jean de la Croix*. Paris: Chevealier, 1652. p. 576), designa o "recolhimento", silêncio do coração e vazio do espírito ("no pensar nada"): era o caminho dos "*recogidos*" (os "recolhidos"), tendência então frequentemente suspeita de desviacionismo. Ver Melquíades Andrés, *Los Recogidos*. Madri, 1976.
15 Esse corte separa até 32 de 33, ou 43-44 de 45, enquanto esses dois grupos parecem constituir cada um uma unidade semântica.
16 *Dicho* 18: Mateus 11, 18; *Dicho* 74: Mateus 22, 14 e 7, 14; *Dicho* 78: Mateus 16, 26. O *Dicho* 4 remete já a Mateus 11, 18. Os protocolos de citação usuais em João da Cruz só se encontram em 18 ("*que dice*") e 78 ("*porque*"). As referências não são evidentemente dadas pelo autógrafo.

nesca.¹⁷ Elas compõem um tratado seguido cujo conteúdo é clássico, mesmo se o estilo poético e místico de João da Cruz metamorfoseia do interior cada elemento, e cuja ordem obedece a um modelo ascético tradicional, desde os célebres aforismos do *Tratado prático* de Evagro o Pôntico.¹⁸ Pode-se também pensar que esse tratado é conforme ao "emprego", como diz o Prólogo, que fixa a João da Cruz sua missão de confessor, um trabalho de discernimento (*"discreción"*) realizado por um homem que tem a "língua" das Escrituras (é um "letrado"), mas não se poderia creditar-se por ter "eficácia e virtude".

Ora, eis justamente que o belo edifício desmorona sob a pressão dessa força. Ele é fragmentado por ela. Ele se abre em seu meio, sacudido pelo lirismo de uma prece nascida do amor que introduz, no centro da obra, lamentos, exultações, iluminações, surpresas e "ocasiões" semelhantes a aves que escapam –, um espaço desordenado onde surgem as vozes do desejo, os pensamentos que de uma só vez só são proporcionados a Deus em seu silêncio, e mesmo as palavras temerárias que, evandindo-se da sutil "discrição" do mestre, têm atitudes de lapsos ou de confissões.¹⁹ "Que tudo mude, logo no bom momento" (33): isso acontece, no

---

17 Geralmente João da Cruz redige um texto citando um único livro da Bíblia, como se ele escrevesse um lendo o outro. Ver Jean Vilnet, *Bible et mystique chez saint Jean de la Croix*. Paris, 1949. p. 34-38. O Evangelho de Mateus é principalmente citado na *Subida do Monte Carmelo*, onde se encontra, aliás, dois dos quatro versículos que citam dele os *Dichos*: Mateus 7, 14 (*Montée du Carmel*, II, 7) e Mateus 16, 26 (*Montée du Carmel*, III, 18).
18 Évagre le Pontique, *Traité pratique ou le Moine*. Paris: Éd. A. e C. Guillaumont, 1971. Essas "sentenças", gênero literário que Evagro é o primeiro escritor cristão a praticar, já combinam enunciados de tipos diferentes – aforismos gerais, com destinação a Deus, à alma ou ao leitor, exclamações – em um tratado coerente de espiritualidade.
19 Ver página 160, nota 14.

próprio texto. "Meus são os céus, e minha a terra..." (26). O trabalho de liberação que se exercia minuciosamente, durante a primeira parte (e que se repete na terceira), no interior de unidades limitadas, termina nesse transbordamento, como se o movimento desenhado pelos *Dichos* nos fizesse assistir à relação que a ascese purificadora mantém com os excessos súbitos de um amor até aí oculto na prática diária do "nenhum outro além de ti".

MÚSICAS

Esse discurso reproduz, em sua forma, o nascimento das "canções" do *Cântico* na prisão de Toledo, em 1578. A título de uma crítica interna, ele parece datar dos anos que seguem imediatamente a "saída" do calabouço. Pelo contraste entre suas prudências e suas loucuras, entre a espantosa precisão de sua austeridade e os jorros preocupantes ou líricos da paixão, é um texto "jovem". Uma harmonia maior se criará entre os elementos que aí coexistem. Mas é possível também que essa tensão provenha da função que o contemplativo deve agora exercer como diretor espiritual, uma vez retirado das provas solitárias do "deserto" ou da prisão. De qualquer maneira, o autógrafo de Andújar só apresenta uma versão dos *Dichos*. João da Cruz tem o hábito de remanejar incessantemente seus textos. Ele interpreta diferentemente suas próprias obras; ele as modifica, desloca, aumenta, como o provam as contínuas revisões do *Cântico espiritual*, durante 14 anos. Assim, o autógrafo é apenas um momento – uma performance particular – dos aforismos; seria preciso compará-lo com outras execuções para seguir, como se faz para Bach, a experiência artística e mística traçada por essa móvel criatividade combinatória.

Seria preciso também analisar mais em detalhe, no texto fornecido pelo autógrafo, o estranho trabalho que continua no nível musical da língua: homofonias, rimas interiores, repetições glossolálicas de vogais, encadeamentos por retomadas da mesma palavra etc. Um jogo de sons que se fazem eco organiza o conjunto. Palavras desenvolvem em torno delas vagas sonoras em orquestrações verbais. Uma vitalidade musical da língua frequenta a ordem do sentido, ainda que jamais (é também um traço da poética sanjuanesca) ela o esconda. Em muitos sentidos, essa arte anuncia os *Aforismos espirituais e sentenças rimadas* (*"Geistreiche Sinn – und Schlussreime"*) de Angelus Silesius.[20] A aproximação não interessa somente a tradição espiritual do aforismo, nem uma similaridade literária nos procedimentos de desenvolvimento, mas uma inacessibilidade semântica da língua por sua própria musicalidade. As técnicas das quais uma análise literária e linguística pode fazer o levantamento colocam em jogo, em um modo sonoro, o que da própria língua é inefável: um *dizer* que não é um *dito*. É, sem dúvida, nesses movimentos ordenados e sutis do som – um excesso em relação ao sentido, um inexprimível em relação ao enunciado, um concerto de teclas em relação ao legível – que seria necessário reconhecer o caráter místico da língua ou (para empregar os termos de João da Cruz) a forma ainda linguística que assume a "virtude" do "*dicho*", a força invisível do Dizer.

Por sua arte, João da Cruz perscruta essas regiões profundas da língua. Há nele (e em outros) algo que se poderia chamar um raciocínio musical, uma complexidade rigorosa que não depende do raciocínio lógico e que segue os dédalos de uma "razão" desligada das palavras. Talvez se trate de uma inteligência mais dócil e mais aguda, na escuta do que se pode ouvir, mas não se compreender da língua em si. Em todo caso, a atenção à pequena música de João da Cruz é uma iniciação, ainda longínqua, ao que ele tenta dizer.

---

20 É o primeiro título (1657) do que foi mais tarde chamado *Le Pèlerin chérubique* [1675]: ver a edição de Eugène Susini, Paris, 1964.

Capítulo 4

USOS DA TRADIÇÃO

No conjunto que representaria a história das interpretações de João da Cruz na França, no século XVII, era preciso escolher. Outrora, em um artigo com título promissor, mas com conteúdo decepcionante, P. Pacheu encarava "os místicos interpretados pelos místicos".[1] Vasto e fascinante face a face! Eu o limito ao que nos deixa ver, como um espelho, a obra de Jean-Joseph Surin, enquanto ela é habitada pela de João da Cruz.[2]

Esse problema, Jean Orcibal abordava a propósito dos Carmelos bordeleses e das religiosas que Bremond, em seu patoá familiar, chamava as "pequenas almas", grandes por sua ciência oculta.[3] Sua leitura de João da Cruz fica para nós, no entanto, um canto perdido, o segredo de itinerários do qual alguns vestígios somente encontrados pelo historiador, incansável caçador de silêncios, nos deixam supor um *passo*, um estilo ainda sanjuanesco.

---

1 P. Pacheu, Les mystiques interprétés par les mystiques. In: *Revue de philosophie*, vol. XXII, p. 616-660, 1913.

2 Sobre a vida (1600-1665) e a doutrina de Surin, ver Jean-Joseph Surin, *Guide spirituel pour la perfection*. Paris: Ed. Michel de Certeau, 1963, "Introduction", p. 7-61.

3 Jean Orcibal, Les débuts de la spiritualité carmélitaine à Bordeaux. In: *Bulletin de la Société des bibliophiles de Guyenne*, n° 89, 1969, separata, 15 p.

A análise do "encontro" na obra exposta, ainda que fragmentária, de Surin é ao mesmo tempo mais fácil e mais temível. A confrontação intimida. É um face a face que "surpreende". A lucidez de um místico sobre um de seus predecessores – e qual! –, os deslocamentos que ele opera em uma doutrina desvelando-a sob um dia novo, nos remetem, aliás, ao problema que polariza hoje a reflexão teológica, o da *interpretação*. A compreensão de um místico por um outro implica uma relação de diferença e de continuidade, mas, finalmente, de *apropriação* (termo pelo qual Gadamer define a hermenêutica) do primeiro pelo segundo. A relação da tradição com os livros neotestamentários, ou da experiência cristã com suas "fontes", não é desse tipo? Tal é a perspectiva que eu adoto: João da Cruz fonte de Surin, mas também Surin intérprete do carmelita espanhol e que se apropria dele.

1. DA INTERPRETAÇÃO COMO TEXTO "RECEBIDO"

"O Padre Surin e São João da Cruz": o problema já foi estudado, há 20 anos, por Michel Olphe-Galliard,[4] que se aplicou principalmente em indicar a influência do carmelita sobre os jesuítas "espirituais" do século XVII e em esquematizar[5] uma topografia sanjuanesca na obra de Surin tal como ela era então conhecida.

Deixarei aqui de lado toda questão de *influência*. Essa problemática corre o risco de ser enganosa, visto que ela

---

4   Michel Olphe-Galliard, Le P. Surin et Saint Jean de la Croix. In: *Mélanges... Cavallera*. Toulouse, 1948. p. 425-439. Ver também, a propósito de uma longa discussão entre Surin e o P. Bastide sobre a interpretação a dar de certos textos da *Subida do Monte Carmelo*, os dados já fornecidos por Ferdinand Cavallera, Une controverse sur les grâces mystiques. In: *Revue d'ascétique et de mystique*, t. IX, p. 163-196, 1928 (a completar por Jean-Joseph Surin, *Correspondance*. Paris: Éd. Michel de Certeau, 1966).
5   M. Olphe-Galliard, op. cit., p. 433-435.

considera cada obra apenas pela face que olha o outro. Esse jogo de espelho supõe que cada uma é o que a outra vê; ele implica que se pode julgar sua relação em função do que cada uma reteve da outra. Seríamos conduzidos assim a não reconhecer nem João da Cruz, nem Surin, pelo próprio efeito de um exame que toma em cada obra o que lhe é estranho e não a apreendendo jamais por ela mesma. Só seu editor pode colocar uma ao lado da outra, nas estantes onde ele reúne os monumentos de sua "Bibliothèque européenne", as *Œuvres complètes* de João da Cruz e a *Correspondance* de Surin.[6] Mas cada livro, objeto precioso, é fechado sobre si mesmo em seu estojo. Cada obra é um poço que leva em si seu segredo, como uma chave lançada ao fundo. Não reter senão o que elas têm de comum é ou ver apenas em Surin um *resultado* de influências diversas, uma experiência reduzida a seu exterior e a seus materiais anteriores, finalmente inexistente; ou, então, só encontrar de João da Cruz peças espalhadas pela posteridade, contraditórias frequentemente entre elas, destinando essa obra a ser o lugar de trânsito de "influências" reunidas aí por acaso e logo dispersas, em suma, um lugar insignificante.

Para compreender como as obras se enriquecem mutuamente e como experiências (colocadas cada vez sob o signo de uma coerência própria e, portanto, de uma essencial diferença em relação às outras) se inscrevem em uma reciprocidade espiritual, é preciso colocar-se deliberadamente *aqui* ou *lá*, abrir um ou outro dos volumes e não eliminar *a priori*, em uma obra, o que a constitui, a saber, o fato de que ela *existe*. Tiro, pois, de sua caixa a *Correspondance* para inventariar o que é *dito* de João da Cruz na

---

6   Jean de la Croix, *Œuvres complètes* Trad. Cyprien de la Nativité de la Vierge. 4. ed. Paris, Éd. Lucien-Marie de Saint-Joseph, 1967. Para a edição da *Correspondance* de Surin, ver página 166, nota 4.

rede de "correspondências" que tecem a obra e o meio de Surin. Em outros termos, não se trata mais de saber o que *resta* do primeiro nesses textos bordeleses do século XVII, mas de saber *quem* é o João da Cruz de Surin. Esse problema tem uma frente e um verso. Por um lado, ele consiste em se perguntar o que é *recebido* do místico espanhol. Mas, por outro, já que as primeiras edições, os manuscritos que circularam primeiro, assim como as versões mais tardias (do século XIX, por exemplo) ou as edições críticas do século XX, são igualmente textos "recebidos" ainda que acreditados a títulos diferentes (a *autenticidade* tendo, em cada caso, seus critérios próprios), só a *relação* entre essas "recepções" sucessivas, entre esses *corpi* saídos de *leituras* históricas, torna possível uma resposta à pergunta: *quem* é João da Cruz?

O primeiro aspecto somente nos interessará aqui. Toda leitura (a de Surin, por exemplo) reutiliza o texto; ela inventa um sentido e ela trai leituras anteriores; ela é, no entanto, dócil ao texto recebido, mas no modo de dizer ou a mesma coisa em outros termos, ou outra coisa nos mesmos termos. Ela "recebe" isso e não aquilo. Assim, ela seleciona, ela reorganiza, ela julga, ela controla. Ela produz assim um outro *estado* do texto. Onde está o verdadeiro texto? Talvez seja necessário colocar entre parênteses a hipótese (que é um postulado recente na historiografia e já amarelecido pelo seu curto uso) segundo a qual a experiência individual seria uma *coisa apreensível* por trás dos textos. Na realidade, não é legível, de cada experiência espiritual, senão o que é recebido dela. E o que é recebido dela em tal momento é um estado do texto.

Ampliemos o problema. Toda experiência espiritual que se exprime, desde quando ela se exprime, se encontra, de alguma maneira, "alienada" na linguagem. Primeiro, ela emprega as palavras dos outros; ela sofre, pois, suas restrições. João da Cruz, Surin ou o homem de hoje só falam uma linguagem recebida de outrem. As palavras – e suas leis – não se inventam. Elas são "dadas" à experiência, que não existe senão aí onde ela se diz. Por outro lado, essa expressão é submetida a uma "passagem obrigatória", a saber, a seleção e a pressão de um grupo. Ela só tem existência em função do passaporte que lhe entrega a comunidade onde ela é aceita. A literatura espiritual o mostra de mil maneiras. Não há, proriamente falando, experiência individual. Isso é uma miragem. Ou antes, é o que o trabalho histórico postula, mas não enuncia jamais, na medida em que ele só apreende signos, isto é, fatos de comunicação. A confrontação ou a crítica atinge somente textos "recebidos" (eles o são sempre, em um ou outro grau). Ela remete a alguém que fica inapreensível na própria linguagem que ele falou, que não é jamais localizável, jamais redutível a um desses textos (seja ele "primitivo" ou "autêntico"): um homem e um homem que vive de Deus. Um escrito espiritual só dá o "eu" da experiência preso no "nós" de uma linguagem; desse ponto de vista, o autor ou o sujeito só aparece submetido já à lei de uma comunidade. É o que faz de sua exeperiência uma linguagem. Todo escrito é, pois, de estrutura "eclesial". Da mesma forma a experiência "primitiva" é hoje, em nossa historiografia, o que nós "recebemos", nós, e o que opomos ao que outros, no passado, "receberam". Cada edição completa testemunha uma releitura. Ela explicita a vontade de estabelecer, a partir de novos critérios, uma leitura totalizante e coerente.

A leitura de Surin é uma etapa, analisável nela mesma, nessa sequência de "textos recebidos". Ela não se apresenta, certamente, como *Obras completas* de João da Cruz, em um *corpus* constituído, mas como os fragmentos de uma edição ou de uma "atualização" nova. Ela designa os critérios e os pontos organizadores de uma interpretação. Ela anuncia as articulações de uma "tradução".

Em suma, esse "texto recebido" inacabado, preso ao meio onde ele se elabora, é um fragmento que se teria isolado do quadro de uma interpretação não explicitada. Quanto a saber *quem* é João da Cruz ou que relação mantêm umas com as outras tantas leituras, é o que, muito evidentemente, eu não conseguiria dizer. Resta somente que cada "texto recebido" remete a outros e que essas referências dizem o que nenhuma dessas interpretações pode dar nem fixar: a experiência mística do Carmelita, da qual, no entanto, todas elas falam.

2. SURIN, LEITOR DE JOÃO DA CRUZ ATRAVÉS DE R. GAULTIER

Nos séculos XVI e XVII, interpretações remetem já umas às outras, e essas "referências" formam todo um leque de posições, de exclusivas ou de ortodoxias combinadas. É difícil aí recortar o que o historiador chama "correntes". Há a de Quiroga, cuja exegese sanjuanista encontrou há 15 anos um defensor lúcido tanto quanto apaixonado com Jean Krynen.[7] Dessa leitura se aproximam as de Juan de Bretón, de Sobrino etc. Uma outra tendência, até aqui mais conhecida, é a de Luis de León, de Thomas de Jésus, d'Antonilez etc. E se perguntará qual é a posição de Innocent de Saint-André ou outros. Entre essas correntes, guerras santas manifestam que se batia por fidelidade a uma fonte repartida, assim que expressa, entre as representações divergentes que se davam de sua origem tantas *Explicações* e *Teologias místicas* carmelitas.

Onde se situa a exegese de Surin? É preciso observar primeiramente que ele é um leitor surpreendente. Isso

---

7   Jean Krynen, *Denys le mystique et saint Jean de la Croix*. Tese de doutorado de Estado, Paris, Sorbonne, 1955; id., *Du nouveau sur Thomas de Jésus. L'avènement de la mystique des lumières en Espagne (1601-1607)*. In: *Mélanges Marcel Bataillon*. Bordeaux: Éd. M. Chevalier *et al.*, 1962. p. 113-135.

surpreende na sua interpretação de Inácio de Loyola, centrada no discernimento dos espíritos. Acrescentarei que, retomando o conjunto de sua obra, surpreendemo-nos com o lugar ocupado por João da Cruz nesse espaço literário e místico – um lugar maior do que eu tinha acreditado no início, muito impressionado (eu o digo em forma de *retractatio*) pela marca teresiana, traçado flamejante na superfície de tantos textos dirigidos a mulheres ou a carmelitas.

Surin leu João da Cruz. Ele o leu cedo, e é importante, porque esse grande leitor e caçador de "místicos" ficou quase até o fim de sua vida na língua que formaram seus estudos e suas descobertas de juventude; ele remexeu de mil maneiras o solo de um vocabulário primeiro e determinante, como se, nele, as prodigiosas mutações da experiência se efetuassem com o mesmo material. Dores e alegrias originárias organizam desde o início, com uma topografia de palavras e de "lugares", tudo o que seguirá. Traço psicológico, com certeza,[8] mas também intelectual, literário e espiritual. Essa geografia elementar nos deixa perceber, apesar das rupturas frequentemente trágicas ou as últimas "dilatações" de sua obra, o resplandecer e como "a fixação" que provocou o encontro de João da Cruz. No começo de seu universo, houve, eu creio, essa terra e esse sol.

De um ponto de vista histórico, surpreende-se menos depois do estudo de J. Orcibal sobre uma tradução francesa da *Subida do Monte Carmelo*, de *A Viva Chama* (mas não do *Cântico*) anterior a 1616, e "preparada para a impressão por eclesiásticos de Bordeaux", no dizer da Madre Isabelle des Anges.[9] Carmelitas (homens) e carme-

---

8   Ver, na "Introdução", o que concerne ao "segredo e uma criança", em J.-J. Surin, *Correspondance*, p. 42-51.
9   J. Orcibal, La Montée du Carmel a-t-elle été interpolée?. In: *Revue de l'histoire des religions*, t. CLXII, 1964. p. 171-213.

litas (mulheres), mas também e inicialmente "religiosos de uma outra Ordem", um franciscano etc., se misturaram na empresa dos "señores eclesiásticos" de Bordeaux. Há aí redes no lugar em que funcionam. E entre os personagens interessados, um dos principais, o decano do Capítulo, se é mesmo Jacques des Aygues, é o tio de Jeanne des Aygues, que será uma das dirigidas mais fiéis de Surin.[10]

Isabelle des Anges, fundadora do carmelo de Bordeaux e associada a esse trabalho, tem na vida do jovem Surin, ainda colegial, um papel decisivo. Ele a vê, nos feriados, por trás das grades de um império místico. Ele a ouve falar de Deus em espanhol, língua estrangeira que se torna para ele o indício do inefável. E aí, na capela das carmelitas, ele tem apenas "13 a 14 anos" (é, portanto, em 1613 ou 1614) quando, diz ele, recebe uma indelével "impressão interior dos divinos atributos um depois do outro".

Mais importante ainda, na elaboração de sua linguagem, é a tradução publicada em 1621 por René Gaultier em Sonnius, em Paris.[11] Aí se encontra um vocabulário místico que será transplantado em Surin – aquele mesmo que me tinha distanciado de pensar, durante um tempo, em uma proximidade entre os dois místicos, porque eu comparava o texto de Surin com a tradução de Cyprien de la Nativité (1641). A obra de Gaultier parece, aliás, um fim. Ela remete, e explicitamente,[12] a todo um trabalho anterior, do qual testemunham o manuscrito de Lyon como os escritos das camelitas bordelesas. Ela encerra e atesta um período

---

10 J.-J. Surin, Correspondance, p. 658, 663 etc.
11 Œuvres spirituelles pour acheminer les Âmes à la parfaite union avec Dieu, Du bienheureux Père Jean de la Croix. Paris: Sonnius, 1621. Não se deve confundir essa tradução com a do Cântico espiritual, publicada pelo mesmo editor no ano seguinte (cinco anos antes da edição espanhola do Cántico): Cantique d'amour divin entre Jésus-Christ et l'Âme dévote... Trad. René Gaultier, Paris, 1622.
12 Ver a "Dedicatória" à Rainha Mãe, nas Obras espirituais.

de transcrição. É a essa primeira camada do texto sanjuanista "recebido" na França que Surin pertence, como o mostram mil detalhes sobre os quais eu voltarei: assim o emprego de "canção" para designar a doutrina mística, ou a tradução de *noticia* por "noção" etc.

Mais amplamente, é preciso, sem dúvida, fixar-se em Gaultier como em uma data decisiva que muito fez esquecer em seguida, e até nossos dias, a sinuosa e brilhante tradução de Cyprien de la Nativité. O fluxo de um novo texto apagou o precedente. Mas é o primeiro que, pouco a pouco, nós encontramos nas bibliotecas e nas obras do século XVII. Essa camada primitiva sanjuanista adiantou na França a obra à qual Paul Valéry outrora outorgou um prêmio de poesia.[13] Ela marcou, eu acredito, profundamente os encontros espirituais com João da Cruz; ela organizou seu modo, enquanto o precioso monumento de Cyprien é mais o produto de todas essas "comunicações".

Para continuar na região bordelesa, mil indícios revelam a importância e a permanência de Gaultier ao longo do século XVII, como se, para empregar o vocabulário de Surin, ele tivesse permanecido durante muito tempo o único "canal" pelo qual a doutrina sanjuanista se tinha insinuado na França. No século XVIII ainda, a biblioteca do Colégio de Guyenne só contém uma tradução, a de Gaultier (na edição de 1628).[14] Não quero multiplicar os sinais. Mas eles

---

13 "Eu proponho aos amantes das belezas de nossa linguagem considerar doravante um dos mais perfeitos poetas da França no R. P. Cyprien de la Nativité de la Vierge"; Paul Valéry, *Variété V*, Paris, 1944, "Cantiques spirituels", p. 165-196.
14 Bordeaux, Bibliothèque municipale, ms. 832, p. 129 (Textos franceses). De Surin, encontra-se aí o *Catéchisme*, edição de 1657 (*ibidem*, p. 115) e a edição de 1663 em dois volumes (*ibidem*, p. 147 e 152); os *Dialogues*, edição de Nantes, 1700 (*ibidem*, p. 119) e as *Lettres spirituelles sur les mystères*, edição de Nantes, 1700 (*ibidem*, p. 132).

são numerosos. E se eles não permitem uma resposta (seria preciso uma investigação mais ampla do que a que eu fiz), eles obrigam, pelo menos, a interrogar-se sobre o império constituído em segredo por esse tradutor esquecido. Em sua inocência, Gaultier não acredita dever armar com defesas teológicas a doutrina sanjuanista. Ele próprio maravilhado, ele se contenta em oferecer ao público suas maravilhas como um explorador que volta das minas de ouro. Ele não deixa de ter o vigor e a precisão. Ele situa também todas as coisas em um sistema de expressão que lhe parece próprio e que se encontra em Surin: o de um espaço. Sua frase cria "regiões", pontua-se com "aberturas" e termina em "horizontes". Quando João da Cruz escreve: "Na contemplação" acontece isso ou aquilo, Gaultier traduz: "no espaço da contemplação" etc. Sua prosa inventa oceanos, amplas "extensões", "latitudes" desmesuradas e "imensos desertos"; ela faz do texto uma articulação de espaços, traço igualmente característico de Surin, mas também da tradução bordelesa anterior a 1616.[15] Um material simbólico, um "estilo" da linguagem mística, algo de mais estruturante que ideias, organizam a experiência que apontou na superfície da edição com a obra de Gaultier. Surin pertence a esse "espaço".

Homens de livros, nós somos sempre levados a majorar a influência dos livros e a fazer dos indícios literários que nos *restam* do passado a *origem* das experiências de que eles falam. Em muitos casos, é o inverso que é verdadeiro: trocas, encontros, uma elaboração comum terminam no livro. Constata-se isso, pelo menos, nesses meios bordeleses à medida que nossa ignorância, como uma onda, reflui, deixa aparecer um solo carregado de vestígios, em particular os das redes onde se elaborou uma

---

15 Ver os extratos editados por J. Orcibal, La *Montée du Carmel* a-t--elle été interpolée?, art. cit., p. 179-183.

linguagem mística. Conventos, religiosos, eclesiásticos, senhoras atingidas (como se dirá mais tarde pelo "misticismo", "devotos" de toda espécie pouco a pouco forjaram o material verbal e mental proporcionado à comunicação de suas experiências.[16] A esse material e a esse laboratório vivo remetem também, ainda que a títulos diferentes, o trabalho de Gaultier e a obra de Surin. Só se pode ficar surpreso, a esse respeito, pela qualidade literária e pela lucidez espiritual dos textos que provêm dessas carmelitas ou dessas senhoras, mesmo sob forma de *Recriações* e de *Retratos*, gênero então na moda.[17] Henri Bremond teve razão em se fazer o cavaleiro servo da mulher devota do século XVII. Ela tem um papel determinante. Ela é a Amazona da mística, e "a renovação católica é em grande parte uma obra de mulheres".[18] Impossível também fazer uma história de João da Cruz, nesse início do século XVII, sem passar pelas ruelas e pelos parlatórios de Bordeaux, lugares onde se modela em grande parte o "texto recebido" atestado por Surin.

3. JOÃO DA CRUZ, UM "SANTO" QUE FAZ AUTORIDADE

A propósito de Surin, é preciso observar que, nele, João da Cruz intervém como uma autoridade, primeiro porque é um "santo" ou, pelo menos, quase um "santo". A palavra designa então mais um tipo de conhecimento e de experiência do que virtudes. Ou seja, ele se refere à *sapientia sanctorum*, constelação de "máximas", de "ditos", de

---

16 Sobre essa surda elaboração, fundamental, no entanto, ver Michel de Certeau, Crise sociale et réformisme spirituel au début du XVIIe siècle. In: *Revue d'ascétique et de mystique*, vol. XLI, p. 339-386, 1965.
17 Ver J. Orcibal, Les débuts de la spiritualité carmélitaine à Bordeaux, art. cit., p. 8-12.
18 Robert Mandrou, *Introduction à la France moderne*. Paris, 1961. p. 117.

"doutrinas", mas também de "conquistas", que opõem de mil maneiras uma "ciência dos santos" ou uma "ciência mística" à escolástica dos teólogos profissionais.[19] Mas o "santo" se beneficia igualmente de um reconhecimento público pela Igreja: ele recebeu uma patente. Sua autoridade se situa na articulação do que ele diz de sua experiência e do que fez dele o magistério. Surin, polemista e cruzado da mística, recorre aos santos contra os ataques dos "filósofos". Ele procura, por eles, defender uma "ciência" contra as "máquinas de teologia".[20] A suas "autoridades", ele opõe outras autoridades, selecionando na tradição como refutar a seleção que a escolástica fez, ela também, no amplo e complexo tesouro da mesma tradição.

Ele utiliza, pois, João da Cruz, mas de uma maneira um pouco embaraçada. "Homem muito ilustre", escreve ele, "que é para ser canonizado".[21] Há uma falta do lado do reconhecimento oficial. Isso o perturba. Ele acrescenta: "O Padre João da Cruz, companheiro de Santa Teresa."[22] Santa Teresa não é a incontestável? Mais conhecida, mais fácil, já coroada, ela é lida até por colegiais, que têm sua *Vida por ela mesma* no bolso, e recebem como assunto de dissertação o relato de sua existência romanesca e estelar.[23] "Companheiro de Santa Teresa", é, pois, uma boa referência para um homem de quem o processo de beatificação foi iniciado em novembro de 1613, mas que será "para ser canonizado"

---

19 Ver Michel de Certeau, *Mystique* au XVIIe siècle. Le problème du langage *mystique*. In: *L'Homme devant Dieu*. Mélanges Henri de Lubac. Paris, 1964. t. II, p. 267-291. Os santos, escreve Surin, "são conquistadores que nos convidam a tomar parte em sua conquista" (*Correspondance*, carta de 1º de novembro de 1661, p. 1.256).
20 J.-J. Surin, *Guide spirituel*, p. 185.
21 *Ibidem.*, p. 246.
22 *Ibidem.*
23 M. de Certeau, Crise sociale et réformisme spirituel..., op. cit., p. 357, nota 76.

até 1726. Ele não deixa de ser uma "autoridade" que embaraçará mais tarde Bossuet, depois de ter sido dificilmente recusável pelos "examinadores da teologia mística" com os quais Surin tem contas a ajustar.

Entretanto, é o "santo", e é como santo que o "beato João da Cruz" tem autoridade. Característica é a frequência em Surin de referências a *A vida do benaventurado Pai João da Cruz* de Quiroga (José de Jesús María), traduzida por Élisée de Saint-Bernard e publicada em Paris em 1638. Muitas alusões o mostram. Só retenho um traço, porque ele se tornou, por assim dizer, mítico, e organizou a lenda como a iconografia sanjuanista:[24] o *Pati, Domine, et contemni pro te*. É um dos estereótipos da referência a João da Cruz. Ele exerce também na obra de Surin um papel polarizador: ele aí designa menos a ascese, a dor ou o martírio, que a "louca" passividade do místico e a violenta "inação" do Deus que entra na alma como um ladrão. A preferência dada ao *pati et contemni* é aqui um evento, uma marca indelével no meio da vida, graças ao que Surin detecta o que ele chama "o amor padecente".[25] É um selo divino semelhante ao golpe indistintamente dado e recebido por Jacob, durante sua luta noturna. O *pati* é um momento no tempo, mas ele inaugura um modo de existência novo. Ele é ao mesmo tempo corte e estrutura na relação com Deus, para o que, doravante, "carrega a ferida tão forte de seu amor".[26] "Estragos" e "suavidade", "miséria" e "abundância" caracterizam esse golpe: ele abre "a porta

---

24 Ver os trabalhos de Michel Florisoone, conservados no Museu do Louvre, sobre os retratos de João da Cruz.
25 *Guide spirituel*, p. 150. Ver José de Jesús María (= Quiroga), *La Vie du Bienheureux Père Jean de la Croix*. Paris, 1638, parte II, p. 74. O fato se situa em Segóvia na primavera de 1591 (*Vida y obras de San Juan de la Cruz*. 3. ed. Madri, BAC, 1955. p. 403).
26 *Correspondance*, carta à Madre Anne Buignon, 8 de agosto de 1664, p. 1560; ver também p. 1.368, 1.542-1.555 etc.

de um país novo".²⁷ Ele mostra um "ataque à substância da alma", "de onde lhe vem uma bem-aventurança e como uma morte, que os termos ordinários não podem declarar nem fazer conhecer... E senão fosse Deus querendo que se mantivesse com razão, que obriga a alma a dissimular seu espanto, seria preciso abandonar o leme e fazer naufrágio felizmente em Deus".²⁸

Recebendo essa espécie de transposição que a assimila à "ferida de amor", o *pati* se redobrou com a *Llaga* (chaga) do *Cántico*. Não deixa de ser um episódio particular em um itinerário. Um rasgo no tecido do tempo especifica a ciência dos santos. O recurso à referência biográfica lhe é essencial. Essa articulação de um evento e de uma ciência alcança o lugar que ocupa o fato "raro" na organização das pesquisas científicas do século XVII, ou o papel desempenhado pelos "encontros" do viajante no conhecimento do mundo. Na extensão de saberes doravante submetidos à suspeita, há, daqui e de lá, pontos certos, experiências irrefutáveis e como ilhas de certeza. Assim, o explorador chegado ao Brasil ou do Canadá pode dizer ao seu leitor: acreditem, se quiserem, nas cartas de Ptolomeu, mas eu sei, eu, por ter estado aí, que há um rio nesse lugar. E outros doravante se referem ao seu testemunho. Os santos são também exploradores, e eles falam com os teólogos como os viajantes com os geógrafos: "Seus discursos são talvez verdadeiros, mas aquele ponto, eu o experimentei, eu estive aí, eu o sei e dou testemunho." Eles "chocam" as razões transmitidas pelo passado, à maneira como o Novo Mundo confundiu tantas tradições. Assim veem-nos "como selvagens ou como estrangeiros dos quais não [se] ouve a linguagem".²⁹ Mas o que eles viram

---

27 *Ibidem*, carta de 1º de agosto de 1664, p. 1.554.
28 *Ibidem*, 3 de janeiro de 1664, p. 1.508-1.509.
29 *Ibidem*, 1º de novembro de 1661, p. 1.256.

ou o que eles contam abre aos ambiciosos novas possibilidades. "Relatos verdadeiros" *autorizam* viagens espirituais tornadas *possíveis* por encontros, como a partida para o Rio ou para a Amazônia se tornou *possível* pelo *fato* de que tal ou tal passou por aí e descreveu. A combinação de experiências particulares (ou "extraordinárias") e de uma ciência, de outra forma, oculta ("mística") define um tipo de discurso que é frequentemente, não será surpreendente, hagiográfico. Donde a importância das biografias de "santos", formas e não somente veículos de uma "ciência". Donde também o caráter biográfico que conserva a referência doutrinal à autoridade de João da Cruz.

Por um outro viés, essa autoridade se apresenta ligada a uma constelação carmelita que pode surpreender o historiador. Por prudência, talvez, por inocência, provavelmente, mas mais ainda porque ele não os distinguia, isto é, porque ele não os lia como nós, Surin associa frequentemente João da Cruz, Thomas de Jésus e Jean de Jésus-Marie.[30] Desses três nomes, dois estão sempre em latim, sinal de que ele se refere a suas edições latinas,[31] enquanto ele lê João da Cruz em sua tradução francesa. Há um João da Cruz *francês*, lugar de comunicação entre religiosas ou devotas e padres, e textos *latinos*, lugares de alguma forma cultivados, domesticados, regiões adiantadas da tradição carmelita descalça. Mas onde esses três nomes estão para nós separados por

---

30 "Os três padres carmelitas descalços, a saber, o beato João da Cruz, Thomas a Jesu, Joannes a Jesu Maria" (J.-J. Surin, *Guide spirituel*, p. 181-182 etc. Eu corrijo a edição de 1963, o ms. f° 197 levando "Thomas a Jesu"). De Surin, *Les Fondements de la vie spirituelle*. Paris, 1930. p. 81, indicando alguns "doutores místicos", não menciona nomeadamente senão dois carmelitas, "o beato João da Cruz, Joannes a Jesu Maria e vários outros".

31 De Thomas de Jésus, o *De contemplatione divina* aparece em Anvers em 1630, e as *Opera omnia* em três tomos em Colônia, em 1632. De Jean de Jésus-Marie, aparecem as *Opera omnia*, 3 vols., Cologne, 1622, depois uma edição mais completa (4 vols., 1650).

distâncias doutrinais importantes, Surin só vê um bloco. Na batalha entre místicos e antimísticos, ele faz avançar reunida essa infantaria espanhola sobre a qual flutua, eu penso, o pavilhão teresiano. Essa indistinção não é confusão. Mas o que nós exprimimos sob a forma de distâncias entre tempos e de "correntes" doutrinais diferentes, Surin o efetua selecionando, em cada um desses três autores, uma verdade de que ele tem nele o princípio, mobilizando-os segundo os critérios e os debates de sua época, reagrupando-os a título de uma leitura organizadora. Há aí um *corpus* recortado por um olhar. Não é o recorte que opera nosso olhar histórico. Esse trio faria estremecer Jean Krynen, eu penso. Mas ele já atesta que o João da Cruz desse século XVII francês tem um *status* próprio.

4. A LINGUAGEM "MÍSTICA"

Por sua pertença a esse *corpus* onde ele é a peça de escolha, João da Cruz recebe de Surin uma posição especial, a de ser um "autor místico", isto é, o fundador de uma "linguagem mística". Problema central no pensamento cristão do século XVII, porque ele provocou nessa época uma divisão nova – seria preciso dizer uma partitura – das ciências religiosas: então, constitui-se um triedro epistemológico coordenando a *positiva*, a *escolástica* e a *mística* (palavra que aparece nessa época como substantivo), e substituída à arquitetura medieval cuja abóbada era a teologia.[32] Sob esse viés, João da Cruz é tido como o ins-

---

32 Ver página 176, a primeira referência da nota 19. Se essa construção triangular é nova e acompanha no século XVII a elaboração de um *status* moderno para o que se designa como "científico", as discussões sobre as relações entre uma linguagem "espiritual" e uma linguagem "teológica" são muito mais antigas. Ver Y. M. J. Congar, Langage des spirituels et langage des théologiens. In: *Situation et tâches présentes de la théologie*. Paris, 1967. p. 135-158;

taurador (com alguns outros) de um "discurso" ou de uma "maneira de falar", "frases" (segundo um termo então empregado) ou de um "estilo" (diz Surin) igualmente designados como *místicos*. Trata-se de um tipo de discurso ao qual se recorre sem seguir necessariamente a doutrina sanjuanista, porque ele permite enunciados *diferentes* dos seus. Ele define o *status* próprio de uma nova série de textos; ele torna possíveis grandes variações, na verdade divergências teológicas, mas implicando um incessante retorno aos protótipos. É, em suma, o que uma literatura se dá como sua condição de possibilidade. Esse papel, Surin não o reconhece, pelo menos explicitamente, aos místicos reno-flamengos, talvez, porque ele é meridional e nas portas do Eldorado espanhol, talvez em consequência de uma "resistência" mais geral à tradição "germânica" da qual ele seria apenas uma testemunha a mais.[33]

Pode-se abordar o recurso ao discurso místico sanjuanista pelo *conteúdo* dessa linguagem (antes de encarar sua *forma* constitutiva). Palavras e imagens passaram de um místico ao outro, e o estudo sistemático seria bem revelador se tivéssemos instrumentos lexicológicos mais bem proporcionados para esse exame.[34] O século XVII era

---

e os trabalhos de Marie-Dominique Chenu, Jean Leclercq, François Vandenbroucke etc., sobre o assunto. Desde o século XIII, esse grande debate está ligado às tensões entre clérigos e leigos.

---

33 Ver Jean Dagens, La résistance à l'introduction des termes de la mystique germanique en France au XVIIe siècle. In: *Langue et littérature* (*Actes du VIIIe Congrès de la Fédération internationale des langues et littératures modernes*). Paris, 1961.

34 Jean Orcibal (In: *Problèmes et méthodes d'histoire des religions*. Mélanges publiés... par l'EPHE. Paris, 1968. p. 256-257) lembrava claramente quanto faltavam esses levantamentos sistemáticos de palavras e de imagens, e ele indicava vários campos de investigação.

mais atento que nós a essa preciosa bagagem, a esse material do espírito.[35]

As unidades simbólicas

Alguns dos grandes símbolos organizadores da experiência sanjuanista podem, pelo menos, ser seguidos em seus deslocamentos, e eles se encontram em Surin, que mantinha esses "móveis" da linguagem mística como essenciais. É a propósito "daqueles que chegaram à perfeição" que ele fala dos "bens que preenchem a imaginação": "tais almas, escreve ele, costumaram receber a comunicação de várias verdades por símbolos ilustres que são como ricos móveis e peças exóticas colocadas nos cofres de sua memória".[36]

Da rica "memória" sanjuanista, muitos tesouros passaram a Surin – por alguns desvios, pouco importa, mais ou menos que nos será preciso destacar a mediação dos meios bordeleses. O que importa, aliás, não é também a enumeração dos contatos possíveis e das "peças" transportadas – assim os símbolos do vinho novo, do raio através do buraco do muro, do cristal onde entra a luz, da madeira queimada ou do metal fundido no fogo, da gota de

---

[35] Toda uma literatura lexicográfica é consagrada ao vocabulário espiritual, nascida dos problemas colocados pela necessidade de uma língua própria. Com a obra clássica de Maximilianus Sandaeus, *Pro theologia mystica clavis*, Colônia, 1640, bastará citar, porque ela obedece às mesmas preocupações, mas em uma perspectiva diferente, o precioso *Index anagogicus seu contemplativus* que termina a *Anatomia totius doctrinae sancti Augustini*, 2 vols., Liège, 1643-1645, de Mathias Hauzer. No fim do século, Honoré de Sainte Marie terá a mesma preocupação: ver sua nota De plusieurs comparaisons touchant l'union mystique et la contemplation. In: *Tradition des Pères sur la contemplation*. Paris, 1708. t. II, p. 532-542.

[36] J.-J. Surin, *Catéchisme spirituel*. Rennes, J. Durand, 1657. p. 231.

água no mar,³⁷ ou, então, esse imaginário da noite, que fascina e obseca a experiência "mística" (por definição oculta), mas que é mais difícil isolar de sua difusão literária na época.³⁸ Mais determinante é a análise das diferenças, porque elas manifestam uma articulação nova enunciada pelos mesmos símbolos: a experiência que se explica organiza diferentemente a relação entre os termos combinados por cada símbolo (o ferro e o fogo, a gota de água e o oceano, o dia e a noite) e entre os diversos símbolos que entram na constelação composta pelo conjunto de uma obra. As relações internas de cada símbolo são, aliás, relativas à sua relação "externa" com outros tipos de expressão, isto é, ao seu funcionamento na totalidade da obra literária. Quando Surin substitui a relação sanjuanista da gota de água com o mar um recurso ao peixe "cidadão do Oceano" ou ao nadador afogado no mar,³⁹ ele designa uma outra experiência: no "abismo da fusão e da perda de si, ele mantém uma distinção qualitativa entre o homem e Deus (o nadador e o mar). E essa diferença é colocada pelos corretivos homólogos que apresentam outros símbolos, isto é, pela organização simbólica da doutrina.

O que é "pertinente", na análise das imagens é, pois, o referencial, se todavia se apreende por isso variações

---

37 Sobre os símbolos sanjuanistas, ver Georges Morel, *Le Sens de l'existence selon saint Jean de la Croix*, t. III, *Symbolique*, Paris, 1964. Eu deixo para mais tarde a exposição de um bem maior dossiê sobre a simbólica e os símbolos de Surin.

38 Ver, por exemplo, Jean Rousset, Les images de la nuit et de la lumière chez quelques poètes religieux. In: *Cahiers de l'Association internationale des études françaises*, n° 10, p. 58-68, maio 1958, ou a fina análise de R. Virolle, Deux aspects romantiques du thème de la nuit dans la poésie du XVIIᵉ siècle. In: *L'École*, em particular o número de 12 de novembro de 1955.

39 Ver, por exemplo, *Les Fondements de la vie spirituelle*, 1930. p. 317-318; *Guide spiritual*, 1963. p. 310; *Dialogues spirituels*, Nantes, 1700. t. I, p. 205-206.

significadoras no interior de uma linguagem simbólica. Tanto quanto o dos conceitos ou o das figuras pictóricas, essa linguagem representa um regime particular da expressão. A esse respeito, ele é uma espécie de instituição pública, mas que tem suas finezas e suas leis próprias. Semelhante a uma mudança de tom nas cores, a um novo uso das palavras *Geist* ou *Vernunft* devido à organização de um sistema filosófico, a variante, mesmo leve, de um dos termos do símbolo designa um outro estilo. Uma sensibilidade própria corresponde, para o autor ou para o leitor, a esse jogo sutil de diferenças, passadas ou possíveis, nas relações entre os polos de um mesmo binômio simbólico. Ela detecta, com essas distâncias mínimas, estruturações heterogêneas, sem que por isso seja colocado em causa o simbolismo, visto que, ao contrário, ele torna possíveis essas diferenciações e que em um sentido a continuidade (ou a retomada) dos mesmos símbolos cria o espaço onde se recortam originalidades. Assim, os "conceitos" simbólicos tiram sua significação de sua ligação orgânica com outros *na* obra, mas eles não podem desempenhar esse papel (tornar-se significantes) senão por um elemento de diferença (e, portanto, de comparação) em uma relação com seus homólogos *exteriores* a essa obra.

Um registro psicológico e "técnico"

Analisar esses deslocamentos de uma combinatória a outra, isto é, da simbólica sanjuanista à de Surin, nos levaria muito longe, mesmo a propósito de casos particulares, como seria a imagem do "poço de dor", explicitamente retomado de João da Cruz.[40] Seria preciso examinar de perto como o segundo recinzela as pedras preciosas emprestadas de seu predecessor, para fazer delas uma joia diferente.

---

40 Por exemplo, *Guide spirituel*, 1963. p. 309.

Eu observarei somente dois dos modos que caracterizam a "maneira" como Surin as retalha: ele minimiza o aspecto cosmológico em proveito do afetivo e do técnico.

Por um lado, ele "*psicologiza*" os símbolos – e eu retiro dessa palavra toda significação pejorativa, porque o "psicologismo" é somente um tipo de linguagem idêntico a "cosmológico" ou "o abstrato", mas diferente, e seu valor não depende de seu *status*, mas do que ele diz. Em Surin, o símbolo (por exemplo, o ferro e o fogo, a gota d'água no oceano etc.) transforma-se para o lado da descrição de estados (psicológicos) ou de condutas (morais) para designar suas contradições internas e sua relação com um "por vir" já significado (mas invisível) pela tensão do presente. Esse emprego, aliás, faz pressão sobre os termos do símbolo. Ele traz a metamorfose da "gota d'água" em "nadador" (ou em "peixe") no oceano; do "fogo", em "foco" (quase familiar) onde queima a lenha verde, ou, então, em uma "fornalha" (artesanal) onde o metal funde. De tipo cosmológico em João da Cruz, os conceitos-imagem se humanizam e se civilizam, indícios de outra época, de outra codificação e de outra perspectiva doutrinal.

O deslizamento do "fogo" ao "foco"[41] – e mais ainda à "fornalha" (que traz a "fundição", o "metal", "o aparelho", todo o léxico de uma profissão)[42] – indica outra dominante: a técnica, e não mais a natureza, tende a definir o registro do imaginário. Não somente os grandes símbolos naturais são carregados para o habitat ou para o ofício (a noite se formula em termos de prisão, por exemplo, ou a água, em termos de navegação), mas eles se articulam em imagens de *atividades técnicas*: a pintura – o que não é novo –, o bor-

---
41 *Catéchisme spirituel*, 1963. p. 309.
42 *Cantiques spirituels*. Bordeaux, G. de la Court, 1660. p. 164-168 (Cântico 39).

dado, os procedimentos diversos do cálculo astronômico, as etapas sucessivas da tecelagem[43] etc. O artesanato e a ciência do tempo entram na linguagem mística a um título ainda mais importante que o próprio fato dessa introdução: não a título de objetos (vistos, conhecidos ou sofridos), mas de *operações*, de técnicas de produção e de atitudes científicas. Há aí uma organização nova cujo funcionamento desloca o material simbólico recebido do passado.

Prosa e poesia

Sob um viés completamente diferente, e pelo qual a analogia vence a diferença, a relação com João da Cruz se detecta, em Surin, por uma semelhante articulação da prosa e da poesia. Essa combinação do poema e do comentário é fundamental na linguagem sanjuanista. A relação entre eles nega toda leitura imediata e interrompida; ela remete incessantemente de um ao outro; ela proíbe reduzir a expressão seja à estética para o que o poema seria transportado se ele estivesse só, seja ao moralismo ao qual o comentário conduziria se não houvesse também o poema. Um espaço é criado por esse movimento; o sentido não está fixo aqui ou acolá; ele é enunciado por essa referência em si que não o localiza nem em um silêncio exterior ao texto, nem em um único tipo de enunciado. Assim é salvaguardada a ambiguidade rica que João da Cruz procurava, preferindo "deixar aos dizeres de amor toda sua extensão... a reduzi-los (*abreviarlos*) a um só sentido".[44]
"Aberto" graças a essa combinação de duas linguagens

---

43 Para o bordado, ver *Correspondance*, p. 1.111; *Dialogues spirituels*, ms. privé, f. 119-125, evocam longamente a "altura" das estrelas graças às paralaxes; para a tecelagem, por exemplo, *Guide spirituel*, p. 311.

44 Prólogo do Cântico espiritual: ver *Vida y obras de San Juan de la Cruz*. Madri, 1959. p. 902.

"simbólicas" (cada uma delas é apenas uma metade à qual a outra falta), o discurso desmultiplicará esse sistema de referências no interior de cada uma de suas partes para fazer da conexão dos opostos uma espécie de estilo místico; assim, ao mesmo tempo, ela diz o que não se pode dizer de uma maneira particular ou localizável, e ela previne a ilusão de "pensar que isso não é nada mais do que o que se diz dela".[45]

Em Surin, essa combinação se encontra. Ainda que menos explicitamente articulada, ela é uma ressurgência do modelo sanjuanista, e essa organização global atesta, melhor que signos mais visíveis, uma continuidade profunda. Em seus tratados, com efeito, Surin cita seus *Cânticos*. Ele remete a eles sua prosa (pelo menos a que trata da vida mística), assim como ele a refere à iluminação poética de Ronsard,[46] isto é, a outra "maneira" de significar a *mesma* coisa: dois discursos diferentes, mas paralelos exprimem, por sua própria separação (que é "proporção"), o que nenhum diz por ele só.

O que quer que seja do detalhe desse funcionamento, é preciso acrescentar que, nas duas obras, um mesmo tropismo volta a prosa para o sol da poesia, seja que em João da Cruz, a primeira comenta a segunda, seja que em Surin a prosa cita fragmentos de poemas e se dispõe em torno deles em forma de escrínio. O resultado topográfico é mais ou menos o mesmo. Na editoração, um lugar privilegiado é reservado aos versículos: esses diamantes desfiados criam em torno deles um espaço e parecem manter a distância a prosa que os carrega. Será porque os tipógrafos

---

45 La Vive Flamme d'amour, estrofe 3, verso 4. In: *Œuvres spirituelles... du bienheureux Père Jean de la Croix*. Trad. René Gaultier, 1621. parte III, p. 48.
46 Ver, por exemplo, *La Science expérimentale*, III, 2 (parte editada em J.-J. Surin, *Lettres spirituelles*. Toulouse. 1928. t. II, p. 82).

são ambos grandes poetas? Alguns dos Cânticos do segundo contam também entre as obras-primas da poesia universal.⁴⁷ De um ponto de vista externo, dois detalhes me são, entre muitos outros, os indícios dessa preferência comum e da importância do meio bordelês que preparou ou reconheceu esse encontro. Por outro lado, o termo *canção*, que designa a doutrina sanjuanista na primeira tradução bordelesa,⁴⁸ é igualmente o que Surin utiliza muitas vezes para falar da sua: "minha canção", diz ele.⁴⁹ Uma palavra-chave: ela abre as duas obras. Outro encontro não é menos modesto e sintomático. Um manuscrito dos *Cânticos espirituais do R. P. Surin* nos dá dois "Cânticos espirituais do BX João da Cruz",⁵⁰ o *Cântico* e a *Viva Chama* em uma tradução que não é a de Gaultier e não exatamente a de Cyprien de la Nativité. Esse manuscrito é "da câmara das Assembleias".⁵¹ Ele pertence, pois, parece, aos *Aa*: ele serve como caderneta a um grupo de seminaristas que continua a tradição dos "eclesiásticos" tradutores do carmelo espanhol, mas que lhe acrescenta o poeta místico francês. É, aliás, mais um *libretto*. A cada cântico é atribuída uma "ária". O *Cântico*, ele, se assume "na ária: Minha

---

47 Assim, o *Cântico* "Je veux aller courir parmi le monde", frequentemente citado (J.-J. Surin, *Cantiques spirituels*. Bordeaux, 1660. p. 21-26). Há, aliás, de tudo na poesia de Surin, inclusive abecedários catequéticos em versos fáceis. Ele não pretende fazer uma obra poética. Ele lança no papel o que lhe vem ou o que lhe parece útil, misturando aos gritos de um homem doente de amor os objetivos pastorais do missionário.
48 Ver os textos citados por J. Orcibal, *La Montée du Carmel* a-t-elle été interpolée?, art. cit., p. 182-183.
49 *Correspondance*, p. 1.005, 1.402 etc.
50 Ms. de Chantilly, Archives S. J., XVIIᵉ siècle [désormais Archives S. J., Vanves]. Ver Michel de Certeau, Les oeuvres de Jean-Joseph Surin, I. In: *Revue d'ascétique et de mystique*, vol. XL, p. 457, 1964.
51 Ms. citado.

Fílis de teus belos olhos".⁵² Os "espirituais" não são tão compassados: seminaristas, carmelitas, "devotos" e devotas cantam então João da Cruz e Surin como se cantam hoje os "cânticos" de Gelineau. A "canção" não é, pois, somente uma palavra, mas uma prática. Como se faz no Carmelo de Bordeaux, talvez a dancem.

5. AS "FRASES MÍSTICAS": DIZER E NÃO DIZER

A "canção" nos traz conteúdo em forma de linguagem mística. Ela pode frequentemente representar, por uma sutil dialética entre "a ária" e as palavras, uma solução prática, modesta e verdadeira do problema teórico que preocupou João da Cruz,⁵³ frequentado por Surin: como falar de uma "coisa que não tem nome e que não se pode exprimir"?⁵⁴ Como proporcionar palavras à "linguagem desconhecida" que Deus "forma ele próprio por seu Espírito"?⁵⁵ A questão de um *modus loquendi* (Lessius), de uma "maneira de falar" (Ana de Jesús) mobiliza a reflexão dos "místicos" durante a primeira metade do século XVII, e ela tende a definir o *status* de um discurso ou de uma ciência própria que será designada por um substantivo novo, a mística.⁵⁶ Que ela seja central na obra de Surin, não é o momento de mostrá-lo. Mas por seu ponto de partida e pelo terreno onde ela se fixa, ela se refere, nele, a João da Cruz e à interpretação que lhe é dada no século XVII. No começo, há a injunção contraditória do místico espanhol, explícita ou implícita em muitos textos do francês:

---

52 *Ibidem*, f. 91. *La Vive Flamme*, ao contrário de todos os outros cânticos, não é acompanhado de nenhuma indicação "sobre a ária de".
53 Ver, por exemplo, o Prólogo do *Cántico*.
54 *Correspondance*, p. 1.368.
55 *Ibidem*, p. 1.197-1.198.
56 M. de Certeau, *Mystique* au XVIIᵉ siècle. Le problème du langage mystique, op. cit.

"Âmes, dites-le. Oh! non, ne le dites pas."[57] ("Almas, digam-no. Oh! não, não o digam.) Como dizer? Mas como não dizer? Entre esses dois polos, entre o impossível e o necessário, a linguagem vacila, quebra-se e renasce. Desde o século XVI, essa dramática da linguagem, ligada à difusão do nominalismo teológico, polariza a leitura do Pseudo-Dionísio, autor de sua *Teologia mística*, até fazer esquecer os outros aspectos de sua obra e a privilegiar dela tudo o que concerne à possibilidade, à natureza, às modalidades próprias de um discurso místico – o que, em suma, Piero Scazzoso analisou com muita acuidade.[58] Um emprego sistemático do "dessemelhante", no texto contínuo, e uma combinatória de termos resolutamente tomados como inadequados equivaleriam aqui, no uso das palavras, à maneira como Kierkegaard organiza discursos fictícios em um teatro rigoroso de "máscaras" e faz dele um sistema de referências entre seus pseudônimos.[59]

Mas, na exegese de João da Cruz, no século XVII – aquela (o mais frequentemente apologética) à qual Surin faz apelo –, o problema se fixa sobre o *objeto* verbal, sobre esse lugar preciso de contestação que representam, no vocabulário, os "termos extraordinários". Todo o peso, toda a contradição do "*dizer e não dizer*" se concentram nessa microunidade uma por vez designada como a "frase" ou a "palavra". Como será ela *mística*? As discussões e as análises de Surin a esse respeito constituem um dos *leitmotivs* de sua obra. Elas se apoiam frequentemente em

---

57 *La Vive Flamme*, estrofe 2, verso 3. In: *Œuvres*. Trad. Cyprien de la Nativité, 1665. p. 364. Ver J.-J. Surin, *Correspondance*, carta de 27 de janeiro de 1660, p. 905.
58 Piero Scazzoso, *Ricerche sulla struttura del linguaggio dello Pseudo-Dionigi Areopagita*. Milano, 1967.
59 Ver Jean Starobinski, Kierkegaard et les masques. In: *Nouvelle revue française*, n° 148, p. 6-7-622, 1965, e n° 149, p. 819-825.

João da Cruz.⁶⁰ Na realidade, elas se articulam em exegeses carmelitas mais próximas. É em particular o caso para as muito belas *Notes et remarques en trois discours poour donner l'intelligence des phrases mystiques et doctrine des œuvres spirituelles du B. P. Jean de la Croix*... pelo R. P. "Iaques [Diego] de Jesus".⁶¹ Sem entrar aqui no detalhe da demonstração, eu acredito ser muito importante o papel desse texto no debate sobre a linguagem mística e sobre a doutrina de Surin. Ele encerra o discurso sanjuanista. Colocado no fim das *Obras*, ele tem por objeto defender a obra: o que vocês acabam de ler, diz ele ao leitor, é perfeitamente ortodoxo e conforme à boa teologia. Ao sair do palácio, cai-se sobre as muralhas e os fossos. Mas bem longe, como o faz Nicolas de Jésus,⁶² de levar João da Cruz à escolástica, o Padre Diego justifica a autonomia dessa linguagem nova que é a linguagem mística. Ele o faz apoiando-se em seus antecedentes, dionisianos em particular, visto que (ao inverso do que acontecerá no fim do século XVII) "novo" é ainda uma maneira de ser fichado como suspeito. Ele não deixa de distinguir, nas fontes, dois grupos e duas tradições diferentes, "São Dionísio com seus místicos e Santo Tomás com seus teólogos".

---

60 Ver, por exemplo, a propósito dos "termos" místicos, J.-J. Surin, *Questions importantes à la vie spirituelle sur l'amour de Dieu*. Paris, 1930. p. 136.

61 Tradução de René Gaultier, inserida no fim das *Œuvres spirituelles* de João da Cruz, 1621. parte III, p. 147-229. Essa tradução já foi "revista e corrigida", e reeditada.

62 Ao texto de Diego, Cyprien de la Nativité acrescenta sua tradução do *Éclaircissement théologique des phrases et propositions de la théologie mystique contenues ès livres du R. P. Jean de la Croix*, pelo P. Nicolas de Jésus Maria: um volume único, perto de 300 páginas in-8°, um discurso mais escolástico, mais apologético e mais terno que o de Diego.

Nicolas e Diego representam dois sistemas de interpretação que vão dividir a exegese sanjuanista durante todo o século. O primeiro nega a propriedade dos "termos" místicos, leva seu conteúdo intelectual à teologia clássica por "*resolutiones scholastico-mysticas*" e atribui à mística o papel de ser um apêndice adjunto e ligado à "especulação" como um conjunto de aplicações "práticas". Assim, Antoine du Saint-Esprit (1677), Godinez (1681), e, finalmente, o *Cursus theologiae mystico-scholasticae* do andaluz Joseph du Saint-Esprit. A outra corrente fortalece e "garante" a posição da linguagem mística provendo-a de uma tradição própria; ela recorta o passado conforme as unidades de discurso novamente constituídos. Assim fará ainda Honoré de Sainte-Marie, em 1708, depois de Sandaeus (1640) e, em alguns casos, o português José do Espírito Santo (1684), prudentemente fiel à *Apologia mística* de Quiroga. Diego se situa nessa linhagem.[63]

Ele concentra sua reflexão nas "palavras", em uma perspectiva que polariza ainda as pesquisas recentes sobre a língua dos místicos em Baruzi, Chandebois etc.[64] Como a microunidade do termo exprimirá ela "essas matérias que são tão sem matéria", pergunta-se ele. Ele responde: por um redobramento do déficit próprio a cada um deles; a insuficiência de um termo será compensada pela adjunção de seu contrário, de modo que a própria *relação* entre significantes opostos (mas igualmente "faltosos") designa o significado. O afastamento entre "figuras" inversas é o lugar do sentido, na medida em que elas "não deixam repousar nelas", e onde essa unidade quebrada,

---

63   Ver M. de Certeau, *Mystique* au XVIIe siècle. Le problème du langage mystique, op. cit., p. 289-291.
64   Jean Baruzi, Recherches sur le langage mystique. In: *Recherches philosophiques*, 1931-1932. t. I, p. 66-82; H. Chandebois, Lexique, grammaire et style chez saint Jean de la Croix. In: *Ephemerides Carmeliticae*, 1949. t. III, p. 543-547.

articulada em metades simbólicas interdiz de se fixar em um de seus dois elementos. A "proporção" entre duas "faltas" contrárias define a "palavra" mística. A menor unidade do discurso se constrói, pois, segundo a lei que organiza o todo (por exemplo, nós o vimos, a relação entre a prosa e a poesia). Ela é o lugar de uma tensão que caracteriza uma expressão de "São Dionísio": *per dissimiles formationes manifestatio*. É a manifestação de outra coisa, graças a "formas dessemelhantes", ou, melhor, por "semelhanças dessemelhantes". Diego dá como exemplo a maneira como o Pseudo-Dionísio fala da "paz" dos místicos:

"Ele diz: *immanem quietem*. Que eles têm um cruel repouso. Coisa mais dessemelhante e contrária à quietude que possa existir. Ele o fez, no entanto, com um conselho divino, visto que pelo que ele diz da *quietude*, ele retirou o imperfeito da *fúria*, e dizendo *cruel e furiosa quietude*, ele declarou a perfeição e excelência desse repouso. Porque alguém que ouve quietude somente, parece que ele se oferece uma coisa ociosa, morna e fria, covarde, de baixa qualidade e de medíocre perfeição. Mas quem acrescenta que ela é *cruel e furiosa*, retirando já a imperfeição da fúria pela quietude, dá a entender a força, a perfeição e a intenção, e, por assim dizer, a insuportável e incompreensível excelência dessa *quietude*, e o excesso que ela tem sobre o imperfeito que acontece em nós."[65]

Tal como está escrito, esse "modelo" substitui o plural de uma relação (dois termos contrários) com o singular de uma localização (uma só "palavra"). Ele obriga a unidade de base a representar o que todo o discurso quer dizer, a saber, a *coincidatio oppositorum* cara a Surin. Talvez ele testemunhe também uma incapacidade em pensar como uma norma ou uma organização do discurso todo, o que

---

65 Jacques [Diego] de Jésus, *Notes et remarques em trois discours*. Trad. Revue par Cyprien da la Nativité, 1641. p. 280.

é preciso, pois, encontrar em cada um de seus elementos, isto é, nas "palavras". Contudo, uma mesma visão central concerne igualmente aos "termos extraordinários" e à experiência espiritual. Ela é determinante em Surin, perceptível em sua teoria da ciência mística, no que esse fino letrado chamava o "estilo" da experiência, em suas próprias manias ou em suas páginas mais pessoais, como essa descrição ainda tão próxima do comentário de Diego:

> Essa paz que entra (na alma) faz o que não lhe é próprio, que são impetuosidades muito grandes. É somente ela que pode andar nessa tripulação, como o barulho do mar que vem, não para devastar a terra, mas para encher o espaço do leito que Deus lhe deu. Esse mar vem como feroz com rugido ainda que ele esteja tranquilo [...] Assim vem a paz na alma, quando a grandeza da paz a vem visitar depois dos sofrimentos [...]. Ela vem como um elemento da outra vida, com um som da harmonia celeste e com tal ímpeto (*raideur*)[66] que a própria alma fica toda transtornada, não por nenhuma oposição ao seu bem, mas por abundância.[67]

6. DAS GRAÇAS EXTRAORDINÁRIAS À "NOÇÃO UNIVERSAL E CONFUSA"

Um lugar disputado

De um longo debate sobre a interpretação a dar às passagens da *Subida do Monte Carmelo* concernente às "visões" e palavras "sobrenaturais" (II, 16-22), o dossiê, já em parte examinado por Ferdinand Cavallera, é muito importante para ser retomado aqui. Bastam algumas indicações diretrizes.

---

66 *Raideur* "se diz da violência do movimento", de sua impetuosidade (Furetière).
67 J.-J. Surin, *Questions importantes à la vie spirituelle*, p. 118-119.

Capítulo 4 – Usos da Tradição   195

Durante quatro anos (1656-1660), Surin e seus correspondentes disputaram com paixão,[68] e a discussão se estenderá até 1663.[69] A questão colocava, ao mesmo tempo, em jogo o sentido da doutrina sanjuanista e a vida pessoal de Surin. Porque ele era então sustentado por graças "extraordinárias" que lhe vinham como através "das brechas feitas em [sua] alma"[70] por 20 anos de ruína. Para ele, "reparado" pelas "visitas" de Deus, o recurso aos textos de João da Cruz é quase indissociável do apoio que sua "alma destruída" encontra nessas graças. O "processo" que lhe faz em particular o Padre Bastide, durante um tempo seu diretor espiritual, é, diz ele, "a oposição mais áspera que jamais vi", "uma das rudes coisas que jamais senti".[71] No "país do amor divino", é um lugar vital para Surin as páginas onde, diz ele, "esse santo personagem", João da Cruz, "se deve entender com a inteira abnegação que está no fundo" da alma, "e não com a efetiva separação" das graças extraordinárias:[72]

> Para mim, eu creio que o que o Padre João da Cruz e outros dizem: que é preciso distanciar-se dos dons e afastá-los e se separar deles, só se deve entender no fundo da alma; que ela não deve ter senão Deus, mas que tais dons lhe são necessários e fazem bons efeitos; que o esforço de distanciá-los, com efeito, é prejudicial; que se pode somente dizer que é preciso cuidadosamente procurar ir só a Deus e só a ele procurar.[73]

Ao que o Padre Bastide responde: "Não digo absolutamente que não seja ensinado pelo Padre João da Cruz,

---

68 J.-J. Surin, *Correspondance*, p. 518 e segs.
69 Surin descreve longamente esse "diferendo" nas partes II e III de *La Science expérimentale* [1663].
70 *Correspondance*, p. 638.
71 *Ibidem*, p. 749.
72 *Ibidem*.
73 *Ibidem*, p. 638.

senão que abrando e explico o que parece dizer um pouco cruamente."⁷⁴ Vertamos somente no dossiê o próprio texto de *A Subida*, autoridade disputada. João da Cruz escreve:

> Ainda que tenhamos trabalhado tanto para persuadir que é necessário rejeitar essas coisas, e que os confessores não coloquem as almas com esses propósitos, contudo os padres espirituais não lhes devem mostrar nenhum desgosto, nem desviá-los disso, nem desprezá-los de tal maneira que as almas se fechem e não ousem mais descobri-las: e que isso não os faça cair em vários inconvenientes, se eles os impedissem de dizê-los. Porque, como dissemos, essas coisas sendo um meio pelo qual Deus conduz essas almas, não é conveniente desprezá-lo, nem se supreender ou escandalizar-se, mas, antes, é preciso proceder nesse caso suavemente e pausadamente, encorajando-os e estimulando-os a dizer, na verdade até obrigando-os se for necessário, porquanto na dificuldade que têm as almas de falar disso, é necessário servir-se de tudo. E que eles os encaminhem na fé, instruindo-os suavemente a desviar os olhos disso, ensinando-lhes como é preciso desfazer esse apetite e o espírito para adiantar-se, fazendo-os entender que uma obra ou um ato de vontade feito na caridade é mais agradável a Deus, que todas as visões e revelações que elas conseguiriam ter do Céu: e que várias almas muito distanciadas dessas coisas são sem comparação mais adiantadas que as que têm muito delas.⁷⁵

A essa posição firme e nuançada, João da Cruz deu, em sua prática, uma interpretação bastante restritiva, como o prova, por exemplo, sua intervenção junto a Gra-cián.⁷⁶ Surin faz o inverso, por reação pessoal, com certeza, para sobreviver no meio das ruínas onde se insinua de repente uma primavera "celeste", mas também para defender

---

74 *Ibidem*, p. 687.
75 *Montée du Carmel*, II, 22. Eu cito a tradução de Cyprien de la Nativité: op. cit., p. 119.
76 Ver Jean Orcibal, *La Rencontre du Carmel thérésien avec les mystiques du Nord*. Paris, 1959. p. 24.

a mística contra a exegese minimizante de seu meio.⁷⁷ "O extraordinário" aí é suspeito, não somente por razões de prudência ou de discernimento, mas pelo próprio efeito de uma doutrina, de origem nominalista, que exila o "sobrenatural" fora da linguagem, constitui o "natural" em ordem autônoma e tem, pois, como necessariamente natural todo o experimentável.⁷⁸ Uma definição da norma cria, pois, como o que ela torna impensável, um "extraordinário" – um anormal. É o lugar que se vê atribuir todo cristão que menciona uma "experiência" da verdade. Ele se encontra privado de palavras (todas atribuídas a significações "naturais"), destinado ao segredo ("místico"), e aprisionado pela própria lógica que ele combate. Talvez a *forma* das "palavras místicas" seja parcialmente comandada por essa determinação teológica inicial que, excluindo toda designação verdadeira do espiritual, obrigava a procurar sua expressão em uma relação de contrários. Talvez também a localização da experiência no psicológico ou na noite do indizível seja devida, em grande parte, à sua eliminação da ordem racional ou verbal.

Contudo, no diferendo singular que opõe Surin a Bastide e a outros, João da Cruz se torna um elemento de uma problemática nova. Seu texto vacila entre duas interpretações (a de Surin e a de Bastide) que dependem mais uma da outra do que dele. O fato de que ele seja "recebido" o

---

77   Ver, em J.-J. Surin, *Correspondance*, Une campagne contre Surin et la *Nouvelle spiritualité*, p. 433-460; em J.-J. Surin, *Guide spirituel*, "Réponse à *l'Examinateur de la théologie mystique*", p. 39-50; ou M. de Certeau, "Crise sociale et réformisme spirituel", p. 353-386.
78   A evolução analisada por Henri de Lubac, *Augustinisme et théologie moderne*. Paris, 1965. p. 135-257, aparece singularmente endurecida no ensino teológico e moral de Bordeaux no meio do século XVII. Ver, sobre o P. Champeils (um caso extremo, é verdade), J.-J. Surin, *Correspondance*, p. 444-448. Sobre as posições dos Carmelos da Regra mitigada no século XVI, ver L. M. Poliseno, I Carmelitani e la certezza dello stato di grazia nel Concilio Tridentino. In: *Carmelus*, 1954. t. I, p. 111-145.

muda e desloca a questão. Nesse debate, trata-se menos para nós de determinar qual dessas duas interpretações lhe é a mais fiel do que saber, em função do papel que o fazem desempenhar de ambas as partes, o que ele *se tornou* para esses leitores bordeleses.

O modelo "sanjuanista"

Desse debate que ocupa centenas de páginas na *Correspondance* e em *La Science expérimentale*, reterei somente outra lição ainda. A exegese de Surin aí revela melhor a natureza da seleção que ela opera na obra sanjuanista, e do coeficiente pessoal com que ele expõe o que cita. Ele retém dois polos – seja a denegação de si, que ele opõe às "torrentes de graças", seja o inferno, que ele opõe ao paraíso –, como acentuando os extremos cuja "coincidência" significa sozinha a verdade da vida espiritual. Em cada caso também, ele acentua o caráter afetivo da referência, ele a dramatiza ou a endurece, mas para melhor mostrar, por meio dessas antinomias, que a verdade é apenas mais "outra", não somente mais louca e mais milagrosa, mas de outra ordem; que o "feliz naufrágio" é nascimento do ser na perda do ter. João da Cruz fornece aqui o traçado da experiência mística. Ele toma assim a aparência de uma referência por assim dizer abstrata. Sua doutrina estabelece os termos contrários de uma tensão. Ela fornece à vida espiritual um esquema teórico, assim como o "estilo" sanjuanista dá à linguagem mística um modelo.

Um levantamento sistemático do vocabulário e das citações de Surin permite, com efeito, identificar que a menção do Carmelita intervém como nos dois antípodos da experiência analisada: onde a noite é total, onde a luz é resplandecente. Para evocar a cruz,[79] a abnegação[80] e prin-

---

79 Por exemplo, *Correspondance*, p. 1.679, rementendo à *Subida do Monte Carmelo*, II, 7.
80 Por exemplo, *Guide spirituel*, p. 267, remetendo à *Subida do Monte Carmelo*, II, p. 11.

cipalmente o inferno da alma sobre o que "o beato João da Cruz fez um livro totalmente de propósito"[81] – ou ainda "a viva chama do puro amor",[82] os "bens da alma" e "riquezas do espírito",[83] e finalmente o "casamento espiritual" de que fala "o beato João da Cruz em um livro inteiro que ele fez sobre isso".[84] A obra sanjuanista está repartida em "lugares" opostos, que representam finalmente duas categorias de títulos e de livros. O texto recebido por Surin é muito mais antinômico que o texto "primitivo". Essa leitura do século XVII faz sofrer o mesmo destino a doutrina e a linguagem "místicas"; ela coloca entre esses extremos um "essencial", como sua relação paradoxal, seu além impossível de dizer imediatamente, seu sentido espiritual, sua verdade não localizável em uma experiência particular: a "noção universal e confusa".

Talvez esteja aí, na doutrina de Surin, o centro invisível em função do que tudo se organiza, o negro sol de sua obra. A "noção universal e confusa" ilumina os últimos anos de sua correspondência. Com essa aparição, vê-se acalmar-se, ou extasiar-se (o que se deve dizer?) seu estilo muito tempo armado, preciso, rápido. O aventureiro que partiu para uma "região" longínqua do amor parece soltar sua espada e se deixar, enfim, aí onde ele está, seduzir por esse país nascido de um sol inesperado. O que "acontece" ao místico não é um alhures, não é um "aqui", nada de particular, mas, aberto por uma circulação que tocou tantos extremos, um espaço sem espaço, uma "amplitude" compatível com a "vida comum" sem ser idêntica às suas particularidades, uma experiência onde "o abismo da fé" não comporta mais lugares privilegiados

---

81   *Guide spirituel*, p. 303.
82   *Correspondance*, p. 1.236.
83   *Ibidem*, p. 1653, remetendo ao *Cântico espiritual*, 17, 6 e à *Noite obscura*, II, 2 e 14.
84   *Guide spirituel*, p. 312.

ou "extraordinários".⁸⁵ A "noção universal" relativiza de alguma maneira os termos que já a anunciavam por sua oposição. Na experiência, o sentido prevalece sobre os signos que era preciso primeiro negar para visá-lo. Se não nos fixarmos na análise dos textos tão numerosos onde Surin explica "essa noção universal de Deus conhecido em silêncio e em paz", "a ideia confusa desse silêncio divino", "essa nuvem indistinta de paz", "essa palavra secreta que se diz ao coração sem nenhum ruído de palavras sensíveis e distintas, sem expressão de nenhuma coisa criada",⁸⁶ nós encontraremos o vestígo de João da Cruz, o de sua *noticia general y oscura*. Uma vez mais, é pelo intermédio de René Gaultier. O tradutor de 1621 exprime por "noção", e não por "nota" (como Cyprien de la Nativité), a *noticia* sanjuanista.⁸⁷ Ele até multiplica esse termo. Ele o utiliza também, por exemplo, para exprimir as coisas distintas com as quais a verdade não pode mais confundir-se (*La Vive Flamme*, III, 2). Ele prepara e afina o instrumento que vai permitir ao seu místico leitor exprimir a saída de sua viagem. É na bela e áspera transcrição de Gaultier que Surin meditou essa página, para ele decisiva, de *La Vive Flamme*:

> No espaço da contemplação de que falamos, em que Deus cai na alma, não é preciso nenhuma noção (*noticia*) distinta, nem que a alma faça vários discursos, porque então Deus lhe comunica noções (*noticias*) amorosas que são como luz e calor sem distinção, e então tal como é a inteligência, assim também é o amor na vontade: porque como a noção (*noticia*) é geral e obscura, o entendimento não podendo

---

85 Por exemplo, *Correspondance*, p. 1.171-1.174.
86 *Ibidem*, p. 1.546.
87 Assim faziam as carmelitas de Bordeaux entre 1610 e 1620, ou os "eclesiásticos" bordeleses primeiros tradutores de *La Vive Flamme*. Ver "2. Surin, leitor de João da Cruz", e os estudos de J. Orcibal citados nas notas 3 e 9.

compreender distintamente o que ele ouve, e que a vontade ama também em geral sem nenhuma distinção.[88]

Como ir além desse silêncio "indistinto"? Ele nos conduz, para terminar, à presença apagada de René Gaultier, justamente introduzido por André Rayez no *Dictionnaire de spiritualité*.[89] Ao operário que se perdeu e se tornou indistinto no texto dos outros, essa nota sobre a interpretação de João da Cruz por Surin deveria ter sido dedicada. A erudição, ela também laboriosa e oculta, descobre pouco a pouco, sob as montanhas que fascinam o olhar, grandes camadas subterrâneas, circulações profundas e invenções secretas: tradutores devotos, carmelitas ou eclesiásticos de Bordeaux garantem em segredo as transmissões que emergem nas grandes obras. Com esses *medíocres* sem rosto, deslocamentos se operam, encontros se preparam, uma experiência comum se elabora: trabalho místico da história.

---

88 *Les Œuvres spirituelles... du bienheureux Jean de la Croix*. Trad. René Gaultier, 1621. parte III, p. 101-102.
89 André Rayez, Gaultier (René). In: *Dictionnaire de spiritualité*. Paris, 1967. t. VI, col. 144-147.

Capítulo 5

A LEITURA ABSOLUTA

Interrogando-me sobre a reinterpretação da tradição nos séculos XVI e XVII, eu me fixarei em uma figura histórica da leitura que chamarei de leitura "absoluta", porque ela se desliga do texto e que, por essa razão, ela se absolve por sua lei. Trata-se de uma relação paradoxal com o livro, com esse jardim de signos ordenados, com esse corpo tatuado de grafos. Não é, propriamente falando, uma "leitura", se entendermos por isso uma interpretação, mas, antes, uma prática de ler: "*modus lectionis*", "*modo di leggere*", dizia-se, uma maneira de ler, que mostra como circular em um espaço de signos e como utilizá-lo, à maneira como se multiplicam, na mesma época, os "guias" que visam à instrução do viajante mais que à descrição dos países visitados.[1] A partir do fim do século XVI, portanto, tardiamente (como é frequente), e depois que muitos tratados foram, há mais de um século, consagrados

---

1 Abundante literatura desde Jehan de Cuchermoys, *Petit traité du Voyage de Hierusalem*. Paris, 1530 (?); Henry Castela, *Le Guide et adresse pour ceux qui veulent faire le S. Voiage de Hierusalem*. Paris, 1604; Yves Dugué, *Brief Discours de la manière de voyager*. Bourges, 1638; François Du Soucy, *L'Art de voyager utilement*. Paris, 1650; S. Sorbière, *De l'utilité des grands voyages*. Paris, 1660 etc. Ver N. Doiron, De la manière de voyager. In: *Dérives*. Montreal, nº 41, p. 3-16, 1984.

a especificar suas regras, os protocolos e os princípios, essa arte de ler foi chamada "leitura espiritual", "*lettione spirituale*".[2] O termo merece ser imediatamente destacado, porque "o espírito" designa então "o que fala", e ele remete aqui ao que fala no texto ou o que se faz ouvir no texto, em suma, a uma oralidade do texto, ou, ainda, ao texto como "ele fala a" seu leitor e que ele se lhe torna a "fábula" com uma voz instauradora e insabida.

O termo novo ("leitura espiritual") circunscreve um conjunto de comportamentos que são pouco a pouco distintos da tradição medieval da qual eles provêm, a da "*lectio divina*", e que têm como características, em primeira aproximação, interessar-se menos pela natureza, pela autoridade ou até pelo sentido do livro que pelo seu uso ("*use*"). O "método" que ele isola não depende mais exatamente de uma hermenêutica, relativa às significações, mas de uma pragmática, atenta às operações do leitor. Tal deslocamento faz passar das "verdades" que o texto supostamente detecta às atividades pelas quais seu utilizador se constitui (ou "se edifica") como sujeito falante, que deseja e que responde. Ele modifica, pois, profundamente a relação com obras recebidas do passado, ao mesmo tempo que ele revela, em uma figura talvez exótica, mas técnica da modernidade, um postulado de toda atividade lente: uma voz do texto.

Tomando por *corpus* o volumoso dossiê dos tratados, guias, descrições etc. que pertencem a uma literatura mística e que, do século XV ao século XVII, precisam as regras ou as condutas próprias à "leitura espiritual", eu gostaria simplesmente, por meio dessa história (talvez

---

2   O termo parece surgir pela primeira vez em Bartolomeo Ricci, *Instruttione di meditare* [1600]. 2. ed. Roma, 1602. p. 216-220; trad. latina G. Busée, Mayence, 1605, p. 185-191. Ver Hermann Josef Sieben, De la *lectio divina* à la lecture spirituelle. In : *Dictionnaire de spiritualité*. Paris, 1976. t. IX, col. 494.

menos singular do que parece inicialmente), de mostrar que contribuição ela traz a uma fenomenologia ou a uma teoria da leitura, e como ela estabelece em outros termos a relação, aparentemente dócil, que o leitor mantém com livros, monumentos supostamente estáveis como estátuas esculpidas por um passado.

1. O LIVRO DOS "ESPIRITUAIS" UM QUADRO HISTÓRICO

Os tratados místicos dos séculos XVI e XVII promovem, como veremos, um desapego do leitor em relação ao livro. Essa campanha (é uma delas) procura autonomizar o sujeito que lê. Ela tem um caráter escandaloso se a compararmos com a ideologia de que o *Aufklärung* fez o postulado da pedagogia durante cerca de dois séculos e que tem o próprio livro, seu conteúdo, como o agente privilegiado da educação. Enquanto no século XVIII o leitor aparece como o efeito do livro, como sua sombra levada ou sua inscrição na história social pela mediação da escola e do professor, a concepção mística visa a emancipar o sujeito leitor e a ele reconhecer uma existência própria, desligada de uma enfeudação ou de uma conformidade com o livro. A história dos leitores não pode reduzir-se à de seus livros.

Semelhante ruptura não é menos escandalosa no olhar de uma tradição medieval, que faz do cosmo o livro de que todos os outros, inclusive as Escrituras, são reveladores mais ou menos autorizados, e que considera todo ser humano como um leitor chamado a conformar sua vida ao que já lhe é dado a conhecer, por diversos meios, do livro fundamental. Assim, a leitura "espiritual" dos místicos modernos se inscreve ela própria em um conjunto mais amplo onde o livro recebe um *status* novo. Sobre as circunstâncias que provocaram a transformação do livro, eu me contentarei com algumas lembranças. A crise que tomou a forma teórica do ockhamismo separa definitivamente de todo discurso o autor insondável do mundo onde estamos e retira, pois, do conceito de "livro" seu valor universal e ontológico. Por outro lado, os inícios, ainda disseminados e modestos, da epopeia "burguesa" substituem ao Livro ontológico e hierarquizado um livro instrumental, produto de uma escrita operatória e destinado à fabricação, à acumulação e à difusão de um saber susceptível de ordenar um mundo. Corolário importante, uma vez separado da ordem cósmica e de seu autor, que ele outrora supostamente tornava legíveis, o livro cessa igualmente de ser a norma da experiência; ele adquire valor operatório na medida em que ele se articula sobre fatos que lhe são exteriores. O único *Codex Naturae* medieval se divide em duas figuras, ora opostas, ora combináveis, mas doravante irredutíveis, uma figura livresca e uma figura experimental. Desse ponto de vista, as inúmeras declarações humanistas que rejeitam os livros preferindo a eles observações[3] testemunham o movimento ao qual pertencem também os místicos, privilegiando "a experiência", mas uma experiência que tem como terreno o próprio sujeito.

Tal como ele funciona na rede dos solitários ou dos grupos cristãos designados nos séculos XVI e XVII como "iluminados", "místicos" ou "espirituais", o livro apresenta algumas características próprias. Um breve resumo servirá de quadro à leitura absoluta.

O livro se substitui cada vez mais às instituições, tidas como decadentes ou corrompidas, ou a seus representantes oficiais, julgados incapazes, frequentemente pelo próprio fato de seu saber, de ouvir a questão que lhes é di-

---

3   Ver, por exemplo, Elizabeth L. Eisenstein, *The Printing Press as na Agent of Change*. Cambridge, 1979. p. 453-488, sobre essa dicotomia ("*books versus Nature*") entre humanistas cujo impacto intelectual mantém, no entanto, o autor o destaca justamente, em sua atividade de escritores e de escritores públicos.

Capítulo 5 – A Leitura Absoluta

rigida por "espirituais". A Escritura atenua a incapacidade dos prepostos eclesiásticos. Ela supostamente fala enquanto eles são mudos ou então surdos. Esse papel novo não concerne somente aos livros sagrados, mas a todo livro susceptível de dar linguagem ao amor e às suas preocupações. No limiar de seus tratados, João da Cruz declara que ele escreve porque os "diretores", ou representantes da instituição, "não compreendem" os desejosos que se dirigem a eles.[4] Seus livros ocupam o lugar da voz autorizada que falta. Teresa de Ávila procura nas obras de espiritualidade contemporâneas o que os clérigos não sabem dizer-lhe.[5] Para 100 outros, é a mesma coisa. O livro toma o lugar da instituição que falta ou é decadente. Ele faz seu papel. Ele se torna ele próprio a instituição maior, ao passo que, lucidamente, as organizações clericais reagem, com mais ou menos violência, contra esse desvio.

A *natureza* do livro muda também, como seu papel. De fato, não se trata mais do mesmo livro, mesmo se tratando de um texto idêntico. Na prática espiritual dos séculos XII e XIII, sob a forma da Bíblia litúrgica, da Regra monástica ou de uma "autoridade" vinda dos "Padres", o livro é um órgão da instituição que gera sua interpretação, controla sua circulação e tem finalmente a função de "autor". A partir do século XV, ele se libera dessa fidelidade, a título de uma tripla autonomia. Por um lado, sua *difusão impressa*, que garante aos textos uma longevidade até então reservada às genealogias magisteriais, torna possível uma apropriação pessoal, e as redes de sua comercialização, instituição livresca independente das instâncias acadêmicas ou clericais, permitem as relações novas de autores individuais a leitores individuais.[6] Por outro, o uso progressivo das

---

4   João da Cruz, *La Subida del Monte Carmelo*, Prólogo etc.
5   Teresa de Ávila, *Libro de la vida*, 4 etc.
6   Ver E. L. Einsenstein, op. cit., p. 3-42.

línguas vulgares favorece todas as ambiguidades moventes do falar quotidiano, esse "falar" de amor que defendia já Dante,[7] e que, escapando às precisões semânticas do latim universitário ou teológico, insinua por toda parte os jogos possíveis de livres interpretações. Enfim, com a diversificação crescente dos gêneros literários, prolifera uma literatura dita "espiritual" que tem a ver com o romance por seus relatos de paixões e de viagens extraordinárias nos países do desejo. Esse novo livro oferece uma insularidade aos seus leitores. Ele dá um lugar próprio a cada história individual. Por natureza, ele é autobio-gráfico.

Ele não deixa de ser um livro, um espaço exterior ao olho que o percorre, um "teatro" do espírito (chamavam então "teatro" o que nós chamamos "atlas") e também, como o dizem muitos desses autores, um "espelho" que abre no visível uma cenografia do invisível, mas ao contrário do pergaminho, raro e proibido, esse teatro é transportável, manipulável e oferecido a toda espécie de operações intelectuais ou fantasmáticas. Cada um dispõe assim de um laboratório para experimentações de que as "maneiras de ler" vão explicitar as possibilidades e as regras. Sem dúvida, esses espaços disponíveis para "representações" (isto é, para performances de atores, para todos os jogos do sujeito em outra cena) se ligam aos espaços que produzia já uma "arte da memória" em vista de atividades mentais, mas os teatros imaginários de antanho são doravante afetados com uma dupla diferença que transforma em retorno a ars memoriae ela própria.[8] Por um lado, o lugar interior que se criava a imaginação se objetiva, ele se altera em realidade espacial e cartográfica do livro. Por outro, essa exteriorização do terreno no qual se exercem atividades combinatórias aumenta as possibilidades

---

7   Dante, De vulgari eloquentia.
8   Frances A. Yates, The Art of Memory, Chicago (IL), 1966. p. 1-128.

de invenção, ela facilita combinações mais complexas de signos e, em particular, ela abranda as relações entre as "ideias" e os lugares onde se alojavam na memória para encontrá-los: enquanto a arte da memória supunha um "lugar" fixo para cada tipo de figura, o livro transgride essa ordem de lugares definidos, ele mistura com virtuosidade os "lugares" e as "figuras" e ele só remete à taxinomia antiga sob a forma, alfabética, de um *index locorum* final, relíquia da prática tradicional. Sob esse aspecto também o teatro do livro individualiza e multiplica as operações possíveis aos leitores.

Entretanto, e por aí se precisa seu caráter de instituição, o livro circunscreve um *lugar onde deve haver palavra*. No espaço caótico e mentiroso do mundo, ele recorta, ele marca, ele torna presente, como os templos ou as pedras sagradas de outrora, um lugar onde se está no direito de esperar que o sentido fale. Mais que os enunciados que ele compõe, importa o fato de que ele é, ou que ele deve ser, um signo de enunciação, o sacramento de uma palavra a ouvir. Ele é "espiritual" a esse título, se, e somente se ele se inscreve na problemática do "diálogo", do *conversar* ou da *oratio* que constitui o foco da atitude mística.[9] Circulando em uma paisagem de corrupção que obseca todos os espirituais, pontuando uma história cristã pensada por toda parte como decadente desde suas origens, ele dá forma objetiva à expectativa que o Espírito dos começos deve manifestar-se ainda hoje. Ele dá lugar a essa crença, que sobrevive de alguma maneira à lenta usura de um mundo envelhecido onde as coisas, e as próprias autoridades, se calam umas depois das outras. Ele garante uma esperança. Por mais mudo que seja, à maneira das "palavras geladas"

---

9   Ver M. de Certeau, *A fábula mística*, I, Ed. Forense Universitária – Grupo GEN, p. 249-280.

de Rabelais,[10] ele dá corpo à espera que, na incerteza ou no silêncio do cosmo, se conta com uma voz desconhecida susceptível de ser uma por vez a do locutor divino e a do fiel – a que fala e a que faz falar uma língua em via de desaparecimento. Ele sobrevém, ele lhes cai nas mãos, como um tesouro a abrir: um espaço de voz a reconhecer.

2. OS MOMENTOS DA LEITURA

Essa concepção do livro faz parte de um "horizonte de espera". É possível recapitular meu primeiro ponto fazendo apelo a essa categoria, elaborada seja pelos formalistas soviéticos, em particular por Iouri Tynianov, que a *Rezeptionsästhetik* de Hans Jaussa[11] prolongou, seja, sobre um modo fenomenológico sem dúvida mais fundamental, por Maurice Merleau-Ponty, atento ao que ele chama "a fé perceptiva", uma expectativa que estrutura toda percepção.[12] A definição ideológica do livro dos espirituais nos remete, com efeito, à expectativa social que caracteriza esse meio de leitores. Essa primeira recuperação não basta, no entanto, para especificar sua leitura. Em relação à situação que é feita do livro, e que precede a atividade de ler, é preciso interrogar-se ainda sobre o produto dessa atividade: o sentido. Essa segunda recuperação, fixada no último estágio do processo, considerará os efeitos da expectativa sobre a compreensão do livro e os distanciamentos ou alterações que uma "resistência" do texto

---

10 François Rabelais, *Quart livre*, 55-56. Entre numerosos estudos, ver Michel Jeanneret, Les paroles dégelées. In: *Littérature*, n° 17, p. 14-30, 1975.
11 Hans Robert Jauss, *Pour une esthétique de la réception*. Trad. Claude Maillard. Paris, 1978. p. 42 e segs.; Tzvetan Todorov, *Théorie de la littérature*. Textes des formalistes russes. Paris, 1965. Há tradução brasileira.
12 Maurice Merleau-Ponty, *Phénoménologie de la perception*. Paris, 1945. p. 381 e segs. Há tradução brasileira.

introduz no que seus leitores esperam encontrar nele. O jogo da espera dos leitores e da resistência do texto forma o que chamamos o "sentido". Mas esse estudo não examina senão um aspecto parcial da leitura. O livro não se reduz somente a seu sentido assim como um enunciado não leva ao seu conteúdo. Como o enunciado, ele se inscreve em um conjunto de práticas, ou de "modos de emprego", que lhe dão muitos outros valores além de sua definição semântica. Essas práticas do livro modalizam, aliás, o interesse em relação ao seu sentido, ora para exagerá-lo ou isolá-lo, ora para relativizá-lo ou depreciá-lo. Hoje objeto de uma "pragmática" e de uma "etnografia do falar" ou "da comunicação",[13] os usos socioculturais que se fazem da língua constituem uma mediação entre a expectativa do leitor (que depende de uma história das mentalidades) e a identificação de um sentido (que depende de uma hermenêutica). Eles dão lugar a uma terceira recuperação, relativa a uma função terceira, diferente das duas outras e que concerne às condutas ou às práticas intencionais do leitor. São elas, finalmente, que fundavam a distinção outrora estabelecida por Roland Barthes entre a leitura com o objetivo de gozar, a leitura com o fim de instruir-se e a leitura com o fim de escrever:[14] essa classificação remetia a modos de emprego. Borges dizia já que "uma literatura difere de outra menos pelo texto do que pela maneira como ela é lida".[15]

Ora, essa questão é privilegiada pelos espirituais, aliás, conscientes de que esse ponto, e não um problema de sentido, opõe sua maneira de ler à leitura teológica ou univer-

---

13 Em particular desde John J. Gumperz e Dell Hymes (éd.), *Directions in Sociolinguistics:* the Ethnography of Communication. Nova Iorque, 1972.
14 Roland Barthes, Sur lecture. In : *Le français aujourd'hui*, n° 32, p. 11-18, janeiro de 1976.
15 Ver Gérard Genette, *Figures.* Paris, 1966. p. 123 e segs.

sitária. Nada de surpreendente nisso. Desde "a maneira de falar"[16] até a maneira de ler, sua estratégia consiste em especificar que usos da língua permitem dizer, confessar ou ouvir o que escapa à língua, a saber, o Outro ou Deus. Na teoria, essa estratégia tem como consequência a prioridade, algumas vezes obsessiva, que eles atribuem às modalidades (por exemplo, poder, dever, saber, crer). Na prática, ela consiste em precisar as condutas pelas quais uma "intenção" pode articular-se em modos de emprego. É o que encontramos nos textos consagrados às maneiras de ler, na base do princípio que estabelecia, desde o século XII, uma obra maior da tradição espiritual, a *Lettre aux frères du Mont-Dieu*, de Guillaume de Saint-Thierry: "*Intentioni enim servit lectio*" (a leitura está a serviço da intenção).[17] Com esse princípio transgressivo que impõe ao livro-mestre a lei do leitor-ouvinte, conformam-se as maneiras de fazer que formulam "a intenção do leitor"[18] em termos de operações. Para apresentá-las, eu poderia analisar os "Avisos ao leitor" que abrem essas obras de espiritualidade referindo-se às práticas de seus destinatários. De um modo ou de outro, eles repetem e desenvolvem o "envio" dirigido por um deles: "Amigo leitor, *utere et fruere.*"[19] Usa esse livro e tire dele teu proveito. Essas duas palavras dizem o essencial, que visa a um uso do livro. Eu me contentarei antes, para descrever essa arte, em traçar o esquema ideal de alguns momentos essenciais como eles ressaltam dos inúmeros documentos que

---

16 Ver M. de Certeau, *A fábula mística*, I, cap. IV, "Maneiras de falar". Ed. Forense Universitária – Grupo GEN.
17 Guillaume de Saint-Thierry, *Lettre aux frères du Mont-Dieu (Lettre d'or)*. Paris: Ed. J. Déchanet, Sources chrétiennes, 1975. § 124, p. 240-241.
18 *Ibidem.*
19 *Instructions spirituelles aux bonnes âmes.* Paris: Jacques de Laize-de-Bresche, 1674, Aviso ao leitor, não paginado.

nos contam as histórias das relações do leitor com o livro. Essas relações não são estáveis. Elas variam segundo o itinerário do sujeito que lê, elas demarcam suas etapas, elas se transformam ou se repetem segundo suas idas e vindas. Reterei somente quatro figuras: a posição do começo, a mutação do livro em jardim de afetos, a fabricação de um corpo que fala por meio de uma "manducação", a interrupção que se destaca do texto.

Um começo. O livro é limiar: é preciso uma margem para que haja outro em relação a uma busca do sujeito. Ele tem inicialmente como *status* ser um objeto. Ele constrói uma exterioridade. Ele recorta uma alteridade no vasto campo de linguagem onde erra um desejo que não se conhece. Essencialmente, ele não é destinado a fornecer saber, mas a traçar, em uma paisagem incerta que se supõe frequentada pelo divino e, portanto, assimilável a uma linguagem dialogal ("religioso"), a diferença de um *estar-aí* opaco, separado. Mais que o enunciado de um significado, é um significante do Outro. O livro é um *lugar distinto* que serve como índice a um outro querer-dizer. Ele cria divisão, estrutura elementar e condição mínima para que se inicie uma prática dialogal: sem diferença, sem relação.

Teresa de Ávila conta que, "quando um livro lhe faltava, sua alma ficava na confusão e seus pensamentos na desordem": o livro ocupa o lugar do outro e cria a distinção. Ele permite "ocupar-se" (*ocuparse mucho em lección*) durante o tempo da *oración*; a esse respeito, sempre conforme Teresa, ele é *recreación*: onde, diz ela, por falta de imaginação, ela experimenta um "vazio", uma disseminação vaga, o livro aparece de novo como ob-jeto nesse espaço indiferenciado, ele lança aí as pedrinhas de suas palavras, como se oferecesse já consoantes para a vocalização confusa do desejo. Assim, declara ela, a leitura "necessária, mesmo se se lê pouco". É um princípio de articulação. "Durante esses anos", conclui ela, "exceto depois da comunhão" – restrição característica, porque o pão eucarístico (ou a hóstia) faz também ob-jeto, ele é o significante material do outro –, "jamais ousei começar a fazer oração sem um livro".[20] O "diálogo" *não* se instaura *sem* o livro. *Nicht ohne*: a categoria do "não sem" designa a maneira de começar. Que o livro mantenha uma relação essencial com o vazio, a maior parte dos autores espirituais o destacam. Mas sua posição é caracterizada, nesses inícios, pelo fato de que ele "ocupa" um lugar vazio, ele a sustenta, ele a marca, sem preenchê-la. Teresa ainda precisa que esse livro--objeto lhe permite ao mesmo tempo "sair" e "ficar". Ele a faz "sair" do neutro do indiferenciado (enquanto "nada sai dela"), e ele a faz "ficar" aí, no deserto de uma solidão (enquanto ela tem o espírito levado à vagabundagem ou à errância). Ordenado em uma física mental da atenção ou, antes, da admiração (essa surpresa sem objeto, *Betroffenheit* ou estupor), o livro guarda um lugar mais do que fornece um sentido. No limite, basta segurar na mão esse índice da alteridade: "Frequentemente", diz Teresa, "eu abria o livro sem ter necessidade de mais".[21] Aberto, mas não lido, ele dá corpo ao que ele não interpreta. Em suma, como a instituição à qual ele se substitui, ele constitui o estar-aí mudo do duplo postulado sobre o qual se funda uma crença: *há* o outro: *há* o sentido. Mas que "outro", e que sentido? Ele não diz nada. À maneira de uma pedra na paisagem, ele *está aí*, monumento e não documento, testemunha, mas não intérprete desses postulados. Nesse papel, ele pode ser substituído pelos elementos do campo: uma água corrente, flores etc. se inscrevem na paisagem como a página aberta em um ambiente visual; elas "substituem o livro".[22] Um século antes, Suso, Tauler e muitos

---

20 *Libro de la vida*, 4.
21 *Ibidem*.
22 *Ibidem*, 7.

outros aconselhavam ao que ora sustentar ou fixar a oração com essas coisas "naturais", mas, para eles, elas significavam as vontades de um locutor. Eram documentos: um ensinamento. No fim do século XVI, com Teresa, o livro não é mais uma variante do referente. As flores remetem ao escrínio aberto da página não lida. Como o livro, elas formam um alfabeto de belas coisas mudas que garantem uma realidade sem dizer uma verdade.

O jardim dos afetos. Insistindo em um começo que exclui a curiosidade e promete a admiração, essa arte de ler prepara um segundo momento que não consiste mais em dar o tom da leitura, mas em indicar sua matéria, seu estofo: os afetos. Que os leitores tenham que mudar o livro em um jardim da afetividade, uma longa tradição o afirma. *Sapor et non scientia*, dizia São Boaventura, no século XIII. No início do século XVII, Álvarez de Paz repete: "*Non notitiam, sed gustum et affectum*", e, no fim do século precedente, Luis de Granada, grande colecionador de literatura mística, define a maneira de praticá-la falando do "charme" e do "prazer" de ler.[23] O *gustus*, o *sapor*, a *inflammatio* etc., soletram um uso "apaixonado" do livro. Mais ainda, os "sabores", "gostos", "fervores" que a pontuam supõem uma leitura feita de movimentos: emoção e movimento aí se conjugam; o *affectus* implica e estimula um *motus*. Assim, a *lectio* é considerada como uma *actio*. Essa performance não se efetua, parece, senão para sair dela mesma. Ela é levada para fora de si, ora para o diálogo com o outro (a *oratio*), ora para o serviço do outro (o *opus*),[24] em forma de expressões por assim dizer extáticas e transitórias na

---

23 Ver os textos citados por H. J. Sieben, "De la lectio divina à la lecture spirituelle", op. cit., col. 487-496.
24 Ver, por exemplo, J. Álvarez de Paz, *De exterminatione mali et promotione boni libri quinque*. Mayence, 1614, livro III, parte V, seção II, 2 ("De lectione spirituali"), col. 1173-1176.

fronteira das atividades para as quais tende sua dinâmica. Operação de passagem, ela leva para outro lugar, longe do livro, o que ela coloca em jogo em seu jardim.

Assim, há uma ambivalência essencial nessa mobilização dos afetos no fechado da página aberta. O que ela capta e representa vem de um prazer muito antigo. Testemunha ainda Teresa de Ávila: "Eu sempre tenho o desejo de ter tempo para ler, e eu sempre gostei muito disso."[25] Desde os romances de cavalaria, que, adolescente, ela devorava sem que o pai soubesse, ou as "vidas de santos", que não são mais que uma variante, ela lê com "prazer", com "paixão".[26] As obras de espiritualidade assumem as vezes dessa função romanesca; são poemas reveladores de afetos, como os poemas despertam fadas adormecidas. Essa leitura tem a ver com o sonho onde se contam os desejos que o dia proíbe. Fiel à aliança bíblica do sonho e do espírito, Teresa, com efeito, chama "sonho" a outra vida que ela procura e descobre: "A vida me dá a impressão de um sonho; quase sempre eu acredito sonhar o que eu vejo."[27] *Lección* e *sueño* se juntam pois. A leitura instaura, legitima e alimenta os sonhos. Ela autoriza a temeridade que eles exprimem: "Tome os seus desejos como realidades." Na tradição do paraíso monástico (*paradisus claustralis*) e de jardins do fino amor,[28] o livro se torna o passeio dos amantes, uma "solidão" onde os sentimentos se declaram. Ele se situa entre um sonho que se escreveu e um escrito que se sonha, entre o sonho que tomou a forma objetiva de um texto e o sonho que, como um fantasma despertado por um passante, inventa outras viagens.

---

25 Teresa de Ávila, Primera Relación [1560], 7. In: *Obras completas*. Madri: BAC, 1954. t. II, p. 505-506.
26 *Libro de la vida*, 1, 2, 4, 6, 8 etc.
27 *Ibidem*, 40.
28 Ver Terry Comito, The Idea of the Garden in the Renaissance. New Brunswick (NJ), 1978. cap. II a IV.

O carmelo como o concebe Teresa será, aliás, a reprodução do que ela faz do livro, um lugar fechado onde os amantes podem passear em liberdade e falar ao amado. Mas essa leitura constrói uma ficção de texto. Pelo romance em que ela se transforma, se ela exprime ou libera os movimentos reais do desejo, ela só produz um livro ou objetos imaginários, uma linguagem fugidia que não constitui nada de apropriável, nem saber nem positividade. Ultrapassando o texto, ela corre para o *nada* do que ela representa. É um exercício de ausência. Tomando as coisas por um outro viés, pode-se dizer também que o afeto que remete ao sujeito falante, esse exercício sobreavalia a enunciação, ato de (se) dizer, e desvaloriza os enunciados, conteúdos semânticos. Ele aprofunda na linguagem esse "lugar vazio" que é, para Benveniste,[29] o "eu" locutor. Assim, se não se identifica a vida "espiritual" com esse imaginário (ilusão contra a qual os autores místicos não cessam de salvaguardar seus leitores), essa arte de ler tende paradoxalmente para outra coisa além do livro e além do leitor; ela torna insustentável o lugar que ela instaura. Pela própria representação de seus afetos, o leitor se perde em outra coisa que não ele. Tal é a ambivalência de uma expressão produzida para se aniquilar no silêncio da contemplação ou no silêncio do serviço, duas formas do acesso à realidade do outro. A leitura faz do livro um passante (ele se apaga) e uma passagem (ele transporta), em suma uma metáfora do sujeito.

A fabricação de um corpo falante. Aos avisos que recomendam uma leitura "lenta" (que não deve ler muito, nem muito depressa, nem muitos autores diferentes), "interrompida" (cortada por 100 maneiras de dirigir a interlocutores os sentimentos que ela desperta) e "elevada"

---

29 Émile Benveniste, *Problèmes de linguistique générale*. Paris, 1966. p. 251-266.

(separada da informação que fornece o texto),[30] e considerando, pois, o livro como um "passante" ou um *shifter*, acrescentam-se os avisos, aparentemente contrários, que convidam a uma "manducação" do livro. "Toma e come": sobre esse tema tradicional, desenvolve-se toda uma série de conselhos para "engolir", depois "ruminar", "remastigar" e "digerir" o texto. Uma oralidade comedora substitui a oralidade que diz. Ela tem como modelo a *ruminatio* da vaca, alquimia interna a um copro imóvel, trabalho sobre si desse animal como um buda na grama. Assim, para não remontar mais alto, a regra dada no século XII por Guillaume de Saint-Thierry: "Da leitura quotidiana, cada dia algo (*aliquid*) deve ser descido no ventre da memória para ser mais seguramente digerido, depois remontado para ser mais frequentemente ruminado."[31] As palavras entram em uma maquinária fisiológica, pelo fato de "simpatias" que poderiam hoje receber uma legitimidade psicanalítica. Até o século XVII, essa leitura é uma tarefa de boca e de estômago. Surin pede que a "comida" livresca seja "sólida" e bem "acomodada" às "necessidades" do "estômago".[32] Isso não são puras imagens. Comer o livro pode provocar a doença, a gordura ou a boa "forma". Bem mais, o texto engolido irrita ou acaricia as papilas e as mucosas de um espírito que frequente as grutas do corpo. Ele visita, "refaz" ou fere uma sensorialidade interna.

Meu propósito não é de dar a essa leitura digestiva seu âmbito médico ou químico,[33] mas somente destacar, por um lado, que relação o texto mantém com o corpo, e,

---

30 Ver J. Álvarez de Paz, *De vita spirituali*. Mayence, 1614, livro II, parte IV, 31, col. 370.
31 Guillaume de Saint-Thierry, op. cit., § 122, p. 240.
32 Jean-Joseph Surin, *Catéchisme spirituel*, IV, 2 (ms. de Bordeaux, 1654).
33 Ver, por exemplo, Allen G. Debus, *The Chemical Philosophy*. Nova Iorque, 1977. 2 vol.

Capítulo 5 – A Leitura Absoluta

por outro, retomando um termo desses autores, que "proveito" os leitores tiram dela. São, com efeito, dois aspectos essenciais da manducação.

O primeiro concerne à fabricação de um corpo *pela* linguagem. Para ser mais exato, fragmentos do corpo são transformados por estilhaços da linguagem como se o chumbo se transformasse em ouro onde ele é "tocado" por uma "palavra". Sem dúvida, poderíamos comparar essa experiência ao que nos ensinam hoje muitos dados, desde os fenômenos de histerização até as estruturações diferentes do corpo por sistemas sociais, a saber, que o corpo se modela sobre códigos culturais e linguísticos; ele é em si feito de brasões (ou de páginas) historiadas por pedaços de frase "ruminados". Ele é marcado por citações de livro como se apresentasse uma pele interna sobre a qual se tatuassem palavras. Há, durante essa leitura, efeitos de texto: dores ou dilatações "intestinais", súbitos calores de cabeça, palpitações de coração, liberações de lágrimas. Os *Relatos de um peregrino russo* o redirão ainda no século XIX: "Eu choro porque, na Bíblia, está tão bem escrito."[34] Qual é, pois, esse "algo" (*aliquid*) da língua que é susceptível de "tocar" uma parte do corpo e de metamorfoseá-la em relíquia do outro, como signo erótico, como memorial falado e falante? Pergunte-o aos psicanalistas – ou aos amantes.

No fundo, o "proveito" designa essa própria "tecla", resposta corporal a um traço textual. "Poucas coisas penetradas aproveitam mais que muitas defloradas", escreve Surin a propósito desse "poucos livros" que é preciso "desposar" e "tornar-se familiar".[35] A intensidade da resposta se mede com a profundidade de uma penetração. Para analisar esse "proveito", seria preciso voltar a Volochinov:

---

34 *Récits d'un pèlerin russe*. Trad. Jean Laloy. Paris, 1974. p. 107.
35 Jean-Joseph Surin, *Guide spirituel*. Paris: Ed. Michel de Certeau, 1963. IV, 3, p. 183.

"compreender é responder"; "o signo só existe na interação".³⁶ Mas a interação se exerce aqui entre o corpo e o texto; ela é ficção (ou fabricação) "simbólica", ela tem estrutura de eco, porque a alteração física local não pertence nem ao sujeito leitor nem ao livro lido, nem ao corpo nem ao espírito, não é nem um nem o outro, mas entre eles, como um sofrimento de amor. Deixando advir o que ele ignora de seu corpo tocado, o leitor poderia dizer com Marguerite Duras: "Eu choro sem razão que eu pudesse lhe dizer, é como um sofrimento que me atravessa, é preciso que alguém chore, é *como* se fosse eu."³⁷ Essas lágrimas anônimas apresentam uma forma da *aedificatoria lectio*,³⁸ que "edifica" ou produz o fragmento de um corpo novo que responde a um não sabido.

A interrupção. Inscrevendo-se no corpo, a leitura deixa o texto. Ela escapa dele. Para dizer a verdade, esse momento do desligamento se prepara desde o início: "Com os olhos fixos no livro", diz Juan de Avila, "não prenda aí seu coração".³⁹ Uma atenção difusa mantém um horizonte de absoluto. Ela não poderia ser retida no recinto textual; ela considera as páginas do livro como lugares de trânsito que devem ser um por vez abandonados. Nenhum é tua casa: não é aqui, não é lá. O livro é uma morada que é preciso deixar: "É bom interromper a leitura."⁴⁰ Esse conselho universal convida a cortar o texto pelo diálogo e pela invocação: "*Lectionem interrumpat oratio*", repete Alvares de

---

36 Louis Guespin, "Introduction". In: *Langages*, n° 74, intitulado "Dialogue et interaction verbale", 1984, p. 7.
37 Marguerite Duras, *Le Vice-consul*. Paris, 1966. p. 198 (sou eu quem destaca).
38 Expressão do *Speculum inclusorum*, escrito no fim do século XV por um discípulo de Richard Rolle.
39 Juan de Avila, *Audi filia*. Trad. J. Cherprenet. Paris, 1954. II, p. 195.
40 *Ibidem*.

Capítulo 5 – A Leitura Absoluta

Paz.[41] Quotidiana e regular, a frequentação do livro é escandida por separações que proíbem a identificação com o texto. Essa ruptura permitirá sozinha o acesso a uma palavra "jamais dita", talvez como dom Juan não cessa de romper com as mulheres para procurar a Mulher que terá finalmente o rosto de sua morte. A prática articula um trabalho de luto. Um comentador chega a dizer: "O melhor livro é aquele que desaparece mais."[42] O texto é submetido à lei do *não demais*. Ele se torna logo exorbitante, obsceno. O leitor é claustrofóbico, ele sufoca por excesso de presença livresca e pelo encerramento no sentido. Ele precisa de saídas. Ele foge pelos cortes que pratica à maneira como a enunciação oral deixa estranhamente em suspenso a frase começada, fica fixo, desvia, passa a outras musicalidades, cativa, dir-se-ia, com uma voz que seria o terreno interior da língua. Uma verdadeira leitura, segundo Tony Duvert, é "descoberta do primeiro dito da estranheza": essa "legibilidade obscurece a obra porque ela renuncia ao comunicável preescrito socialmente, para a língua jamais falada de um real jamais dito – o corpo, o objeto, o insensato".[43]

A esse texto cortado, remetem os inúmeros "florilégios" manuscritos (ou *excerpta*) que recolhem em cadernos pessoais pedaços de textos lidos, "extratos" e citações que não representam um resumo ou um essencial do livro, mas o que "tocou" e o que dele se guarda, deixando-o, algumas palavras como de uma canção da infância, ruínas relativas à história do sujeito que lê e não à positividade

---

41 J. Álvarez de Paz, *De exterminatione mali et promotione boni*, col. 1175: expressão clássica mil vezes repetida, e que remonta pelo menos a Guillaume de Saint-Thierry, op. cit., § 123.
42 Gaston Brillet, La Bible et la lecture spirituelle. In: *La Vie spirituelle*, vol. LXXIII, p. 498, 1945.
43 Tony Duvert, La lecture introuvable. In: *Minuit*, n° 1, p. 11, novembro de 1972.

de um pensamento ou de uma informação, significantes análogos aos que Freud exumará durante uma análise e aos quais ele dá o belo nome de *Stückchen Wahrheit* – um pequeno fragmento de verdade.[44] Mas que verdade, e de quem? Essas ruínas de textos estão reunidas aí, nessas colações de enigmas que compõem, acrescidas umas às outras, ao mesmo tempo disseminadas e recolhidas, o aparente magma linguístico por que se indica o local ilegível do que fala. Em relação aos livros em si, essas ruínas contam uma desertificação da paisagem da qual a mística se distancia. Elas formam o quadro de empobrecimento, ou, antes, de uma des-orientação devida a uma insegurança desejada como fragilidade ao outro. Como um último bilhete de metrô no bolso do emigrante, só sobrevive de uma biblioteca um pedaço de poema. E se o que ora não enfeitiça essa última palavra (por uma volta que continua sempre possível), ele a esquece enfim. Ele está no mar.

Uma prática aparentemente contrária é possível. O fragmento se "adapta" a uma diversidade crescente de situações. É o mesmo, e, no entanto, ele serve para intenções muito diferentes. Assim, ele se esvazia de um conteúdo próprio. Ele cessa de ser objetivável tomando a posição de sujeito. Falando da Escritura que "tem vários rostos" e que "cada um pode adaptar conforme lhe convém", texto móvel como um tecido, Francisco de Osuna a compara aos "personagens de certas pinturas" que "parecem sempre olhar o espectador, onde quer que ele se coloque".[45] O fragmento de texto é o olhar que segue por toda parte os passantes-leitores e os transforma em seres olhados. Assim, a estátua quebrada que evoca Rilke, "Torso arcaico

---

44 Sigmund Freud, Der Mann Moses. In: *Gesammelte Werke*. Londres, 1950. t. XVI, p. 239.
45 Citado por Fidèle de Ros, *Un Maître de sainte Thérèse, le P. François d'Osuna*. Paris, 1936. p. 396.

de Apolo", privado de cabeça e de sentido, torna-se esse "candelabro no qual seu olhar, retorcido para o interior, se fixa e brilha"; então

> [...] não há ponto
> que não te veja. Deves mudar tua vida.[46]

Assim também, ruína do texto e do sentido, o destroço textual não diz mais nem verdadeiro nem falso, ele "significa" como se significa sair ou vir, ele "cita" diante dele "tua vida", ele te julga. Ele se transforma em uma palavra que não diz nada e que não é mais, do Outro, senão seu olhar.

O túmulo de uma voz

Após ter encarado a expectativa e as práticas da leitura, seria preciso considerar o sentido que elas substituem. Mas, precisamente pelo fato dessas maneiras de ler, trata-se doravante de outra coisa além do sentido. O circuito medieval ia da interpretação dada pelo mestre (a *lectio*) à assimilação interior da mensagem pelo ouvinte (a *meditatio*), e desta à resposta dirigida pelo fiel ao Verbo fundador (a *oratio*). Ele reconhecia uma "leitura" em todas as etapas que percorria a Palavra criadora, descendo, primeiro pelo Livro do mundo, depois por um ensinamento magisterial e escriturário, até os ouvintes-leitores chamados por ela a se conformar com sua Lei. Na época de que eu falo, essa cadeia se rompeu, enquanto cada um dos elos fica organizado por sua pertença passada ao grande relato dogmático da locução divina. O livro não "fala" mais, nem o mestre. A meditação funciona sobre uma automatização do entendimento e produto dos saberes. A palavra passa a partir de então por todos esses ruídos de corpos de que não se sabe mais quem é o locutor.

---

46 Rainer Maria Rilke, *Œuvres*. Paris: Ed. Paul de Man, 1972. t. II, p. 227.

Desse estilhaçamento do relato teológico, só reterei, para terminar, sua consequência maior porque, além de ela ser o foco da leitura "espiritual" ou "mística", ela também se tornou a prévia de uma leitura "moderna": à exegese que perscrutava o sentido dos enunciados (ou "mistérios") emitidos por um locutor garantido, substitui-se, como em retiro sobre essa exegese e concernente ao seu postulado, uma interrogação sobre a própria enunciação. O problema essencial não é mais: *o que* dizem as mensagens divinas? Mas há ainda um *dizer*, onde e como? A questão se desloca, de uma elucidação do *sentido* à procura de uma *voz*. Desse deslocamento, o *status* novo do livro e o privilégio concedido à maneira de ler são sintomas decisivos – o livro cessando de ser "mestre" para se tornar o instrumento de uma busca, e a maneira de ler substituindo a obediência a um ensinamento por uma maneira de remexer ou de romper o livro, como a pedra de um túmulo, para ouvir a voz que ele supostamente encerra.

Que o livro cesse de ser mestre, todos os autores espirituais o declaram, tomando assim posição no debate que, a propósito da leitura, não cessa de perguntar: quem é o mestre? Em sua *Santa Sofia*, Augustin Baker leva, com efeito, os livros, esses "mestres", a serem apenas "servidores".[47] A contemplação moderna os abandona, contrariamente à fidelidade que lhes conservava toda uma tradição monástica medieval.[48] À "filosofia celeste", eles só fornecem "um alfabeto",[49] ele mesmo transitório, de pedras brancas dispersas onde não há realmente caminho traçável. Finalmente, o livro é apenas o fragmento, ou o índice ou a metáfora de um

---

47 Dom Augustin Baker, *La Sainte Sapience* (tradução de *Sancta Sophia*, Douai, 1657), Paris, 1953. t. I, p. 68.
48 Ver Jean Leclercq, *L'Amour des lettres et le désir de Dieu*. Paris, 1957.
49 Luis de Granada, *Œuvres complètes*. Paris: Ed. J.-F. Bareille, 1863. t. II, p. 143-144.

"Livro" místico, cujas figuras ocultas formam ladainha na *Pro theologia mystica clavis* de Sandaeus, *"Liber Dei"*, *"Liber experientiae"*, *"Liber vitae"*, *"Liber mortis"*[50] – e que tem como definição utópica ser a coincidência esperada entre uma palavra viva e uma ordem do sentido.

Isso não significa que a deterioração e/ou mitificação do livro trabalhe para uma individualização do leitor. Se essa reviravolta se efetua, com efeito, no curso da modernidade,[51] ele fica estranho à perspectiva dos espirituais, atentos à perda e aos encontros possíveis da Voz que supunha outrora a inteligência teológica do mundo. Eles não instauram um indivíduo-mestre que se serve de um livro-instrumento; eles articulam o desejo da Voz susceptível de fundar o sujeito como respondente. Relativa à incerteza do sujeito tanto quanto à do livro, sua maneira de ler colocada inteiramente sobre o postulado que há um *dizer* mais essencial que o texto e que finalmente *só uma voz pode fazer crer no texto*. Desvalorizando o livro-objeto, eles fazem retorno ao que supõe toda prática humana do livro e ao que ela não pode esquecer, a saber que, de uma maneira ou de outra, ele "fala". Para além do limiar da palavra que institui a automatização do livro, eles esperam, eles trabalham, de um modo um por vez decepcionado ou realizado, para que a voz saia do túmulo.

Que não haja leitura sem busca de uma voz, tornou-se o paradoxo de uma prática moderna do livro, visto que, como se disse a propósito de Hoffmann, "essa voz que o escrito não cessa de fazer ouvir não cessa ao mesmo tempo de escapar de todas as suas presas".[52] A questão que obsedia e organiza a maneira de ler dos "espirituais"

---

50 Maximilianus Sandaeus, *Pro Theologia mystica clavis*. Colônia, 1640. p. 263-264.
51 Ver Pierre Kuentz, Le tête à texte. In: *Esprit*, p. 946-962, dezembro de 1974.
52 Claude Rabant, *Délire et théorie*. Paris, 1978. p. 99.

sobrevive, pois, hoje, sob diversas figuras, ainda reconhecíveis. Que baste mencionar a forma que ela toma sob o nome, igualmente obsessivo, da "obra" e de sua relação com o livro. "O livro está, pois, aí", dizia Maurice Blanchot, "mas a obra ainda está oculta, ausente, talvez, radicalmente, dissimulada em todo caso, ofuscada pela evidência do livro, por trás da qual ela espera a decisão liberadora, o *Lazare, veni foras*".[53] A história de quem volta [alma de um morto] que conta a leitura absoluta dá, sem dúvida, à leitura seu relato mítico. Em todo caso, ela ilustra em maneiras de fazer uma interrogação que concerne, com efeito, a propósito da voz ou da obra enterrada no livro, à possibilidade desse performativo: Lázaro, vem para fora.

---

53 Maurice Blanchot, *L'Espace littéraire*. Paris, 1955. p. 202-206; minha citação está na p. 203. ["Lazare, veni foras": João 11, 44].

Capítulo 6

RELATOS DE PAIXÕES

Para acompanhar os textos cristãos que, nos séculos XVI e XVII, receberam o *status* teórico e/ou prático de "místicos", é preciso remontar das paixões ao *sofrer*. Um único agente aí é encenado, em quem se perdem ou se originam as paixões e cujas "emoções" são apenas sinais precursores ou efeitos secundários. O corpo é a cena: um corpo-teatro que o sofrer "atormenta" e "suplicia", que ele faz "gozar" (*gozar*), "ferindo"-o (*herir, llagar, vulnerar*), e que ele recria a partir do que ele "toca", tatua e escreve.[1]

Pareceria, lendo esses textos, que as paixões se tornam um sofrer quando elas não estão mais ligadas a "objetos" classificáveis de que elas seriam os "efeitos", e que, assim, elas (re)caem em uma indistinção primeira, como a "tristeza sem causa". A partir de então, os personagens ou "paixões" que uma tradição filosófica ou psicológica apresentou como os "efeitos" de atores situados em uma outra cena (os "objetos") se fundem em um só, o sofrer, que, ele, é um *agente* (sujeito de ações) ao mesmo tempo *originário* (no começo é o sofrer), *cego* (ele não sabe para onde vai

---

1 Sobre o vocabulário francês do "tormento" do "suplício", etc., cuja importância decresce e cujo sentido próprio se apaga durante a segunda metade do século XVII (fim da época "mística"), ver Pierre Dumonceaux, *Langue et sensibilité au XVIIᵉ siècle*. Genebra, 1975. p. 25-71.

nem de onde vem) e *neutro* (não se sabe se ele é sofrimento ou delícia, bom ou mau etc.). Sua ação é oximórica, coincidência dos contrários. É uma "gloriosa desrazão" (*glorioso desatino*), uma "celeste loucura" (*celestial locura*). Por diferença com Descartes, tudo acontece como se a cena não fosse mais a "pequena glândula" onde ele localiza o "combate" entre a alma e os espíritos, mas toda a extensão de um corpo despedaçado cujas partes, como de um órgão, são tocadas pelo sofrer, e como se o drama refluisse aquém mesmo da paixão que Descartes colocava como primeira, fora de série, única a não ter "contrário" e a escapar do esquema binário, — a admiração, cujo objeto "espanta" e "surpreende", "antes de sabermos se esse objeto nos é conveniente ou não".[2] A cena mística se situaria nesse ponto zero da paixão. "Aurora", como diz Jacob Boehme, manhã noturna, onde os "objetos" não se distinguem ainda, mas onde se produz já a "surpresa", arrebatamento que abre ao querer o espaço de escolha no dia pleno. Ou seja, o discurso é fixado na condição de possibilidade das paixões e de sua "revisão" ou classificação ulterior. O que ele designa também como um retorno ou um acesso ao "indistinto" e ao "confuso".

UMA CENA PARA VOZES: UM LOCAL HISTÓRICO

Há, no entanto, um trabalho da distinção, mas ele não efetua uma divisão entre as paixões; ele isola do "mundo" os lugares do sofrer, ele recorta um lugar. *Há* uma cena para *isso*, cena para vozes que "tocam" (*tocar*), escrevem, gravam e despedaçam corpos mudados em Tábuas da lei quebradas por esses toques. Desde o século XVI, é frequentemente em um "hospital" que ficam alojados esses "doentes" de amor, atingidos por um mal que eles

---

2 Descartes, *Les Passions de l'âme*, I, p. 31-32, e II, p. 53.

ignoram. "O amor é uma doença", para João da Cruz, e, depois de muitos outros, Surin o fecha numa enfermaria. Prévia dos castelos e dos teatros subterrâneos de Sade. Mas esse "teatro" que, na língua da época, é representação e atlas, parece-se mais com aquele que a "possessão" constitui para vozes impossíveis de nomear, cujos toques fazem delirar o corpo: uma "inconsciência" deve circunscrever essa cena e distingui-la de seu ambiente.[3] Assim o teatro do sofrer místico.

A esse respeito, ele apresenta uma variante das *Paixões* que, desde o Monte Cassino (século XII)[4] até Haendel, J. S. Bach ou Telemann,[5] colocam em voz (primeiro *alta*, *bassa* e *media*) o discurso evangélico e dão progressivamente lugar à proliferação e às derivas dessas vozes em relação ao texto: do cantochão, passa-se aos corais, árias e coros que transbordam, recortam e, às vezes, aniquilam o relato do "narrador" (*cantor* ou *historicus*). Embriaguez de vozes e de músicas que escapam da história, o discurso místico constituiria, nessa longa série litúrgica, festiva e artística, uma bolha onde se exacerba a diferença entre um *texto* sem vozes (ele não "fala" mais) e *vozes* insensatas (elas não articulam mais a narratividade ortodoxa). Ele se situaria precisamente nesse afastamento.[6]

Última notação contextual, a paixão é uma perturbação. As "paixões da lua", como se diz. É uma "agitação". Ela designa tanto o sofrimento, a cólica ou a própria historicidade ("o tempo é a paixão do movimento"). Ela questiona ao mesmo tempo uma desordem e a natureza

---

3 Michel de Certeau, *La possession de Loudun*. éd. revue, Paris, 2005.
4 Sandro Sticca, *The Latin Passion Plays*. Albany (NY), 1970.
5 Basil Smallman, *The Background of Passion Music:* J. S. Bach and his Predecessors. 2. ed. Nova Iorque, 1970.
6 Michel de Certeau, L'énonciation mystique. In: *Recherches de science religieuse*, vol. LXIV, 1976. p. 183-215.

do movimento.[7] De Galileu[8] aos místicos, *motus* e *motio* são o foco de uma interrogação sobre o que move, e também sobre o que se move, por trás dos significantes que Ockham destacou de uma *Potentia* primordial. O teatro místico é, em um outro modo diferente dos *Discorsi* galileanos, a pesquisa de uma rearticulação do *motus* pelo discurso e de uma escrita reorganizada (desfeita/refeita) pelas *motiones*. Ele tenta ao mesmo tempo pensar e representar, portanto, "produzir", a alteração que inscreve do Outro em um corpo ou em um *corpus* "agitando-o".

A cena se organiza, como cientificamente, em torno e na espera dessa agitação. Ela enquadra ou encaixa um "isso acontece" em uma rede de expectativas que dão antecipadamente uma forma "extraordinária" ao esperado. Será um sonho, um êxtase, um poema, uma visão etc. O léxico da espera programa o milagroso. Paciente, uma codificação prévia de "lugares" previne, para colocá-la à parte, a coisa que deve acontecer. Multidão de lugares vazios em busca da chegada. Enfim, "isso acontece": *Se me ofreció*.[9] O ato do sofrer agita de repente a língua da expectativa. Um golpe atinge – ferimento, toque, voz. Depois os golpes se multiplicam. Plural de "espíritos" que atingem, ruídos, moções. "Isso fala." O Espírito é *el que habla*, é *a* voz. Mas isso acontece em uma região à parte, que não é mais a do texto.

Nessa tradição, de Teresa a Angelus Silesius, um dado histórico organiza a cena onde a voz de repente aparece e atinge. A linguagem autorizada, que supostamente faz um mundo, não fala mais. A interrogação não concerne, pois,

---

7 Ver o artigo Passions. In: Frédéric Godefroy, *Dictionnaire de l'ancienne langue française et de tous ses dialectes du IXe au XVe siècle* [1881-1902]. Paris, 1936. t. VI.
8 Stillman Drake, Galileo's New Science of Motion. In: Maria Luisa Righini Bonelli e William R. Shea (ed.). Reason, *Experiment and Mysticism*. Nova Iorque, 1975. p. 131-156.
9 Teresa de Ávila, *Moradas*, I, p. 1.

essencialmente, à verdade dos enunciados, mas à possibilidade de uma enunciação. O que é uma linguagem quando ela não é mais falada? A escrita não é "nada", diz Angelus Silesius, que faz rimar *Schrift* com *nichts*, e procura um lugar (*Ort*) para uma palavra (*Wort*). Do escrito se separa, pois, o grito. "Isso fala", mas ao lado, em um espaço de ficção, codificado como "bobagem", "loucura" ou "doença", lugar de "prazeres" e de "sofrimentos", onde a coisa bela (o *hermoso y deleitoso* diamante e castelo teresiano)[10] se substitui à coisa verdadeira. A brusquidão do sofrer altera, pois, um espaço outro, esvaziado de sentido, privado de narratividade. Histórias, você não terá, diz o texto, mesmo se, de fato, ele recita interminavelmente a forma da chegada. Em primeira abordagem, outra coisa acontece aí: em uma noite da espera, um plural de acidentes. Vozes riscam o silêncio de ficção que lhes foi preparado, separado de todo o resto.

O EXCESSO MODALIZADOR

Os textos produzem uma ab-solutização do sofrer, desligando-o de seus objetos possíveis. Trata-se de um sofrer "sem causa", sem como nem porquê. Vários procedimentos geram esse efeito. Entre outros, retenho dois.

1. *A defecção dos papéis actanciais e dos sujeitos sintáticos.* No nível da manifestação, a oposição entre um papel passivo e um papel ativo (paciente *vs.* agente) é confundido pela incerteza que afeta as instâncias da operação: onde está o agente, onde está o paciente, quem é o sujeito? Não se sabe (*no sabe, no sé qué*). Na organização semântica, uma tripla indistinção confunde, em Teresa de Ávila, a qualificação do sujeito (ele sofre ou ele goza?), sua posição actancial (ele é passivo ou ativo?) e sua diferen-

---

10 *Ibidem.*

ciação sexual (ele é masculino ou feminino?).[11] O esquema binário da oposição é desfeito pela reiteração de um "nem um nem outro". Mas essa exclusão dos termos da alternativa insinua seu contrário: um e o outro. Desse ponto de vista, o oximoro (*glorioso desatino*, "feliz naufrágio" etc.), tropo organizador desses textos, serviria como metáfora ao procedimento mais fundamental que, *eliminando* sujeitos (nem um nem outro), *multiplica* também os atores no interior da mesma instância.

Em João da Cruz ou Surin, constata-se o mesmo fenômeno, mas ele se produz no lugar do "eu" (*yo*): aí, um esvaziamento de predicados (o "eu" não é rico, sábio, razoável, não é isso, não é aquilo, indefinidamente, jamais isso) vai ao lado de uma proliferação dos contrários nesse mesmo lugar, por exemplo, no que concerne ao gênero (masculino e feminino), ao modo (ativo e passivo: eu firo e eu sou ferido) ou à posição gramatical (sujeito e complemento: eu o firo e ele me fere).[12] Mais do que de um apagamento dos agentes, trata-se de sua destruição. Parece que o "desligamento" dos predicados que fixam um papel a cada sujeito permite pluralizar o sujeito de cada ato e ampliar desmesuradamente esse lugar. *Eu* é um mundo de contrários. "Eu sou legião". Assim se cria o espaço onde vai desdobrar-se uma análise das modalidades.

O sofrer é um ponto ao mesmo tempo originário e recapitulativo onde fermentam, em uma compossibilidade provisória, os sujeitos e os atos de paixão. Ele exorbita o *lugar* do sujeito, destruindo os sujeitos, por uma incessante multiplicação de seus ocupantes que, no limite, são apenas travestis uns dos outros, cada um podendo ser substituído por seu contrário. O que se exorbita ao mesmo tempo é a questão do sujeito.

---

11   Ver, por exemplo, Teresa de Ávila, *Libro de la vida*, p. 16 e segs.
12   Ver, por exemplo, João da Cruz, Cántico *Adónde te escondiste*.

2. Majoração das modalidades e sequências modais.

A proliferação/defecção dos sujeitos é relativa a uma proliferação das modalidades. A destruição multiplicadora de instâncias é, com efeito, o indício de um extraordinário desenvolvimento das modalizações, e, portanto, dos sujeitos modalizadores. Tudo acontece como se a literatura mística se alojasse essencialmente entre um sujeito (S_1) e seu objeto (um fazer, um ter, ou um ser) para analisar as modalidades dessa relação, isto é, suas implicações, condições e possibilidades.

Ela compõe assim "sequências modais" ou "sequências sintagmáticas" cujo interesse seria grande para estabelecer, a partir de casos particulares, hipóteses de "lógicas modais".[13] Ela parece estabelecer uma imbricação das modalidades segundo a ordem seguinte:[14]

S_1 ["dever" {querer {saber (ou poder)}] Ato (fazer, ter, ser)

Utilizando abreviações, tem-se:

$$S_1 [d \{v\{s\ p] A$$

Essa sucessão se impõe na medida em que o discurso místico procede por etapas ("graus", estágios, níveis etc.) que tratam das modalidades na ordem seguinte:

a. O sujeito *não sabe* (notado ~s) e/ou *não pode* (notado ~p) fazer, ter ou ser. Nesse estágio, que é o primeiro na experiência mística, as modalidades do saber e do poder

---

13 Ver os artigos de A. J. Greimas (p. 90-107) e de Jean-Claude Coquet (p. 64-70) in *Langages*, n° 43, intitulado "Modalités", setembro de 1976.
14 Incluindo "dever" entre as modalidades, como o propõe Michael Rengstorf (p. 71-77, no número de *Langages* citado na nota precedente), com hesitações análogas, mas outras hipóteses.

se intercambiam, ou sua ordem varia. Tem-se, pois, como sequência modal:

~s~p   (ou: ~p, ~s, ~p~s)

b. O sujeito *quer* não saber ou não poder (é, por exemplo, a renúncia):

v ~p   (ou: v ~s)

c. O sujeito *não quer* não saber ou saber, não poder ou poder (é, por exemplo, "a indiferença"):

~vp e ~v~p   (ou: ~vs e ~v~s etc.)

d. O sujeito não tem mais querer próprio. A lei do Outro (deve-se ainda chamar isso "dever") transforma a série das modalidades e dá seu *status* "normal" à relação entre o sujeito e seu ato (ser, fazer, ter). O dever se encarna, se efetua e possui. O ato *é* o que ele deve ser (um estado de perfeição) e o que é deve ser (um destino do ser aí se realiza). Ele *faz* o que ele deve ("santidade") e o que ele faz deve acontecer (é a realização de uma justiça) etc. Tem-se:

d [v s p] A

O sofrer seria, finalmente, o ato do que deve ser, a identificação do ato contingente ao dever ser, fazer ou ter divino que se procura um corpo. A exposição das modalidades teria como objetivo "trabalhar" sua sequência a fim de fundi-la inteiramente no ato pragmático e quotidiano que, sem querer nem poder nem saber próprios, coincide com o ato fundador. Naquele momento, diz Mestre Eckhart, o sujeito é tanto eu quanto Deus. O que permanece é o operar, sem outra modalidade além de sua própria lei. Depois de ter sido aberto em toda sua extensão, o leque das modalidades se fecha em um ato sem sujeito, absoluto do sofrer.

QUEBRAS E RUÍDOS

De fato, o discurso *visa* somente a esse absoluto. Mais frequentemente, ele analisa o caminho que conduz para lá. Ruína de corpo e ruídos de vozes demarcam esse caminho. Um despedaçamento caracteriza o itinerário que é a *Subida do Monte Carmelo* (João da Cruz), a entrada no centro do *Castelo interior* (Teresa de Ávila) ou a navegação da *Criança perdida* (Surin). Um despedaçamento ou fragmentação não cessa de ser oposto a isso na colocação em *um*, isto é, na colocação em imagem que é um efeito de espelho. A unidade das imagens (a visão, o êxtase etc. o são ainda) se deve ao fato de que eles são representações: a totalização é um efeito de distância, uma ilusão gerada pela separação. Assim, a imagem deve ser quebrada pelo que ela se contenta em re-produzir. Quebras, ferimentos e quedas formam, pois, a escrita de um real em sua imagem. Fragmentos traçam no espelho o choque do que ele reflete sem o dar.

Paralela talvez à destruição dos agentes, esse despedaçamento permite uma por vez uma metonimização do corpo (exorbitação de um detalhe para o todo), a produção de um *corpus* místico (ficção de corpo no lugar do corpo) e a existência, como em suspense, de ruídos que são os toques do outro, em suma, a dublagem de um discurso do ato por um discurso amoroso.

Relíquias de corpos. Na tradição dos "brasões" do século XVI, poemas dedicados a partes do corpo (a perna, o seio, o pescoço, o sexo), a literatura mística isola fragmentos de corpos e faz disso relíquias do outro, relíquias de amor. Do corpo semelhante a um léxico ou a um alaúde, tal parte foi "tocada", e esse fragmento extasiado se torna a metonímia do corpo impossível que seria todo ele a escrita do Outro, refeito e exercido por ele. A memória compõe assim, com fragmentos, suas relíquias. Singularidades desfiam uma linguagem do sofrer amoroso.

Em Teresa (por exemplo, *la candela en la mano* da agonia de amor na *Vida*), em João da Cruz (por exemplo, o seio, os olhos, o pescoço, um cabelo etc., no *Cántico*), em muitos outros, essas ruínas de corpos são pedacinhos de verdade (*Stückchen Wahrheit*) que têm valor de metonímia. Por meio de fragmentos, opera-se uma colocação em relevo do corpo: um duplo metamorfoseado, ainda globalmente ausente, já está parcialmente aí, nessas partes tocadas que presentificam um futuro no atual. A relíquia é o que, do corpo, é já para o Outro e dele. O desejo vai-se, pois, louco (*loco*), para essa fratura do corpo: "loucura" de ser um "vaso quebrado" (*quebrado*). Um *despedaçar* (colocar em pedaços, despedaçar) designa o sofrer. Por pedaços alterados já, mostra-se metonimicamente o que está prometido ao todo e não será sem morte. O ato de rasgar/ser rasgado indica o modo de produção de um corpo de amor. Algumas partes aí funcionam já como citações do Outro, como suas marcas no opaco léxico carnal de uma espera.

Fragmentos indutores. Esse processo se repete nas escritas com o papel que aí desempenham os fragmentos de poema ou de sonho como indutores de texto-comentário. O sonho (em Teresa) ou o poema (em João da Cruz ou Surin) constituem a atopia de um advir. Isso "se oferece", isso acontece como uma vinda real em um espaço de ficção. Mas esse espaço tocado ("impressionado" como o de uma fotografia), já dado e traçado, aliás, circunscreve o lugar de uma escrita que fica icônica e que é preciso, pois, ainda quebrar (como uma imagem) para que esse corpo teórico (contemplado: *theôrein*) se articule sobre o histórico, rede disseminada da contingência presente. Eis, pois, que o poeta despedaça seu poema, e que a sonhadora mística analisa seu sonho.

Esses fragmentos deixarão vestígio no histórico. Como em amor, uma curvatura da nuca ou um fragmento de pele entre os pelos, esses pedaços de poema ou de sonho induzem a escrita, eles fazem proliferar interminavelmente comentário, eles geram uma mudança de história. São pedras mágicas ou relíquias que transformam os lugares sucessivos para onde são transportadas. Assim, em João da Cruz, os versos de seus poemas são espalhados em destroços indutores de textos doutrinais e pedagógicos relativos a questões; eles poderiam agir em muitas outras circunstâncias e assumir, pois, muitos outros sentidos. Em Surin, seus próprios versos são citados, fragmentos estranhos nos tratados dos quais eles representam as dívidas. O fragmento poético circula por toda parte como um possível começo ou recomeço de história.

Ruídos enunciativos. Esse procedimento é comparável ao que produz então discursos de verdade com fragmentos bíblicos – a Bíblia não sendo mais a totalidade na qual se inscreve uma elucidação verdadeira, mas aquilo de que uma relíquia, pedra arrancada da ruína de um mundo perdido, permite a construção de um tratado. Entre os místicos, no entanto, trata-se de uma relação entre *ficções poéticas* (os *dichos de amor* de João da Cruz) e seu despedaçamento produtor de itinerários ou de *histórias*. Algo desses poemas ou de seus fragmentos não "passa" em histórias e não se conta em encaminhamentos ou iniciações. Plantado na prosa, sem comentário nem transitividade possíveis da ficção à história, permanece o som poético dos fragmentos citados. Espalhando o *corpus* místico inteiro, "há" (*Es gibt*) essas ressonâncias de corpo tocado, "gemidos" e ruídos de amor, gritos que quebram o texto que eles induzem, lapsos enunciativos em uma organização sintagmática de enunciados. Seriam os análogos linguísticos da ereção, ou dessas lágrimas em que

Raymond Lulle reconhecia o *dizer* místico em si:[15] voz sem linguagem, ou, antes, enunciação escorrendo do corpo ferido, mas opaco quando ele não dispõe mais do espaço que oferecia ao dizer amoroso a voz do outro. As lágrimas, afásica enunciação do sofrer, levam o grito ao murmúrio, ao ruído leve do que sobrevém sem que se saiba como, sem a voz do outro, isso se poderia dizer.

O próprio poema fornece marcas de seu *status* de canto enunciativo: por exemplo, o emprego da interjeição (*oh, Noche*...) ou o uso do nome comum como nome próprio interpelado ("*Amor*,..."). Então, como o *ai* da dor, o *dito* não é mais que *dizer*. Ou, então, como no enunciado-apelo de um prenome amado, o *dito* é precisamente o que *acontece* ao locutor: o locutor é acidentado pelo som que ele pronuncia; ele é arrebatado pelo nome que lhe arranca, na esquina de uma rua, uma passante. Identidade do enunciado e da enunciação? Não, porque há *excesso* do som em relação ao sentido. O ruído enunciativo transborda o enunciado.

Desde Teresa de Ávila até Angelus Silesius, o discurso místico não cessa de produzir esse excesso: em aliterações, rimas, assonâncias, ritmos e vocalizações, efeitos de um acréscimo do dizer sobre o dito. Esse *continuum* musical, que não "passa" no texto do comentário, remete a um gozar sem discurso (*gozar sin entender lo que se goza*),[16] mas não sem ruído. Esse dizer do sofrer não sobrevém senão em fragmentos, como os trechos de um refrão ou de uma conversação na memória: lapsos de vozes sem contexto, citações "obscenas" de um corpo, barulhos em suspense parecem certificar, por essa desordem de impressões, que há do outro e, ao mesmo tempo, esperar indefinidamente de uma impossível presença que ela

---

15 Ver Raymond Lulle, *Libro de Contemplación*, que propõe substituir a *lança* do cavaleiro pelas *lágrimas*.
16 Teresa de Ávila, *Libro de la vida*, 18.

mude em seu corpo os vestígios que ela deixou. Assim, os fragmentos de poemas se incisam na prosa que não pode, sem fim, senão produzir seus efeitos.

No discurso civilizado que se protege deles exibindo-os, esses ruídos poéticos são talvez o eco atenuado e parcelar do que aparecia a Jacob Boehme como a origem em um espaço vazio, sem limite, sem Logos e ainda sem Deus: o "furor" de um sofrer entre o pai e o filho, o ruído de uma violência privada de palavra e de objeto, a "guerra" que articula, no entanto, já o desejo de rasgar ou de ser rasgado no ato de viver.[17]

---

17   Jacob Boehme, *Mysterium magnum*, 3, 11 etc.

Capítulo 7

A CIÊNCIA EXPERIMENTAL DA LOUCURA

Muito tempo retido nos bastidores da história por causa de loucura, Jean-Joseph Surin (1600-1665) não deixa de ser, dizem bons juízes (de Jean Orcibal ou Louis Cognet a Julien Green), um "gênio literário" que eles encontram "digno de assumir lugar ao lado de Pascal e de Bossuet".[1] Mas esse místico escritor e poeta ficou "fechado" durante perto de 13 anos, embora de maneira intermitente, na enfermaria do colégio-universidade jesuíta de Bordeaux (1637-1650) – seu "calabouço", diz ele –, e, durante quase 23 anos, mais ou menos incapaz de se deslocar. Herói dos exorcismos de Loudun depois da morte de Urbain Grandier (1634-1637), esse jesuíta tinha manifestado inicialmente sobre esse teatro os sintomas de um mal atribuído então à possessão e mantido, desde 1635, por uma "curiosidade" que intrigava os eruditos (o Padre Mersenne, Peiresc, os irmãos Dupuy etc.). Pouco depois, ele é "preso" por doença mental. Os documentos da época, esparsos em Bordeaux, em Paris, em Roma etc., informam sobre as

---

1 Louis Cognet. In: *Recherches de science religieuse*, 1966. vol. LIV, p. 162-163, e 1968. vol. LVI, p. 169-281; Jean Orcibal. In: *Revue d'ascétique et mystique*, 1966. vol. XLII, p. 385; Julien Green, Préface. In: Jean-Joseph Surin, *Correspondance*. Paris: Éd. Michel de Certeau, 1966. p. 7-23.

desordens fisiológicas e psicológicas do "louco": impossibilidade ou dificuldade de se mover, períodos afásicos, incapacidade de escrever (até 1654), divagações noturnas, furores repentinos, prostrações, etc.[2] No centro desses "males" há, diz ele, o "pensamento" de que ele está "danado", definitivamente "rejeitado" por Deus. Ele próprio, ele contou mais tarde suas experiências de doente em um texto que é, no século XVII, um equivalente das *Memórias de um nevropala* do Presidente Schreber, e que ele intitula *La Science expérimentale des choses de l'au-delà*. Redigido em 1663, esse relato, escrito "para ele mesmo", é uma de suas últimas obras, depois da abundante produção que demarca sua lenta "cura" (colocada por ele de 1651 a 1660) e que a segue: o *Catéchisme spirituel*, o *Guide*, as *Questions sur l'amour* etc. Ele se cura escrevendo. É uma história estranha: "*magna quaestio factus sum*", diz ele.

Considero apenas aqui o relato dessa "viagem", *La Science expérimentale*, e somente as duas partes (II e III) que concernem à doença mental.[3] Seria necessário, sem dúvida, comparar essa autobiografia parcial não somente com o conjunto da obra, mas com casos análogos, menos graves e menos espetaculares, mas relativamente frequentes entre as testemunhas da Contra-Reforma, assim a longa depressão afásica do Sr. Olier ou os quatro anos de neurastenia do próprio Vicente de Paulo. Mais amplamente, seria pre-

---

2   Eu editei esse dossiê histórico na *Correspondance*.
3   Essas duas partes formam um todo, aliás, isolado por todos os manuscritos antigos. Elas foram, eu acredito, tardiamente enquadradas pelas partes I e IV sobre Loudun e a demonologia. Eu cito a edição seguinte: Jean-Joseph Surin, *Lettres spirituelles,* II, 1640-1659. Toulouse: Éd. Louis Michel e Ferdinand Cavallera, 1928. p. 1-151, corrigindo-a e completando-a com a melhor cópia antiga (Paris, BN, fonds fr., 14596); eu a designo por *La Science*, indicando a parte por um algarismo romano e o capítulo por um algarismo árabe. Salvo outra indicação, as aspas remetem ao texto de Surin.

ciso recolocar esse "diário de um louco" em uma literatura banida da qual emergem somente, aqui ou acolá, alguns autores "insensatos" como James Carkesse (*Lucida Intervalla*, Londres, 1679), preso ele mesmo também por loucura em Finsburg, depois em Bedlam e, "*self-curing Poet*", escrevendo aí, para "sobreviver" a seu doutor Thomas Allen, os cantos que lhe inspira Apolo.[4] Esses textos formam a outra face, correlativa e contrária, de uma literatura médica mais bem conhecida, de Zacchias a Willis,[5] ou da *Anatomy of Melancholy*, de Robert Burton (1621) no diário médico do doutor Richad Napier (1597-1642).[6]

Em *La Science expérimentale*, Surin não contesta sua loucura. Ele não escreve, diz ele, "para se defender de uma censura [...] que é de ser estimado louco, porque ele caiu nesse inconveniente de uma maneira tão autêntica que seria por assim dizer chocar o senso comum dizer que não, por causa das estranhas coisas que lhe aconteceram". Bem mais, "ele não temeu muito esse título" de *louco* – "esse belo buquê em seu chapéu, que ninguém quer ter". Esse estado de "insensato" ou de "demente", ele o pensa, seguindo os loucos do Cristo,[7] como imitação desse Jesus que apareceu "diante de todo o povo nessa vestimenta ridícula de um rei de farsa". Por outro lado, ele nega absolutamente "que foi loucura acreditar ter sido danado". Em sua linguagem, está aí a "provação" do espírito e não "enfermidade" de "hipocondríaco".[8] Essas duas "penas" se conjugam, mas não são de mesma natureza. Uma é a divagação da "imaginação", "debilidade da cabeça e dos

---

4   *Lucinda Intervalla:* Containing Divers Miscellaneous Poems, Written at Finsburg and Bedlam. Londres, 1679. Ver, por exemplo, Lillian Feder, *Madness in Literature*. Princeton (NJ), 1980. p. 155-161.
5   Ver Michel Foucault, *História da loucura na idade clássica*. Paris, 1961.
6   Ver Michael MacDonald, *Mystical Bedlam*. Cambridge, 1981.
7   Voir John Saward, *Perfect Fools*, Oxford, 1980, surtout, p. 118-146.
8   *La Science*, II, 4.

sentidos"; a outra concerne à "alma" – o próprio sujeito em sua relação com o outro, Deus absoluto, que o constitui como desejante. No entanto, essas duas penas se "misturam" em uma loucura com rosto duplo, um psíquico, o outro espiritual, que os "observadores" reduzem um ao outro levando tudo, como faz a maior parte, a uma pura "extravagância", ou, como um ou dois amigos que se enganam também, a uma desolação mística. A "ciência" consistirá em distingui-los e em isolar em uma loucura patente o que não depende da medicina, mas da mística.

Essa história "misturada" – "O, matter and impertinency mix'd", dizia Edgar do rei Lear[9] –, Surin o chama um "apócrifo".[10] Ele é ele próprio uma escrita onde a revelação evangélica, verdade do sujeito, está inextricavelmente unida às "quimeras" de uma demência e falada pela mentira da loucura. O discernimento desses dois "espíritos" se efetua no próprio seio das "aventuras" que demarcam esses 20 anos de doença. É um trabalho cujo sujeito é o objeto, uma "ciência experimental" que faz da própria loucura o lugar do "conhece-te a ti mesmo". O relato que, mais tarde, traça o conhecimento adquirido além das fronteiras, em um país "fora do comum" e "fora de sentido", em uma vida "selvagem" e solitária, descreve ao mesmo tempo a descoberta de outro mundo que não o "daqui" ("as coisas do além"), os gestos repetidos que "lançam" para frente o aventureiro em busca de uma "saída" para sua reclusão, e as experimentações que tornam possível uma "ciência do espírito".

É surpreendente que sob esse triplo modo, o relato de 1663 obedece à *forma* de viagem desenhada uns 20 anos antes pelos poemas que Surin, assim como James Carkesse, compunha em seu "calabouço":

---

9   Shakespeare, *King Lear*, IV, 5.
10 *La Science*, III, 9.

Capítulo 7 – A Ciência Experimental da Loucura

> *Je veux aller courir parmi le monde*
> *Où je vivrai comme un enfant perdu*
> *J'ai pris l'humeur d'une âme vagabonde*
> *Après avoir tout mon bien répandu.*[11]
>
> Quero ir correr pelo mundo
> Onde viverei como uma criança perdida
> Peguei o humor de uma alma vagabunda
> Depois de ter espalhado todo meu bem.

O poema apresenta já as provas crescentes da doença como as etapas de uma ciência, mas ele as *des-realiza*, ele as coloca todas no condicional: "Se eu fosse embora...", "Se eu me vejo surpreendido pela doença...", "Se meus pais me chamam insensato...", "Se [...] em um barco sem vela e sem cordame...". Ele não se refere a nenhuma experiência real: "Não é preciso que minha canção descreva." Da história vivida, ele recorta somente sua forma, abstrata tanto quanto poética. Nesse eu que as desgraças privaram de todas as suas capacidades, espaço vazio, a última estrofe da "canção" coloca, enfim,

> a loucura
> Desse Jesus que na cruz um dia
> Para seu prazer perdeu honra e vida.[12]

A esse respeito, a "canção" dá figura cristalina e sem mistura ao que o relato vai contar de modo histórico de uma "mistura de espíritos". Ela fornece um modelo atópico e teórico às experiências que assume, muito tempo depois, a narratividade autobiográfica de *La Science expérimentale*. Bem mais, articulando as etapas de um "gasto" ou de uma "perda" sobre os progressos de um "prazer", o

---

11 [Jean-Joseph Surin], *Cantiques spirituels*. 2. ed. Bordeaux, 1660, cantique 5, p. 25. Algumas versões antigas trazem "*dépendu*" em vez de "*répandu*".
12 *Ibidem*, p. 26.

poema estrutura antecipadamente o "diário de um louco" como relação da viagem com uma ciência diferente. Paradoxalmente, essas "Memórias" de um encarcerado não representam somente uma variante a mais no gênero dos relatos de viagem; elas concernem também à natureza da viagem. Em relação a certo número de relatos "modernos" que eu tive a oportunidade de analisar – de Jean de Léry até Bougainville[13] –, essa variante saída de um aprisionamento físico e mental esclarece as questões que toda viagem tenta articular sob a dupla modalidade, geográfica e escriturária, da abertura de outro espaço. Uma vez mais, paradigma que organiza a consciência ocidental, a razão teria como segredo e como revelador aquilo de que ela se arrancou, constituindo-o como seu "outro" – aqui, a loucura.

1. A DISTÂNCIA OU O ESPAÇO

A viagem só toma forma a partir de uma divisão do espaço: aqui/lá. Em sua *História de uma viagem ao Brasil* (1578), Jean de Léry distribuía os lugares entre "aquém" e "além". Esse corte é a condição de possibilidade do relato de viagem como uma variante espacial de *heterologia*,[14] isto é, de um discurso que fala sobre/do outro. Por toda parte necessária, ela apresenta, no entanto, modalidades que mudam segundo os tipos de espaços que o relato considera. Por exemplo, na cesura "aqui"/"lá", que estrutura as viagens extáticas e as circulações da região terrestre às regiões celestes (céu, purgatório, inferno), sucede, a partir do século XVI, uma divisão mais geográfica entre "aqui"

---

13 Ver, por exemplo, Michel de Certeau, *A escrita da história*. 3 ed. Paris, 1978. p. 225-231, sobre Jean de Léry. Forense Universitária – Grupo GEN.
14 Ver Michel de Certeau, *Heterologies. Discourse on the Other*. Minneapolis (MN), 1986.

e "lá"; e quando essa divisão supostamente física perde sua importância com a expansão colonizadora e científica, ela é substituída por outras distribuições do espaço, como a oposição entre o "real" e o "imaginário" (constitutiva de uma literatura que faz do alhures um fantástico) ou a que separa de um presente o passado ou o futuro (dando ao alhures a figura de uma origem ou de uma utopia prospectiva). Essas diversas modalidades do corte espacial se estratificam, aliás, de modo que, nos textos, elas não cessam de exercer umas sobre as outras e que não há delas, pois, nenhuma forma pura.

Encarando como o relato manifesta essa condição da viagem, constatam-se dois movimentos contrários: o relato deve *estabelecer* a diferença (e, portanto, mostrar que ele transporta "alhures"), e, no entanto, *superá-la* (para descrevê-la, simbolizá-la e, frequentemente, assimilá-la em um texto). Por exemplo, ele estabelece a diferença contando as "experiências" da viagem (distâncias percorridas, tempestades, privações, doenças etc.) e destacando o caráter "extraordinário" do que se vê "lá" (estranhezas incríveis, monstruosidades terrificantes ou maravilhas indescritíveis, isto é, tudo o que Heródoto, descrevendo os Citas, coloca já sob a categoria geral do *thôma*).[15] Por esse lado, ele desenvolve uma retórica do outro. Mas, ao mesmo tempo, enquanto ela se exerce no que escapa à nossa linguagem ("não há palavras para isso"), a construção de um texto obedece à lei de seu lugar. O afastamento provisório de uma alteridade leva, finalmente, ao ponto de partida uma justificativa ou uma lição, isto é, nos dois casos, uma legitimação do lugar onde o texto se escreve. Ele permite uma "*apologia pro domo*". Por esse lado, o relato equivale a uma lógica do mesmo. Discretamente, ele se

---

15 Ver François Hartog, *O espelho de Heródoto*. Paris, 1980. Há tradução brasileira.

conforma com ela e a fortalece. Não se deve, aliás, responder à necessidade de "pensar isso", e, por conseguinte, reduzir o estranho ao que é "pensável" em um âmbito de referência inicial?

A conciliação dessas tendências contrárias se identifica em alguns procedimentos que caracterizam o relato de viagem. Destaco dentre eles dois mais importantes:

1. Os deslocamentos do narrador a diversos lugares marcam, gradual ou subitamente, a passagem de um "aqui" a um "lá". Essa ilustração narrativa da dicotomia espacial se redobra com uma distância cronológica entre o passado da viagem contada e o hoje da escrita: o corte temporal orquestra em oculto o corte espacial e, da *História* de Léry aos *Tristes trópicos* de Lévi-Strauss, ela acrescenta seus efeitos próprios de distanciamento à série dos lugares percorridos. O passado reforça o distante. Mas, no modo espacial como no modo temporal, a enunciação se encontra privilegiada: "Eu estive lá e eu vi." A disseminação dos lugares e a ruptura do tempo trabalham na heroicização do viajante-narrador, sempre o mesmo, que sai qualificado de suas passagens pelo estrangeiro. Desse ponto de vista, multiplicando os deslocamentos, os enunciados servem como fazer-valer ao enunciador, que ele próprio faz a unidade do texto.

2. O extraordinário é narrativamente produzido por aumentos ou miniaturizações de unidades familiares ao leitor, e por combinações desconhecidas de elementos conhecidos. Assim, já, o longínquo se liga e se volta para o próximo. Além disso, para figurar o excepcional, as descrições de "maravilhas" utilizam muito frequentemente o quantitativo, isto é, o número, as dimensões, as proporções etc. O número, em particular, constrói a representação da alteridade. Por essa razão, o estranho se acha colocado em uma escala comum que o torna assimilável e que permite conjugar com um efeito de "outro" uma redução

ao "mesmo". Como a enunciação valoriza qualitativamente o narrador, os enunciados garantem quantitativamente um retorno ao ponto de partida.

La Science expérimentale coloca em jogo uma retórica da distância pela intensidade de seu léxico espacial ("vias", "regiões", "países" etc.), pela exatidão das indicações de lugar e de movimento no interior do "reduto" onde se encontra o doente como durante suas raras saídas, enfim, pelo imaginário marítimo que constitui o horizonte de todo o relato: em "um mar de rigores e de severidades", entre "as tempestades furiosas do desespero", Surin é "um barco sem leme", "as ondas erguendo o barco até o céu e depois rebaixando-o até os infernos",[16] de modo que ele fica surpreso de "ter escapado dos rochedos e das sereias e dos outros perigos", monstros, abismos, estreitos, ventos e tempestades.[17] Mas a paisagem marítima parece pintada na parede do calabouço, como as criações da Arte bruta.[18] De fato, esse Ulisses viaja essencialmente no "pequeno quarto" da enfermaria, e "muito sozinho naquele espaço". O ambiente obsessivo do texto é constituído pelo leito e pela "ruela do leito" ("minha morada [...] vários anos") com todo "o necessário" em torno, as cortinas, os alimentos, as irrupções brutais do enfermeiro, principalmente a janela um tempo "barrada com barras de ferro" e, no entanto, "meio de ver uma bela paisagem", "abertura" por onde brilha um "relâmpago" divino, quadro onde se inscrevem em capitais as palavras "Amor puro".[19] O doente se mantém muito tempo aí em sua cama

---

16   La Science, II, 10; II, 15; III, 10; III, 16.
17   Ibidem, III, 9-10. Sobre esse imaginário da tempestade no mar, ver Robert Myle, De la Symbolique de l'eau dans l'œuvre du Père Surin. Louvain, 1979. p. 51-87.
18   Ver Michel Thévoz, L'Art brut. Genebra, 1975; W. Morgenthaler, Adolf Wölfli. Trad. Henri-Pol Bouché. Paris, 1964.
19   La Science, II, 14-15; III, 4; II, 10; II, 13; III, 6.

"como uma 'sole' [barra de madeira] colocada contra uma porta", sem "poder nenhum de mexer nem pés nem mãos para se consolar".[20]

O afresco de tempestades oceânicas cria um efeito de distância, mas, com a diferença do que acontece nos itinerários geográficos, ele tem por função ser *visivelmente* a metáfora de outra espécie de viagem, organizada pela distância de si a si. Como em outros relatos de loucura, como a *Aurélia* de Nerval,[21] essa distância gera uma transformação das técnicas narrativas. Levantarei duas delas, que remetem uma ao corte "aqui/lá", e a outra, ao extraordinário. Uma concerne à relação do narrador com o personagem do relato; a outra, à focalização do conteúdo semântico pelas modalidades (saber, querer, dever etc.) e primeiramente pela questão do "possível".

"Eu" e "ele"

Em *La Science expérimentale*, o corte entre "aqui" e "lá" acontece entre o narrador e o herói da autobiografia. Ele diz respeito menos ao conteúdo do relato que à própria construção do texto: o narrador ("eu") está "aqui", e o personagem ("ele", "o pai") está lá. Índice literário da loucura, essa distância provoca oscilações textuais de uma à outra dessas posições. Surin conta que um dia, no "corredor da enfermaria", ele "caía ora de um lado, ora do outro".[22] O relato parece avançar assim também, falando um por vez em "eu" ("eu me recordo...", "eu não tenho a pretensão...", "eu fui enviado...") ou sobre "ele" ("ele foi enviado...", "ele não podia nem pensar nem falar..." etc.). Lesão do enuncia-

---

20 *Ibidem*, II, 7 etc. A "sole" é uma peça de madeira.
21 Ver Ross Chambers, *Gérard de Nerval et la poétique du voyage*. Paris, 1969, principalmente p. 343-398; Soshana Felman, *La Folie et la chose littéraire*. Paris, 1978. p. 67 e segs.
22 *La Science*, II, 13.

dor, dividido em sujeito que escreve e objeto contado: "Eu falo aqui ora na primeira pessoa, ora na terceira."[23] Essa "terceira pessoa" é "uma coisa lamentável de ver"[24] – um "pacote" "lançado pela janela e jogado a 30 pés longe da muralha, até a margem do rio, tendo sua roupa vestida, seus chinelos nos pés e seu barrete na cabeça".[25] Em um primeiro nível, a tentativa de suicídio pertence à problemática do ob-jeto – o que é lançado, jogado fora.

Como o relato de viagem gera a relação de dois espaços heterogêneos, o texto de 1663 é o tratamento das relações entre a primeira pessoa e a terceira. Explicando a legitimidade da tarefa, o primeiro capítulo estabelece o "eu" que escreve: "Eu estive muito tempo em dúvida se colocaria por escrito as coisas..."[26] O segundo capítulo estabelece a outra pessoa ("O pai saiu...") e inaugura o relato em "ele". Durante o texto, "eu" se dá como "curado", descreve a loucura como um "passado", analisa como juiz os conflitos contados e não participa mais da "experiência" excepcional das "coisas do além"; "ele", ao contrário, é "louco", preso pela doença, preso nos debates com seus contemporâneos, mas dotado de um saber privilegiado pelas "operações extraordinárias" que se produzem "nele".[27]

Eu (narrador)	Ele (herói)
curado, ele tem sua razão	ele é *louco*
a loucura no *passado*	a loucura no *presente*
julga os conflitos	é *parte* nos conflitos
não tem mais a experiência-ciência	dotado do *saber* experimental

Quadro 3.

---

23   *Ibidem*, II, 8; ver II, 4.
24   *Ibidem*, II, 3.
25   *Ibidem*, II, 11; II, 4.
26   *La Science*, II, 1, primeira frase.
27   O início de *Aurélia* apresenta uma estrutura análoga (Gérard de Nerval, *Œuvres*. Paris: Éd. Albert Béguin e Jean Richer, 1974. p. 359 e segs.). Ver S. Felman, op. cit., p. 67-68.

A razão, privada da experiência, enfrenta a experiência, privada de razão. Essa estrutura, análoga à que organiza o discurso etnológico (ou a interpretação dos sonhos), torna possível a combinação dos dois polos em uma exegese dessas "operações". O ajustamento se efetua primeiro pelo apelo do texto presente a um "eu" que estava já escondido atrás do insensato e que observava suas loucuras sem poder controlá-las: "Eu me lembro de tudo, por causa da reflexão toda e sabedoria, *no fundo*, que eu tinha então."[28] O "eu" que escreve hoje pode citar um "eu" cuja reflexão estava já aí, "no fundo", sob as extravagâncias passadas do enfermo. Esse "eu", invisível ontem "no que parecia", pode, enfim, vir à tona; é aquele mesmo que escreve "agora". A oposição entre "eu" e "ele" é a partir de então assimilável à oposição, tradicional no relato de viagem,[29] entre ser e parecer.

O relato se torna a história dos progressos desse "eu" na região alienada do "ele". Na primeira parte (*La Science expérimentale*, II), depois da introdução, projeto de escrita em "eu" (cap. 1), tem-se no início um pequeno bloco em "ele" (cap. 3-4, consagrados à alienação máxima, afasia, paralisia, tentativa de suicídio), mas, no fim, ele já é diminuído por algumas aparições furtivas do "eu". Depois vem uma zona de alternâncias (cap. 5-9) onde se passa de um ao outro, a entrada do "eu" correspondente cada vez ao

---

28 *La Science*, II, 7 (eu destaco). Ver, a propósito dos golpes e injúrias que ele recebia: "[...] louco, como eu estava realmente no que *parecia*, mas *no fundo*, não mais que agora" (*ibidem*); "Nosso Senhor me deixou a razão e a advertência tão grande que eu tenho nesta hora" (*ibidem*); "eu não fui jamais mais sério em meu sentido nem mais atento a Deus em minha razão, nem mais desejoso de satisfazê-lo, mas jamais menos poderoso, ao contrário louco, em tudo o que eu fazia por um desregramento de imaginação que eu não podia nem dizer nem guardar" (*ibidem*).
29 Por exemplo, em Jean de Léry: ver M. de Certeau, *A escrita da história*. Ed. Forense Universitária – Grupo GEN, p. 221-260.

ato presente de escrever ou de lembrar-se.³⁰ Sucede, enfim, uma vasta zona de alguma maneira pacificada (cap. 10-17) onde se trata da cura e onde o "eu" triunfa, com somente três chamadas do "ele". A parte que segue (*La Science expérimentale*, III), inaugurada por um retorno ao "ele" (cap. 1), confirma o triunfo do "eu", mesmo se, como uma alma que volta, "ele" aparece ainda frequentemente, salvo no fim (cap. 12-14). Essa história é a da escrita, uma experiência presente. Ela leva a "eu", "aqui", o país estranho do si ("lá"). "Não tendo em vista escrever isso senão *para mim*",³¹ diz Surin, fazendo memória de suas "aventuras" no modo de um retorno à "vida comum" (marcado, no fim de cada parte, pela emergência do "nós"), ele exerce o ato de escrever como uma operação que poderíamos chamar terapêutica ou psicanalítica, mas que é, na realidade, a *reconquista* dos enunciados pelo locutor, e do "ele" pelo "eu". Ela dá ao "eu" um espaço de inscrição. Ela rearticula o sujeito em um mundo perdido.

As modalidades: querer, poder, crer

O extraordinário pontua *La Science expérimentale* como todo relato de viagem. É o caso de "coisas estranhas e tão pouco críveis [...] que se vai tomar", diz Surin, "como verdadeiras fantasias e imaginações", "maravilhosos ódios contra Jesus Cristo", "opressão incrível", experiências inimagináveis ("eu não tenho ideia de nada nesse mundo que esteja em igualdade com isso") etc.³² O "estranho"

---

30 O ato presente de escrever: por exemplo, "onde *eu* estou agora escrevendo isso" (*La Science*, II, 4, primeiro retorno do "eu"), "agora *eu* estou aqui..." (II, 4), "*eu* não pretendo" (II, 6), "o que *eu* devo dizer" (II, 7), "*eu* disse que" (II, 8) etc. O ato presente de lembrar-se: por exemplo, "nessa hora em que *eu* me lembro" (II, 5), "cuja lembrança *me* toca" (II, 8) etc. Sou eu quem destaca.
31 *La Science*, III, 14. Eu destaco.
32 *Ibidem*, II, 1; II, 7 etc.

reina sobre a primeira metade do texto, consagrada às "provações"; o "extraordinário" sobre a segunda, consagrada às "graças". Elas são as duas demarcadas por histórias "notáveis" que têm valor de "*exempla*".[33] É a retórica própria do gênero, ainda que ela se desenvolva, como se verá, em um terreno muito específico.

Mas, na medida em que o extraordinário tem por objetivo fazer acreditar na diferença e tornar verossímil um "lá", *La Science expérimentale* expõe uma problemátia que concerne antes à possibilidade ou à impossibilidade de acreditar. Mais amplamente, as modalidades dominam o texto e o organizam: crer, dever, poder, saber, querer. Colocado inteiramente sob o signo do que Surin acreditou saber e do que lhe "semelha" ou "parece" verdadeiro, portanto, envolvido com uma "aparência" que afeta as asserções, o relato se torna um labirinto sutil de combinações entre modalidades: poder crer, crer poder, querer saber, querer crer etc. Essa rede capta em suas linhas todas as histórias, que formam assim uma narrativização das modalidades.

Sem entrar no detalhe, a geografia dessa constelação bastará para caracterizar esse relato que se declara uma ciência. O *saber* é seu desafio: no início, ele é indissociável do parecido e da mentira,[34] portanto, da suspeita; seu *status* e sua natureza resultarão, finalmente, de todo o percurso narrativo, eles serão seu efeito. Por outro lado, o *querer* é a mola permanente desse percurso: do começo ao fim, Surin não "quer" senão uma só coisa, conformar-se com a vontade de Deus; ele quer o querer do Outro. A incerteza do saber e o imutável do querer constituem os dois

---

33 "É preciso que eu dê um exemplo notável", "é preciso que eu diga uma outra história" (*La Science*, II, 14) etc.
34 Ver Eugenio Costa, La tromperie, ou le problème de la communication chez Surin. Note sur quelques textes de *La Science expérimentale*. In: *Revue d'ascétique et de mystique*, vol. XLIV, p. 413-423, 1968.

polos da constelação. As outras modalidades articulam as relações entre esses dois termos, a questão central sendo: como conseguir um saber (ou um "discernimento") a esse querer? Nesse entre-dois proliferam as combinações do crer, do poder e do dever cujos entrelaçamentos formam o tecido narrativo.

O enunciado de base seria: eu *quero* fazer o que eu *creio* que Deus *quer*. Entre os dois querer, o crer domina. Como lhe substituir um *saber* de maneira a querer fazer o que se *sabe* que Deus quer? "O estranho" se situa precisamente aí; é a fixação de Surin na persuasão de que ele está danado: ele não *pode crer* que uma abertura é oferecida ao *querer* que o leva para Deus: assim, ele *deve* agarrar-se ao lugar que lhe está fixado na ordem divina e agir como danado, o que ele não *pode* também. "O extraordinário", que se opõe ao estranho é a resplandecente descoberta que é *crível crer* e *possível poder*: "Sim, isso é possível."[35] Acreditam vocês que eu possa esperar, isto é, crer? Tal é a questão que ele dirige aos seus conselheiros. E a ele mesmo: "É possível que eu seja capaz [...] de esperar" em Deus? "É possível [...] que eu possa ser capaz de Deus?".[36] A reduplicação da modalidade (crer que é crível, poder ser capaz) responde ao questionamento das prévias de saber tudo ou de toda asserção, ao mesmo tempo que ela leva Surin à ordem ordinária das coisas. No modo do crer e no do poder, a questão é única: ela concerne à *possibilidade do possível*, uma questão subjacente a toda "empresa" poética ou viajante. Desse ponto de vista, o relato de *La Science expérimentale* trata da possibilidade de toda viagem, ou da possibilidade de outro espaço. Uma interrogação tão louca quanto fundamental.

---

35   *La Science*, II, 12.
36   *Ibidem*, II, 12-13.

A abertura de um possível ao querer desenha, aliás, o mesmo movimento que a inscrição do "eu" na região do si que lhe tornou estranha ("ele"). Sob essas duas formas, passa-se do corte ao que Surin chama uma "saída". Enquanto "eu" estava separado de sua ob-jetividade social (isto é, do "que parecia") e que o querer parecia definitivamente privado do poder de tender para seu objeto (pela "persuasão" de ser "rejeitado" e "danado"), uma "dilatação" é oferecida ao sujeito e um possível é dado ao querer. Para Surin, a escrita corresponde muito exatamente a essa abertura de um espaço proibido durante quase 20 anos. Ele conta como, sempre imobilizado, em 1654, saiu da "impotência de escrever", um dia quando estava privado do amigo ao qual ele ditava textos inteiramente compostos em sua cabeça, no interior: "Eu sentia um grande calor em meu espírito para produzir [*produire*][37] meus pensamentos; era-me difícil que o escritor tardasse a vir. Com impetuosidade, eu peguei a pena e fiz como se tivesse querido escrever. Havia mais de 18 anos que eu não tinha escrito nada [...] Nesse calor eu encontrei escrito e lançado em duas ou três páginas, mas com tais caracteres que não parecia que fosse nada de humano de tão confuso. Depois disso, eu continuei a escrever todos os dias durante um mês."[38] Nascida da relação de um querer (uma "impetuosidade") com uma simulação ("como se"), essa escrita é de repente o "eu" em si "lançado", primeiramente "confuso" e desumano, corpo disforme, depois distinto, na praia, alienada até aí, do "parecer". No modelo da escrita, que permanece uma simulação, o laboratório de uma "saída", o primeiro terreno de ensaio do "possível", produzir-se-á, seis anos mais tarde (1660), a marcha: "Eu avancei no jardim [...] eu entrei nos caminhos do bosque" – não mais

---

37 "*Produire*" significa "dar à luz, manifestar para fora".
38 *La Science*, II, 16.

"deitado" e "carregado", mas traçando com seus passos a floresta do mundo.[39] A escrita não é, pois, extrínseca à experiência como se ela a descrevesse de fora. Ela faz parte dela. Ela é em si "ciência experimental". Ao "eu" ela oferece um caminho para se "produzir" na "*illéité*"[40] do que parece; ao desejo ou à impetuosidade de um querer, ela dá a possibilidade de um respondente a quem se dirigir.

2. O OUTRO MUNDO: A INVENÇÃO DE UM CORPO

A escrita dá ao "eu" um corpo, enquanto ela o "produz" na objetividade do que "parece". Mas o corpo é o que faz sinal a algum outro e ele marca no visível (ou no legível) a espera de um respondente. Por mais mudo ou solitário que ele seja, o escrito é uma voz que prevê uma outra. É a esse título que ele já é um corpo, ou que ele dá corpo ao sujeito. O possível ("Sim, isso é possível") é aqui *a possibilidade de ser esperado*, que sozinha permite a um corpo, físico ou escriturário, nascer.

A existência da escrita comprova, pois, o nascimento. Ela constitui o *estar-aí* da esperança ou do "poder-crer". Mas seu conteúdo, ele, conta a gênese que tornou possível o nascimento. A memória[41] desse passado preenche um texto que é o efeito dessa penosa gestação. O relato se desenvolve como ao abrigo e no interior do corpo que, enfim, veio à luz. Mais exatamente, ele traz a si essa gênese obscura, ele a conduz até o momento em que ele está-se produzindo (esse momento e esse lugar "em que estou

---

39 *Ibidem*, II, 17.
40 **N.T.**: *illéité* – palavra formada na base de *il/ille*, 3ª pessoa do singular. V. Derrida.
41 "*Il me souvient*" – "Ele me lembra", repete Surin (*La Science*, II, 8), expressão a entender como "*Il me revient*" – "Lembro-me", retorno do "ele" ao "eu".

agora escrevendo isso").[42] A colocação em relação textual da interioridade (que, em sua prisão, procurava "furiosamente" uma saída) com a exterioridade do "ar" (que, em Surin, designa ao mesmo tempo o respirável, o musical e o visível) – ou do calabouço passado com a circulação presente – será, pois, senão o nascimento, pelo menos o exercício desse corpo, sua própria marcha, o modelo ou o protótipo das mil maneiras de dar corpo ao desejo. Aliás, para o escritor que é Surin, o escrito traça o movimento de uma palavra, é um começo de corpo falante. Essencialmente, ele é a colocação em jogo de um dizer, mas nas condições de simulação (um "como se") e de restrição que lhe impõe ainda uma solidão.

Remontando às suas origens, a escrita encontra primeiramente "um mar de rigores e de severidades": em uma palavra, a mãe. Sem voltar sobre o papel da Senhora Surin,[43] oposta à "mãe" Jeanne des Anges ("filha" e confidente do "pai" Surin durante quase 30 anos),[44] sem procurar, pois, perscrutar a genealogia de um corpo perdido em mãe (uma questão sobre a qual Surin deixa escapar mais coisas que sua discrição o desejaria, e que interessava já muito seus críticos),[45] bastará seguir o que o relato conta da gênese de um corpo, duração interior que vai da separação inicial à abertura de um espaço. Descrição fe-

---

42 *La Science*, II, 4.
43 Ver, na "Introdução" à *Correspondência*, "o segredo de uma criança", p. 42-51, e, na mesma obra, o apêndice sobre "a família de Jean-Joseph Surin", p. 1.685-1.720.
44 Ver, na *Correspondência*, o apêndice sobre "Jeanne des Anges", p. 1.721-1.748; e Michel de Certeau, *La Possession de Loudun*. Éd. revue, Paris, 2005.
45 "Alguns iam pesquisar até em uma raça e um horóscopo, e por observações tomadas do que tinha acontecido em minha juventude..." (*La Science*, II, 11). Em 1639, um colega, Léonard Champeils, invoca contra Surin "um espírito de melancolia que já levou à loucura vários de seus parentes" (*Correspondance*, p. 454).

nomenológica: não se trata de saber se é "verdadeiro" ou "falso" nem de fazer um diagnóstico (não somos os médicos de Surin), mas de escutar o que o discurso diz do corpo. Aqui, como sempre, o relato não exprime somente explorações feitas antes dele, ele modela o que narra, ele faz o que ele diz, ele é performativo, ele inventa tanto quanto inventaria o espaço que ele articula.[46] Três aspectos surpreendem principalmente nessa invenção de um corpo: a importância dada aos detalhes da vida ordinária, a tatilidade do corpo interior, a concentração sobre uma fisiologia da respiração.

O extraordinário do ordinário

As "pequenas coisas necessárias" se alteram em "penas terríveis". O familiar se torna monstruoso. Ele é demarcado por "dificuldades horríveis" e por "males furiosos".[47] Não é somente andar ou dar um passo que se metamorfoseia em extraordinário, mas mexer-se, vestir-se ou desvestir-se, desfazer um colchete da batina, mudar de camisa (uma tragédia semanal que, a partir da quinta-feira, transforma o fim da semana em "angústia" e em "torturas"),[48] apagar a vela, almoçar, colocar o pedaço na boca, beber (Deus, diz ele, "lhe tira o copo da boca"), ex-

---

46 Ver Michel de Certeau, *L'Invention du quotidien, I. Arts de faire*, nouv. Ed., Paris, 1990, "Récits d'espace", p. 170-191.
47 *La Science*, II, 4 e 9.
48 *Ibidem*, II, 17: "Eu sofria tão extremamente com essa mudança de camisa que, algumas vezes, eu passava a noite do sábado ao domingo quase todo para tirar minha camisa e pegar a outra, com extremas dores, tanto que era uma coisa ordinária em minha alma, todas as vezes que eu pensava ter alegria quando era antes de quinta-feira, e grande angústia quando era na quinta-feira, ou no dia seguinte, por causa dessa mudança de roupa que me dava torturas..." Mas era uma "provação de que nada me podia isentar tão grande era o desejo de me manter asseado e limpo".

perimentar até, visto que, fundo do abismo para um bordelês, "o gosto do vinho lhe é retirado" ("parecendo-me efetivamente que era água [...], era realmente uma vida de condenado na terra")⁴⁹ etc.

Um mundo de detalhes triviais, banais, evidentes, passa para a esfera do estranho. Transformado em uma população de adversários insuspeitos e de inimigos perigosos que "disputam" com Surin seu espaço, o quotidiano acede também ao *status* de assunto literário. Ele se torna o desafio de uma guerra que o louco não cessa de perder. O insignificante é o essencial. Sem dúvida, a espiritualidade estabeleceu há muito tempo essa lei, e Surin a conhece ("pequenas faltas esquecidas alcançam grandes efeitos").⁵⁰ Mas aqui os objetos e os gestos familiares mudam de natureza. O selvagem, o hostil, o impossível aí estão escondidos. Já toda viagem não protegida descobre o fantástico do quotidiano: a insignificância do corrente diário aí se metamorfoseia em aventura; do comer ao dormir, do quadro habitual de vida aos "bem entendidos" da comunicação, todo o ordinário se encontra afetado pela estranheza e forma o campo de operações heroicas. A loucura de Surin, "retirando"-lhe seu espaço de práticas corporais, provê o quotidiano, bem antes de Freud – ou Gombrowicz –, com uma pertinência nova. Ela articula a questão do sujeito em termos de trivialidades quotidianas. No modo de uma invasão hostil, ela evoca já o credo do último Wittgenstein: a filosofia só tem futuro tornando-se "uma sinopse de trivialidades".⁵¹

---

49 *La Science*, II, 9.
50 *Ibidem*.
51 G. E. Moore, Wittgenstein's lectures in 1930-1933. In: Robert R. Ammerman (ed.), *Classics of Analytic Philosophy*. Nova Iorque, 1965. p. 284.

A tatilidade do corpo profundo

Provocando um retiro ao interior, a agressividade do ordinário dá lugar a uma estrutura que era, no século XVI, uma figura filosófica tanto quanto patológica: a melancolia. Sofrendo por estar *separado* do mundo, o melancólico o *vê* mais. Menos ele é, mais ele vê. O olho se faz sujeito em relação ao inumerável dos objetos. A dor de estar privado de uma participação nas coisas tem como contrapartida o gozo de observá-las. Em Surin, a diminuição do lugar que ele ocupa e que se reduz a um calabouço interior exorbita também a visão. Mas com a diferença da contemplação dada à "*Melancholia*" filosófica, a visão se torna uma experiência temível, oposta ao tato, que é gozo interno do corpo.

Órgão da exterioridade, a visão não conquista as coisas. Ao contrário, os objetos e as pessoas para os quais Surin leva seu olhar – um olhar de desejo e de espera (com "uma incrível atração de ir ver...") – lhe remetem um furor do mundo. São os atores "fulminantes" de um último Julgamento. De todas as partes, olhos temíveis e vingadores o acusam. Ele não vê, ele é olhado, e o mais frequentemente do alto. Ele é "morto" por esses olhares. Assim, ele tenta suicidar-se, para "ser visto" enforcado diante do altar ou precipitado na calçada.[52] Aquiescer assim à "ordem" divina que o rejeita para sempre e que ele tem como certo, não é também validar o julgamento de confrades, como seu provincial jesuíta que decide "que era preciso distanciá-lo da vista do mundo"?[53] Sobretudo não é ser solidário com a reação, muito mais primitiva, de alguém que não podia vê-lo? Traço característico, essas visões terríveis "se gravam" e "se escrevem" nele, elas o "tocam" de uma maneira "indelével";[54] escritas, pois, como olhares

---

52   *La Science*, II, 5.
53   *Ibidem*, II, 4.
54   *Ibidem*, II, 9; II, 13; III, 2; etc.

que ferem, mas como tatuadas em estigmas dentro do corpo, elas "se imprimem" em uma pele interior de que as percepções têm algo de mais arcaico e mais fundamental que as sensações visuais.

Esse tato se identifica principalmente com as palpações bucais ou estomacais e às reações confusas de múltiplas papilas internas: ele é fonte de suavidades e de certezas. O corpo é uma gruta onde se mantém e se restaura uma vitalidade que escapa a qualquer vista. Enquanto a cabeça está "enfraquecida", atingida, rompida e "desmontada", os membros jazem ligados e os músculos e os nervos estão "retesados", uma sensorialidade eufórica e secreta anima as regiões que privilegia o corpo contado: o palato, o diafragma, o peito, o estômago, lugares cegos onde se produzem prazeres e evidências. Fechado em seu corpo, Surin descobre uma proliferação estranha, autônoma e segura, própria à superfície interna de suas paredes. Inversão do relato de viagem ordinária, que é uma epopeia do olho, a descrição desses "calores" e dessas "carícias" íntimas sugere, antes, invenção de uma interioridade viva que, ela, se mexe e discerne, goza e conhece, a história de uma gravidez que teria durado uma dezena de anos.

Entre muitas outras, uma cena pode esclarecer essa antinomia entre a visão, que rejeita Surin, e o gosto, que o "repara". "Minha língua", diz ele, "sente Deus e experimenta Deus, como ela degusta o moscatel e o abricó e o melão". "Embora isso seja muito contrário aos escolásticos e filósofos, ele tem a certeza de sentir "como um ser divino se ele fosse potável". O que é "delícia", "regalo", "calor" no estômago ou nas entranhas como tivesse feito "uma bebida de vinho da Espanha ou de hipocraz", "um restaurante exótico ou quintessência preciosa".[55] O gosto, sentido do próximo, contradiz a visão, sentido do longínquo.

---

55 Ibidem, III, 5.

A tatilidade garante uma abordagem acariciante que sempre, talvez, tenha faltado a Surin. De toda maneira, bem longe de referir-se a uma afirmação metafísica que alia a palavra ao ser como é o caso do rito (eucarístico) ou do enunciado (dogmático), esse "efeito sensível pelo gosto e pelas membranas interiores do palato e do estômago" conjuga uma *erótica* a um *conhecimento*. Essa experiência de mucosa é do tipo epistemológico (ela diz respeito a uma "certeza"), mas uma epistemologia fundada em um tato e articulada em um discernimento dos prazeres. Ela faz supor ao tato, isto é, a uma função erótica indissociável de uma relação com o *outro*, um valor de conhecimento que a relação visual não tem com um *objeto*.

O corpo nasce, em todo caso, dessa experiência. No fantástico de que se acompanha esse nascimento e que tem, no imaginário de uma loucura, as atitudes de um relato mítico ao mesmo tempo certo e fictício, o corpo aparece como uma gruta ocupada pelos "lagos do ventre" (Groddeck); é uma "boca" imensa. Nas margens desses lagos, as ondas "deliciosas" do outro vêm "beijar" as margens interiores que constituem as "membranas interiores".[56] Talvez essa tecla obedeça ela também, da mesma maneira que a escrita, à lei do "como se". Na cena citada antes, Surin "imagina" que ele repete a sequência sacramental eucarística do pão e do vinho, tomando o cuidado de distinguir sua simulação com aquela a que ele procede. Trata-se para ele de um simulacro barroco do rito "real", simbólico e social, de que ele está privado. Mas esse desvio constrói outra cena da ciência. Ele marca a passagem a um paradigma novo que substitui os "efeitos" de uma erótica às afirmações de uma metafísica divina, e que en-

---

56 Ver Jean-Joseph Surin, *Questions importantes à la vie spirituelle sur l'amour de Dieu*. Paris: Éd. Aloys Pottier e Louis Mariès, 1930, III, 2. p. 116-117.

contra a partir de relações sensoriais esse "grande princípio de vida"[57] que a instituição de sentido não garante mais ao corpo.

O pathos fisiológico da respiração

Esse corpo vivo por dentro é estranho ao que conhece o médico, cujo saber se mede no que ele vê abrindo-o. Surin não leva a sério nem o doutor que, para refutar sua impressão de não poder respirar, lhe lembra os "60 músculos" que "servem para a respiração",[58] nem os doutos que pretendem curá-lo com bons caldos, divertimentos e sono.[59] Ele canta:

> Médicos, boticários,
> Eu renuncio aos seus mistérios[60]

De fato, ele não "renuncia" a isso tão radicalmente, visto que a percepção que ele tem de seu corpo continua em grande parte organizada pelo saber dos médicos contemporâneos. Como eles, ele distingue as "faculdades animais" que são lesadas e "as vitais" que permanecem "sempre fortes e boas";[61] como eles, ele se refere a essa "química dos humores" e a uma "mecânica dos líquidos", em um universo fluido onde reinam os elixires e onde o "potável" se mistura aos humores;[62] como eles, principalmente, e como a maior parte de seus companheiros, ele

---
57 La Science, II, 11.
58 Ibidem.
59 La Science, II, 10.
60 [J.-J. Surin], Cantiques spirituels, p. 15.
61 La Science, III, 9. A teoria dos "espíritos" prevalece ainda de Robert Burton (The Anatomy of Melancholy [1621]. Nova Iorque: Ed. H. Jackson, 1977, parte I, p. 375 e segs.) até Thomas Willis (ver M. Foucault, História da loucura, p. 318-336, 347 etc.).
62 Ver, a propósito do próprio Descartes, Sylvie Romanowski, L'Illusion chez Descartes. Paris, 1974. p. 83-95.

atribui ao "ar" uma virtude benéfica ou maléfica, decisiva no tratamento da melancolia.[63] Mas a mutação que a experiência interna do corpo introduz no âmbito intelectual que o simboliza é ainda mais notável.

O exemplo mais claro, no centro da "tragédia" de que o corpo interno é o teatro, se refere à respiração ou, como diz Surin, ao "respir" – respirar. Imediatamente, a experiência marca um afastamento em relação à medicina do tempo. Ela não remete mais a uma combinatória de elementos cosmológicos, mas a uma percepção fisiológica, relativa às funções do vivo em sua relação com o meio ambiente. Dois movimentos contrários especificam o que se poderia chamar o sentimento biológico interno da relação com o ambiente: o "estreitamento" e a "dilatação". Eles têm alcance espiritual tanto quanto físico. Assim, as duas séries léxicas que os descrevem valem em diferentes níveis. Tem-se por um lado: fechamento, aperto, obrigação, restrição, imobilidade; ou: fechado, ligado, colado, fixado etc. Por outro, escoamento, torrente, saída, impetuosidade, furor, raiva, canal; ou: dilatado, saído de, tirado de etc. Esse vocabulário luxuriante funciona sobre toda uma gama de registros, por exemplo, desde o sufocamento físico até o desespero moral, mas ele designa uma experiência global cujo referente é constantemente a respiração, não facial, mas interior, a do peito, do pulmão ou do diafragma.

"Meus músculos estavam trancados como cadeados", escreve Surin, a ponto de que, durante "mais de 10 anos", "eu tinha ficado sem ter jamais tido nenhuma respiração pelo diafragma, mas somente do pulmão, e ainda tão estreita" que a palavra era impossível. Ao contrário, a cura faz "sentir abertura na respiração do diafragma" e permite "dilatar seu pulmão e até seu diafragma".[64] Nessa

---
63   Ver R. Burton, op. cit., parte II, p. 34-69, 235-236 etc.
64   *La Science*, II, 11.

região profunda, as diferenças locais (pulmão, diafragma etc.) se redobram com diferenças qualitativas. Ele tem "quatro espécies de respirações": uma "negra, aborrecida e preocupante"; a segunda, "indiferente e baixa"; a terceira, "de elevação" com "paz"; a última se torna "soberanamente tranquila".[65] Uma lucidez sutil identifica todas essas distinções. Ela procura classificar, nomear e descrever um movimento confuso para constituir uma tipologia das respirações, gama fundamental das relações com essa forma primeira do espaço e do *há* que é o *ar* em si. Com essa fina análise que exorbita a dor, o corpo profundo oferece com o quê estabelecer uma gramática fisiológica (ou como é preciso designar essa ciência?) para o impalpável e necessário elemento que dá lugar a todo lugar, para "o meio por meio do qual e no qual tudo pode aparecer" – esse ar que é o próprio aberto, "a clareira do aberto".[66]

A busca de ar recapitula nele o primeiro grito da criança e a mais longa viagem. Ele dá também um espaço ao sujeito, e uma exterioridade à interioridade. O estreitamento lhe é contrário. Ele paralisa a impetuosidade, o calor, a impossibilidade de surpotar a obrigação, em uma palavra, a energia que caracterizam, como se dizia então, a "natureza" de Surin, ou, como ele dizia, seu "instinto". À violência desse contraste, refere-se, sem dúvida, a própria tentativa de suicídio em Saint-Macaire, em 1645. Surin o associa à "janela aberta" que dá para o Garonne, isto é, para o precipício pelo qual ele tinha" então "um furioso instinto". "Ele não tinha lugar", diz ele. Ele precisava de um espaço, e sua condição, ar. Sabe-se que o lançamento de objetos é, no sonho ou na realidade, o meio de se dar espaço. Em Saint-Macaire, Surin é ele próprio, ao mesmo tempo, o objeto rejeitado – o "pacote" que nem Deus nem

---

65   *Ibidem*, III, 3; ver III, 6.
66   Luce Irigaray, *L'Oubli de l'air*. Paris, 1983, p. 14-15, 41-42.

os homens querem mais – e o objeto lançado que cria um espaço: "Sem nenhuma visão do que ele fazia, ele foi lançado por essa janela, e jogado."[67] Ele se lança no ar. É o gesto de toda sua vida, o próprio movimento do respirar.

O não lugar: da loucura à escrita

Por esse primeiro inventário, a viagem que faz Surin em sua loucura – ou mais exatamente: o que ele faz do espaço para onde o leva sua loucura[68] – revela condições essenciais, físicas e simbólicas, de toda viagem. Reciprocamente, "a illéité" das regiões atravessadas por um sujeito, sua relação com o possível, sua capacidade de dar corpo a um "eu", a revelação do ordinário, a invenção de um corpo profundo no curso de itinerários supostamente geográficos, a chamada de ar à qual aspira toda partida etc., seriam aspectos a evocar em todas as viagens, tanto essas que percorrem mares e terras distantes, quanto as que se mantêm na medianidade utópica do real e do sonho.

O resumo, por assim dizer fenomenológico, que acabo de fazer da viagem de Surin em sua prisão deixa ainda entre parênteses os dois pontos antinômicos em torno dos quais se produz, na própria loucura, o que para Surin não é loucura: a danação e a palavra. Uma, encenada na afasia e na paralisia, designa a "persuasão", a "crença", o "pensamento" ou "a impressão" (Surin emprega uma por vez essas palavras) de ser *rejeitado*. A outra, tentada primeiramente em forma de escrita (esse corpo de uma voz que adianta outra), se refere à "esperança" ou à "possibilidade" de ser *esperado*. As duas, também, acontecem, em Surin nesse "nó" biológico onde o corpo procura o ar, onde

---

67 *La Science*, II, 4.
68 Ver já as reflexões de M. T.-L. Penido, Grâce et folie. À propos du P. Surin. In: *Études carmélitaines*, 1939. vol. XXIV, I, p. 172-179: "La folie peut être instrument de la grâce" (p. 176).

o "danado" se vê recusado, onde o escritor começa a encontrar dilatação em sua impetuosidade. Por todos esses traços, a fisiologia do respirar descreve, com efeito, o lugar estratégico onde se origina, entre a afasia e a abundância do "dizer", a comunicação com o outro; é uma fisiologia da palavra. Por conseguinte, é aí também que a viagem começa a se escrever. A esse respeito, *La Science expérimentale* marca a coincidência entre o relato de viagem que é o corpo em si e o relato de viagem que é a escrita. Em suma, esse texto que conta como a relação com o outro decide sobre o nascimento de um corpo falante é também a produção do corpo como relato de viagem ou como escrita.

Capítulo 8

O FALAR ANGÉLICO

No horizonte, ergue-se a multidão imensa dos anjos: "Duzentos milhões", já dizia o livro do Apocalipse no século I;[1] "Trezentos milhões", para Athanásio Kircher, em seu *Oedipus Aegyptiacus* (1652);[2] mais ainda... O matemático e calculador que é Gaspard Schott afirma, em sua *Magia universalis* (1657), poder "demonstrar com evidência" que "o número de todos os anjos" se eleva a um número cuja ordem de grandeza é 10^{62} e que ele escreve por inteiro.[3] O número é enlouquecedor. As letras também: as combinatórias se exacerbam para formar esses nomes de anjos que devem ser, segundo o *De arte cabalistica*, de Johann Reuchlin (1517), "palavras desconhecidas, espantosas, que não significam nada segundo o uso ordinário da língua, mas que nos induzem, provocando o espanto de nossa razão, procurando assiduamente as inteligíveis, depois venerando-as e amando-as".[4] À prolixidade dos números e das letras, simples indício da proliferação angélica nas literaturas e na experiência histórica, acrescenta-se uma nota não menos

---

1 Apocalipse, 9, 6.
2 *Oedipus Aegyptiacus*, Roma, 1652.
3 *Magia universalis naturae et artis*, Würzburg, 1657, Pars III (id est "Mathematica"), p. 598.
4 Johann Reuchlin, *La Kabbale (De arte cabalistica)*. Intr. e trad. François Secret. Paris, 1973. p. 234.

tradicional e paradoxal: se o anjo é o *número* ("miríades"), é também o *singular*. Cada anjo é único de sua espécie; cada ser humano é guiado ou "guardado" por um anjo; e frequentemente o anjo especifica o insólito, o "repentino", o evento particular, a imponderável chegada. Assunto estranho, ele transborda dos saberes, em sua extensão como em sua compreensão. Ele é inapreensível. No entanto, esse sonho, ou essa música, obsecou a especulação e a prática, não somente na Idade Média ou entre tantas civilizações "diferentes",[5] mas na modernidade ocidental que só superficialmente rechaçou esse fantástico. Assim, em Johann Georg Hamann, Rainer Maria Rilke, Franz Kafka, Paul Klee, Walter Benjamin, Antonin Artaud e muitos outros, o anjo é para nós a alma que volta de uma poética e de um pensamento. Para ficar com a cultura ocidental, como não evocar também a renovação da angelologia que promoveu a obra monumental de Henry Corbin, dedicada ao Anjo "hermeneuta do Silêncio divino",[6] e de que Christian Jambet analisou os esperados filosóficos?[7] Que me baste, a título de abertura, citar René Char: "A inteligência com o anjo, nosso primordial cuidado (Anjo, o que, no interior do homem, mantém afastado do compromisso religioso, a palavra do mais alto silêncio, a significação que não se avalia. Conciliador de pulmões que doura os cachos vitaminados do impossível...)."[8]

---

5   Ver *Génies, anges et démons*. Paris, 1971.
6   Henry Corbin, *Avicenne et le récit visionnaire*. 2. ed. Paris, 1979. p. 65. Ver principalmente Nécessité de l'angélologie. In: *L'Ange et l'homme*. Paris: Cahiers de l'hermétisme, 1978. p. 15-79. É preciso acrescentar a isso a suntuosa iconografia reunida por Peter Lamborn Wilson (*Angels*. Nova Iorque, 1980) e dedicada a Henry Corbin.
7   Christian Jambet, *La Logique des Orientaux*. Paris, 1983.
8   René Char, *Fureur et mystère*. Paris, 1948. p. 105.

Essa "loucura" do impossível atravessa até a *Enciclopédia*: "É uma loucura ouvir os concertos dos anjos como alguns entusiastas."[9] Nesta segunda-feira, dia dedicado aos anjos desde o século XV, eu gostaria de me fixar somente nesse tema musical. Não me aventurarei descrevendo a população cantante, concertante, reveladora, reguladora ou justiceira, de que tantas especulações, em particular gnósticas ou dionisianas, multiplicaram e distinguiram as espécies. Deixo de lado os aspectos ontológicos ou cosmológicos. Um primeiro enquadramento seletivo, e só na tradição ocidental, permite considerar nessa multidão uma longa *teoria do "dizer"*: seja sob a forma de uma hierarquia dos "locutores" (Serafins, Querubins, Tronos, Dominações, Virtudes, Potências etc., até os Arcanjos e os Anjos); seja sob a forma de funções do falar (louvor, mensagens, ordens, promessas, julgamentos, etc., por exemplo com os anjos "psicopompos" que pesam as almas,[10] ou com os anjos "da guarda" cujo papel essencial, segundo Tomás de Aquino,[11] consiste em "iluminar" o pensamento individual); seja enfim sob a forma de representações que figuram "estilos" angélicos (por exemplo, os anjos "ápteros" ou sem asas, os primeiros a aparecer nas catacumbas cristãs, no século IV,[12] e ainda os únicos admitidos por Jacob Boehme, com "mãos e pés",[13] ao passo que, na continuidade de uma história que remonta às "vitórias" e aos "gênios" antigos, Paul Klee lhes dá asas, em particular no *Angelus Novus*, o in-

---

9   *Encyclopédie ou Dictionnaire raisonné...*, art. Folie.
10 Ver H. Leclercq, art. Anges. In: *Dictionnaire d'archéologie chrétienne et de liturgie*. Paris, 1907. t. I/2, col. 2080-2161.
11 Tomás de Aquino, *Summa Theologica*, Ia, quest. 113, art. 5, *ad secundum*.
12 Ver André Grabar, *Le premier Art chrétien*. Paris, 1966. p. 225, 230-231 etc.
13 Jacob Boehme, *Aurora*, 12, 83. Ver Bernard Gorceix, L'Ange em Allemagne au XVIIe siècle. In: *L'Ange et l'homme*, p. 141.

separável companheiro de Walter Benjamin).[14] Esse vasto panorama desenvolve, no modo angélico, uma espécie de "*ars dictandi*" de que o quadro celeste e utópico apresenta as modalidades possíveis da enunciação, segundo a tripla formalidade dos *status* do enunciador, dos atos ilocucionários e das retóricas enunciativas.

Da imensa literatura que lhes é consagrada, poética e/ou retórica, só acompanharei a região ocidental e moderna, ela mesma guardada por fortalezas livrescas tais como o *De Angelis* de Francisco Suárez (1620), um in-quarto de 1.120 páginas, ou o de Denys Petau, no terceiro tomo de seus *Theologica dogmata* (1644). Por trás dessa muralha da China, há um mundo: um murmúrio de Anjos. Eu desejaria somente levantar aí alguns traços gerais e algumas figuras do falar angélico. Esses passantes nos remetem à função e às formas de um "dizer" ou, como escrevia Char, à "palavra do mais alto silêncio".

1. METÁFORAS ENUNCIATIVAS: "ANGELIZARE"

Entre tantas outras invenções verbais de que ele tem o segredo, "*angelizare*, angelizar" é uma criação de Nicolau de Cusa: se ele recusa os Anjos reitores da cosmologia medieval, ele designa por essa palavra uma operação do espírito que sai da noite, submetida ao princípio da contradição, e visa ao grande dia solar da coincidência dos contrários. Esse ato de transferência, ato angélico, é, diz ele, "auroral".[15] Tomando como emblema esse belo verbo, eu não pretendo desenvolver a concepção cusana do angélico, relativa à natureza do homem e do conhecimento,

---

14 Ver Christine Buci-Glucksmann, Walter Benjamin et l'Ange de l'histoire. In: *L'Écrit du temps*, n° 2, p. 45-85, 1982.
15 Ver Maurice de Gandillac, *La Philosophie de Nicolas de Cues*. Paris, 1941. p. 443-444.

mas, antes, colocar-me na perspectiva, central nele, de um "operar" ou de um "agir". Meu começo será uma fenomenologia do ato angélico. O anjo recorta a formalidade de uma operação. Minha primeira questão é, pois: "O que é angelizar?" De que tipo de ação o anjo desenha a silhueta? Circunscrita ao campo que eu precisava, uma descrição levanta primeiramente três traços.

A passagem angélica. O anjo traça um riscado na ordem cósmica. Se encontramos em São Paulo, como em certos textos da tradição cristã antiga, uma reserva em relação aos anjos enquanto eles são os "rudimentos do mundo", ou *stoicheia tou cosmou*, e que eles impõem sua lei aos humanos,[16] em geral o anjo figura antes uma transversalidade da comunicação. Ele abre uma brecha e atravessa, ele curtocircuita as hierarquias dos seres e das mediações. Como uma impureza no metal do universo, ele desenha circulações e comunicações diretas por meio da ordem estabelecida. Seria uma transgressão pelo atalho. Mas o essencial se deve ao fato de que essas passagens têm a forma de uma palavra que contesta a ordem das coisas. Assim, no livro dos Juízes, ao povo desfeito e submisso, o anjo, esse "homem divino", anuncia uma vitória; à mulher estéril, um nascimento.[17] Uma poética desafia a hierarquia ontológica e a fatalidade histórica. A palavra angélica restaura uma eventualidade e um possível. Nesse sentido, ela é "metafórica": passagem a outro gênero, invenção de outro espaço, criação de um possível no interior do que os fatos estabe-

---

16   Epístola aos Gálatas, 4, 3 e 9; Epístola aos Colossenses 2, 8 e 20. Era a tese de J. Turmel que, "durante os cinco primeiros séculos, os doutores cristãos reprovaram todo culto dos anjos" (In: *Revue d'histoire et de littérature chrétiennes*, vol. III, p. 550, 1898). Ver a atualização de G. Bareille, art. Anges. In: *Dictionnaire de théologie catholique*. Paris, t. I/1, 1923, col. 1192-1222.
17   Livro dos Juízes, 6, 11-23 (a vocação de Gedeão); 13, 2-22 (o anúncio do nascimento de Sansão).

lecem como impossível. Em um sonho, Jacob "vê" anjos subindo e descendo os degraus da escada que mede distâncias e mediações necessárias entre a Terra e o céu.[18] O espaço do sonho dá assim à "metáfora" angélica sua figura fundamental: uma palavra "passa" as fronteiras dos seres ou das coisas, restaura paradoxalmente uma historicidade no âmbito das leis cósmicas e, sob o signo do súbito e do insólito, abre um campo de possível.

O duplo. Em uma tradição mais moderna, desenvolvida a partir do século XII e luxuriante a partir do século XIV, o anjo é um duplo que assume cada vez mais a forma do "anjo da guarda". Como a própria palavra, esse duplo é afetado de ambivalência. Ora ele representa uma utopia de perfeição, um lugar/não lugar de sentido ou de verdade que se opõe aos avatares e às contingências das situações efetivas; análogo à Ideia platônica, ele "guarda" um modelo que serve de contraponto às histórias particulares e que aí se mistura, no entanto, como o anjo lutando de noite com Jacob, em um combate do ideal com a realidade. Ele é, então, tético e assertivo, mas à maneira como a palavra ou o canto se aparta em relação às coisas para manter aí a referência ao que deve ou pode ser. Nessa perspectiva, ele acaba por ser, como em Kafka, o "guarda da lei", a presença incôngrua de um impossível imperativo do dever. Ora (é aparentemente o contrário), ele dá saída a uma estranheza interna que confunde a estabilidade dos lugares; ele é irrupção do que não se sabe por si mesmo (bom ou mau). Essa "preocupação" angélica seria para o ser o que a etimologia é para a palavra: uma sombra que vem de mais longe, a vinda de uma origem inominável em um signo passante, o "deslocado" proveniente de um fundo desconhecido.

---

18 Gênese, 28, 19. Sobre a "função *meta*" do anjo, vazia "entre os seres", ver Stanislas Breton, Faut-il parler des anges?. In: *Revue des sciences philosophiques et théologiques*, vol. LXIV, p. 225-240, 1980.

Não é surpreendente que os anjos da guarda, figuras do duplo, conheçam um desenvolvimento sem precedente a partir do século XV, com as habilidades e encenação líricas de Denys le Chartreux[19] e de toda uma literatura "espiritual". Fazendo eco a uma consciência nova do individual, eles se ligam também ao esboroamento das grandes sínteses medievais onde o céu simbolizava com a Terra em um só cosmo falante. Eles constituem os mil fragmentos – fragmentos e "palavras" disseminadas – de alianças teológicas rompidas pelo tempo. Nessas angelologias flamejantes, brilham de toda parte as relíquias inúmeras, vivas e passageiras, de "correspondências" que não têm mais garantias cosmológicas e que proliferam nos interstícios de uma sociedade mudada, moderna. Um espaço de entre dois mundos (o celeste e o terrestre) e de entre duas idades (a medieval e a clássica) se enche de anjos que, resistências ou ressurgências de uma experiência fundamental, "guardam" uma simbólica que se está individualizando e tornando-se culturalmente ilícita.

Signos de enunciação. Oscilações entre a lembrança de uma referência ideal ou "imaginal" que se opõe aos compromissos da história e a irrupção de "outra coisa" em um sistema de normalidades, os anjos sustentam uma função da palavra, isto é, uma diferença em relação ao mundo observado. Mas essa função, eles a exercem de um modo muito particular que consiste menos em certificar verdades que a própria existência de uma palavra. Seu conteúdo não é o essencial da mensagem angélica: ela já é conhecida; ela repete frequentemente um versículo da

---

19 Denys le Chartreux, *Opera omnia*. Tournai, 1902. t. XV (Comentário sobre a "Hiérarchie céleste" de Dionísio o Areopagita); t. XXI, 1903 (Comentário das Sentenças, livro II, dist. 2-11); t. XXIII, 1906 (Sermões sobre os Anjos) etc. Ver Anselme Stroelen, art. Denys le Chartreux. In: *Dictionnaire de spiritualité*. Paris, 1957. t. III, col. 430-449; Joseph Durr, art. Anges, *ibidem*, 1937. t. I, col. 580-625.

Escritura, um artigo de fé ou uma verdade recebida. A intervenção angélica transforma esse enunciado comum em um ato de palavra que é dirigido a ti, singularmente, aqui e agora. A novidade consiste não em correções ou suplementos de asserções ainda desconhecidas, mas no fato de que a asserção retida é falada, e, portanto, que há palavra. O anjo *diz que há dizer*. Esse ponto focal organiza o estilo rapsódico, musical, vocal e visual das aparições angélicas. A mensagem é a própria enunciação.

Assim, nas tradições cristãs, o anjo não é um "objeto" de crença. Ele traça antes, no interior de um conjunto de crenças, a própria dimensão do crer, se é verdade que o "crer" se sustenta com a palavra do outro.[20] Signo de um "dizer", ele é o respondente do "crer", e não seu objeto. É, pois, "angélico" o que, de um discurso, de um corpo ou de uma paisagem, é falante; o que "toca" como uma palavra a mim dirigida nesse instante; mas igualmente o que, de uma verdade, não é apropriável, na medida em que ela é o dizer do outro e não uma asserção submetida à verificação. Se ele diz algo, o anjo o enuncia enquanto isso é crível ou, em outros termos, enquanto isso é palavra.

Donde a ambiguidade luxuriante das aparições e das mensagens angélicas. O "dizer" não depende dos valores de verdade. Ele insinua, entre o falso e o verdadeiro, uma incerteza que os relatos de aparições angélicas destacam muito frrequentemente e que o próprio termo "aparição" conota: uma aparência, um parecer. Em nome de que se fiar nisso? Como em todo processo de enunciação, uma garantia pode ser procurada no *status* do *locutor*. "Qual é o seu nome", pergunta Manoakh ao "homem divino" que

---

20 Ver Michel de Certeau, Une pratique sociale de la différence: croire. In: *Faire croire*. Modalités de la diffusion et de la réception des messages religieux du XIIe au XVe siècle. Roma, 1981. p. 363-383; idem, L'institution du croire. In: *Recherches de science religieuse*, vol. LXXI, p. 61-80, 1983.

Capítulo 8 – O Falar Angélico

anuncia o nascimento de um filho de sua mulher estéril e de quem ele ignora a identidade. O anjo diz: "Por que você me pergunta meu nome? Ele é maravilhoso" – um termo (*pile'i*) que significa também "misterioso", "ininteligível".[21] Não haverá nome dado, ou, então, será somente a palavra que serve de emblema ao inominável, ao que se acrescenta, como com Gedeão, um sinal, o fogo, que destrói os signos.[22] Por milhares, as histórias modernas de anjos contam por sua vez esses atos de enunciação que têm como sinais efeitos de recepção – impressões estéticas, toques interiores, fulgurâncias ou suavidades – e que se encontram geralmente colocados sob a modalidade do "parecer". "Pareceu-me ouvir", "se apresentou", "me apareceu", "eu acreditei ver" etc.: uma "aparência" afeta o evento, não para minimizar sua certeza, mas para localizar sua natureza do lado em que a enunciação é apreendida em seu eco, e não abstratamente isolada como uma emissão. O dizer é aqui um fenômeno de recepção e de interpretação. Visibilidade que desaparece, o anjo não tem "estar aí" que se ofereça a um controle objetivo. A palavra crível não pode ser separada do que se acredita dela, do que se acredita ver dela ou ouvir dela. Assim, o anjo escapa ao tempo da verificação, à estabilidade de um quadro de critérios e à classificação onomástica dos *status*, enquanto ele é evento criador de temporalidade, instauração de possíveis (donde sua função poética em matéria de epistemologia) e manifestação do desconhecível próprio a qualquer nome.

Finalmente, se "angelizar" é ser falante, se o anjo é o inesperado do que se põe a falar, qualquer um ou qualquer coisa pode, de repente, assumir a figura angélica. Um an-

---

21   Livro dos Juízes 13, 16-18. Mesma questão no relato da luta de Jacob com o anjo ("o homem" desconhecido): "Jacob o interrogou e disse: 'Revela-me, pois, o teu nome.' Ele diz: 'Por que me perguntas meu nome?'" (Gênese 32, 30).
22   Livro dos Juízes, 13, 20; ver também 6, 21.

tigo comentário talmúdico já o observava. Donde o número – "miríades" – que afeta esse evento singular. Quem é meu anjo? Quem é que de repente "me fala"? Você, talvez, ou essa luz, ou esse olhar de uma passante. Por essa razão, a análise deve se referir ao sujeito enunciatário, ou para a percepção que recebe aqui-agora uma mensagem como "angélica". Uma longa tradição afirma que o anjo fala, mas que não se fala a ele.[23] Ele diz o que se ouve dele. Esse falar orienta, pois, a busca de uma semiótica da escuta, enquanto a nossa se concentra nas produções da linguagem. Ele leva às modalidades da recepção, aos progressos da atenção (isto é, a toda uma linhagem filosófica) e aos efeitos de interpretação que induz uma "hermenêutica do silêncio". No limite, ele supõe que a linguagem é primeiro auditiva, e que ela se instaura por ser ouvida.

2. ESTILOS: SER E DIZER

Em uma história ou uma fenomenologia histórica dos anjos no Ocidente, períodos e clivagens aparecem que é preciso lembrar, por mais grosseiramente que seja, para situar nesse conjunto a experiência moderna. Talvez, mais do que etapas, se trate de tipos dos quais se constatam, aliás, as recorrências e as misturas, e dos quais só a predominância caracterizaria um período. Entre os critérios susceptíveis de gerar uma classificação das variantes que apresenta o conceito de anjo, só guardarei dois que se referem um ao "tempo" do anjo (é um mediador ocasional ou permanente?), e o outro, ao seu modo de intervenção (vocal, musical, em suma, oral, ou estigmatizante, tocador e gravador de corpos, em suma, escriturário). Desses dois critérios ressaltam duas cronologias.

---

23 "Nas antigas tradições, o anjo só transmite a ordem divina, ele não leva a Deus as preces do homem" (André Caquot, Anges et démons em Israël. In: *Génies, anges et démons*, p. 123).

Capítulo 8 – O Falar Angélico

Ocasional versus *permanente*. Segundo essa categorização,[24] um primeiro período apresenta a concepção de um mediador ocasional, "emanação provisória e circunstancial da divindade": é o "enviado", ou *maleâk* da tradição de Israel, até Fílon de Alexandria. Misturado com traços babilônicos,[25] e cananeus por seu próprio nome, o anjo aparece como embaixador encarregado de uma missão que visa a uma situação particular e portador de uma mensagem na primeira pessoa. Agindo publicamente ou em segredo ("o anjo que falava em mim", diz Zacarias),[26] ele se apaga com a palavra que transmite. Mais fundamentalmente, o "Eu" que ele fala não é o seu, mas o de Deus. Ele é *o "dizer" do que ele não é*, de modo que suas intervenções deixam em suspense sua natureza: será Javé ou o anjo que se manifesta no "anjo de Javé"? Será Deus, um ser intermediário, uma aparência, uma imagem? O ato de dizer é um "fenômeno" profético: ele surpreende, temível ou consolador, mas ele torna inacessível a identidade de quem fala. Por seu *status* efêmero, por sua aparição que desaparece, o anjo cria uma fronteira insuperável entre o ato enunciativo e o sujeito falante: um é certo, e o outro, incerto.

Um segundo período, principalmente cristão e medieval, se caracteriza pelo movimento que leva o ato de falar ao sujeito falante (*"actio sequitur esse"*) e que inscreve as intervenções angélicas em uma hierarquia dos seres. Essa problemática, reconhecível hoje ainda na psicologia que analisa o dizer como a "expressão" de um sujeito, visou, pois, a classificar *status* ontológicos em uma ordem do mundo e constrói uma angelologia que supõe por toda parte uma adequação entre a hierarquia dos seres e a ordem

---

24 Ver as notas de Étienne Souriau, *L'Ombre de Dieu*. Paris, 1955. p. 126-172.
25 Ver Marcel Leibovici, Génies et démons en Babylonie. In: *Génies, anges et démons*, p. 85-112.
26 Livro de Zacarias 1, 9; 2, 2; 4, 1; 4, 4-5; 5, 4 etc.

das mediações. Já Fílon de Alexandria integra os "verbos" ocasionais na estrutura platônica de um universo onde tudo é distribuído por graus de seres.[27] Dionísio o Areopagita reforça o sistema "teárquico" dos intermediários angélicos, de maneira que, em sua *Hierarquia celeste*, a ordem das mediações parece excluir uma relação direta do homem com Deus,[28] segundo o princípio geral, retomado por Tomás de Aquino, que "os seres inferiores são administrados pelos seres superiores".[29] Nas vastas arquiteturas dessas metafísicas espirituais, os dados iniciais da experiência angélica se tornam problemas especulativos difíceis.

Assim, Tomás de Aquino tenta salvar a possibilidade, para o homem, de comunicar-se diretamente com Deus (a própria possibilidade que implicava outrora a incerta ou transparente identidade do anjo) e, por outro lado, ele precisa garantir uma ordem cosmológica. O anjo está no cruzamento dessa antinomia entre a transversalidade (teológica) da palavra e a hierarquização (metafísica) dos seres. Ainda que ela tenha parecido "inepta" para Descartes,[30] a especulação tomista sobre os anjos elucida com rigor a consequência a tirar da opção filosófica (uma escolha "indecidível") que estabelece uma anterioridade metafísica do ser sobre o falar. Ela inscreve no céu, espaço da teoria, as implicações (ainda atuais) de um pensamento que funciona sobre o postulado: é preciso *ser* para *dizer*,

---

27 Ver E. Souriau, op. cit., p. 137.
28 Ver René Roques, Introduction. In: Denys l'Aréopagite, *La Hiérarchie céleste*. 2. ed. Paris: Éd. R. Roques et al., 1970. p. LXXVI-LXXX.
29 *Summa Theologica*, Ia, quest. 112, art. 2, resp.: "*Hoc habet ordo divinae providentiae, non solum in angelis, sed etiam in toto universo, quod inferiora per superiora administrantur*".
30 Descartes, *Entretien avec Burman*: "*Bien qu'il ne soit peut-être nulle part ailleurs donné plus de mal, nulle part il n'est plus inepte*" (*Œuvres*. Paris: Éd. André Bridoux, 1953. p. 1.370).

ou que, hoje, suporia uma "experiência" como a condição de sua "expressão". Do ser ao dizer, Tomás coloca a mediação de um saber. O anjo é um ser que sabe, mas que pode ou não "querer dizer". A "vontade de manifestar" ("*velle manifestare*"), passagem do conhecimento à "*elocutio*", defende, contra identidade entre ser, saber e mostrar, a espessura de uma existência própria: entre o ser que sabe e a expressão, o "querer dizer" (uma "intenção de comunicar") ou seu contrário, o "querer esconder" (uma "intenção de calar"), preserva um *segredo* da existência; ele dramatiza de alguma maneira o próprio ato de falar.[31] A palavra se torna um evento. Uma historicidade, apagada do céu pela ordem transparente dos seres, aí se encontra reintroduzida pelo ato de comunicar e por todas as sutilezas intersubjetivas que implica o querer calar ou o querer manifestar. O anjo, enquanto fala, leva à ordem metafísica o "*pathos*" histórico e teológico de um segredo e de sua revelação. Mas ele teve que pagar um tributo a essa ordem, visto que ele é considerado primeiro como um ser e um saber mudos. Nesse modelo, a comunicação é um fenômeno segundo. No começo, há um Verbo que é a razão silenciosa do universo.

Um terceiro período pode ser encarado, a partir da Renascença. Ele seria especificado pela disjunção entre o ser anjo e o dizer angélico. Por um lado o anjo, introduzido no campo das ciências da natureza, aí figura a inteligência reguladora de uma classe de fenômenos, e, por outro, o anjo, entregue ao ocasional, representa os fragmentos maravilhosos de uma simbólica quebrada. Por um lado, tem-se o anjo de que fala Reuchlin em sua *De arte cabalistica*,

---

31 *Summa Theologica*, Ia, quest. 107, art. 1 e 2, a propósito da linguagem entre os anjos. Ver A. Vacant, art. Anges (a escolástica). In: *Dictionnaire de theologie catholique*, 1923. t. I/1, col. 1.222-1.248: e Jean-Louis Chrétien, Le langage des anges selon la scolastique. In: *Critique*, n. 387-388, p. 674-689, 1979.

uma "inteligência agente move o orbe" de cada "esfera celeste" e que é "delegada a esse ofício".[32] Será o *"Angelus rector"* de Kepler, o de Cardan ou de Vanini, mais tarde os mesmos de Fechner. Ele acabará por apagar-se na regularidade que ele sustentava, para reaparecer como defensor das leis ocultas ou desconhecíveis, como nos *Arcanos celestes* e o céu "que fala" de Swedenborg,[33] e até em Balzac ou Annie Besant. Por outro lado (mas as fronteiras não são estanques), pulula a população matizada e maravilhosa, ora alegre, ora temível, dos anjos portadores de certeza que não têm mais lugares no universo físico ou psicológico. Donde, por exemplo, nos séculos XVI e XVII, a imensa literatura, elitista e popular, consagrada aos anjos da guarda. São "palavras" deslocadas, insólitas e viajantes, que autorizam uma dimensão transnatural de que não se sabe mais onde alojar a linguagem.

O anjo vai desaparecer, seja na lei universal das estrelas, seja no evento singular do quotidiano. Nas funções diversas que ele exerce, ele não "permanece". Mas sua ausência não é mais segura. Onde ele é supostamente permanente, ele se apaga, e quando se pensa que é efêmero, ele reaparece. Alguns teólogos modernos o perseguem em seus esconderijos e retiros. Especulativamente é comovente ver Suárez, durante capítulos, procurar onde, pois, está esse anjo capaz de proximidade e de distância (*"capax propinquitatis et distantiae"*), sob o signo da rapidez (*"celeritas"*) e do repente (*"subito"*). Qual é o *"ubi"* angélico, qual é esse lugar, tão fugidio e fundamental quanto o "singular" que é o objeto próprio da ciência angélica?[34]

---

32 J. Reuchlin, *La Kabbale*, op. cit., p. 300-301.
33 Ver Pierre Demange, Swedenborg, l'homme qui s'entretenait avec les anges. In: *L'Ange et l'homme*, p. 157-170.
34 Francisco Suarez, *De Angelis* IV, 1-12, sobre o *"ubi angelicum"* (o lugar – o onde – angélico). In: *Opera omnia*, Paris: Éd. Vivès, 1856. t. II, p. 419-478.

O anjo "não permanece em lugar nenhum" e, no entanto, não sendo infinito, ele tem uma espacialidade própria. Sob a forma do trânsito ("*transitus*") e da comunicação, ele designa finalmente o que "liga" singularidades: ele corresponde ao aporte mais original do pensamento jurídico e político suareziano, preocupado em instaurar um sistema de obrigações civis que contrabalanceia a desordem do mundo.[35] O anjo mantém em algum lugar a "presença" do que *obriga*, em todos os sentidos do termo.

Essa remanescência do anjo, combinada com seu apagamento, pode-se, no domínio do falar, reconhecer-lhe a função de um postulado. Na linguagem, o anjo representa a necessidade de postular um "dizer" crível. Em algum lugar (mas onde? porque só pode ser fora de nossa linguagem), o dizer não poderia enganar. Por mais enganoso que seja o falar, ele postula "em algum lugar" uma enunciação que não engana e que o anjo representa, alojado vez por outra no querer que move as esferas celestes ou na sombra que imita o evento quotidiano, mas desvanecido de cada lugar onde se quisesse estabelecê-lo como garantia. Assim, o anjo está inextricavelmente ligado à questão da mentira (ou do Mentiroso, anjo enganador), e não à do erro (que tem a ver com o enunciado). Ele sustenta uma condição permanente e sempre desvanecente do "dizer" – uma condição que não é situável em um lugar particular do mundo ou da língua.

Nos relatos, ele é, aliás, frequentemente apresentado sob uma tripla modalidade que o libera ou o dispensa dos processos de verificação relativos às asserções constativas: 1. ele é introduzido, como *uma citação*, por autoridades textuais, por testemunhas dignas de fé, ou, o que instaura uma

---

35 Ver Vidal A. Castello, L'obligation politique chez Suarez. In: *Archives de philosophie*, vol. XLII, p. 179-203, 1979, e todo esse número especial consagrado a Suárez.

tradição diferente do crível, pela circunscrição de um espaço isento, o do sonho; 2. ele aparece sob o indício de uma *beleza* cativante, que depende de uma experiência estética ou de uma imaginação poética, e não de um rigor lógico; 3. ele é a assinatura de um *excesso* (mesmo quando é o índice de outra "ordem" das coisas) e, por um "mais" ou um "demais", ele abre um horizonte de "sublime" que transborda, e deve transbordar, as regras comuns da veridicção. Sob esses três modos, o anjo se distingue do apropriável, do verdadeiro e do normal. Assim, quando, com a Renascença, ele escapa às especulações medievais (que procuravam garantir sua elocução por um *status* e que o destinavam primeiro ao silêncio para melhor garantir o privilégio de um ser ou de um saber permanente), ele se põe a anunciar de novo, como em suas manifestações primitivas, o postulado que associa a não enganação do dizer a inapreensíveis instantes. Nessa forma evanescente tanto quanto irrecusável, ele responde pelo falar, sem ser completamente nem um locutor nem uma mensagem.

Oral versus escrito. Uma outra oposição permite uma distribuição diferente das figuras históricas do anjo. Ora o anjo fala, canta, sopra trompas ou toca a viola; ora ele escreve, grava, fere (com amor ou justiça) com flechas, lanças ou estandartes agudos. Levando essas diferenças ao binômio antropológico e cultural de um estilo oral e de um estilo escrito, eu simplifico o que, no entanto, acontece aí de essencial, seja na relação do anjo com a língua, seja na relação da performance angélica com o vestígio, auditivo ou gravado, que ela deixa. O anjo antigo é mais vocal (há, com certeza, muitas exceções, como "o homem" que luta com Jacob e o fere "no meio da coxa").[36] Um sopro habita seu corpo mudado em gruta de ventos. O ar que o anima dentro, movimento de uma respiração, muda a atmosfera

---

36 Gênese, 32, 26 e 33.

em mil exalações de palavras e de músicas. Como a voz, ele articula e transforma as diferenças pelas comunicações de um sopro. Esse anjo não está armado, tal como o antigo Mikaêl, senão para atingir com seu raio as nações pagãs. Mas essencialmente seu poder é o do ar. Assim, ele deixa atrás dele a fumaça de um fogo, um odor, um eco, uma bênção. Essa raça angélica conta uma confiança feita ao sopro que leva as mensagens semânticas e que seria o corpo alado da língua.

Enquanto essa multidão de anjos nos orienta para a vogal e a vocalização, uma outra se manifesta por uma inscrição. Ela poderia ter como ancestral o anjo escritor de Ezequiel, sem dúvida saído do escriba ou "*nabou*" babilônico: "um homem vestido de linho, tendo um escritório de escriba na cintura", é encarregado de "traçar uma cruz na testa dos homens que gemem" sobre as abominações cometidas a Jerusalém.[37] A escrita angélica tem, pois, antecedentes. Uma data, no entanto, parece marcar o início histórico de seu grande desenvolvimento moderno, é "a aparição seráfica" de Alverne, em 1224, que "marcou a carne" de Francisco de Assis "com a efígie do crucificado".[38] Conforme os relatos antigos, ao mesmo tempo que a visão desaparece, as cinco chagas se marcam na carne para fazer delas o "porta-sinal" (*significar*) e brasão bíblico (isto é, livresco) do Crucificado. A ambivalência do serafim (é o Cristo ou um anjo?) se liga a toda a tradição angélica, mas, a justo título, essa grafia seráfica é tida logo como "um mistério desconhecido dos séculos anteriores".[39] Escrita nascida da "visão que desaparece" ("*visio disparens*", diz Boaventura), os estigmas do Poverello inauguram, com efeito, um corpo-memória.

---

37   Ezequiel, 9, 2-4.
38   São Boaventura, *Legenda minor*, 6, 2. In: *Analecta franciscana*, Quaracchi, t. X, p. 673, 1926-1941.
39   *Idem, Legenda major*, 13, 10, in *ibidem*, t. X, p. 620.

Uma inscrição, e não uma voz, responde pela (e à) visão que desapareceu. Esse corpo assinado pelo desaparecido, um corpo testamentário, gravado e ferido pelo momento da separação, forma um teatro da memória, sacramento novo onde o luto é indissociável do amor, onde o signo tem figura de "crueldade" e de alteração corporal. Esse sacramento é a escrita – uma escrita próxima já da experiência que dela teriam Joyce ou Artaud.

Na posteridade do serafim da Alverne, população inumerável que desenvolve a escrita angélica, mesmo se ela não atinge a violenta beleza de seu primeiro momento franciscano, uma relação diferente do anjo com a língua se manifesta, que organiza uma gravidade nova do tempo. Enquanto o sopro, ou a voz, atravessava as zonas visíveis e invisíveis do mesmo mundo, enquanto uma animação musical podia, pois, transmitir-se e passar as fronteiras entre regiões diversificadas de um espaço cósmico, o tempo se põe a criar limites intransponíveis; ele faz ruptura. O desaparecimento se torna o evento decisivo. Esse corte, a voz não o passa mais. O anjo escritor marca o triunfo progressivo da história em um espaço atravessado por grandes pulsões falantes. A circulação dos ventos, dos sopros e das músicas é interrompida pelas cesuras de uma nova ordem que é a do tempo; isto é, pelas coincidências sucessivas entre o que desaparece, uma visão, e o que produz essa perda, uma escrita. Como uma fotografia, o anjo marca doravante articulações instantâneas entre uma visão evanescente (a "*visio disparens*") e um lugar estranho de gravação. O corpo, com efeito, não guarda mais uma voz ou um sopro que insinuaria uma continuidade do anjo à alma; ele é espaço de inscrição para o efeito e o sintoma do anjo desaparecido; é um "livro" onde fica o vestígio do que se perde, "um escritório" "informado" do que não fala mais.

O anjo se retira no campo do *visual* em que o instante de sua aparição não pode ser retido nem certificado; e o humano se recolhe na realidade histórica de uma separação que produções escriturárias não cessam de contar em sintomas corporais. O face a face novo do anjo escritor e do corpo escrito não é somente o índice de uma ruptura na harmonia musical entre as coisas e as palavras, ou na concepção de um cosmo inteiro "falante". Entre "ver" e "escrever" instaura-se uma relação muda, e o corte que desloca da visão fulgurante uma escrita humana indica o poder que uma nova consciência do tempo atribui à morte. É, com efeito, o tempo que suspende a palavra do anjo e só retém dela um relâmpago que desaparece, mas já é a morte que dá sua intensidade e seu caráter insuperável ao momento da desaparição. Então, uma escrita angélica faz do corpo o brasão do desaparecido e cede à "carne", a uma historicidade humana e terrestre, o privilégio de ser o porta-sinal (o *significar*) do que não fala mais. O anjo escritor atesta a submissão da palavra cósmica a uma luta histórica contra a morte; ele recapitula (seria um novo símbolo da língua?) a coincidência entre instantes visionários que apenas passam, e o trabalho, que eles induzem no corpo, de produzir signos duráveis.

3. FIGURAS DE ULTRAPASSAGEM

Essas tipologias são muito frouxas para enquadrar a multidão dos anjos. É preciso encontrar a singularidade das performances e dos movimentos. Não mais somente estilos, mas, em termo de dança, "figuras". Tiradas de um século particularmente rico de anjos (1550-1650), três aparições, para Teresa de Ávila, Jacob Boehme e Angelus Silesius, permitirão insinuar algumas notações suplementares sobre os transbordamentos que os anjos introduzem na linguagem.

O anjo com o dardo: Teresa de Ávila. Bernini fixou no mármore célebre de Santa Maria della Vittoria a imagem de Teresa extasiada no meio das ondas de seu vestido e atingida pelo dardo amoroso de um jovem querubim. A cena é contada na autobiografia, o *Libro de la vida* (1652), onde o anjo, no entanto, só aparece 13 vezes – austero cenário de carmelita se compararmos com as profusões barrocas de muitos textos contemporâneos. Geralmente, as referências teresianas remetem ao quadro tradicional de uma aura de "glória" em torno de Deus, de Nossa Senhora ou de personagens tal como o Padre García de Toledo.[40] Os anjos formam, em fundo de quadro, a homenagem prestada ao Deus que é sua "delícia" (*regalo*). "Frequentemente", diz ela, eles "se tornam presentes, sem que eu os veja".[41] Ela tem disso, precisa ela, uma percepção de cego, um sentimento de presença que não é uma visão nem uma representação, mas uma espécie de inteligência tátil,[42] como se tivesse uma impressão de ar ou de mar. É um elemento no qual se desdobra a experiência. Ele é acompanhado de uma tripla conotação: a indecisão de um "parecer" (*parecer*) que deixa em suspense a natureza exata do fenômeno; uma beleza resplandecente que qualifica um ambiente e não um objeto; uma interrogação sobre esse ambiente exótico onde surge uma vez uma palavra comentadora (mas "de quem? Eu não sei") que explica que "tudo o que se pode fazer aí é compreender que não se pode nada compreender".[43] Nessa região indeterminada, nada de constativo tem lugar: nem julgamento de realidade, nem afirmação de verdade, nem direção de sentido. Uma língua articulará pouco a pouco um ou outro. Mas, inicialmente, comparável ao mundo sonoro em que a criança mergulha antes de falá-lo, há um espaço de possibilidades para mo-

---

40 Teresa de Ávila, *Libro de la vida*, 8, 6; 19, 2; 30,21; 33, 14; 33, 16; 34, 18; 38, 20; 39, 26 etc. (In: *Obras completas*. Madri: BAC, 1951. t. I).
41 *Libro de la vida*, 29, 13 (*Obras completas*, t. I, p. 775).
42 *Ibidem*, 9, 6 (*Obras completas*, t. I, p. 644). Ver Michel Florisoone, *Esthétique et mystique*. Paris, 1956. p. 38-48.
43 *Libro de la vida*, 39, 22 (*Obras completas*, t. I, p. 866).

vimentos em outro elemento e para toda uma orquestração de impressões cinestésicas. Esse espaço é "angélico". A "visão" do anjo – a de Bernini – representa exceção nessa experiência de outro ar. Repetida várias vezes, ela diz respeito à "maravilha" (*maravilla*). Descrevendo-a, Teresa desenha já uma composição artística: "Eu via um anjo perto de mim, do lado esquerdo, sob uma forma corporal... Ele não era grande, mas pequeno, muito belo, o rosto tão incendiado (*encendido*) que ele parecia ser dos anjos mais elevados, os que parecem inteiros abrasados. Devem ser esses que se chamam querubins, mas eles não me dizem seus nomes... Eu via em sua mão um longo dardo de ouro e, na ponta da lança, parecia-me ter um pouco de fogo. Às vezes, ele me punha no coração e me enfiava até as entranhas. Retirando-o, parecia-me levá-lo consigo, e ele me deixava toda abrasada com grande amor de Deus. Tão grande a dor que ela me fazia externar gemidos; e tão excessiva a suavidade que me vinha dessa grande dor que não havia mais desejo que aquilo parasse nem que a alma se contentasse de menos que de Deus."[44]

Essa transverberação evoca, por muitos traços, a de Francisco de Assis. Antigos intérpretes (e não dos menores: Bañez, Luis de León) queriam até que o "querubim" teresiano fosse de fato um serafim. Eles seguem nisso Boaventura, retomado no século XVII por Angelus Silesius, que tem o amor místico como "seráfico", e a contemplação especulativa como "querúbica"; o serafim inflama; o querubim ilumina.[45] O que quer que seja, Teresa fica toda "assustada" ou "abobada" (*embobada*), diz ela: de que haja ao mesmo tempo sofrimento e prazer, isso a "torna louca".[46]

---

44 *Libro de la vida*, 29, 13 (*Obras completas*, t. I, p. 775; ver também ed. Silverio, Burgos, 1915. t. I, p. 234).
45 Ver São Boaventura, *Itinerarium*, 4; e Bernard Gorceix, *Flambée et agonie. Mystiques du XVIIe siècle allemand*, Sisteron, 1977. p. 246.
46 *Libro de la vida*, 29, 14 e 30, 1 (*Obras completas*, t. I, p. 775-776).

O querubim que a atinge com seu dardo inflamado confunde todas as categorias dessa grande classificadora de percepções e de paixões. O anjo é o caos que ela combate, como o Deus do livro do *Gênese*, por um trabalho incansável da distinção. Ele confunde tudo nesse fogo que, tão jovem e tão pequeno, ele planta no corpo. E o cúmulo para ela é que nem há mais, nesse equívoco ardente, o desejo de que "isso pare". Mas a desordem ou a loucura não é o que o anjo escritor traça com seu dardo sobre o corpo; é o que ele tira dele. O movimento não é de impressão, mas de extração, com essas "entranhas" que a flecha, retirando-se, sai de seu segredo interior. A desordem está dentro, controlada pelo dispositivo corporal do parecer. O anjo põe tudo isso para fora, a nu. Sem nome, sem palavra, *"infans"*, ele dá à luz essa loucura até aí contida. Ele rompe, com o fogo que o abrasa a ele próprio, as fronteiras da conveniência. O angélico não é mais um ambiente ou um espaço ambiente, mas, pela "liberação" de uma interioridade desconhecida, por uma poética da loucura, a fusão ardente do dentro e do fora, ou das "entranhas" secretas e de um novo mundo. Assim, o aparelho físico e intelectual de sua separação cai inerte, em "estupor", como fora de uso. Fica, centro da cena, esse "dardo de ouro" que não é nem o anjo nem a "besta", mas o próprio relâmpago da comunicação que arranca um do céu, o outro da Terra, e retirando de Teresa todo sentido do limite: "nada menos que Deus".

O limite angélico: Jacob Boehme e Angelus Silesius. Meio século mais tarde, as poéticas alemãs de Jacob Boehme e de Johannes Scheffer (ou seja, Angelus Silesius) organizam em torno do anjo a experiência de um universo onde o divino não cessa de se distanciar do humano. Supondo conhecido o estudo notável que Bernard Gorceix consagrou a essas duas angelologias,[47] observarei primeiro, como ponto

---

47 B. Gorceix, L'Ange en Allemagne au XVIIe siècle, art. cit.

de partida, o quiasmo estranho que os aproxima, opondo-os. Separadas por uns 30 anos (Boehme escreve a *Aurora* em 1612 e o *Mysterium magnum* em 1623; Scheffler publica seus *Aphorismes spirituels* em 1657), elas encaram o anjo sob a formalidade de uma ultrapassagem, mas, enquanto, na primeira, o anjo não cessa de dominar o humano, na segunda, o homem deve elevar-se além do angélico. O anjo mede um espaço intermediário que essas duas obras parecem atravessar em sentido inverso. De fato, esses dois movimentos não são tão contrários como parecem; o que eles têm de comum, a saber, a delimitação angélica de duas regiões da experiência, lhes é mais essencial.

Em Boehme, há salvação para os homens quando a violência originária de Deus que é seu ser "fala" neles. Uma "morte viva" deve "fazer explodir a fechadura sólida da natureza aí aplicando a grande carga explosiva (*die grosse Petarde*)" do ser espiritual, e "queimar" tudo o que, neles, é "algo (*etwas*)", de maneira que, "cegos, surdos e mudos", uma vez a experiência mundana reduzida a nada e a razão a uma "loucura", eles se tornam enfim "seres falantes – uma incandescência do Si –, isto é, anjos.[48] Admirável concepção do falar, angélico em sua essência: falar é queimar – assim como, no relato do Êxodo,[49] a sarça ardente onde aparece o Anjo significa destruindo os signos, devorando o que depende do estar (um "estar aí") ou do estado (um *status*), por uma energia interna que se manifesta sem depender da exterioridade. Esse foco unifica em si o destino do anjo e do homem; nessa realização, eles são "irmãos". Mas enquanto o anjo aí se encontra por

---

48 *Epistolae Theosophicae* 56, 12 etc. Ver Heinz R. Schmitz, La visée de l'expérience boehmienne: faire de l'homme un ange. In: *Nova et vetera*, vol. XLIX, nº 4, p. 252-289, 1974; *idem*, L'expérience mystique de Jacob Boehme et son projet philosophique. In: *Jacob Boehme ou l'obscure lumière de la connaissance mystique*. Paris, 1979. p. 9-29.
49 Êxodo 3, 2-14.

natureza, o homem só chega aí por uma luta contra a opacidade do corpo e da razão, desenraizando-se do chão de suas garantias, desafiando sua própria situação metafísica de estar-no-mundo. Donde a diferença entre eles.

"Colocada em língua" do inefável, "colocada em forma" das "energias (*Kräfte*)" divinas, colocada em "som (*Schall*)" das virtualidades infinitas do Nome impronunciável (e até de suas letras), tal é a tripla função dos anjos.[50] Eles dão corpo à Natureza divina e constituem seu conceito oceânico. Cada um deles é a "forma" de uma "força", a ambição, central no século XVI, de instaurar um "falar" que articula uma "abundância",[51] mas ele aí responde desmesuradamente. Seu interminável começo é, com efeito, a relação (mítica e fundadora, como toda origem da linguagem) entre o "fogo colérico da primeira pessoa" divina,[52] "fervura" tempestuosa onde parece perpetuar-se a "*bullitio*" que caracterizava a deidade em Mestre Eckhart,[53] e, por outro lado, a transparência, na verdade a "suavidade" de um "sim", calmo espelho onde o primeiro princípio pode passar de seu furor original ao conhecimento de si. Assim, os anjos, elementos dessa passagem que define o falar, "permitem a Deus compreender-se".[54] É o mesmo para os

---

50 Em cada um desses níveis, Boehme elabora uma espécie de gramática gerativa fundamental que analisa as regras às quais obedece a articulação de uma língua sobre o inefável, de uma forma sobre uma força, e de "sons" ou "acordes" sobre as letras que compõem o tetragrama divino, de maneira que os anjos constituem os "ramos das grandes árvores dos nomes divinos, sobre os quais brotam frutos celestes".
51 Ver Terence Cave, *The Cornucopian Text*. Oxford, 1979.
52 B. Gorceix, L'Ange em Allemagne au XVIIe siècle, p. 138-141; ver Pierre Deghaye, J. Boehme ou de la difficulté du discours sur Dieu. In: *Jacob Boehme*, p. 31-59.
53 Mestre Eckhart, *Expositio Libri Exodi*, 3, 16. In: *Die Lateinischen Werke*. Stuttgart, 1954. t. II, p. 21.
54 B. Gorceix, L'Ange en Allemagne au XVIIe siècle, p. 135.

homens quando eles se tornam angélicos, encontrando no fundo deles mesmos o fogo que os faz palavras. Mas, na medida em que o anjo é ele próprio, a partir de uma violência originária inacessível, o mistério da língua, ele designa aos humanos a necessidade de formar o "corpo" material da natureza divina; os anjos profetizam a construção de uma língua *física* de Deus que o homem pode realizar melhor que eles, a ponto de torná-los finalmente invejosos; eles se apagarão, como um começo, diante da linguagem que eles instauraram.

Imediatamente, para Silesius, o anjo deve ser ultrapassado, seja que o silêncio humano agrada mais a Deus que todos os cantos dos anjos,[55] seja que a vida angélica representa somente uma etapa na ascensão do ser criado para sua eleição (ou sua nominação) como "filho de Deus", ou como ser "divino". Em *O peregrino querubínico*, a desvalorização dos anjos ("os anjos têm pouco preço", "é muito ser um anjo, mas muito mais ser um homem na Terra" etc.)[56] serve de mola a um querer/poder ilimitado: "Eu quero ser filho de Deus", "na Terra eu posso tornar-me o que eu quero, rei, imperador, Deus".[57] O anjo é a identificação celeste de uma ultrapassagem que não cessa de visar o extremo. Todas as espécies de práticas linguísticas levam, pois, a linguagem ao seu limite. Assim, o uso de *"über"*, que lança para além delas mesmas as unidades semânticas recortadas no mundo espiritual, como para "superessência" (*Überwesenheit*), "superdeidade" (*Übergottheit*), "transformação" (*Überformung*), e também "superangelicidade" (*Überangelheit*): "Você pergunta o que é a humanidade? Eu digo: superangelicidade, essa palavra só basta."[58] Assim, a partir de uma binariedade recebida da tradição (por

---

55   *Cherubinischer Wandersmann*, II, 32.
56   *Ibidem*, II, 21; III, 107 etc.
57   *Ibidem*, II, 236; IV, 146 etc.
58   *Ibidem*, II, 145; I, 15; II, 256; II, 44.

exemplo: Deus *vs.* homem, pai *vs.* filho, anjo *vs.* homem), os "aforismos" efetuam a inversão das relações hierárquicas, negam um por vez o princípio da contradição ou o princípio da identidade, e estabelecem a inclusão recíproca dos termos. Eles torturam a ordem do sentido. Por toda parte os "objetos" de pensamento se encontram levados ao branco e torcidos pelo fogo de um estranho excesso.

Enquanto Boehme define pelo anjo uma metafísica da língua espiritual, Angelus Silesius faz do anjo o contraponto de um insaciável "isso não é bastante", "não é jamais bastante". O primeiro apresenta de um modo constativo a produção de uma manifestação material pelo surgimento do Si; ele opõe às desorientações da consciência uma energia que se afirma e domina: eis, diz ele, o que advém (a esse respeito, sua teosofia é ainda próxima de Ruusbroec ou de Mestre Eckhart). O segundo submete todo seu poema à metamorfose das modalidades, principalmente deônticas: "é preciso", "eu devo" etc. (*ich muss, ich soll* etc.). Seu discurso é trabalhado do interior pelo condicional, pelo optativo ou pelo futuro, isto é, por uma afirmação do desejo e não das coisas. Um irreprimível querer cria sem cessar uma distância entre o sujeito e seus objetos – "não é isso" –, e tem como efeito a permanente torção de que esses objetos são apreendidos. O para além do anjo (a "superangelicidade") indexa um desejo que se institui de sua relação com o impossível, ou (o que equivale ao mesmo) que se autonomiza do real. É a figura poética de uma ética, se por "ética" se entende a atitude que não se conforma com uma ordem das coisas e cujo critério não é mais a lei (tempestuosa ou pacificante) da realidade. Um irredutível excesso opõe à hierarquia celeste em si um "querer" que não contenta mais e que anima o "dever" para o homem de ser "mais que divino".[59] Colocado no horizonte

---

59 *Ibidem*, I, 4.

de um cosmo, o anjo se apaga, pois, "ultrapassado".[60] Ele é até lançado à parte: "Fora, fora, serafins [...] não quero saber de vocês, eu me lanço sozinho no mar incriado da pura deidade".[61] Solidão do super-homem: "É além de Deus (*über Gott*), para um deserto, que eu devo tender".[62] Não há mais modelo, consolação ou mensagem angélicas para essa super-humanidade espiritual que abre a partir de seu futuro infinito uma concepção nova da história e que confronta doravante a língua não ao ser, mas à relação de um "dever ser" com os limites do possível.

4. RETIROS DIANTE DA HISTÓRIA

Excluído do espaço desértico onde se arrisca um querer super-humano, o anjo volta mais tarde, mas nos subúrbios suspeitos da cidade, por vias ilegítimas, sob a forma grotesca, animal ou monstruosa, de um estranho que não tem mais lugar na cidade do progresso. Assim, "*Anjo do Bizarro*" de Edgar Poe, colagem "falstaffiana" de garrafas, de cantinas e de um tonel de rum, surge como um "valente" no gabinete de leituras cujo proprietário pergunta (uma vez mais): "Quem é você? Como você entrou?"[63] Mas o Bizarro não tem morada nem existência próprias. Ele preside ao contratempo. Ele risca com uma irrisão grotesca a convicção do narrador "decidido a não acreditar em nada doravante de tudo o que tiver em si algo de singular".[64] A esse anjo burlesco, fantasma heteróclito introduzido por acasos que talvez não sejam, sucede uma corte de seres marginais, números estranhos, ora monstruosos, ora poéticos. Assim "o boi" em *Le Bestiaire* de Apollinaire:

---

60 B. Gorceix, L'Ange en Allemagne au XVIIe siècle, p. 149.
61 *Cherubinischer Wandersmann*, I, 3.
62 *Ibidem*, I, 7.
63 Edgar Poe, L'Ange du Bizarre. In: *Nouvelles histoires extraordinaires*. Trad. Charles Baudelaire. Paris, s. d., p. 390-391.
64 *Ibidem*, p. 389.

> Esse querubim diz o louvor
> Do paraíso, onde, perto dos anjos,
> Reviveremos, meus caros amigos,
> Quando o bom Deus tiver permitido.[65]

Exilado da história, o "boi alado", ilustrado por Raoul Dufy, "forma desconhecida" e de uma "surpreendente beleza",[66] é lembrado na cena pela poesia. Ele não cessa mais de ser aí o signo, irônico e leve, impossível e necessário, de outra palavra – desde Mallarmé, que só retinha as asas, até Éluard que dá ao poema "forma" de comunicação angélica: Na noite da loucura, nu e claro/O espaço entre as coisas tem a "forma de minhas palavras". Essa lembrança, Norge a transforma em um impulso do poeta: "No fim, estou cansado de me privar dos serafins,/Cansado de chafurdar em semanas disfarçadas de realidade."[67] Os anjos franceses borboleteiam um pouco. Uma tradição mais trágica, na verdade mais "catastrófica", capta o anjo em sua relação com a história da qual ele se retira. Poder-se-ia segui-la de Rainer Maria Rilke a Walter Benjamin, passando por Klee, o "*doctor angelicus*", em quem Paul Éluard, apesar de suas relações distantes, admirava a ambivalente ligação de uma comodidade azul, fora do tempo, com a inscrição de uma fatalidade mortal.[68]

O que mais surpreende no anjo dessa tradição, em todo caso, o único traço que eu desejaria levantar, terminando, não é que ele seja o "mágico da insegurança" (função reservada ao poeta), mas que seu próprio desaparecimento organiza a inteligência da história. Expulso ontem

---

65 Guillaume Apollinaire, Le Bestiaire. In: *Alcools*. Paris, 1978. p. 174. Ver também, p. 168, o quarteto "Orphée", que opõe as sereias, "essas aves malditas", aos "Anjos do paraíso".
66 *Ibidem*, p. 177, nota de Apollinaire.
67 Géo Norge, *Eux les anges*. Paris, 1978, p. 137.
68 Paul Éluard, Paul Klee. In: *Œuvres complètes*. Paris: Éd. Marcelle Dumas e Lucien Scheler, 1968. t. I, p. 182; e Jean-Charles Gateau, *Paul Éluard et la peinture surréaliste*. Genebra, 1982. p. 133-138.

para que essa história possa nascer (talvez, aliás, esse gesto "moderno" desenvolva uma reação já perceptível nas primeiras elaborações cristãs da encarnação), ele se torna, pelo vazio que ele deixa, pelo apagamento daquilo a que ele dava lugar, o meio de medir uma história doravante aumentada e segura dela própria. Sua ausência fala, parece, melhor que suas manifestações o faziam outrora. Ela revela aquilo de que ela não é mais. Ela fornece seu signo a uma filosofia da história.

Dois exemplos bastarão, Rilke e Benjamin, dois autores dessa Alemanha onde o conceito de anjo não sofreu, ou beneficiou, com o ostracismo onde o manteve muito tempo uma tradição acadêmica francesa. Rilke parece percorrer de novo todo o ciclo da história angélica: desde a admiração quase obsessiva, pelo perfeito "iniciante" (*das Beginnende*) que é o anjo entre os seres,[69] até a revolta da *7ª Elegia de Duino*, erguendo diante do anjo as obras humanas ("o que *nós* ousamos") e afastando-o, com um gesto que se apropria aquele do anjo de outrora justiceiro e doador: "Não creia que eu implore, Anjo[...] é como um braço estendido que é meu grito."[70] Mas, por mais intenso que ele seja durante toda a obra,[71] esse ciclo se desenvolve sob o signo, invertido, de um perpétuo faltoso, ora terrível, ora sedutor ou abandonado. "Mesmo se eu o implorasse, você não viria", acrescenta a *7ª Elegia*, retomando o célebre verso inaugurador da primeira, surgido em uma voz levada pelo vento do mar: "Quem, se eu gritasse, me ouviria entre as ordens dos anjos?"[72]

---

69 Rainer Maria Rilke, *Sämtliche Werke*. Frankfurt/Main, 1955. t. I, p. 409 (Verkündigung. In: *Das Buch der Bilder*, II, parte I).
70 *Ibidem*, p. 713; ver Rilke, *Œuvres*, t. II, *Poésie*, éd. Paul de Man, Paris, 1972, p. 334-335, 366.
71 Ver J.-F. Angelloz, *Rainer Maria Rilke*. L'évolution spirituelle du poète. Paris, 1936. p. 339-348.
72 Rilke, *Sämtliche Werke*, t. I, p. 685; ver *Œuvres*, t. II, *Poésie*, p. 315, 347.

O anjo não ouve. O sorriso da estátua de Chartres ignora os humanos: "O que você sabe, pedra (*Steinerner*), de nosso ser?"[73] Em outro lugar, o anjo, "lampadário tranquilo e forte", fica insensível ao ruído do homem que existe como em seu último grito: "Eu me desfaço."[74] Questão ou constatação: "Os anjos se tornaram discretos!"[75] Durante muito tempo, para Rilke, esse retraimento dos anjos parecia na Terra a ausência de uma realidade que eles teriam levado com eles, tirando da história o peso de uma mais elevada existência. A revolução que marcam as *7ª, 9ª e 10ª Elegias* descobre, ao contrário, na existência humana seu teor de real: "Uma coisa captada aqui em baixo, uma vez, tem seu preço [...] Estar aqui é magnífico."[76] Sem que haja necessidade de anjos, uma densidade vem a esta "casa" e a "nós", os mais efêmeros dentre as coisas efêmeras, precisamente a título do "perecível":

> *Uma* vez cada; somente *uma* vez. *Uma* vez
> e não mais. E nós também,
> *uma* vez. Nunca mais. Mas isso,
> ter estado *uma* vez, não seria somente *uma* vez,
> ter sido desta Terra,
> isso não parece revogável.[77]

Que o instante tenha valor para sempre, isso funda "o exprimível". O homem pode dizer seu momento de existência e prevalecer-se disso, sem que o anjo lhe falte. O instante da passagem, que definia o anjo outrora, sustenta

---

73 L'Ange du méridien. In: Rilke, *Sämtliche Werke*, t. I, p. 497; *Œuvres*, t. II, *Poésie*, p. 178.
74 À l'ange. In: Rilke, *Œuvres*, t. II, *Poésie*, p. 417-418.
75 Vergers (poèmes em français), *ibidem*, p. 477.
76 Rilke, *Sämtliche Werke*, t. I, p. 710; *Œuvres*, t. II, *Poésie*, p. 333, 364.
77 Rilke, *Sämtliche Werke*, t. I, p. 717; *Œuvres*, t. II, *Poésie*, p. 337-338, 369.

doravante "o irrevogável" do risco e do poema humanos. Bem mais, por essa reviravolta, nossa "queda", se ela nos perturba ainda, não é menos "feliz" que a ascensão; enquanto a cosmologia antiga separava dos bons os anjos caídos, a história "daqui" não cessa de produzir o círculo de uma felicidade onde "subir" é indissociável de "cair".[78] Por sua morte, o efêmero escapa à nostalgia do anjo, ou se torna ele mesmo um anjo que não se subtrai ao tempo.

Sem dúvida, a tradição rabínica poupou a Walter Benjamin a longa luta de Rilke com o anjo imortal. O Zohar, bem antes da Cabala, sustentava que "Deus cria a cada agora uma infinidade de anjos novos, todos destinados somente a cantar um instante o louvor de Deus diante de seu trono antes de se fundir no nada".[79] Assim, o *Angelus Novus* de Paul Klee, cujas "características não têm semelhança humana", aparece a Benjamin no momento, "interrompido", de seu desaparecimento. Visto de face, uma face de boi (como a do querubim de Apollinaire) que olha o que ele deixa, ele é aspirado para seu futuro por uma tempestade que sopra do paraíso: como "o Anjo da história" nas *Teses sobre a filosofia da história*.[80] Esse anjo se retira. Por uma ambivalência que

---

78   Idem, *Sämtliche Werke*, t. I, p. 726; *Œuvres*, t. II, *Poésie*, p. 343, 375.

79   Eu cito o texto de Walter Benjamin, "Agesilaus Santander", duas versões datadas de Ibiza, 12 e 13 de agosto de 1933, in Siegfried Unseld (ed.), *Zür Aktualität Walter Banjamins*, Frankfurt/Main, 1972. p. 94-102. Benjamin se refere à "Cabala". De fato, Reuchlin, por exemplo, citava essa opinião em sua *De arte cabalistica* (ver sua tradução, *La Kabbale*, p. 301). Mas ela vem do Zohar (*Beresh. Rabb.*, seção 78), que falava de uma criação "cada dia", onde Benjamin escreve "em cada agora" (*in jedem Nun*).

80   Walter Benjamin, *Poésie et révolution*. Trad. Maurice de Gandillac. Paris, 1971. p. 281-282. Ver Christine Buci-Glucksmann, Walter Benjamin et l'Ange de l'histoire, art. cit., p. 45.

atravessa toda a angelologia, ele designa de cada vez, na meditação desdobrada de 1933, a instância de uma desapropriação pessoal, e nas *Teses* redigidas em 1940 depois do pacto germano-soviético, "a instância catastrófica" de uma história coletiva onde o progresso se transformou em uma acumulação de ruínas. De um lado, o anjo é o movimento das "pessoas e das coisas" que são retiradas de Benjamin: "Ele se abriga nas coisas que eu não tenho mais. Ele as torna transparentes, e por trás de cada uma delas se mostra a mim aquele ao qual elas são destinadas."[81] Do outro, ele recua, como petrificado pela "cadeia de acontecimentos" passados que formam diante dele "uma só e única catástrofe", um amontoamento a seus pés; enquanto ele desejaria parar para "despertar os mortos e reunir os vencidos", o vento que se engolfou em suas asas o leva "para o futuro ao qual ele volta as costas". Nessa dupla retirada, Benjamin percebe enfim o que lhe tira, dele, seu nome próprio, e o que tira da história seu nome de "progresso". O que se retira com o anjo é a identidade reivindicada, é o substituto onomástico da perda.

Como fotografado no momento em que vai embora, nesse instante onde aparecer é desaparecer, o anjo curto-circuita ao mesmo tempo as diferenças de tempo (o passado e o futuro), de espécie (o bestial e o celeste) e de sexo (ele é bissexuado, andrógino). A esse título mesmo ele é "*novus*", selvagem como um fim da história. Relâmpago de um julgamento, fulgurância de uma "interpretação" tal como entendia Jacques Lacan ("adição [...] que faz aparecer em um relâmpago o que é possível captar além dos limites do saber"),[82] ele tem a forma de um ato enunciativo,

---

81 W. Benjamin, "Agesilaus Santander", versão de 13 de agosto de 1933.

82 Jacques Lacan, Seminário sobre a angústia, sessão de 21 de novembro de 1962.

mas sem mensagem nem locutor. Fora do tempo. Seu estupor só, ao que responde o daquela que o vê desmaiar, constitui a troca sem duração, sem identidade e sem lugar, donde se origina a escrita de Benjamin sobre a impossibilidade de sua própria história e sobre as ruínas onde desmoronar a ambição europeia da Aufklärung. Imagem que contradiz o tempo, mas vem da noite dos tempos, esse instantâneo angélico parece ser para Benjamin o respondente, mas escatológico, da cena baudelairiana que o fez tanto escrever: o olhar de uma passante.

Capítulo 9

A ERUDIÇÃO BÍBLICA

1. CLAROS E OBSCUROS: DA CORRUPÇÃO À REFORMA

A concepção que se fizeram da tradução da Bíblia os católicos franceses do último terço do século XVII se inscreve em uma história mais geral onde a relação com a Escritura desempenha um papel de revelador no Ocidente.[1] Apresentando aqui apenas uma *nota*, eu não poderia dar a essas "ideias" de tradução seu ambiente

---

1   Ver, por exemplo, E. A. Nida, Principles of Translation Exemplified by Bible Translating. In: Reuben A. Brower (éd.), *On Translation*. Cambridge (MA), 1959. p. 11-31. O autor aí objetiva as possibilidades de traduzir a Bíblia em todas as línguas em sua relação com a especificidade cultural do texto. Ver, do mesmo autor, Linguistics and Ethnology in Translation Problems. In: *Word*, nº 2, p. 194-208, 1945. O trabalho fundamental de Georges Mounin, *Les Problèmes théoriques de la traduction*. Paris, 1963, não analisa infelizmente o papel histórico exercido pela Bíblia nas teorias da tradução. Seria necessário também dar sua importância à tradição exegética da medicina (W. Fulbecke, P. J. Toletus, C. Martinengus, C. Guarinonius etc.), à *hermeneutica juris* até Leibniz, e às teorias concernentes a uma *hermeneutica generalis* (J. C. Dannhauer, J. Clauberg etc.), todas as pesquisas que, nos séculos XVI e XVII, englobam frequentemente e atravessam o campo particular da exegese bíblica.

cristão próximo.² Do contexto imediato, só lembrarei de um aspecto, mas ele é fundamental: o contraste entre instituições opacas e textos claros, *pervii*. Assim para Lutero, a Escritura tem própria a *claritas*. No século XVI, o reformismo exerce sobre essa tensão entre instituições por assim dizer universalmente tidas como *corrompidas*, tornadas opacas pela decadência e avatares da história, e, por outro lado, um texto cuja literalidade conserva intacta a Palavra e permanece uma "*fonte*" clara para recomeços cristãos. O que não se entende mais nas primeiras continua a ensinar no segundo. Se o sentido não é mais visível nessas Igrejas desfeitas pelo tempo, ele está claramente enunciado na Bíblia. Aí ele é audível. Aí ele conserva sua força. Assim, é preciso recolocar-se na escuta do "documento" (isto é, a Palavra que ensina) – ao mesmo tempo entender a *clareza* de suas mensagens e abrir o querer à sua *força* convertedora. Emprestar um ouvido obediente a essa força do sentido, "poder do espírito", tal é a ambição que inspira um enorme trabalho de edições, traduções e comentários bíblicos. À evidência de uma decadência institucional (que obceca as visões da história nos séculos XVI e XVII), opõe-se o desafio de encontrar, por um retorno à primitividade das Escrituras, sua capacidade de esclarecer e de edificar, hoje como ontem, comunidades de crentes.

Digamo-lo de uma vez, a esperança que os reformadores colocam na legibilidade e poder do texto sofreu, ao longo de todo o século XVII, a erosão da crítica erudita. O trabalho suscitado pela vontade de devolver a Palavra à sua clareza primeira produziu lentamente o inverso do que ele visava. Ele revelou os desmoronamentos que comprome-

---

2   Ver Jacque Le Brun *et al.*, *Histoire du Texte. Recherche sur la place du livre dans le christianisme*. Université de Paris XII, UER de Lettres et Sciences Humaines, 1974.

tiam definitivamente a *materialidade* dos livros santos (sua disseminação em cópias defeituosas, os desaparecimentos de textos, o incansável progresso do erro e da mentira na transmissão etc.), e as ambiguidades que tornam incompreensível o *sentido* (equívocos dos enunciados, estratificação de interpretações contraditórias, diastanciamento e, portanto, ignorância dos postulados históricos etc.). Por meio da experiência abundante da erudição, o texto aparece, pois, tão *corrompido* quanto as instituições.

A base do reformismo se encontra abalada. Richard Simon o repete aos Protestantes, não sem arrogância. Mas o reformismo católico está igualmente atingido por essa constatação; ele só terá recurso em um retorno à instituição (cujo ensino aparece a partir de então como mais claro), em uma busca apostólica de assentimentos exteriores (a "prova" da "verdade" vem de fora, pela multiplicação das conversões) ou em um retiro espiritual para dentro (a atestação mística ou profética da Palavra na consciência). Que a Bíblia seja um texto arruinado e opaco, é também o ponto de partida de Spinoza quando, de seu lugar doravante distante dessas ruínas ambíguas, ele constrói sua *historia Scripturae* ou conhecimento metódico e crítico da Bíblia: ele estabelece regras *comuns* que permitem tratar como outros esse objeto particular; ele distingue absolutamente da *verdade (veritas)* a organização de "sentidos" (o que o texto quer dizer: *sensus*) produzida por um funcionamento da língua, e ele encontra em razão, fora desses textos fissurados, o princípio único que articula todos esses "sentidos" sobre uma "verdade".[3] Se a Bíblia tem valor ético, não há, pois, para traduzi-la senão um discurso *especulativo*, diferente de sua letra e livre das explorações sectaristas ou eclesiais.

---

3   Em particular no *Tractatus theologico-politicus* [1670], cap. VIII, "*De interpretatione Scripturae*".

Transformações que provocam a mudança que se opera no século XVII no *status* da Bíblia (de uma palavra, a *Palavra* se torna um *objeto textual*) e pesquisas que lhes correspondem na tradução, dois casos célebres fornecem exemplos: Sacy e Simon.

2. PRÉVIAS TEÓRICAS

Essas pesquisas se enquadram em um conjunto de postulados "teóricos". Do espaço epistemológico em que elas se desenvolvem, que baste indicar três traços.

1. Por um lado, a *ausência de uma teoria do texto bíblico* como texto. Esse lugar vazio, que é, talvez, somente o avesso de uma plenitude teológica, se identifica já no pioneiro da hermenêutica cristã no século XVI. Com efeito, para Erasmo, restaurador, editor, comentador do Livro que ele considera como a autoridade por excelência, a Escritura é uma coleção de textos diversos (pela língua, pelo estilo, pelo conteúdo etc.), unidos somente pelo *fato* de serem recebidos assim da tradição e pelo *princípio* teológico que afirma sua inspiração. Esses textos não formam um conjunto senão a título de uma circunscrição "canônica" que garante sua relação comum e privilegiada com um só Autor. Sua pluralidade material é superada pela convicção doutrinal de que eles dependem todos da mesma Palavra e que nela eles formam um todo. Mas nenhuma teoria literária do *corpus* articula essa diversidade textual. Talvez essa teoria do texto só será possível quando, cessando pouco a pouco de serem críveis, as teologias da Escritura não garantirão mais essa unificação vinda "do alto" e como extratextual. Contudo, as intervenções de Erasmo na letra ou no sentido se apoiam em critérios muito flutuantes que remetem, para cada passagem, a uma exterioridade essencialmente, seja para cima, seja para baixo do livro – por exemplo em suas fontes, em seus pressupostos históricos, ou, então, em seus comentários ulteriores (pa-

trísticos), em seus efeitos morais sobre o leitor, ou, então, ainda, em uma "filosofia" da inspiração "evangélica".[4]

Uma concepção ética e teológica do Livro parece dominá-lo de muito alto para regular realmente as escolhas que sugerem a Erasmo, aos poucos, seus imensos conhecimentos em matéria de léxico, de gramática e de retórica. Suas decisões de editor ou de comentador se efetuam a título de imperativos morais que comandam sua inteligência do texto e de saberes que ele mobiliza sucessivamente para preencher os vazios, mas sem que uma teoria literária controle suas intervenções e lhes imponha uma lei *do* texto. A Bíblia é finalmente o campo onde se cruzam uma erudição gramatical e uma ética religiosa. Sua edição crítica será o produto de uma e a representação da outra, no interior da cena que fornece e circunscreve a Tradição da Igreja. Nesse esquema, que se prolonga no século XVII de outros modos, a verdade *do* texto se decide *fora* dele, pelo alto, isto é, em nome de uma "filosofia" da revelação, e por baixo, isto é, pelo afluxo multiforme de conhecimentos léxicos, gramaticais ou históricos.

2. Mais tarde, no século XVII, e principalmente em Port-Royal, *uma teoria da língua* vem ordenar esse trabalho. Ela concebe a língua como uma combinação entre *ideias* (ou átomos de pensamento) anteriores aos significantes e que supostamente pertencem a uma "língua" mental universal, e, por outro lado, *significantes* (ou *verba*, átomos fonéticos) articulados entre eles e sobre as ideias por convenções sociolinguísticas, isto é, por uma língua. As "ideias" são universais, mesmo se as palavras que as designam "são arbitrárias", e dependem de uma espécie

---

4   Ver Olivier Fatio e Pierre Fraenkel (éd.), *Histoire de l'exégèse au XVIe siècle*. Genebra, 1978.

de teatro enunciativo, visto que elas são o efeito de contratos e convenções históricas.[5] Em princípio, a comunicação, trânsito do sentido ou tradução, é, pois, sempre possível. Sua dificuldade não supõe a preocupante ausência de uma "conformidade de ideias"[6] por trás do cenário das palavras. Ela pode ter várias razões: ou o significante é um acordo inadequado com a ideia que ele representa (ele é confuso, obscuro etc.); ou, então, ele faz parte de um sistema de convenções que não identificamos ou que ignoramos (por exemplo, a ambiguidade de uma palavra da Bíblia pode-se prender ao fato de que nós nos enganamos sobre a língua à qual ele pertence, ou ao fato de que nós temos um conhecimento insuficiente dessa língua); ou, então, não há ainda significante que corresponda a uma ideia em espera (então é preciso encontrar palavras para essa ideia em sono como a Bela Adormecida no bosque). Mas dessa maneira a *obscuridade* continua um fenômeno de superfície, e toda ambiguidade pode conduzir a uma obscuridade. Uma *tradutibilidade* é, pois, garantida por uma teoria da língua,[7] onde se reconhece, aliás, a projeção de uma teologia.

---

5   Logique de Port-Royal, parte I, 1. Ver Louis Marin, La critique de la représentation classique: la traduction de la Bible à Port-Royal, na obra coletiva *Savoir, faire, espérer:* les limites de la raison. Bruxelas, 1976. t. II, p. 549-575. A *Lógica* deve também ser recolocada em uma história que remonta ao Hermógenes do *Crátilo* platônico.
6   Pascal, *Pensées*, Lafuma fragm. 213.
7   Sobre as concepções contemporâneas da relação entre uma teoria da linguagem e o princípio da tradutibilidade, tem-se o exemplo de duas posições contrárias com Louis Hjelmslev, Existe-t-il des catégories qui soient communes à l'universalité des langues humaines? In: *Actes du Congrès international des linguistes*. Paris, 1949. p. 419-430, e, por outro lado, com James Barr, *Sémantique du langage biblique*. Trad., Paris, 1971, em particular "Problèmes de méthode", p. 37-63, e "L'étude de la théologie et les langues", p. 317-325.

3. Enfim, uma *retórica* (ou, antes, "um pensamento da figuração",[8] que se substitui à retórica tradicional) reorganiza em função de uma distinção entre o próprio e o figurado as questões, há muito tempo cruciais, relativas ao *claro* e ao *obscuro*. Praticando contra a insinuação das figuras, e principalmente da metáfora, no discurso especulativo uma espécie de caça às bruxas, e produzindo o artefato protecionista de um sentido "próprio" referencial que garante a adequação da palavra à ideia, essa nova retórica, ou teoria da representação, chega a ver o figurado como um efeito da paixão e, mais ainda, como o instrumento de um "fazer crer" ou de um "mandar fazer" do enunciado. Útil ou necessário segundo os casos, o figurado aparece onde se trata de convencer o destinatário e, pelo discurso, de deslocá-lo. Transporte de sentido, o figurado é, pois, o próprio da persuasão. Ele é indissociável de uma *força*, ou de uma performatividade da linguagem. Mas essa figuração da força se contenta com uma perda na clareza visto que ela supõe uma deriva e, portanto, uma pluralização do sentido.

Muitos antecedentes cristãos poderiam ser invocados, mesmo se eles não dependem da mesma formalização retórica. Assim, a propósito da mentira, Santo Agostinho reparte as verdade entre as que são *"nuas"*, portanto acessíveis ao espírito, e as que, por que *"veladas"* ("ocultas sob essa espécie de roupa que são as figuras"), chamam um "desejo" e colocam em jogo um "prazer".[9] Por

---

8   Gérard Genette, Figures III, Paris, 1972. p. 23. Sobre o desmoronamento e as metamorfoses da retórica tradicional, dividida no século XVII entre a lógica e a gramática, ver Michel Foucault, Introduction. In: [Antoine] Arnauld e [Claude] Lancelot, *Grammaire générale et raisonnée*. Paris, 1969. p. III-XXVII, e principalmente Pierre Kuentz, Le *rhétorique* ou la mise à l'écart. In: *Communications*, n° 16, p. 143-157, 1970.
9   *Contra Mendacium*, X, 24. Ver Tzvetan Todorov, *Théories du symbole*. Paris, 1977. p. 76.

oposição à transparência que é saber, o "oculto" introduz uma libido. Donde, ulteriormente, a ambivalência do "travestimento" que ora insinua falsas ideias, ora exprime e produz a sedução das verdadeiras. Sem dúvida, é preciso ligar ainda ao poder atrativo e persuasivo do discurso sua musicalidade – o "número" – que ao mesmo tempo desimanta o texto e "arrebata" o leitor. Em *La Manière de bien traduire d'une langue en autre*, Étienne Dolet dava como regra "a observação dos números oratórios, ou seja, uma ligação e reunião das dicções com tal suavidade que não somente a alma se contente, mas também o ouvido fique todo encantado";[10] número e sombras ocultam o sentido e representam sua força.

O que quer que seja de seus antecedentes, em Port--Royal o especulativo é organização analítica de um "próprio"; o oratório (a poesia, a pregação etc.) é o jogo de uma energia no espaço polissêmico do "figurado". Um "pinta" a ideia; o outro, os efeitos que ela gera. Não há, pois, contradição entre os dois – pelo menos em princípio. Para Antoine Le Maistre, pode-se, em uma tradução, conservar intactas as ideias (não "acrescentar nada para o sentido") aumentando ao mesmo tempo seus efeitos de sedução ou de persuasão ("acrescentar diversas belezas para o estilo").[11] Problemática perigosa visto que, desde o início do século XVII, a busca da "cor" ou da emoção se faz "mundana" e se desapega das verdades que ela

---

10 Étienne Dolet, *La Manière de bien traduire d'une langue en autre*. Lyon, 1540, texto reeditado em *Babel*, 1955. t. 1, p. 18-19.

11 Antoine Le Maistre, *Règles de la traduction* (In : Nicolas Fontaine, *Mémoires pour servir à l'histoire de Port-Royal*, 1736), citado por Louis Marin, op. cit.; p. 557. De fato, as traduções de Antoine Le Maistre serão julgadas grandiloquentes em Port-Royal e ele as suspenderá. Ver Basil Munteano, Port-Royal et la stylistique de la traduction. In : *Actes du VIIe Congrès de l'Association internationale des études françaises*. Paris, 1955. p. 151-172.

devia "fazer crer".¹² Entre a beleza e a verdade, um fosso se aprofunda que muda a distinção do figurado e do próprio em oposição entre poesia (fábula) e história (erudição). Assim, a tradução, que deve obediência aos dois, se torna o campo fechado de uma guerra das musas.

3. LE MAISTRE DE SACY

Entre as grandes traduções francesas da Bíblia (Olivetan, 1535-1588; Diodati, 1644 etc.),¹³ a que Le Maistre de Sacy pouco a pouco publicou em livros separados (1665-1684)¹⁴ tem uma particular importância pelo fato de sua longa carreira. Ela se situa, aliás, no momento em que a Escritura entra maciçamente na língua francesa. Na edição parisiense, por exemplo, as Bíblias, majoritariamente editadas em línguas antigas de 1640 a 1660 (30 obras

---

12   A propósito das paráfrases e traduções dos Salmos, Michel Jeanneret, *Poésie et tradition biblique au XVIᵉ siècle*. Paris, 1969, analisou a evolução que, transposições articuladas com um respeito do espírito do texto (primeira metado do século XVI), conduz a uma segunda etapa de erudita fidelidade à sua letra (ver Baïf, Vigenère etc.) e termina, no limiar do século XVII, em obras de criação pessoal das quais a Escritura não é mais que o pretexto.

13   Para o Novo Testamento, tem-se, antes da de Sacy (1667) ou contemporâneas, as de J.-C. Deville (1613), de P. Frizon (1621), de P. de Besse (1631), de J. Corbin (1643), de F. Véron (1647), de M. de Marolles (1649), de P. Amelotte (1668) etc., para destacar apenas as mais importantes.

14   Essas traduções, devidas de fato a uma espécie de coletivo (Sacy, Antoine Le Maistre, Arnauld, Nicole, o duque de Luynes) e a inúmeras consultas (junto a Barcos, em particular), apareceram em uma ordem e com lacunas (Ezequiel, Jeremias, o Cântico dos cânticos etc.) onde se indicam preferências eclesiásticas e pastorais: *Salmos*, em 1665, *Novo Testamento*, em 1667 (edição dita "de Mons" das quais cinco mil exemplares são vendidos em seis meses), *Provérbios*, em 1672, *Eclesiastes, Sabedoria e Isaías*, em 1673, *Livro dos Reis I e II*, em 1674, os *12 Pequenos Profetas*, em 1679, *Gênese*, em 1682, *Êxodo e Levítico*, em 1683, *Eclesiástico*, em 1684.

sobre 40, de 1641 a 1645 ou de 1655 a 1660), são em seguida, cada vez mais, versões francesas (de 1695 a 1700, sobre 60 edições, haverá 55 em francês).[15] Por toda parte, empreendem-se, então, traduções; Sacy começa a publicar em 1665; Desmarets edita a sua em Paris, em 1669; Henri Justel e os pastores de Charenton elaboram o projeto ao qual Richard Simon está associado e que não terá êxito apesar dos sete anos de trabalhos comuns; François Turretini e seus amigos genebrinos preparam a partir de 1672 a tradução francesa que Chouet publica em Genebra no fim de 1678 etc. Esses 15 anos de efervescência tradutora (1665-1680) constituem um tempo importante teórico e prático de nosso assunto.

Na base da concepção que Le Maistre de Sacy se faz da tradução,[16] há uma opção que, imediatamente, o distingue de Richard Simon; um procura como ser a testemunha de um *Livro-Sujeito*; o outro, como tratar um *livro-objeto*. Sacy visa ao "sentido" do *Autor*, isto, é o Espírito de Deus; Simon, ao sentido do *texto*, isto é, uma organização literária e semântica. Na mesma época, o mesmo livro dá lugar a duas práticas divergentes. Essas posições não autorizam, aliás, nenhuma conclusão sobre a autenticidade de seu catolicismo; elas se referem a geografias diferentes da fé que, em um, é investida na relação com a *Sagrada Escritura* e, para outro, é conservada pela tradição oral e profética da *instituição eclesial*. Não colocando no mesmo lugar nem

---

15 Ver Henri-Jean Martin, *Livre, pouvoirs et société à Paris au XVIIe siècle*. Genebra, 1969.

16 Ela é encontrada principalmente em seu "Préface à la traduction du Nouveau Testament" (em *La Bible de Mons*, Paris, 1696), na *Choix de lettres inédites de Louis-Isaac Le Maistre de Sacy* (1650-1683). Paris: Ed. G. Delassault, 1959, e em Nicolas Fontaine, *Mémoires pour servir à l'histoire de Port-Royal*. Colônia e Paris, 1753, particularmente t. II, p. 385 e segs. e t. IV, p. 322 e segs.

da mesma maneira o desafio ideológico e identificatório da *crença*, eles não têm as mesmas *práticas* de tradutor.

Para certificar-se de dizer e transcrever o sentido do Autor – um sentido que passa o homem –, Sacy dispõe de duas espécies de critérios:

1. Uma *missão* deve habilitar o tradutor. Não se improvisa como tal. A invariância do sentido, questão fundamental desde que se trate de uma verdade (e revelada), tem como condição de possibilidade um *lugar* fixado ao tradutor pela Igreja, única "autoridade tradutora"[17] do Espírito. É, portanto, uma *obediência* que se liga ao sentido, introduzido no lugar de sua verdade e autoriza seu mediador. Ela é aqui conforme ao princípio berulliano (e dionisiano) segundo o qual "o Filho não intervém na produção do Espírito Santo", isto é, na manifestação do sentido, "senão pelo poder que ele recebeu" de seu Pai.[18] Ninguém é capaz de dizer o espírito da letra sem ser "imediatamente enviado". Ele só sai do silêncio "à força".[19] Na perspectiva berulliana que prevalece ainda em Sacy ou Barcos, a *instituição* eclesial que dá acesso ao espírito tem por forma uma instituição *do* espírito, a *direção espiritual* – estrutura que evita confundir a "missão" com a organização objetiva (cada vez mais "mundana") dos ofícios eclesiásticos ou, inversamente, reduzi-la a uma troca puramente subjetiva entre a *oratio* que abre o interior ao Espírito (a oração) e a *oratio* que o

---

17 L. Marin, La critique de la représentation classique..., op. cit., p. 555.
18 Pierre de Bérulle, *Discours de controverse* [1609], I, 24-28. In : *Œuvres complètes*. Paris: Ed. Migne, 1856, col. 673-681. Ver Jean Orcibal, L'idée d'Église chez les catholiques du XVIIe siècle. In: *Relazioni del Xmo Congresso internazionale di scienze storiche*. Firenze, 1956. t. IV, p. 116-117.
19 Ver Jean Orcibal, Martin de Barcos (1600-1678), abade de Saint-Cyran, e sua correspondência. In: *Revue d'histoire ecclésiastique*, vol. LII, p. 892, 1957.

"produz" para fora (a pregação, a edição etc.). O tradutor só é fiel ao espírito da letra se ele recebeu missão de seu diretor espiritual.[20] É a prévia de uma *competência*. Da relação entre o trabalho de tradução e o lugar que "autoriza" o acesso ao sentido, os termos variaram desde Sacy. Mas essa relação em si permanece. Com certeza, a pertinência do *status* do tradutor é frequentemente oculta, disfarçada ou denegada pelo texto que produz a operação tradutora, mas ela não deixa de continuar fundamental, assim como, no saber médico "o *status* dos indivíduos que têm – e somente eles – o direito regulamentar ou tradicional, juridicamente definido ou espontaneamente aceito, de proferir semelhante discurso".[21] Ficaria, então, para analisar a história do que é destacado por Sacy e que, a partir de então, só se revela indiretamente, a saber, a habilitação ao sentido pela agregação a um meio (supostamente "neutro", científico, por exemplo, e supondo que o neutro tenha capacidade de verdadeiro) ou pelo *status* social, linguístico ou ideológico do locutor. De qualquer maneira, uma exterioridade do texto (uma missão, um lugar, uma pertença) serve como autorização à tradução e sustenta, como seu postulado, uma competência. Ela se marca também, na tradução, por uma série de efeitos, como, em Sacy, o privilégio concedido à Vulgata,[22] as "escolhas" entre as variantes e as

---

20 Doutrina conforme à posição de Saint-Cyran, cuja "primeira máxima", em matéria de escrita, era "só escrever nos envolvimentos que vinham de Deus". Ver Claude Lancelot, *Mémoires touchant la vie de M. de Saint-Cyran*. Colônia, 1738. t. II, parte III, 13, p. 127-132: "*De la manière dont M. de S. Cyran voulait que l'on se comportât dans les ouvrages qu'on entreprenait pour la défense de la vérité.*"
21 Michel Foucault, *L'Archéologie du savoir*. Paris, 1969. p. 68.
22 O título da edição completa de 1704, por exemplo, destaca em capitais vermelhas que a Bíblia é "traduzida em francês, sobre a vulgata" (*La sainte Bible*..., Bruxelas, H. E. Frick, 1704, *in-folio*). Essa rubrica tem valor de brasão pós-tridentino: ela assinala uma opção

versões,[23] a manutenção do antigo recorte capitular, o enquadramento do texto em um discurso de títulos, ou as opções ontológicas que orientam os mil detalhes da tradução de maneira a fazer dela o relato de um saber sobre o ser.

2. Enquanto a invariância do sentido tem como condição uma missão do tradutor, sua natureza tem como manifestação um *estilo* do texto. Uma maneira de dizer (*modus loquendi*) representa um querer dizer/ensinar do autor (um *documentum*). Essa *maneira* de Deus se indica por uma "proporção", interna ao texto, entre a inteligibilidade da mensagem e sua obscuridade. É na escrita a visibilidade do que, de invisível, a produz: a marca do enunciador no enunciado. O espírito da letra não se formula mais, como na Idade Média, em "modos" de "leituras" (sentido literal, sentido alegórico, sentido tropológico etc.) cuja hierarquização corresponde a tratamentos sucessivos do texto ao longo de um *itinerarium* da fé;[24] ele é representado pelo texto, por

---

eclesiástica. Mas ela tem também o valor ritual de uma máscara: ela diz outra coisa além do que faz Sacy, visto que, na realidade (Richard Simon o censura em sua *Histoire critique des versions du Nouveau Testament*. Rotterdam, 1690. p. 296-447) sua tradução prefere frequentemente as lições dos Septuaginta às da Vulgata e que, por essa mixagem, ela não "representa" nem o grego nem o latim.

---

23 Sobre as "escolhas" que Sacy faz entre as variantes fornecidas pelas diferentes versões do mesmo texto e que ele mesmo julga discutíveis, ver seu *Prefácio às Epístolas de São Paulo*, citado em Geneviève Delassault, *Le Maistre de Sacy et son temps*, Paris, 1957, p. 155.

24 Ver Michel de Certeau, Exégèse, théologie et spiritualité. In: *Revue d'ascétique et de mystique*, vol. XXXVI, p. 357-371, 1960; James J. Murphy, *Rhetoric in the Middele Ages*. Berkeley (CA), 1974. p. 238, 327, 353 etc. (os quatro sentidos constituem "modos" de exposição em uma *ars dictaminis* ou em uma *ars concionandi*; eles modalizam e hierarquizam ao mesmo tempo a relação do locutor com seu tema, de seu discurso com seus destinatários, e destes com a *res* pela *significatio*).

suas próprias contradições, como uma cabeleira desfeita torna visível o gesto do amor. A relação entre significações e uma desordem trai o querer dizer do destinatário.

A letra é uma combinação de predicados e de atributos divinos onde se insinua, envolvendo de noite esses significantes revelados, o impensável Sujeito que lhes serve de parceiro. Não há, pois, *nada além*, para pensar que o que enuncia a superfície do texto (vale apenas o sentido "literal"), mas ela é vazada por "trevas", riscada por "desordens", pontuada por incorreções, por "maus trechos" e "más frases"[25] por onde a Exterioridade do locutor remonta a seu próprio enunciado e aí faz noite.

Traduzir será manter essa relação, navegar entre as luzes e as trevas, trabalhar na transparência da mensagem, mas sem apagar os vestígios obscuros de seu autor. Esse respeito espiritual da letra é tanto mais difícil que uma insuperável ambiguidade se apega às opacidades do texto. Por um lado, *deve haver* obscuridade (princípio geral, relativo à natureza do autor), mas, por outro, em cada caso particular, como saber se a obscuridade depende desse princípio ou de uma simples ignorância (gramatical, léxica, histórica) da letra? De fato, não é o déficit do saber que localiza no texto as marcas do Espírito? O esforço de Sacy para superar suas ignorâncias *técnicas* o leva, portanto, a suprimir os indícios da *divina* obscuridade. Ele é, aliás, incentivado pela vontade de fazer entender a Bíblia pelos seus destinatários: é preciso, diz ele, escrever "para os outros", e não "para nós mesmos".[26] Ele tem sempre em vista (como muitos outros,

---

25 Ver os propósitos de Sacy relatados por Nicolas Fontaine, *Mémoires*, t. IV, p. 325, 331 etc. Seria preciso ligar essa posição à teoria dos místicos sobre o *modus loquendi*, caracterizado pela *coincidatio oppositorum*, "a incorreção" e o insensato. Ver as partes IV e V do capítulo sobre João da Cruz e Surin.

26 Carta a seu irmão Antoine Le Maistre, citado em N. Fontaine, *Mémoires*, t. I, p. 386: Sacy não quer "essa exatidão rigorosa" que faz dos especialistas os únicos destinatários da Bíblia.

Spinoza o primeiríssimo) o problema colocado pelo *status* do ignorante, do não erudito, na história da revelação bíblica. Sem dúvida, "a elegância" ou a "pureza" que ele busca tem ela também para ele valor de sedução; ela dá a força de uma atração ao sentido do discurso. Mas será a força *do* espírito?

Os princípios se mantêm, pois, incertos na prática. No que concerne à tradução do texto, eles se resumem em três: 1. só há sentido literal; 2. sem clareza, não há mensagem; 3. sem obscuridade, a mensagem se torna insignificante. Relativos a uma busca do Autor, esses princípios retiram finalmente do tradutor toda segurança técnica. Eles o estabelecem no medo : "Eu tremo", escreve Sacy. Seu próprio trabalho tem como efeito trair as Escrituras dando-lhes atrações para aqueles que "não podem suportar a linguagem obscura e embaraçada de que o Espírito Santo se serve".[27]

Não há solução (o tradutor é sempre culpado), mas somente paliativos. Eles consistem em reintroduzir obscuridade nas margens da clareza, em criar um *tremido* da própria tradução. Será juntando à versão retida os sentidos diferentes de que o original é susceptível, ou fazendo aparecer um folhear do original pela tradução das variantes hebraicas, gregas ou latinas da mesma passagem. Na edição da página, uma combinação espacial do texto *central* e das *margens* (ou notas) compensa a excessiva clareza do discurso contínuo por uma proliferante pluralização semântica ou crítica. Esses arredores microbianos instauram uma "pluri-isotopia" do texto. Eles dão ao "querer dizer" do autor sua inacessibilidade. Pelo enquadramento erudito de sua tradução, por acostamentos de notas marginais, Sacy acrescenta uma *indeterminação*, mas *secundária* pela relação com a determinação que ele impôs ao texto. A sombra adjacente de uma polissemia substitui, pois, a obscuridade

---

27 Citado em N. Fontaine, *Mémoires*, t. IV, p. 322 e 325.

própria do texto. Um excesso de sentido tem lugar de um não bastante. Compromisso que, por assim dizer, garante uma didática eclesiástica da clareza para todos e deporta lateralmente para seu contrário os leitores "entendidos". Essa estrutura quase plural orienta a mensagem para um silêncio do autor. Por seu próprio âmbito, o corpo do texto foge discretamente para um desconhecido.

4. RICHARD SIMON

Se, para Sacy, a polissemia tem o valor positivo de um acréscimo de sentido, ela é, ao contrário, o princípio de um desvanecimento do texto em Richard Simon.[28] Diferença mais fundamental ainda, onde Sacy procura reconhecer o único autor, Simon analisa a organização e as condições de produção de uma diversidade de livros. Ele se interessa pela "verdade do texto".[29] Ele inaugura uma "crítica da Escritura".[30] Seu pressuposto é a convicção de que a revelação cristã é conservada pela tradição oral da Igreja católica. A fidelidade à instituição não tem, pois, por objeto, como em Sacy, legitimar o tradutor; em termo de monta-

---

28 Sobre a concepção que Richard Simon (1638-1712) se faz da tradução, encontram-se os elementos mais sintéticos em sua *Histoire critique du Vieux Testament*. Rotterdam: R. Leers, 1685; em sua *Réponse au livre intitulé Sentiments de quelques théologiens de Hollande...* Rotterdam, R. Leers, 1686; e na *Histoire critique des versions du Nouveau Testament...* Rotterdam, R. Leers, 1690. Ver também Paul Auvray, *Richard Simon*. Paris, 1974; e Richard Simon, *Additions aux Recherches curieuses sur la diversité des langues et religions d'Edward Brerewood*. Paris: Ed. Jacques Le Brun e John D. Woodbridge, 1983.
29 Ver, por exemplo, sua *Histoire critique du Vieux Testament*, p. 364.
30 *Ibidem*, Prefácio, não paginado, com uma definição de "*mot de critique, qui est un terme d'art*" (palavra crítica, que é um termo de arte); "o desígnio dos que exercem essa arte não é destruir, mas estabelecer".

nha, ela "garante" a "certeza" do crente, mas também ela permite (e compensa) "a incerteza" do crítico.[31] Inversão das problemáticas reformistas da Renascença: é agora a instância eclesial que decide em matéria de "*crença*" e que, conforme a teologia desse fim de século,[32] fala claro a verdade cristã, enquanto a verdade textual, lugar de suspeita, depende de *práticas* autônomas definidas, segundo o esquema cartesiano, pelo isolamento de um campo próprio e (é o essencial para Simon) pela construção de um "*método*".[33] A tradução do espírito pertence à Igreja; a da letra, à crítica. Na realidade, a distinção está longe de ser tão clara. Os resultados da crítica carregam o vestígio dos postulados eclesiológicos de Simon, por exemplo, enquanto os textos bíblicos emanam de grupos e não de indivíduos, ou que os "escritores públicos" inspirados que modificaram o original têm "a mesma autoridade" que ele, ou que a transformação histórica do original tem finalmente mais preço que o Livro em si, resultado colocado sob o signo do "equívoco" etc.

Para Richard Simon, a tradução é quase impossível, porque a crítica "mostra quanto a Escritura é obscura".[34] O texto bíblico desmorona, com efeito, por seus dois polos

---

31 Sobre essa relação entre a "certeza" recebida da Igreja e "a incerteza" da Bíblia, ver *Histoire critique du Vieux Testament*, Prefácio, 4º ponto.

32 Será a posição de Fénelon, para que, finalmente, o sentido cristão da Escritura é o que dele explica o padre. Ver a "Lettre à l'évêque d'Arras sur la lecture de l'Écriture sainte en langue vulgaire [1707]. In: *Œuvres complètes*. Paris: Gaume, 1848. t. II, principalmente p. 194-195, 200-201.

33 Sobre essa virada, ver Michel de Certeau, *L'Écriture de l'histoire*. 2. ed. Paris, 1978. cap. IV, "La formalité des pratiques", p. 153-212.

34 *Histoire critique du Vieux Testament*, p. 352, parte III, titre. Simon acrescenta: "Não se teve até o presente nenhuma versão perfeita da Sagrada Escritura. Parece até que seja impossível poder conseguir isso se refletirmos sobre todas as dificuldades..." (cap. I, p. 352).

extremos: como totalidade, ele foi "alterado", na verdade "corrompido à vontade"; em sua base, no nível de suas unidades elementares, ele é "equívoco". Assim, cada unidade semântica se decompõe do interior pelo fato de sua ambiguidade. A crítica detecta por toda parte e produz essa defecção. Ela não pode concluir, isto é, parar a disseminação do sentido fixando-lhe um fecho. Porque "há poucas palavras que não são equívocas",[35] o texto é, ao contrário, transformado pelo trabalho erudito em uma multiplicação de possíveis. Não se poderia editá-lo como *um* texto, nem articulá-lo em *um discurso* de tradução. A coleção indefinida (enciclopédica) das variantes textuais ou semânticas torna o texto em si sempre mais *inumerável* e mais *obscuro*. Ela cria plural e opacidade. Assim, para dizer a verdade que aí se perde, os contemporâneos devem substituir a esse texto fragmentado ou, então, com Spinoza,[36] a clareza de um discurso de *razão*, ou, então, com Fénelon, a clareza de uma pregação de *Igreja*.

É, portanto, interessante acompanhar R. Simon não somente quando ele julga as traduções dos outros,[37] mas quando ele próprio traduz. Sua colaboração com Henri Justel e os pastores reformados de Charenton,[38] e até, du-

---

35 *Ibidem*, p. 369.
36 Richard Simon só leu Spinoza por volta de 1674-1675, quando ele já tinha quase acabado sua *Histoire critique du Vieux Testament*. Ver Paul Auvray, Richard Simon e Spinoza. In : *Religion, érudition et critique à la fin du XVIIe siècle et au début du XVIIIe*. Paris, 1968. p. 201-214.
37 Em particular as traduções francesas, em sua *Histoire critique des versions du Nouveau Testament*, cap. XXVII-XXXIX, p. 311-483.
38 A esse respeito, Simon escreve a D. H. em 1699: "O senhor Justel que estava persuadido de que seus Ministros não eram capazes de um tão grande empreendimento me consultou para saber a maneira como era preciso proceder aí..." (*Lettres choisies de M. Simon*. Amsterdam: Pierre Mortier, 1730. t. III, Supplément, p. 274).

rante um tempo (1675-1677), com os pastores genebrinos, para a Bíblia francesa de Turretini,[39] o levou a traduzir um capítulo de *Jó* e um capítulo dos *Provérbios*,[40] e a apresentar a "ideia tão justa" que ele próprio tinha "de uma tradução da Bíblia".[41] Esse "projeto de uma nova versão da Sagrada Escritura" é retomado na *Histoire critique du Vieux Testament*,[42] onde se encontra explicado "o caminho que se deve seguir para fazer nessa matéria algo que se aproxime mais de uma verdadeira tradução da Bíblia".[43] Desse conjunto, alguns pontos sobressaem.

Toda tradução, devendo ser uma *representação* do original, encontra uma dupla dificuldade: uma, textual, é relativa à existência material do original; a outra, semântica e literária, à organização do sentido. Richard Simon tem como originalidade ter atribuído tanta importância à crítica literária quanto à crítica textual e tê-las combinado. Ora, as observações que ele faz e as representações que

---

39 As primeiras traduções genebrinas (Gênese 3; Coríntios 7) não foram apreciadas por Richard Simon e pelos pastores de Charenton (início de 1677). A Bíblia francesa de Genebra preparada desde 1672, sob o impulso de François Turretini, reitor da Academia, apareceu no fim de 1678, pelo editor Chouet.

40 Ver *Réponse au livre intitulé Sentimens de quelques théologiens de Hollande*, p. 77-78. Essas traduções desapareceram. Jean Le Clerc pretenderá que um "Doutor reformado", depois de tê-las examinado, as tomou como um plagiato do erudito protestante Samuel Bochart (J. Le Clerc, *Défense des sentiments de quelques théologiens de Hollande sur l'Histoire critique du Vieux Testament*. Amsterdam: H. Desbordes, 1686. p. 54).

41 *Réponse au livre intitulé Sentiments de quelques théologiens de Hollande*, p. 24. Essa tradução, ainda anunciada como próxima por Justel, em 1676, não aparecerá infelizmente jamais.

42 *Histoire critique du Vieux Testament*, livre III, cap. I e II, "Projeto de uma nova versão da Sagrada Escritura, onde se faz ver ao mesmo tempo os defeitos das outras traduções", p. 352-363.

43 *Ibidem*, p. 352.

delas resultam são paralelas a esses dois níveis (do texto e do sentido). Em um caso como no outro, há:

1. *Análise de uma perda* em torno da qual múltiplos restos, todos defeituosos ou corrompidos, tornam, no entanto, possível uma produção de probabilidades classificáveis segundo "as regras da crítica".

2. *Encenação de um "corpo"* (corpo textual, isto é, o texto "estabelecido", ou corpo de sentido, isto é, a tradução), mas de um corpo-Arlequim, porque, por um lado, ele é feito de "pedaços" extraídos de um estoque de possíveis onde eles parecem os "melhores", e colocados juntos a título de hipóteses ou de conjecturas; por outro, ele é crivado de notas marginais que substituem as partes retidas no "corpo" por outras variantes ou outras interpretações tendo, diz Simon, "igual probabilidade", e que juntam no espaço de uma "representação" do corpo um espaço que representa sua disseminação.

A edição (ou edificação) da "versão", já clivada entre o estabelecimento do texto e o do sentido, tem, pois, a impressão de um campo fechado. À fabricação de uma imagem textual provável, combinação de elementos heterogêneos provenientes de antigas imagens quebradas, opõem-se *mil fragmentos* dispersos em nota e da mesma proveniência, prontos a substituir os elementos privilegiados e a gerar assim uma série indefinida de outras imagens. Corpo perpetuamente construído com ruínas e reduzido em ruínas, corpo feito de poeiras e retornando à poeira, a "versão" oscila, instável, entre a imagem, ficção provisória, e os mil fragmentos, real da corrupção.

De fato, nesse batimento que vai e vem da ficção à disseminação, continua a história erudita de *uma luta contra o tempo* que definitivamente "alterou" o original ("o primeiro Original [...] foi perdido")[44] e semeou o "equívoco"

---

44 *Ibidem*, p. 353.

na língua (trata-se de "uma língua que foi perdida").[45] Essa luta contra o trabalho desastroso do tempo ou contra um tempo destruidor é o próprio combate da Reforma desde o século XVI. Mas no campo da escrita, ela aparece doravante desigual, sem esperança: enquanto a crítica consiste, no dizer de Simon, em "reparar",[46] ela deve fazer seu luto do objeto que ela procura restaurar ("impossível remediar a isso") e da certeza a que ela visa ("há sempre de que duvidar"). Contrariamente ao empreendimento cartesiano, seu trabalho se desenrola inteiramente na perda e no incerto. Ele não sai jamais de uma nem de outra. Renunciando à "pureza" primitiva, ele progride no interior da "corrupção". Ele aceita essa lei da história.[47]

Mas, sua derrota, a crítica a transforma em força. A edição-tradução é também um trabalho *da* suspeita e até um trabalho *da* perda, enquanto um e outro são princípios de operações. Uma certeza habita a *Histoire critique*, mas sob a forma de um "*método*"; ela se funda precisamente sobre a única probabilidade da imagem e sobre a perda do original. Desse ponto de vista, a intervenção teológica é suspeita porque ideológica. Com efeito, ou ela supõe, à

---

45 *Ibidem*, p. 359.
46 "Reparar o texto hebraico" (*Histoire critique du Vieux Testament*, p. 356), "restabelecer uma língua que foi perdida" (*ibidem*, p. 359) etc. Esses termos precisam a definição dada à "Crítica": "corrigir as Bíblias" (*ibidem*, Prefácio). Ver também, a propósito de Erasmo, *Histoire critique des versions du Nouveau Testament*, p. 252.
47 Sem dúvida há aí uma chave do comportamento de Richard Simon em relação às Igrejas protestantes e à Igreja católica: as primeiras, reformistas a preço de muitas ilusões (sobre a Bíblia etc.), e a segunda, mais conformista ("mundana"), na verdade corrompida, que ela não confessa. Alérgico aos revolucionários, ele aceita um dado de fato (católico) que permite um trabalho crítico durável. Ver Miriam Yardeni, Richard Simon et la Réforme. In: Philippe Joutard (éd.), *Historiographie de la Réforme*. Genebra, 1977. p. 60-70.

imagem do texto, um valor de verdade como se o original estivesse aí presente de novo: o teólogo confunde o Livro com a representação de seus restos e engana-se redondamente. Ou, então (censura que Simon faz à tradução do Novo Testamento por Sacy), um imperialismo ideológico se trai querendo superar as "contrariedades" entre lições (por exemplo, gregas e latinas) por meio dos compromissos fundados em uma convicção doutrinal (enquanto não se tem mais "nem o grego nem o latim, sob pretexto de conciliá-los um com o outro"), e acreditando esclarecer o texto por adições ou supressões que o conformam a "preconceitos" teológicos (então, têm-se sentidos que não estão "nem no grego nem em nenhuma versão"): o teólogo oculta pelo artifício de um neutro (nem um nem outro) o plural escriturário (um e outro) e ele esconde com suas ideias "particulares" o Livro que ele pretende representar.[48] Ao contrário, a análise da *perda* (perda da origem e, portanto, perda da voz que falava nela) e o exercício da *dúvida* (em ação nas e contra "representações" que são todas *ersatz* do texto e do sentido perdidos) produzem rigor nas operações analíticas e construtoras.

No canteiro do texto e de sua produção, têm-se "regras". Elas visam essencialmente a uma *defesa do negativo* e a uma *classificação do provável*: por um, a crítica refuta toda afirmação "prejulgada" e, por outro lado, ela introduz a distinção no equívoco. Esses dois movimentos se sustentam visto que sua combinação permite atravessar, selecionar e ordenar o incerto sem transformá-lo em certo. Eles dão lugar a uma sucessão de "raciocínios" que obedecem mais ou menos todos ao mesmo esquema: 1. identificar impossibilidades (há "lições" e interpretações interditas pelos "fatos"); 2. distinguir e classificar probabilidades; 3. extrair daí uma pluralidade de conclusões cir-

---

48 *Histoire critique des versions du Nouveau Testament*, p. 434-464.

cunscritas por hipóteses. Esse raciocínio quase inverte a forma que ele recebeu de Aristóteles. Ele multiplica o provável no interior de um campo limitado pelo impossível.[49] No limite, a tradução se torna um canteiro do provável, um espaço oferecido ao cálculo das probabilidades. Faltou somente a Richard Simon uma lógica das modalidades que lhe fornecesse um instrumento de análise, mas, antes de Leibniz,[50] ela não é elaborada. Semelhante referência não é, no entanto, arbitrária. O texto "estabelecido" e traduzido segundo as normas de Simon compõe já um teatro técnico, mas não teórico desse trabalho lógico. Em todo caso, o que aí se encontra representado em cenas inúmeras ao longo de "histórias críticas" é menos o original do que a prática erudita em si combinando à exposição de suas escolhas reguladas ("o corpo") a coleção enciclopédica e classificada que torna outras escolhas possíveis (as margens e as notas). Não é surpreendente que Richard Simon tenha renunciado às traduções de que ele tinha "uma ideia tão justa". À produção de imagens instáveis e suspeitas, ele prefere os tratados e, mais ainda, as notas, os rascunhos etc., em suma, as representações da "Crítica". O teatro do Livro se inverte em teatro da ciência.[51]

---

49 Assim já acontece com a *palavra*, unidade de significante onde o sentido a cada vez se desvanece e prolifera: é um *incerto* ao qual *limites* são colocados (há sentidos irrecebíveis) e no interior do qual se produzem hipóteses a classificar.
50 Ver Hidé Ishiguro, *Leibniz's Philosophy of Logic and Language*. Londres, 1972, "Necessity and Contingency", p. 119-145.
51 Com esse efeito produzido, em Richard Simon, pelo desvanecimento do sentido, seria preciso comparar as teses famosas de W. V. Quine sobre a indeterminação da tradução e o mito da significação (ver W. V. O. Quine, *Le Mot et la chose*. Trad., Paris, 1977, cap. II; Paul Gochet, *Quine en perspective*. Paris, 1978, cap. IV etc.). Para Quine, se traduções entre elas incompatíveis e, no entanto, igualmente corretas são possíveis, é que elas não podem fundar-se em uma verdadeira sinonímia, que as "envolturas

A relação da Escritura com uma prática sempre foi decisiva em uma hermenêutica bíblica. Richard Simon marca uma transformação importante dessa relação. Para outros, como para Sacy, *o texto antecipa-se à prática*; ele apela a um trabalho de compreender que é ele mesmo condicionado por uma colocação em prática do texto: é preciso obedecer à palavra para entendê-la.[52] Em Richard Simon, já *a prática precede o texto*, e não é a mesma; ela o produz como seu efeito transitório e sempre por recomeçar; ela se "produz", incansavelmente, no espaço textual de que ela amplia, manipula e ordena os elementos; basta-lhe imaginá-la em comentários ou estudos críticos, em notas e rascunhos, isto é, em um trabalho nas margens do original perdido. À representação do desaparecido se substitui a da produção erudita que o substitui.

Para censurar a Sacy uma lacuna essencial de sua tradução, isto é, o que ela não mostrava suficientemente, Barcos tem uma palavra que poderia designar o que Simon, por sua crítica, manifesta já muito: na Bíblia, "Deus caminha como sobre o mar, sem deixar vestígios".[53]

---

verbais" são, na realidade, vazias, e que a significação é social, indissociável de contratos e de ocasiões, em suma, de uma intersubjetividade histórica. Ver também Jacques Bouveresse, *La Parole malheureuse*. Paris, 1971, cap. II.

---

52   Pascal se situa além dessa posição, em um entre-dois "moderno": a distância insuperável da Escritura permite uma maneira de "construir" suas *diferenças* internas, de maneira que esse movimento dos contrários faça constantemente passagem à fé – a análise dos textos inscrevendo-se em uma lógica do crer. Ver a seguir o capítulo 10, "O estranho segredo: Pascal".
53   *Correspondance de Martin de Barcos*. Paris: Ed. Lucien Goldmann, 1956. p. 372; ver L. Marin, La critique de la représentation classique..., op. cit., p. 569.

Capítulo 10

O ESTRANHO SEGREDO: PASCAL

A QUARTA CARTA À SENHORITA DE ROANNEZ

"Profundamente mística",[1] a quarta carta de Pascal à Senhorita de Roannez é apenas um "extrato".[2] Preparado para ser inserido nos *Pensamentos* publicados em 1670 por Port-Royal,[3] esse fragmento tem também imagem de ruína.

---

1   Jean Mesnard, *Pascal et les Roannez*. Paris, 1965. p. 542. Ver p. 545, a propósito das nove cartas: elas "mantêm semelhanças estreitas com os escritos de Pascal que se pode mais legitimamente qualificar de místicos, o *Mémorial*, o *Mystère de Jésus*".
2   O mais antigo manuscrito é uma cópia atribuída ao P. Guerrier (G², n. 100, proveniente do Oratório de Clermont-Ferrand) e estabelecido em 1734. Ele leva o título *Extraits de quelques lettres de M. Pascal à Melle. de Roannez*. Sobre a história do texto, ver Jean Mesnard, op. cit., p. 463-497, e Blaise Pascal, *Œuvres complètes*. Paris: Éd. J. Mesnard, 1964. t. I, p. 135-169 (o fundo Pierre Guerrier) e 45-46 (o projeto de uma edição dessas cartas por Guillaume Desprez, em 1664). Na cópia de Guerrier, a "carta" sobre "o estranho segredo" leva o número 2; a partir de então o estudo e a edição de Charles Adam (1891), ela leva o número IV. Com outros papéis de Port-Royal, o autógrafo foi jogado no fogo por sua destinatária (tornada duquesa de La Feuillade) a pedido de seu marido, em 1683, poucos dias antes que ela morresse: ver J. Mesnard, *Pascal et les Roannez*, op. cit., p. 934-946.
3   *Pensées chrétiennes*. Paris, Desprez, 1670. O capítulo XXVII (*Pensées sur les miracles*) contém, tirada dessa carta, uma passagem que levará o número 18 na reedição de 1678.

Essa relíquia pertence à correspondência que Pascal manteve com a jovem Charlotte de Roannez (ela tinha 23 anos) durante os sete meses que ela passou em Poitou, no castelo de Oiron, depois de sua "conversão" na Igreja de Port-Royal de Paris (4 de agosto de 1656), antes de voltar a Paris (metade de março de 1657) e de se lançar por surpresa na abadia de Port-Royal (1º de julho de 1657?) para aí ser recebida como noviça. Mas, por mais maravilhosamente erudita e policial que seja a análise crítica e histórica consagrada por Jean Mesnard aos nove "extratos",[4] eles continuam os vestígios de uma história que *se retirou*. A intenção de "trazê-los à luz" lentamente apagou suas particularidades. Um por vez, o duque de Roannez (irmão da destinatária e sem dúvida primeiro autor dos cortes praticados no original), Marguerite Périer, os Oratorianos de Clermont-Ferrand etc., trabalharam para esconder o conjuntural como para fazer aparecer "extratos". O segredo e a visibilidade dessas cartas aumentam juntos, paradoxo que é precisamente o assunto da quarta dentre elas. O tempo alterou a correspondência pessoal em "pensamentos" – em pedras de onde se apaga a singularidade dos acontecimentos. Ele nos torna visível o texto, e invisível o autor: um "descoberto" e o outro "oculto" pelo mesmo processo.

Certamente, o Extrato IV se constrói sobre "milagres". Em 24 de março de 1656, na Igreja de Port-Royal, Marguerite Périer, sobrinha e afilhada de Pascal, é curada de uma fístula lacrimal pelo toque de um "Santo espinho", réplica e fragmento da coroa de espinhos de Jesus. Na mesma igreja, cinco meses mais tarde, acontece a "conversão" da Senhorita de Roannez (até então "cega"), e essa "vocação" para a vida religiosa acontece de uma tal maneira, escreverá ela em 1657, "que não há exemplo em que Ele [Deus] tenha feito tão claramente parecer que Ele pode, quando

---

[4] J. Mesnard, *Pascal et les Roannez*, op. cit., p. 463-546.

Lhe agrada, tornar-se dono do coração, sem a intervenção de criaturas".[5] Mas "esses fatos extraordinários" a partir dos quais se produz o texto não serão procurados aqui depois dele, como "experiências" ou acontecimentos que seria preciso encontrar sob o discurso que os esconde, como se o *Extrato* devesse ser voltado para o referente que lhe serve de pré-texto. Suponho que "os textos, não mais que os objetos de arte, não podem ser lidos", se se entende por isso que eles não podem ser reduzidos a uma *unidade* susceptível de explicar *tudo* e de definir *o* sentido: "são objetos".[6] Cada explicação (há tantas quantos métodos) resultará, pois, de questões colocadas e de soluções propostas a título de hipóteses articuladas ao mesmo tempo sobre "paradigmas" (problemáticas comuns em um meio de pesquisa) e sobre procedimentos de análise (práticas submetidas a regras explicitadas). Atravessar assim um texto é tirar dele efeitos de comentário que se pode entender como uma das interpretações recebíveis. Essa relação com o texto pascalino é, aliás, homóloga à que ele mantém ele próprio com os "fatos extraordinários" que o tornaram possível sem que ele pretenda re-presentá-los.

O exame das pertinências criadas nesse texto particular por uma retórica ou uma lógica da argumentação faz aparecer o que Pascal chama a "maneira de escrever"[7] e as

---

5   Carta à sua mãe, a marquesa de Boissy (julho de 1657). In: Blaise Pascal, *Œuvres complètes*. Éd. Louis Brusnchvicg et al., Paris, Hachette, Les grands écrivains de France, 1914. t. V, p. 400. Remeterei doravante a essa edição de Pascal pela única menção: Pascal, *Œuvres*, com a indicação do tomo e da página.

6   Jean Molino, Lire Racine. In: *Actes du second colloque de Marselha*. État présent des études concernant le XVIIe siècle. Marseille, 1973. p. 21 e 29. Ver também, do mesmo autor, Structure et littérature. In: *Archives européennes de sociologie*, vol. XIV, p. 106-125, 1973.

7   *Pensées*, Lafuma frag. 745 (remeto doravante à numeração de Louis Lafuma). Ver Pierre Kuentz, Un discours nommé Montalte. In: *Revue d'histoire littéraire de la France*, vol. LXXI, p. 195-206,

maneiras de "tornear as coisas". "As maneiras de tornear uma mesma coisa são infinitas."[8] Práticas de transformações: "como se pode variar as enunciações" e "tornear as proposições em todos os sentidos".[9] Maneiras de dizer e maneiras de fazer constroem um discurso que é novo, mesmo se as matérias dele são antigas: "[...] como se os mesmos pensamentos não formassem um outro corpo de discurso por uma disposição diferente, assim como as mesmas palavras formam outros pensamentos por sua diferente disposição".[10] "Expressões" multiplicam os possíveis, colocam em movimento as coisas, fazem-nas virar e voltar à instabilidade de seus equilíbrios. Elas pertencem a essa problemática do *modus loquendi* que caracteriza todos os processos produtivos de linguagem "mística".[11] Mas, em Pascal, elas têm o móvel rigor de um estilo. O Extrato da 4ª carta à Senhorita de Roannez resulta de práticas, de suas combinações e de sua rapidez de encadeamento, bem mais que remeter a um objeto (o milagre é submetido a uma série de transformações) ou a um sujeito (o autor se dissemina em um jogo de pseudônimos[12] e se esconde sob seu verdadeiro nome), isto é, em uma das duas formas desse "próprio" que o texto arruína.

1971, e La main de Pascal. In: Anne Ubersfeld e Roland Desnée (éd.), *Histoire littéraire de la France, 1600-1660*. Paris, 1975. p. 200-205, estudos de um rigor incisivo e inovador.

8   Pascal, Traité des ordres numériques. In: *Œuvres complètes*. Paris: Éd. Louis Lafuma, 1963. p. 65.
9   *Ibidem*. Ver *Pensées*, frag. 784, 789 etc.
10 *Pensées*, frag. 696.
11 Ver Michel de Certeau, L'énonciation mystique. In: *Recherches de science religieuse*, vol. LXIV, p. 183-215, 1976.
12 "Louis de Montalte" é o autor das *Provinciales*; "Amos Dettonville", o das *Diverses inventions en géométrie*; "Salomon de Tultie" (ao mesmo tempo sábio e louco – *Stultitia*), o da *Apologie*.

TEXTO E PRÉ-TEXTOS

O Extrato não é, certamente, isolável das "palavras" e dos "pensamentos", das circunstâncias e dos interesses que ele retrabalha para "dispô-los" de maneira diferente ou, então, que o tornaram possível. Os elementos que ele manipula são pré-textos. A operação escriturária seria desconhecível sem a exploração do campo onde ela se efetua, restrições às quais ela obedece, e situações a que ela visa. Dada a munificência dos trabalhos já publicados a esse respeito e a exiguidade da análise que eu empreendo, bastará marcar o texto com algumas chamadas de notas que remetem ao espaço histórico reconstituído pela erudição, e que traçam sobre esse fragmento o lugar de seus elos (quebrados) com a rede de que ele se destaca. Eis, pois, o texto tal como nos chega, corpo com membros cortados, forma juntada sobre ela mesma:[13]

> Parece-me que você toma bastante parte no milagre para lhe escrever em particular que sua verificação está acabada pela Igreja, como você o verá por essa sentença do Sr. Grande Vigário.[14] Há tão poucas pessoas a quem Deus se

---

13 Reproduzo o texto de Pascal, Œuvres, t. VI, p. 87-90.
14 A *Sentence* é de 22 de outubro de 1656, assinada por Alexandre de Hodencq, vigário geral do arcebispo de Paris, o famoso cardeal de Retz, que está então "afastado de sua diocese" (texto em Pascal, Œuvres, t. VI, p. 65-70). Ela foi logo impressa. Quando do ofício solene de ação de graças celebrado na Igreja de Port-Royal, na sexta-feira, 27 de outubro, pelo mesmo "Grande Vigário", "vendeu-se um número tão grande de sentenças do Sr. Grande Vigário que se estima que chegou a 100 francos, por um tostão a peça, somente no pátio que fica diante da porta da Igreja" (carte de Jacqueline Pascal à Senhora Périer, 30 de outubro de 1656. In: Pascal, Œuvres, t. VI, p. 98). Donde a data do fragmento: ou seja, *domingo, 29 de outubro*, depois da cerimônia de 27 e no dia do correio habitual para o Poitou (J. Mesnard, *Pascal et les Roannez*, op. cit., p. 471-472); ou seja, antes *quinta-feira, 26 de outubro* (festa do Santo Sacramento e celebração do aniversário da inscrição das religiosas de Port-Royal como "Filhas do Santo Sacramento",

faça aparecer por esses fatos extraordinários, que se deve bem aproveitar dessas ocasiões; visto que ele não sai do segredo da natureza que o cobre senão para excitar nossa fé em servi-lo com tanto ardor que nós o conheçamos com mais certeza. Se Deus se descobrisse continuamente aos homens, não haveria mérito em crer nele; e, se ele não se descobrisse jamais, haveria pouca fé.[15] Mas ele se esconde ordinariamente, e se descobre raramentte aos que ele quer envolver em seu serviço. Esse estranho segredo, no qual Deus se retirou, impenetrável à vista dos homens, é uma grande lição para nos levar à solidão longe da vista dos homens. Ele ficou escondido sob o véu da natureza que no-lo cobre até a Encarnação; e quando foi preciso que ele aparecesse, ele ainda se escondeu cobrindo-se com a humanidade. Ele era bem mais reconhecível quando era invisível, do que quando ele se tornou visível. E, enfim, quando ele quis realizar a promessa que fez aos seus Apóstolos de ficar com os homens até sua última chegada, ele escolheu permanecer aí o mais estranho e o mais obscuro de todos, que são as espécies da Eucaristia.[16] É esse Sacramento que São João chama no Apocalipse um maná oculto;[17] e eu acredito que Isaías o via nesse estado, quando ele diz em espírito de profecia: Verdadeiramente tu és um Deus oculto.[18] Está aí o último segredo onde ele

---

em outubro de 1647), dada a ausência de referências ao dia 27 e principalmente as alusões muito prováveis do Extrato ao hino e às ladainhas do Santo Sacramento (ver Philippe Sellier, *Pascal et la liturgie*. Paris, 1966. p. 68-70).

---

15 Ver *Pensées*, fragm. 149, 835 etc.
16 Ver um desenvolvimento paralelo na décima-sexta *Provincial* (escrita na mesma época e publicada em 4 de dezembro de 1656). In: Pascal, *Œuvres*, t. VI, p. 275-276.
17 Apocalipse, 2, 17: "*Vincenti dabo manna absconditum*". A 18ª ladainha do Santo Sacramento chama também a Eucaristia *Manna absconditum* (ver P. Sellier, *Pascal et la liturgie*, op. cit., p. 69).
18 Isaías 45, 15: "*Vere tu es Deus absconditus.*" Esse texto, frequentemente citado nos *Pensées* (fragm. 427, 781, 921) se encontra (ver P. Sellier, op. cit., p. 69) na 9ª ladainha do Santo Sacramento: "*Deus absconditus et Salvator*".

pode estar. O véu da natureza que cobre Deus foi penetrado por vários infiéis, que, como diz São Paulo,[19] reconheceram um Deus invisível pela natureza visível. Os Cristãos heréticos o conheceram por meio de sua humanidade e adoram Jesus Cristo Deus e homem. Mas reconhecê-lo sob espécies de pão é próprio só dos Católicos: só a nós Deus esclarece até aí. Pode-se acrescentar a essas considerações o segredo do Espírito de Deus escondido ainda na Escritura. Porque há dois sentidos perfeitos, o literal e o místico:[20] e os judeus fixando-se em um não pensam somente que haja um outro, e não pensam procurá-lo; assim como os ímpios, vendo os efeitos naturais, atribuem-nos à natureza, sem pensar que haja um outro autor; e como os judeus, vendo um homem perfeito em Jesus Cristo, não pensaram em procurar aí uma outra natureza: não pensamos que tenha sido ele, diz ainda Isaías;[21] e assim também, enfim, os heréticos, vendo as aparências perfeitas do pão, não pensam procurar aí outra substância.[22] Todas as coisas cobrem algum mistério; todas as coisas são véus que cobrem Deus. Os Cristãos devem reconhecê-lo em tudo. As aflições temporais cobrem os bens eternos aonde elas conduzem. As alegrias temporais cobrem os males eternos que elas provocam. Rezemos a Deus por nos fazer reconhecê-lo e servir em tudo. Demos a ele graças infinitas pelo fato de que se tendo escondido em todas as coisas para os outros, ele se descobriu em todas as coisas e de tantas maneiras para nós.

ENCENAÇÃO DA INSTÂNCIA ENUNCIADORA

Mesmo reduzido a um Extrato, esse fragmento continua uma carta. De imediato, ele coloca os termos da relação

---

19 Epístola aos Romanos 1, 20: "*Quod notum est Dei manifestum est in illis, Deus enim illis manifestavit. Invisibilia enim ipsius a creatura mundi, per ea quae facta sunt intellecta, conspiciuntur*". Ver *Pensées*, fragm. 275.
20 Sobre os dois sentidos, ver *Pensées*, fragm. 252, 274 etc.
21 Isaías 53, 3: "*et quasi absconditus vultus ejus et despectus, unde nec reputavimus eum*".
22 Ver *Pensées*, fragm. 733.

que o organiza: "Parece-*me* que *você*...". Ele pertence ao que Benveniste chamava "discurso": "toda enunciação supondo um locutor e um ouvinte e, no primeiro, a intenção de influenciar o outro de alguma maneira".[23] Os *pronomes pessoais (eu, tu, ele)* garantem ao "discurso" sua colocação, fixando um lugar de enunciação (*eu*), um destinatário (*tu*), e, para o resto (*ele*), uma classificação relativa ao contrato que o texto produz entre interlocutores. Aqui, o *eu* e o *tu/vós* ficam menores. Ao contrário, uma série de *nós* estreita fortemente o elo entre o destinador e o destinatário ao longo de todo o texto, embora em modos ambíguos: "nós", cristãos; "nós", homens; "nós", católicos; "nós", cristãos ligados a Port-Royal. Uma exceção ("nós não pensamos...") é o fato de uma citação que, bíblica em sua origem e jurídica pelo seu funcionamento, introduz a confissão pelos judeus de sua ignorância.

Esse eixo do "nós", que dispõe o texto, é cortado pela aparição de um "eu" modalizado ("eu creio que Isaías...") relativo a um "tu", mas citado entre aspas, à maneira como uma nuvem abre o espaço do quadro sobre um *outro*, sagrado:[24] "Tu és um Deus oculto." Habitualmente, Pascal citará essa expressão em latim,[25] reforçando assim a colocação à parte desse "Tu" litúrgico e místico.

Donde a topografia dos atores pessoais:

---

23   Émile Benveniste, *Problèmes de linguistique générale*. Paris, 1966. t. I, p. 242.
24   Ver Hubert Damisch, *Théorie du nuage*. Paris, 1972. p. 65-67.
25   *Pensées*, fragm. 427, 781, 921.

Capítulo 10 – O Estranho Segredo: Pascal

1ª pessoa do singular	1ª pessoa do plural	2ª pessoa do plural	2ª pessoa do singular
Parece-me	◄--------► ▼▼▼	Você toma Você reunir Você verá	
Eu acho que ◄-------	Nossa fé Nós sabemos Nós trazemos Nos descobrimos ----------------------- que Nós "Nós" [judeus] Nos informe perceber para Nós	-----------►	"Tu és um Deus escondido"

No "discurso", precisa Benveniste, "explícita ou não, a relação de pessoa está presente por toda parte... O locutor opõe uma não pessoa *ele* a uma pessoa *eu/tu*."[26] Aqui, com efeito, uma grande parte das figuras que ocupam o lugar de "eles" (infiéis, heréticos, judeus etc.) é finalmente recapitulada no "para os outros" que faz face ao "para nós", queda do texto. Ela não indica a ausência de pessoa, mas de pessoas opostas. Há assim personalização dos pronomes em sua relação com um "nós" central onde se conjugam o "não eu" ("você") e o "eu" locutor.

A importância da enunciação se observa também na frequência de "indicadores" que remetem os objetos nomeados à instância *presente* do discurso.[27] Assim, os demonstrativos: "*essa* sentença", "*esses* fatos extraordinários", "*essas* ocasiões", "*esse* estranho segredo", "*esse* sacramento", "*esse* estado"... O dêitico prolifera. Ele é o

---

26 É. Benveniste, *Problèmes de linguistique générale*, op. cit., p. 242.
27 *Ibidem*, p. 253.

índice do gesto de mostrar.²⁸ A título do que não se diz, mas se vê do lugar onde se encontra o destinador, ele reforça o lugar do locutor, ele postula uma adesão do destinatário, ele urge o contrato entre eles.

Outra característica do "discurso": *os tempos*. Diferentemente da "história" (especificada pelo uso do aoristo, do imperfeito e do mais que perfeito), o "discurso" tem três tempos fundamentais: o presente, o futuro e o perfeito.²⁹ No Extrato, o emprego do presente e do perfeito é maciço. O futuro só tem aí uma ocorrência; o aoristo, dois (criando no texto a bolha de uma enunciação histórica). Os imperfeitos, em princípio comuns aos dois planos (histórico e discursivo), são em parte trazidos pelos condicionais. Tem-se, aqui um "retorno obstinado"³⁰ dos mesmos tempos. Ele garante ao texto uma estabilidade que vai contrastar com a rapidez dos movimentos lógicos. Ele o estabelece no interior do que Harald Weinrich chama "o mundo comentado" – que se opõe ao "mundo contado"³¹ e corresponde ao "discurso", distinguido por Benveniste do "relato" ou da "história". Esses "tempos comentadores" consolidam o lugar onde se desenvolve a argumentação pascalina do milagre.

Para esse fim contribui ainda a homogeneidade das "transições temporais" ou passagens de uma forma verbal

---

28 Ele se acompanha do envio de documentos *a ver*: Sentença do Grande Vigário (Extrato IV), ou, mais tarde (dezembro de 1656), mais provavelmente, a *Remonstrance* [censura] dos curas e os documentos anexos enviados à Assembleia do Clero (ver J. Mesnard, *Pascal et les Roannez*, p. 485). Enviar, "mandar" (Extrato IV), mostrar, esses três gestos reforçam *fisicamente o demonstrativo* e o proveem de um valor *injuntivo* que explicita o futuro imperativo, "vocês verão".
29 É. Benveniste, op. cit., p. 239, 243 e 245.
30 Harald Winrich, *Le Temps. Le récit et le commentaire*. Trad. Michèle Lacoste. Paris, 1973. p. 34.
31 *Ibidem*.

temporal a outra durante o desenrolar linear do texto (por exemplo, a passagem de um presente ao imperfeito ou a um passado simples). Essas passagens podem ser contabilizadas e classificadas de maneira a fazer aparecer as variações, afastamentos e mudanças, ou, ao contrário, as sustentações (no sentido musical) que apresenta o subconjunto constituído pelas formas temporais.[32] A transição é "homogênea" quando ela se opera no interior dos "tempos comemorativos" (perfeito ou passado composto, presente, futuro) *ou* dos "tempos narrativos" (imperfeito, passado simples etc.); senão, ela é heterogênea, indo e vindo de um nível ao outro. Como o mostra o quadro a seguir,[33] o Extrato IV tem uma notável homogeneidade que se imobiliza até, no final do trecho, sobre a repetição do presente: em oito transições sucessivas, a nota dominante do tempo textual é mantida.

No quadro apresentado a seguir, A designa o passado composto, B, o presente, C, o futuro, D, o condicional II, E, o condicional I, F, o mais-que-perfeito, G, o imperfeito, e H, o passado simples. O passado anterior, de que não há ocorrência no texto citado, não figura no quadro.

---

32 Ibidem., p. 198-205.
33 Aplicação de uma representação matricial de H. Weinrich, Le temps. Le récit et le commentaire, op. cit., p. 203. Segundo suas convenções, os subjuntivos, infinitivos, imperativos e particípios não são contados. Têm-se em coluna os tempos de partida: em linha, os tempos de chegada. Estão incluídas as transições inicial e final, isto é, a que parte de zero (Ø →) e a que termina em zero (→ Ø).

	∅	A	B	C	D	E	F	G	H
∅		1							
A	1	4	6	1				1	1
B		8	31					2	
C			1						
D									
E			1					1	
F									
G		1	1			2		1	
H		1							

Tabela 5

Transições temporais: os dois retângulos enquadrados por um traço duplo representam as transições homogêneas, no alto à esquerda para os tempos comutativos; abaixo à direita, para os tempos narrativos. De 63 transições, 55 são homogêneas, das quais 51 internas ao grupo dos tempos comentadores (o quadrado da esquerda). Se é verdade que a um máximo de transições homogênas correspondem um máximo de "textualidade" (isto é, de consistência textual) e um mínimo de informação – com efeito, "a noção de textualidade e a de informação estão em relação inversamente proporcional" –,[34] este quadro indica um reforço da instância do discurso pela textualidade. Resulta daí uma estabilização do lugar e do contrato enunciativos, e também uma fraca porosidade desse lugar às alterações que aí introduziria a informação. Nua, estreita, fechada, tal é a cena onde vai desenrolar-se em

---

34 H. Weinrich, op. cit., p. 205.

gestos rápidos a argumentação pascalina. É um campo fechado. Os álibis e as diversões ficam excluídos.

TRIPARTIÇÃO DAS MODALIDADES

À enunciação se referem ainda as modalidades que afetam a relação do locutor com seu enunciado. Elas não se identificam somente com o uso dos verbos modais (como "poder", "dever", "saber", "querer"), porque eles não representam senão um aspecto "léxico" da modalidade. Elas abraçam as características que fixam às proposições um valor de verdade ou de existência (modalidades *aléticas*"[35] do necessário, do impossível, do possível e do contingente), um valor de conhecimento ou de saber (modalidades *epistêmicas* do certo – o que é "estabelecido" –, do excluído, do plausível e do contestável), ou, enfim, um valor concernente ao dever-fazer (modalidades *deônticas* do obrigatório, do interdito, do permitido e do facultativo).[36] Se pensarmos, com Alan White, que esses "conceitos modais não significam itens particulares seja no mundo seja em nossos espíritos, mas a relação de um item a outros em uma situação",[37] se, portanto, eles não definem o *status* (objetivo ou subjetivo) dos termos afetados, mas *uma relação particular* entre eles em um sistema linguístico de *alternativas possíveis*, torna-se possível especificar o texto em si pelas modalidades que articulam seus enunciados no campo do dizer (o tipo de afirmação), do saber (o grau de certeza) e do dever-fazer (a relação com regras do agir) – ques-

---

35 *Aléticas*, de *aléthès*, "verdadeiro". Chamam-se também "ontológicas", relativas ao ser.
36 Ver, por exemplo, Herman Parret, *La Pragmatique des modalités*. Urbino, 1975.
37 Alan R. White, *Modal Thinking*. Ithaca (NI), 1975. p. 176. Ver todo o capítulo sobre "The Nature of Modality", p. 165-179.

tões igualmente importantes em Pascal. Para simplificar a análise, ficarei com algumas sondagens concernentes aos verbos e aos advérbios ou adjetivos.

Surpreende inicialmente o contraste entre a presença de modalizadores que relativizam a enunciação do "eu" locutor (*"parece-me* que você...", *"eu creio* que Isaías...")[38] e sua ausência no conjunto das proposições (constativas) onde se afirma seja o fazer de Deus, seja o não saber dos "outros". Essa disparidade é de tipo *epistêmico*. Tudo acontece como se o plausível que afeta o dizer do "eu" se encontrasse *entre duas evidências*, uma positiva (as operações do singular que é Deus ou "ele"), e a outra, negativa (os déficits de um plural, os outros ou "eles").

As modalidades *aléticas* não intervêm senão a propósito do "ele" singular: "quando *foi preciso* que ele tivesse aparecido..." (o necessário), "o último segredo onde ele *pode ser*..." (o possível). Por elas, que se chama também "tradicionais" ou "aristotélicas", as proposições relativas ao sujeito divino são colocadas à parte, e colocadas sob o signo do ser ou do verdadeiro. É um indício da distinção que liga o enunciado de/sobre Deus ao problema da verdade, e a enunciação do "eu" pascalino ao problema da certeza.

O "nós", por outro lado, se enuncia no modo *deôntico*. Ele é marcado pela obrigação. Um "dever fazer" conota, ao longo de todo o fragmento, a série das proposições que culmina nos imperativos de fim: "Rezemos", "Demos-lhe graças". Os injuntivos dessa conclusão são, com efeito, preparados pelos modalizadores que afetam as frases

---

38 Há também o caso ambíguo de: *"pode-se* acrescentar a essas considerações...". Aqui, como é frequente, *possível* se opõe a *certo*, mais que a necessário. Ele tem, pois, valor epistêmico, e não alético. Além disso, o *se* remete ao "eu/nós" do contrato enunciativo e, secundariamente, ao neutro coletivo (não apropriável por um "nós") de um bem-entendido tradicional, teológico e antecedente. O impessoal é estratégico.

onde o "nós" aparece progressivamente, primeiro sob a forma de um neutro ("*deve-se* aproveitar bem..."), depois, de um plural ("*os cristãos devem* reconhecê-lo). Sem dúvida, seguindo esse fio na trama textual, convém reconhecer ainda uma ressurgência alusiva na expressão "nós o conhecemos [...] com certeza", visto que, ainda que epistêmico, ela faz transição ao deôntico pelo aumentativo de comparação ("*quanto mais... mais*"), sobressai colocado de lugar em lugar ("*ainda mais* oculto", "*bem mais* reconhecível" etc.), amplificador destinado a fazer andar mais rápido e a urgir uma passagem *obrigatória*. Mesmo se o processo indica já um "fazer *persuasivo*", ele se inscreve ainda na organização por assim dizer orquestral do texto em três modos que se cruzam: um, epistêmico, remete ao locutor; o outro, alético, ao referencial (Deus e a tipologia dos comportamentos crentes dos quais ele é o critério); o último, deôntico, ao contrato enunciativo entre "nós".

Além das avaliações modalizantes constituídas por certos adjetivos ("extraordinários", "estranho", "obscuro", "último", "infinito" etc.) que têm valor classificatório e força distributiva, pode-se mencionar ainda os elementos léxicos (de forma adverbial principalmente) que introduzem uma *quantificação* das estruturas modais: exercendo sobre o tempo ("ordinariamente", "continuamente", "raramente" etc.) ou sobre o número ("bastante", "tão pouco", "vários" etc.), eles colocam a frequência (fraca ou forte) a serviço do provável. Mas, por uma contradição das regras "naturais" do quantitativo, a diminuição faz crescer o valor: *menos* há, *mais* é privilegiado. Essa relação de proporção regula a relação de cada modo com o vizinho: a alética à epistêmica (uma verdade tanto mais presente quanto menos aparente) e a da epistêmica à deôntica (menos é visível, mais a obrigação é grande). Ele tem valor de transversalidade. Ela garante o trânsito entre os modos que ela determina a todas. Mas é cada vez por uma função de inversão, por uma virada dos crescimentos quantitativos próprios a cada um. O texto se unifica, "fazendo girar" intensidades distintas. Ele se liga manipulando-as. Essa estrutura de trançado, que leva, aliás, o fim ao ponto de partida, coloca em causa outro nível de análise, o da argumentação.

OS ARTIFÍCIOS DA ARGUMENTAÇÃO: UMA GUERRA DE MOVIMENTO

Redigido ao mesmo tempo que as últimas *Cartas escritas a um provincial* – tornadas desde a 11ª (agosto de 1656) *Cartas aos Reverendos Padres Jesuítas* –, o Extrato da carta à Senhorita de Roannez se situa no meio de uma guerra, no momento onde a irônica mobilidade do francoatirador se altera em uma veemência mais incisiva e pessoal. Assimilável a uma sucessão de "golpes" (no sentido em que, para Stephen Toulmin,[39] uma argumentação sabe tirar partido da ocasião para "dar um golpe"), a série inteira das *Provinciales* obedece, no entanto, a um princípio que, segundo Aristóteles, inspirava já as técnicas dos Sofistas e, em particular, de Corax: "tornar *mais forte*" a posição "*mais fraca*".[40] Princípio de "reviravolta" por meio

---

39 Ver Stephen Toulmin, *The Uses of Argument*. Cambridge, 1958.
40 Aristóteles, *Rhétorique*, II, 24, 1402 tem: "Tornar o mais fraco dos dois argumentos o mais forte" (Trad. Médéric Dufour. Paris, 1967. t. II, p. 131). A mesma "descoberta" é atribuída a Tisias por Platão (*Phèdre*, 273 b-c. In: Platon, *Œuvres complètes*. Paris: Éd. Léon Robin, 1950. t. II, p. 72-73). Ver também W. K. C. Guthrie, *The Sophists*. Cambridge, 1971. p. 178-179). Sobre a *technè* de Corax, mencionada por Aristóteles a propósito dos "lugares dos entimemas aparentes", ver Charles Perelman e L. Olbrechts-Tyteca, *Traité de l'argumentation*. Bruxelas, 1970. p. 607-609. Mas eu retenho somente aqui o princípio, e não o procedimento particular em que Aristóteles o detecta. Ver Jean-François Lyotard, Que le signe est hostie, et l'inverse. In: *Critique*, nº 342, p. 118-120, novembro de 1975.

do qual uma maneira de utilizar o ocasional inverte uma ordem e uma "razão" do poder. Desde Sócrates, acusado dos crimes de "sofismo" e de impiedade por ter mudado o discurso mais fraco no mais forte, essa *tática* se desenvolveu à margem das *estratégias* que organizam as particularidades em um sistema racional fundado no lugar efetiva, teórica ou utopicamente mais forte. As Provinciales têm a ver com essa tática cujo referente sofista continua hoje (por motivos muito evidentes) suspeita de desvio ou de delinquência em relação à "boa" razão. O Extrato IV não deixa de testemunhar também sobre esse princípio sofista, fora do campo fechado das querelas teológicas sem dúvida, mas por desafios fundamentais que colocam em causa, precisamente, a relação de uma prática aleatória com uma verdade necessária.

Certamente, como toda retórica, a do Extrato tem como objeto o *opinável*, não o verdadeiro, e diretamente ela visa à *eficacidade*, não à correção (própria à gramática) nem à validade (própria à lógica).[41] A argumentação deve gerar a persuasão. Ela fabrica o crível. Aqui, ela pode supor já uma certa adesão ("você toma bastante parte..."): trata-se, pois, de um discurso epidítico, cuja tarefa consiste em reforçar essa adesão e, para Pascal, em "dispô-la" de outra maneira. A tática vai utilizar o dado fornecido por esse postulado – e também diversas formas de verossimilhança (verdades recebidas, citações etc.) – para tirar delas efeitos por uma série de torneios e reviradas. Ela conduz todo o desenvolvimento, desde a primeira frase, inaugurada por uma constatação ("há..."), mas cuja sinuosidade se apoia, volta e reparte em uma série de recursos (tão pouco... que...", "visto que", "não... senão", "para", "tanto mais... que... mais"),

---

41 Ver Charles Perelman e L. Olbrechts-Tyteca, *Rhétorique et philosophie*. Paris, 1952. p. 12 e 38.

até o final, repetição de breves frases no presente, volta das mesmas palavras e dos mesmos sons, sequência de golpes precipitados, antes da proposição última fixada no "para nós" em que o texto repousa.

A forma do discurso parece depender de uma lógica *dedutiva*, a que, a partir do assentimento dado a postulados, obriga a aceitar a conclusão e não permite escapatória se os postulados são reconhecidos justos e se o raciocínio é válido. De fato, uma argumentação *persuasiva* subverte do interior a ordem que desenvolve primeiro consequências (primeira parte), depois variantes ("pode-se acrescentar..."). Ela é tão mais eficaz que torna assim quase invisíveis seus procedimentos: os deslocamentos que ela opera de uma proposição à seguinte, os elementos que ela acrescenta cada vez supondo-as adquiridas no entre-dois, a ausência de articulações identificáveis ou a rapidez que esconde os saltos efetuados nas passagens e não deixa o tempo da verificação etc.

Assim, desde o início ("Há tão poucas pessoas [...] essas ocasiões"), a relação lógica entre 1. a raridade do parecer de Deus, 2. o caráter extraordinário de seus "golpes", 3. o "proveito" atribuído a esses últimos fornece o meio de introduzir *a mais,* 4. o deslizamento do "poucas pessoas" para o "se" coletivo, 5. a passagem da constatação ao dever (o texto diz: "deve-se aproveitar bem", e não algo como "há, pois, proveito", que seria válido), e 6. a metamorfose dos "golpes" (*i. e.* um em si) em "ocasiões" (para nós).[42] Cada vez de aparência anódina, um aumento se insinua ao qual o raciocínio serve como suporte e como véu. Ele é, aliás, inteiramente relativo à persuasão do destinatário que se encontra, aqui, englobado em uma regra *geral* (excesso 4), ligado por uma

---

42 No vocabulário de Pascal, os "golpes" remetem ao acaso, aos *sortis eventus*; as "ocasiões", à graça, ao *tempus opportunum*, ou *kairos*.

obrigação (excesso 5) e, como na publicidade comercial atual, seduz por uma *ocasião* inesperada (excesso 6). O resto da frase, que coloca em conexão 1. o fato das "saídas" de Deus, 2. a vontade que aí se manifesta (isto é, o sentido desse fato), e 3. o "ardor" que deve responder-lhe de nossa parte (isto é, a lição que se destaca da relação entre o fenômeno e o sentido), dobra subrepticiamente essa sequência lógica com adjunções persuasivas: 4. a criação de uma "passagem obrigatória" pela restrição exclusiva ("não... senão...") que faz do destinatário (além do mais embarcado com o destinador e por ele: "nossa fé") o alvo único e o objeto privilegiado do querer divino (assim, na publicidade, "é somente para você" que o produto apareceu); 5. uma equivalência da "fé" e da "certeza", por um deslizamento levando em consideração a opinião "acreditada" (distinta, como "plausível" ou indecidível, da proposição "certa" ou estabelecida) a afirmação que a sustenta (nós cremos); 6. uma relação de proporção ("tanto mais... que... mais") entre essa "certeza" e o "ardor", ou, em outros termos, uma performatividade que supõe o dizer evidentemente e necessariamente ligado a um fazer.[43] Essas três adjunções, deslizadas na demonstração, carregam-na com uma função persuasiva que "passa" com ela e concerne ao destinatário.

A mesma operação pode ser analisada como uma mixagem de gêneros: por um lado, elementos *constativos* (é raro que Deus apareça) ou *explicativos* (ele aparece com o fim de...); por outro, elementos *exortativos* ("deve-se aproveitar bem", "excitar *nossa* fé com tanto mais ardor...").[44]

---

43 Sobre o performativo (do inglês *to perform*, "realizar, executar"), ver J. L. Austin, *Quand dire, c'est faire*. Trad. Gilles Lane. Paris, 1970.

44 O conjunto do fragmento apresenta uma mistura análoga, mas mais visível, por uma sequência de elos que conduzem do geral (uma verdade) ao "nós" (um fazer). Tem-se uma sequência de elos. Em A ("Há... [...] certeza"): *primeiro elo*, do geral a "nós",

Os primeiros servem de passaporte aos segundos: eles os autorizam, e eles os cobrem. O caráter impessoal dos primeiros garante uma espécie de incógnito à pressão exercida pelo locutor (e pelo lugar de onde ele fala) sobre seu parceiro. Donde uma grande eficacidade persuasiva. O destinatário é atingido sem que ele se dê conta. A demonstração que ele acredita ler esconde uma flecha que atinge diretamente o desejo, um artifício que se exerce sobre os afetos sem avisar, uma paixão que açoita o ardor e estimula (estimulando-a?) a certeza. Algo *acontece*, com uma rapidez e com uma penetração incisivas, que muda a posição do leitor *antes* que ele se retome, e quando ele volta a si, mais crítico, ele *já* está *alterado*. O campo dos possíveis foi modificado pela *força* persuasiva do discurso. No modo da argumentação e não mais da "profecia", essa palavra tem o caráter de brevidade e de fulgurância

---

aqui. Em B ("Se Deus se descobrisse [...] seu serviço"): *segundo elo*, uma verdade geral glosando o postulado de A (Deus oculto) e acabando em C. Em C ("Esse estranho segredo [...] longe da vista dos homens"): comentário de B, mas "para nós". Em D ("Ele permaneceu oculto [...] as espécies da Eucaristia"): *terceiro elo*, explicitação do "segredo" tomado em C como óbvio. Em E ("É esse sacramento [...] onde ele pode estar"): ilustração escriturária do postulado de partida (A: Deus oculto) e de sua explicitação eucarística (D), tempo de recapitulação. Em F ("O véu da natureza [...] Deus esclarece até aí"): *quarto elo*, retomada de A ("o segredo da natureza que o cobre") mas no modo geral, com substituição (e apagamento) do "nós" pelo impessoal "Católicos" antes da queda em "Somente nós". Em G ("Pode-se acrescentar [...] outra substância"): redobramento de F; o princípio escriturário funda aqui uma tipologia dos comportamentos crentes paralelo ao desenvolvimento histórico de F. em H ("Todas as coisas cobrem [...] para nós"): *quinto elo* que recomeça do geral para ir ao particular. O fim ("nos fazer reconhecê-lo e servir") é volta ao começo (A: "servi-lo com tanto mais ardor quanto o conhecemos").

que, segundo Saint-Cyran, devia "arrebatar" o ouvinte, sem "diminuir o movimento do Espírito".[45]

Por passagens obrigatórias, por desligamentos ou saltos lógicos, por elipses aceleradoras que precipitam a marcha, a maneira de fazer pascalina não deixa ao leitor o tempo de se situar nem, portanto, a possibilidade, de ficar em sua posição. Ela o tira daí. Ela conta, com certeza, com uma primeira adesão em algum lugar (ela é epidítica), na falta do que ela se confrontaria com uma recusa global. Mas, trabalhando essa aquisição, ela o leva ao termo que ela lhe fixa, por um método que visa ao *movimento* e não a um tratamento exaustivo. Onde um bom matemático recenseia todos os casos de figura para experimentar a generalidade de seu resultado – e constrói assim um tempo e um espaço de verificação –, Pascal encadeia em grande galope, de proposição particular em proposição particular, uma sequência feita de alternativas e de espaçamentos: "A ou B, mas A', portanto, C. Se C, então D ou antes D'" etc. A rapidez salta os interstícios.[46] Ela cria assim o irreversível. Não se pode remontar o tempo da demonstração, porque ela produz por seus movimentos um deslocamento de que ela não leva o vestígio e que lhe é exterior, o do interlocutor.

É preciso acrescentar que a capacidade de desalojar o destinatário não se apoia na força do lugar onde o discurso

---

45 É o que diz Lancelot em suas *Mémoires touchant la vie de M. de Saint-Cyran*. Ver Marc Fumaroli, *Jésuites et Gallicans. Recherches sur la genèse et la signification des querelles de rhétorique en France sous les règnes d'Henri IV et de Louis XIII*, tese de doutorado de Estado, Université de Paris IV-Sorbonne, 1976. p. 751-768.

46 Essa maneira de fazer tem alcance mais geral. Ela remete a uma observação de Louis Brunschvicg: Pascal "não procura transformar seu *procedimento tático* em *um instrumento estratégico*" (citado por Jean Beaufret, *Dialogue avec Heidegger*. Paris, 1973. t. II, p. 63). Ela é ao mesmo tempo *condensação* do raciocínio, *elipse* das mediações, e *ausência de um espaço de desdobramento* ou de generalização.

se produz, mas, ao contrário, na própria mobilidade da operação, na ausência ou na recusa de uma praça-forte, em suma, em uma espécie de não lugar. Uma fraqueza torna aqui possíveis os artifícios, isto é, os incessantes deslocamentos da argumentação. Porque não há lugar a defender, a legitimar ou a constituir, essa lógica persuasiva apresenta o duplo caráter de uma *presença* violenta, mas oculta do *sujeito* locutor em seu texto (a esse respeito, Pascal é em sua letra como Deus na Eucaristia ou na Escritura, tão mais secreto quanto mais presente) e de uma habilidade manobradora e manipuladora que leva o destinatário a sua instabilidade ou escapa das presas de um adversário estável. Tal é precisamente o lugar/não lugar, noturno, solitário, móvel, encarecendo ao mesmo tempo a instância subjetiva e o desvanecimento do lugar objetivo, que, de modo polêmico, Pascal indica ao Padre Annat: "Eu não espero nada do mundo, eu não apreendo nada dele, eu não quero nada dele, eu não preciso, pela graça de Deus, nem do bem nem da autoridade de ninguém. Assim, Padre, eu escapo de todas as suas presas. Você não pode me conter... Eu lhe declaro alto e claramente que ninguém responde sobre minhas Cartas a não ser eu, e que eu não respondo por nada senão por minhas Cartas."[47] O destinatário do Extrato é também ele "atingido por uma mão invisível".

O SENTIDO: PENSAR/PASSAR AO OUTRO

Ao procedimento que acaba de ser analisado sobre a primeira parte do fragmento e cujo funcionamento continua ao longo, é preciso acrescentar outros, a que não concernem mais o movimento, mas as alternativas que ele impõe, o espaço que ele constrói e o princípio ao qual ele se refere. A *alternativa*, explícita ou implicada, organiza, com

---

47 Décima-sétima Provincial (23 de janeiro de 1657). In: Pascal, *Œuvres*, t. VI, p. 344-347.

efeito, o texto. Mas, desde o início, ela é levada ao extremo, ao risco total, e, constantemente mantida nesse nível, ela só é diversificada pelo fato de ser transportada em vários campos teológicos e históricos. Colocada sob o signo do "extraordinário", a argumentação cria por toda parte o último. Ela distingue e combina polos tais como a extrema raridade e o extremo ardor ou certeza, o "continuamente" e o "jamais", o que "se descobre" mais e "se cobre" mais ainda etc. O modo de exposição se exerce em tudo ou nada. A aposta é levada por comparativos frequentes, e por superlativos (o mais estranho, o mais obscuro, o último segredo etc.). *Hybris* retórica sem nenhuma dúvida proporcionada ao que ela coloca em jogo, Deus, mas que caracteriza tecnicamente esse objeto por uma passagem ao extremo que é uma passagem ao outro.

Esse "extremismo" é uma maneira de distribuir a matéria semântica segundo escolhas a fazer, isto é, segundo uma lógica de ação. Tem-se um outro efeito, que depende também dessa passagem ao outro, na maneira de dividir as coisas. Já o movimento de quase todo o fragmento vem do mais longe (a maior distância de Deus, sua menor visibilidade, o mais fraco reconhecimento dos homens) e vai para o mais próximo, que é o mais estranho. Ele faz um itinerário. Mas essa viagem que do fundo dos tempos conduz a Port-Royal poderia indicar-se por marcos definidos de maneira autônoma, como uma marcha se mede em um mapa fixo, espaço construído independentemente do percurso. Nada assim no Extrato. O recorte das unidades é ele mesmo frequentemente comandado pela argumentação – não recebida do exterior, mas decidida por ela. Ele é relativo à marcha do raciocínio e, mais precisamente, ao que *ela deixa atrás* dela.

Por exemplo, a tripartição "infiéis"/"cristãos heréticos"/"só Católicos" remodela a geografia histórica e ortodoxa que distribui as unidades a partir de um centro (por exemplo, os cristãos) e que impõe a todo discurso a lei oculta nessas repartições de unidades nomeadas. A marcha pascalina não se submete a essa lei. Ela determina ela mesma a taxinomia pela qual se marca seu adiantamento. Ela divide ou "dispõe" diferentemente a matéria teológica. Assim, os "cristãos heréticos", colocados *antes* "dos únicos católicos" visto que o movimento passa pelos primeiros e os deixa para ir aos segundos, recebem uma posição *autônoma* em razão de sua relação específica com a dialética da visibilidade ocultante. A unidade, ou o conceito, é aqui construído, a relação dos dois termos ("cristãos" e "heréticos") designando um próprio identificável nem a um nem ao outro dos dois, mas definido pelo que a argumentação *coloca* e *passa* avançando.

Donde a estranha impressão que dá o texto de não marcar seu progresso senão pelo que ele abandona e de não fornecer, de fato, unidades ou identificações semânticas, senão o que, remodelado por sua passagem, está sempre em atraso sobre ele. A marcha e o caminho se fabricam ao mesmo tempo. Eles são indissociáveis. Assim se encontra retirada do leitor a possibilidade de medir uma pela outra, relacionando a marcha com uma geografia de fixos. Mas a argumentação perde igualmente essa possibilidade visto que nada de imóvel lhe permite calcular seu movimento. Ela se perde em seu sucesso, frágil por causa até de sua capacidade de produzir ela mesma seu espaço, acuada, pois, a se lançar adiante ou a se fixar, em suspense, sem repouso.

A lei de sua própria atitude é enunciada pelo próprio Extrato quando ele analisa o conhecimento ou a operação de pensar como uma passagem ao outro. Esse trecho do fragmento requer, pois, um exame. Depois de ter traçado uma fenomenologia do oculto segundo as figuras históricas que correspondem ao crescimento do segredo,[48] Pascal

---

48 Os infiéis, os cristãos heréticos, os únicos católicos. É o elo F: ver p. 345, nota 44.

remonta à Escritura para esquematizar uma classificação das figuras contemporâneas relativas à leitura do segredo ou à inteligibilidade de seu sentido.[49] O primeiro momento é *alético*, ele articula a relação entre a presença e a visibilidade (ser *vs.* parecer). O segundo é *epistêmico*, ele concerne ao processo do desconhecimento como não passagem de um sentido ao outro (um *vs.* o outro). Ao segredo *eucarístico* no qual terminava o progresso da visibilidade e que comanda a primeira série de figuras, "acrescenta-se o segredo *escriturário* sobre o qual se apoia um desenvolvimento paralelo sobre a *legibilidade*. Pensar o segredo é aprender a lê-lo. Partindo, uma vez mais, do "menos" para ir ao "mais", e das posições insuficientes, mas verdadeiras, para conduzir à boa, o raciocínio que conduz o momento epistêmico estabelece primeiro o princípio de toda leitura (os "dois sentidos perfeitos") para considerar em seguida as aplicações ("assim também...", "e como...", "e assim também...") aos três níveis da natureza, da humanidade e da eucaristia. Os judeus, ausentes do desenvolvimento sobre a presença oculta, têm desde então a dupla posição de ser 1. a articulação-chave do princípio de leitura (Antigo e Novo Testamentos etc.) que organiza a inteligibilidade, e 2. a etapa central (a humanidade)[50] de suas aplicações históricas. Eles estão no cruzamento de uma estrutura do reconhecimento (ou pensamento) crente e de uma história do segredo divino.

Ora, o esquema, quatro vezes repetido (o princípio escriturário e suas três figuras), e nos mesmos termos, defi-

---

49 Os ímpios, os judeus, os heréticos. É o elo G: ver p. 345, nota 44.
50 Enquanto todo o resto do trecho (G) está no presente, a segunda menção dos judeus está no passado (eles "não pensaram"), talvez por atração da citação de Isaías ("nós não pensamos"): esse desvio histórico em uma tipologia presente das figuras do conhecimento religioso parece ancorar em um evento passado (a Encarnação) a estrutura que ele constituiu.

ne (negativamente) a problemática do sentido e da leitura por uma *passagem* (ou não passagem) de "uma" ordem a "outra". O *um*, "perfeito",[51] é o objeto de um "ver" que, no modelo escriturário, é uma "parada".[52] A falta não se refere, pois, a esse nível de experiência (que não é uma ilusão e possui uma autonomia ou "perfeição" em sua ordem), mas ao fato de se fixar no ver, "*sem pensar que há um outro*".[53] A visibilidade e a legibilidade – ou o ver e o pensar – se diferenciam pelo ato de *passar ao outro*. Assim, pensar se opõe a fixar-se. É um movimento sem repouso ("uma reviravolta contínua do para ao contra")[54] que se indica na relação formal aqui quatro vezes repetido: *não há um sem o outro*.[55] Mas, assim, dando ao pensamento

---

51 O "sentido *perfeito*" que é o "literal", "o homem *perfeito*", "as aparências *perfeitas* do pão". Há uma coerência e um fechamento próprios a esse nível, e não destruição da letra, da humanidade ou das aparências pelo que aí deve ser "pensado" do outro.

52 "*Fixando-se* no um" (dos dois sentidos), "*vendo* os efeitos naturais", "*vendo* um homem perfeito", "*vendo* as aparências...".

53 Os judeus "*não pensam* somente *que há um outro*" (místico); os ímpios veem "*sem pensar que há um outro* autor" (a pressão da oposição *um* vs. *o outro* é tão forte que ela leva o dublê "um outro" e "(um) autor"); os judeus "*não pensaram* em buscar aí *uma outra* natureza"; os heréticos "*não pensam* em aí buscar *uma outra* substância".

54 *Pensées*, fragm. 93. Ver toda a série intitulada "Raison des effets", *ibidem*, fragm. 89-103.

55 Essa relação formal é estabelecida pela relação que *um* Testamento mantém com *o outro*, ou *um* sentido com *o outro*. Mas ela corresponde ao próprio gesto de pensar, tal como ela já trabalha, no *Entretien avec M. de Sacy* (este "muito surpreso de ver como ele [Pascal] sabia tornear as coisas"), dois termos isolados, a natureza sã (Epícteto) e a natureza enferma (Montaigne); "eles não podem subsistir sozinhos por causa de seus defeitos, nem unir-se à causa de suas oposições [...] eles se quebram", e só "uma arte toda divina" "acorda as contrariedades" pelo jogo e não pela supressão de sua diferença (*L'Entretien de Pascal avec M. de Sacy*. Paris: Éd. Pierre Courcelle, 1960. p. 59-61.

a forma de uma fé (passar ao outro), esse movimento *faz crer* que *pensar é crer*.

Que *pensar* queira dizer *passar*, excesso para o outro, e finalmente êx-tase mortal da identidade, tal é aqui o sentido – o movimento e a direção – da operação. O gesto pascalino se inscreve nos conteúdos do texto. Um campo semântico religioso é atravessado por essa maneira de pensar que produz como seu efeito "um Deus perdido"[56] e uma verdade que "erra desconhecida entre os homens".[57]

"TU": O DEUS CITADO

A reviravolta dos enunciados não deixa de supor, como se viu, uma instância enunciadora tão forte e oculta no texto quanto o é Port-Royal, "longe da vista dos homens" e privilegiado pela presença (o milagre). Ele destrói as certezas fundadas sobre localizações visíveis de um saber, ou de um poder, mas a fim de construir o ponto invisível onde Deus se descobre "para nós".

As citações vêm autorizar esse "estranho segredo". Com certeza, elas introduzem uma pluralidade de vozes e uma forma de diálogo, mas não dão volume ao texto senão aí abrindo a distância de um eco. As duas citações literais, tiradas de Isaías, repetem o enunciado da carta: "Ele permaneceu oculto – Verdadeiramente tu és um Deus oculto"; "Os judeus... não pensaram em aí buscar outra natureza – Nós não pensamos que fosse ele". O discurso citado é o dublê do discurso epistolar. Ele lhe dá uma aparência de corpo. Esse fragmento de espelho cria um efeito de profundidade no fragmento de correspondência. Mas esse efeito tem duas funções importantes: por um lado, ele introduz uma referencialidade e participa de um fazer persuasivo; e, por outro, o enunciado que reproduz a cita-

---
56 *Pensées*, fragm. 449 etc.
57 *Ibidem*, fragm. 840.

ção volta transformado visto que o espelho colocado no centro do texto faz aparecer na imagem o *Tu* divino.[58]

As citações "mencionadas", como se dizia no século XVII, isto é, deputadas, colocadas na antecena, são todas bíblicas, duas do Antigo Testamento (Isaías), as únicas aureoladas de aspas e localizadas na distância, e duas do Novo (São Paulo, objeto de uma reescrita parafrástica, e o Apocalipse de São João, do qual uma "palavra" é recategorizada pelo Extrato). Cada uma dentre elas é referida a um ato de locução ("diz", "chama") que o emissor-autor menciona de seu lugar, em seu lugar, e que ele utiliza assim como um dispositivo de enunciação. Mas, no plano discursivo, elas compõem uma exterioridade. Elas multiplicam os nomes próprios, que provocam uma inflação da ilusão realista.[59] Embora discretamente, elas se acompanham pela paráfrase, que produz sempre uma expansão descritiva das circunstâncias aqui atribuídas ao dizer do destinador: "Isaías o via nesse estado quando ele diz...". Mas a convocação de um fragmento bíblico faz viajar o texto que cita? Provê-o de um alhures? Ela lhe serve antes como "referências" (no sentido social do termo). Geralmente falando, "a citação é o contexto referencialmente

---

58 Sobre a citação, ver, além do artigo de P. Kuentz mencionado na página 329, nota 7, M. Metchies, *Zitat und Zitierkunst in Montainges Essais*, Genebra, 1966, e a obra coletiva *Signe, langage, culture*, La Haye, 1970, com as contribuições de M. R. Mavenova, "Expressions guillemetées: contribution à l'étude de la sémantique du texte poétique", de S. Morawski, "The Basic Functions of Quotation" (do qual sua definição da citação, p. 691), e de A. Wiersbicka, "Descriptions or Quotations". A tese de Louis Panier, *Récit et commentaires. Tentation de Jésus au désert. Approche sémiotique du discours interprétatif*, Université de Paris-Nanterre, 1976, inscreve suas análises da citação bíblica (p. 202-218) em uma perspectiva bastante diferente.
59 Ver Philippe Hamon, Un discours contraint. In: *Poétique*, nº 16, p. 426-427, 1973, a propósito do romance "realista".

opaco *por excelência*",⁶⁰ um efeito de perspectiva e de horizonte. Além disso, ela figura como um fragmento do grande texto quebrado, a Bíblia. Bem longe de um discurso citado fazer fratura no discurso epistolar ou de determinar um comentário, ele só intervém aí no estado de trecho destacado. Há como papel tornar presente uma "autoridade" tão mais "opaca" e referencial quanto ela está em pedaços (portanto, "citável"), e, assim, ser ao mesmo tempo manipulável e com crédito – "núcleo" indutor⁶¹ do texto que se constrói "fazendo-o tornear", e fonte de fiabilidade para o resultado desse tratamento. O citado permite uma produção e a autoriza. Ele vem reforçar o fazer persuasivo da argumentação.

Mais surpreendente é o *Tu* que se torna visível no brilho do espelho. Um duplo recuo ("eu creio/que Isaías o via [...]/quando ele diz [...]") precede a aparição. Movimento recíproco daquele que o texto descreve: o segredo de Deus aumenta com sua aproximação. Aqui, um distanciamento do locutor vai ao lado da manifestação de *Ti*.⁶² De fato, não se trata mais de visão, mas de escrita. A visibilidade, me-

---

60 W. V. O. Quine, citado por Leonard Linsky. *Le problème de la référence*. Trad. Suzanne Stern-Gillet *et al*. Paris, 1974. p. 145.

61 As citações bíblicas nessa carta, assim como as citações da casuística nas *Lettres provinciales*, "funcionam como um núcleo gerador" do texto (ver P. Kuentz, Un discours nommé Montalte, op. cit., p. 205-206). A análise histórica parece, aliás, mostrar que o Extrato sobre o Deus oculto nasceu de palavras escriturárias e litúrgicas (ver P. Sellier, *Pascal et la liturgie*, op. cit., p. 68-70).

62 Acontece algo de análogo ao que Jean-François Nicéron (*La perspective curieuse*. Paris, 1638) esperava de anamorfoses catópticas produzidas por espelhos em forma de colunas: "Será uma nova maravilha quando, depois de ter visto o corpo dessas colunas brilhando com luz por seu belo polido e sem nenhuma imagem ou pintura, *à medida que nos aproximarmos, veremos elevar-se dentro pouco a pouco as imagens* ou representações..." (citado *in* Jurgis Baltrušaitis, *Anamorphoses*. Paris, 1969. p. 156; eu destaco). Mas, em Pascal, é "de longe" ou *distanciando-se* que se vê.

diatizada por um crer ("eu creio"), é somente o lugar do dizer do outro ("Isaías o via [...] quando ele diz [...]"), dizer dirigido ao Outro verdadeiro. O *eu* e o *tu* não se correspondem senão por meio dessa distância — o *eu* afetado pela não certeza e o *tu* projetando atrás dos véus de um dizer que esconde uma visão e de uma Escritura antiga que mantém distante, indecidível, o enunciado profético. É aí, no entanto, e não a propósito do milagre próximo (que é, este, o índice do *nós* que liga locutor e destinatário), que se dizem, separados e estabelecidos pela diferença escriturária, anônimos, sem nome próprio, despojados, pois, de todo próprio e da própria possibilidade de jamais ser um nós, os contratantes da aliança estabelecida através do tempo: *eu* e *Tu*.

A ABORDAGEM SE ESCONDE[63]

Do Extrato da carta à Senhorita de Roannez, esse fragmento, essa queda, não se pode nada concluir de geral no que concerne às relações entre retórica e mística. Talvez somente o estilo de uma intensidade. Os artifícios eficazes da argumentação estão ligados a uma *contradição* interna do texto, a uma impossibilidade ou a um desespero que os sustenta: dêitico do começo ao fim,[64] o discurso *mostra* por toda parte o que ele afirma *invisível*. Como o guia que faz hoje visitar Port-Royal des Champs, ele diz: "Aqui é...", mas nada se pode ver. Outrora, sem dúvida, Isaías o viu; pelo menos é permitido acreditar nele conforme o que está escrito. Sobre o que, portanto, trata uma semelhante virtuosidade persuasiva se ela perde, se até ela trabalha para perder o objeto que ela é capaz de impor?

---

63 Expressão de Louis Marin, *La Critique du discours*. Sur la "Logique de Port-Royal" et les "Pensées" de Pascal. Paris, 1975.

64 "Dêitico", do grego *deiktikos*, que mostra ou serve para mostrar. Ver, por exemplo, sobre os demonstrativos, páginas 335 e 336, o texto completado pelas notas 27 e 28.

Essa tensão abre provavelmente uma liberdade ao destinatário cativado pela lógica pascalina. Mas ela indica antes o que cai e se perde aqui: a aliança entre o ver e o dizer, o contrato antigo entre as coisas percebidas e a nominação linguística. A escrita se substitui a uma "prosa do mundo". Ela não lhe é adequada, ela não o exprime mais: ela se estabelece em uma insuperável diferença. A legibilidade se produz como perda da visibilidade: "A queda e o olhar a queda do olhar... Caiu o que, do corpo, é conhecimento, o olho".[65] Ruína não da visão (que tem sua ordem "perfeita"), mas da representação: propósito místico, efeito de uma retórica.

Mas, por outro lado, se toda a força do raciocínio pascalino trata de um desconhecimento que aumenta à medida que se vê de mais perto, o que é feito – salvo "milagre" que não se pode presumir – de minha própria abordagem desse Extrato? Minha aná-lise depende do que Pascal diz da cidade: "Uma cidade, um campo, de longe, é uma cidade e um campo, mas à medida que nos aproximamos, são casas, árvores, telhas, folhas, ervas, formigas, patas de formigas, ao infinito."[66] Assim com o comentário. A abordagem esconde. Por mais parcial que ela seja, ela chama de novo uma distância, índice de um pudor e de um silêncio, renúncia a uma impossível apropriação – algo que poderia dizer-se como o corolário desse texto: eu devo distanciar-me para que seja de novo um texto.

---

65 Michel Serres, *Hermès III*. La traduction. Paris, 1974. p. 209 (no capítulo "La Tour traduit Pascal", p. 203-231, de uma notável acuidade).
66 *Pensées*, fragm. 65. Ver o penetrante comentário de L. Marin, *La Critique du discours*, p. 113-146.

A ÓPERA DO DIZER: GLOSSOLALIAS

"*Glossolalia*: Classe de comportamentos linguísticos desviantes aparentados, caracterizados por um discurso fluente, enártrico, segmentável em termos de unidades fonêmicas, e inteiramente ou quase inteiramente constituído de neologismos."[1]
"Os autores franceses consideram a *glossolalia* (ou falar *em línguas*) como a tendência em forjar uma língua nova que se fixa e se enriquece progressivamente. Na formação de tal língua, a consciência clara e a vontade refletida entram em boa parte (Cénac, Teulié). Os autores alemães, ao contrário, afastando-se menos da tradição, estimam que a glossolalia, sob manifestações verbais múltiplas, é somente a explosão automática de processos afetivos intensos, com diminuição do consciente claro (Berze, Gruhle)."[2]

---

1 André Roch-Lecours, La glossolalie dans l'aphasie de Wernicke, dans la schizophasie et dans les états de possession, conferência, Centro Internazionale di Semiotica e di Linguistica. Urbino, 11 de julho de 1978.

2 Jean Bobon, *Introduction historique à l'étude des néologismes et des glossolalies en psychopathologie*. Liège, 1952. p. 62. Os trabalhos de Jean Bobon dão sequência a uma série notável de estudos sobre a "patologia" da linguagem no fim do século XIX e no início do século XX. Notáveis pela descrição clínica dos avatares da linguagem (que fascinavam a cena iluminada), esses estudos

FICÇÕES DO DIZER

As competências o repetem provocando: a glossolalia parece-se com uma língua, mas ela não é realmente uma língua. Ela tem sua *aparência*, mas não a estrutura. É apenas uma "fachada".[3] Em cada caso, "pode-se distinguir o discurso glossolálico de uma língua que não se conheceria".[4] Essa aparência, que se pode produzir artificialmente quando se conhecem as regras fonéticas, é uma miragem, assim como há miragens. Ela fala "para não dizer nada", precisamente para não ser enganada pelas palavras, para escapar das armadilhas do sentido, para ser uma pura *fábula* (*fari*, falar) e reunir-se em sua antecedência a um *dizer* primeiro. Tal é, em todo caso, o fato que se impõe primeiramente, sob formas uma por vez infantis ("am stram gram..."), "patológicas" (neologismos, aliterações etc.), literárias (dadaístas, por exemplo) ou religiosas ("dom das línguas", "*ecstatic utterances*" etc.): uma ficção de discurso orquestra o ato de dizer,

---

são hoje sem equivalente. Desse dossiê, retenho principalmente: A. Kussmaul, *Les Troubles de la parole*. Trad. A. Rueff. Paris, 1884; Émile Lombard, Essai d'une classification des phénomènes de glossolalie. In: *Archives de Psychologie*, v. VII, n° 1, p. 1-51, 1908; A. Maeder, La langue d'un aliéné. Analyse d'un cas de glossolalie. In: *L'Encéphale*, 1910. p. 208-216; P. Quercy, Langage et poésie d'un aliéné. In: *L'Encéphale*, 1920. p. 207-212; Michel Cénac, *De Certains langages créés par des aliénés*. Contribution à l'étude des "glossolalies". Paris, 1925; a série das pesquisas de C. Pfersdorff, em *Travaux de la clinique psychiatrique de la Faculté de médecine de Strasbourg*. Strasbourg (1927. t. V, p. 1-157; 1929. t. VII, p. 241-362; 1932. t. X, p. 260-366; 1936. t. XI, p. 43-182); Guilhem Teuilié, Une forme de glossolalie. Glossolalie par suppression littérale. In: *Annales médico-psychologiques*, vol. XCVI, n° 2, p. 31-51, 1938.

3   William J. Samarin, *Tongues of Men and Angels*. Nova Iorque, 1972. p. 128.
4   A. Roch-Lecours, La glossolalie dans l'aphasie..., op. cit.

mas não enuncia nada; é também uma arte de dizer no fechado de uma aparência. O fenômeno é tão excepcional? Uma glossolalia se insinua já, em reticências, na conversação ordinária: ruídos de corpos, citações de sons delinquentes, fragmentos de vozes estranhas pontuam com escapadas e surpresas a ordem das frases. Destinações de quem e a quem? Uma vocalização segunda e disseminada atravessa o discurso enunciado, corta-o ou o copia. A voz maior que se faz a mensageira do sentido parece presa em uma gemelidade que a compromete. Ela não se libera desse duplo inquietante senão nas funções onde ela se distancia mais da interlocução. O discurso político, professoral ou pregador, por exemplo, se torna cada vez menos permeável ao que a presença do outro faz nascer de irrupções e de interrupções vocais em uma série de proposições. Uma fragilidade desaparece dele. O apagamento dos gaguejamentos ocasionais, hesitações e tiques sonoros, lapsos ou sons que derivam coincidem com a colocação a distância do interlocutor, alterado em público.

Ao contrário, a conversação restaura a porosidade do discurso nesses *ruídos de outro*. A proximidade fragiliza a palavra ao destinatário. Vozes diferentes semeiam, então, o sistema organizador de sentidos. Ervas entre as calçadas. À maneira das "loas" do vodu, "vozes" se apreendem momentaneamente do discurso. Elas o "cavalgam". Elas me arrebatam em lugares, sem que eu saiba de onde elas saem nem que "espíritos" são elas. Elas vêm de outra coisa em mim e respondem a que outro? Essa "possessão" parcelar confunde, quebra ou suspende a autonomia do locutor. Os ruídos paralelos que povoam as conversações ordinárias representam uma tatuagem interlocutória e vocal sobre o discurso. Eles indicam funcionamentos da linguagem quando ela é falada. Essa vegetação vocal pulula também nas entrevistas, mas as transcrições que lavam suas frases apagam os vestígios relativos a um *status* da palavra – um essencial. Semeando com acréscimos ou suspensões o campo dos enunciados, um *sabá* de vozes murmura algo que escapa ao controle dos locutores e que não obedece à divisão suposta entre indivíduos que falam. Ele preenche esse intervalo com o ato plural e difuso da comunicação. Ele forma *mezza voce*, uma ópera enunciativa na cena da troca verbal. A glossolalia *isola* uma ópera do dizer e o *autoriza*. Ela organiza um espaço onde a possibilidade de falar se desdobra por ela mesma. Em vez de formar palavras, diz um glossolálico para explicar como ele fala em línguas, "eu posso me concentrar na *comunicação* em si, mais que no *modo* de comunicação".[5] A ficção de língua é a cena onde se produz uma *ficção do dizer*. Ela se situa fora do alcance da verdade ou do erro. Fora dos muros de uma língua. Ela não articula mais (ou ainda não) unidades semânticas. Uma abjeção do sentido serve como prévia a essa *utopia vocal* do falar. Mas esse *ersatz*, estranho a toda língua possível, coloca em voz algo que concerne, em cada língua, sua possibilidade de ser falada. A aparência de enunciados compõe o teatro onde se tenta o verossímil da enunciação. Como nas "ficções" de desembarque lunar, locutores exercem à parte, em um simulacro linguístico, a passagem real do mutismo (*não poder* dizer) a uma palavra (*poder* dizer). Circunscrita e autorizada como os roteiros de laboratório, a ficção glossolálica permite experimentar essa passagem.

UM "CRER"

Ela o força até, pela dupla razão de um "dever dizer" e de uma crença na palavra. Ela desdobra assim em torno

---

5   Citado por William J. Samarin, *Requirements for Research on Glossolalia*. Centro internazionale di Semiotica e di Linguistica, Urbino, 1978. p. 14.

do dizer todo o espectro das modalidades: poder, dever e saber/crer. Por um lado, com efeito, ela se apoia em uma necessidade de falar, ela o apressa, antes de fornecer-lhe uma saída. Só há glossolalia onde um valor, uma obrigação ou uma exigência (cultural, religiosa, psicológica) está ligada à palavra; aí onde era preciso dizer; aí onde é preciso que fale, porque isso me fala. A oralidade é ouro. Auralidade. O ato aqui importa mais que o conteúdo. O ato se produz no momento em que se desfaz a significação dos enunciados. Ele se erige em imperativo ou em necessidade, como um grito ou uma confissão. Rasgando as paciências e as ritualizações do silêncio, estimulado pelo círculo lúdico, religioso, médico ou literário que o autoriza, um *dever dizer* exige a passagem do *não poder* ao *poder dizer*. Ele o chama, como uma transgressão legítima e necessária em relação à ordem que impõe de se calar ou de controlar sua voz articulando frases.

Mas esse trânsito supõe também que há, em algum lugar, *a* voz em reserva e que ela pode advir. Uma expectativa visa a esse Outro ainda distante – do falar, indecifrável oráculo, liquidez vocal de que separa um mutismo. Uma *crença* espera essas águas de uma oralidade primeira que poderia passar os muros de nossas linguagens. Se houvesse uma Palavra! Espera-se a própria Fábula. Bastaria que se abrissem nossas bocas, esvaziadas de palavras, e que elas se "deixassem fazer" pelas "torrentes" dessas vozes passageiras. Mas, esses rios, onde estão eles? De onde vêm? Acreditar neles não é o saber. No domínio religioso, o não lugar "do que fala" é, aliás, destacado pelo termo que designa, em muitas tradições, o ato e o ator do dizer: *o espírito*. Depois e antes de muitos outros, João da Cruz chama o "espírito" *el que habla*, o que fala.[6] A crença

---

6   *Subida del Monte Carmelo*, Prólogo. A definição sanjuanesca do Espírito como "o que fala", longe de ser excepcional, se encontra

que funda a espera de um *dizer* tem também como efeito a *atopia* da cena onde ele se produz. Ela tem como correspondente a utopia glossolálica, "utopia" porque ela não é nem uma nem outra das línguas positivas, nem esta, nem aquela, mas um neutro[7] linguístico. É preciso uma aparência que escapa à localização, para colocar uma questão universal (o que é "dizer" sem dizer algo?) e por definição privada de lugar próprio. A aparência (a ficção) é o lugar/ não lugar da questão teórica. O dizer postulado pela crença não pode alojar-se senão em uma *ficção de espírito*, ao mesmo tempo simulação científica e produção poética. O que a utopia é para o espaço social, a glossolalia o é para a comunicação oral, circunscrevendo em um simulacro linguístico tudo o que a voz realiza de outro além da língua quando ela fala.

DUAS ESPÉCIES

Esquematizando seu processo, uma primeira glossolalia faz passar do não poder dizer "~p (D)" ao poder dizer "p (D)" por um poder não dizer ("nada dizer") "p (~D)" que sustentam um dever dizer "d (D)" e um crer no dizer "c (D)", como se a obrigação e a crença compensassem a ausência de enunciados e permitissem o espaço utópico oferecido a vozes:

| utopia vocal |
c (D)
d (D)

~ p (D) ⟶ | p (~ D) | ⟶ p (D)

em toda uma tradição "espiritual" e alcança a tradição, mais ampla ainda, que faz da voz o próprio ato do *espírito* (bom ou mau).

---

7   Sobre o "neutro" da utopia, ver Louis Marin, *Utopiques: jeux d'espaces*. Paris, 1973, cap. I.

Há uma glossolalia segunda que segue o caminho inverso. Ela vai em sentido contrário. Apoiando-se no falar articulado, ela procede à sua desconstrução por jogo com os fonemas e/ou por derrisão da palavra. Assim, Christian Morgenstern, ou Hugo Ball na Alemanha, ou Raoul Duguet, Claude Gauvreau no Québec. Ou ainda esse poema de Pastor Paul:

> Schua ea, Schua ea
> O tschi biro tira pea
> akki lungo ta ri fungo
> u li bara ti ra tungo
> latschi bungo ti tu ta.[8]

Literária, lúdica ou infantil, patológica também às vezes, essa figura glossolálica passa os limites dos enunciados para tentar, antes de cair no silêncio, as virtualidades da paleta vocal e encher de rumores polifônicos um espaço de enunciação. Seu lugar não é menos utópico e circunscrito que o da primeira figura, mas ele se funda em uma ausência de obrigação (uma permissão de trabalhar a língua) mais que em um dever (de dizer) e em uma incredulidade (uma lucidez sobre o insensato do sentido) mais que em uma crença (na palavra). A fórmula desse processo inverso seria, pois:

---

8 Citado por H. Rust, *Das Zungenreden*. Eine Studie zur kritischen Religion-psychologie. Grenzfragen des Nerven- und Seelenlebens. Munique, 1924. Esse poema trabalha às vezes com os nomes próprios utilizados nos líderes espirituais: assim "Schua ea" ou, na segunda estrofe (não citada acima), "Ea tschu", para *Iesu* ou *Iešuah*. Sobre esses fenômenos poéticos, ver também Leo Navratil, *Schizophrenie und Sprache*. Zur psychologie der Dichtung. Munique, 1966. p. 57 e segs., 24-158.

| utopia vocal |
c (D)
d (D)
~ p (D) ◄────── | p (~ D) | ◄────── p (D)

Se a primeira espécie (religiosa) faz o dizer exercer um papel análogo às *lágrimas* (há grandes analogias entre o "dom das línguas" e o "dom das lágrimas"), e se a segunda espécie (poética) se parece mais com o *rir* ("a glossolalia me vem como um rir", dizia uma glossolálica inglesa que não acreditava nem nos "espíritos" nem no Espírito), as duas colocam em causa, em uma aparência de língua, as modalidades do poder, do dever (obrigação ou permissão) e do saber (ou crer) que interessam o *dizer*. São igualmente ficções do dizer.

Esse fenômeno particular tem, aliás, ambição universal. Excluindo todas as línguas efetivas, ele é o *dizer* de cada língua, ou aquilo sem o que nenhuma língua é falada. Ele tem valor metalinguístico, mas em relação à enunciação. A glossolalia isola o dizer de todo dizer. Nesse espaço teórico de tipo vocal, o dizer pode dizer-se ele próprio. O problema do começo e do fim aí é, pois, central. Como se começa a falar? "Glossolalia" significa "balbuciar", na verdade, titubear, gaguejar (*lalein*) na língua (*glossè*). Não é, pois, surpreendente encontrar vestígios ou momentos glossolálicos nas crianças como em inúmeros textos literários (ver Rabelais, Cyrano de Bergerac etc.) que se interessam pela natureza, pelas condições e pelos começos da Palavra. Mas a questão do fim ou do *lapsus* da palavra se encontra junta com a do começo. Como o falar se desfaz? A paixão da queda copia a do nascimento. Uma pode ser, aliás, o próprio lugar do outro. Assim, as duas figuras se misturam frequentemente. Em cada glossolalia se combinam, aliás, algo de pré-linguístico, relativo a uma origem silenciosa ou ao "ataque" da palavra, e algo de pós-linguístico, feito de excesso, de transbordamento ou de detritos de língua. Assim como o mito, essas ficções bricolam juntas o antes e o depois do dizer para construir o artefato onde ele se exerce.

O ENGANO DO SENTIDO

Fato estranho, essa ficção de língua não cessa de ser tomada como uma língua e tratada como tal. Sem cessar, obrigamo-la a "querer dizer" algo. Ela excita uma pulsão de decriptar e de decifrar que não se cansa jamais e supõe sempre por trás da série de sons uma organização de sentido. A história da glossolalia é quase inteira à das interpretações que entendem fazê-la dizer frases e pretendem trazer a delinquência vocal a uma ordem de significados. Ficando em nossa era ocidental, desde a interpretação dada pelos Atos dos Apóstolos à glossolalia do Pentecostes ("homens piedosos de todas as nações" compreendiam "em suas próprias línguas"),[9] até as análises saussurianas ou psicanalíticas, o jogo sério e jubilatório do dizer recebe como resposta uma hermenêutica, sempre bastante astuciosa para reduzir o "querer dizer" a um "querer dizer algo".

A história desse equívoco remete às relações que, desde a Antiguidade, a Razão mantém com a Fábula, tomando seu lugar. A hermenêutica erudita opera, com efeito, uma substituição de corpo, ela substitui um conteúdo semântico à palavra contada, mas no próprio lugar que a Fábula fundou. A modernidade ocidental desenvolveu esse dispositivo sob todas as formas da exegese etnológica, psiquiátrica ou pedagógica, como se fosse preciso

---

9   Atos dos Apóstolos, 2, 5 e 11. Ver Francis A. Sullivan, art. Langues (don des). In: *Dictionnaire de spiritualité*. Paris, 1976. t. IX, col. 223-227.

escrever no lugar onde se fala. Vozes selvagens e vozes do povo, vozes loucas, vozes infantis definem os lugares onde se torna possível e necessário escrever. Elas fornecem à hermenêutica sua condição de produção, isto é, os lugares que ela ocupa para alterá-las em páginas.[10] Diante da cadeia glossolálica, o trabalho hermenêutico mobilizou, pois, seu aparelho científico. Mas ele revela assim a crença que o anima. Enquanto a glossolalia postula que há palavra em algum lugar, a interpretação supõe que *deve haver sentido em algum lugar*. Ela o procura, ela o encontra, porque ela espera que haja, porque ela se articula com a convicção de que certamente, principalmente onde o sentido parece ausente, ele está oculto em algum lugar, presente "assim mesmo". A hermenêutica se obstina, pois, nesses lugares "insensatos" do dizer e ela postula que há aí "línguas secretas". Ela privilegia o que constitui como desafios para o sentido. E finalmente, porque ela acredita no sentido, é pega na armadilha de uma aparência de língua.

O funcionamento desse equívoco nos ensina, pois, algo da voz glossolálica. A esse respeito, seria tentador seguir, tenaz e hábil a manter uma revelação de sentido, a exegese dos primeiros textos cristãos que mencionam casos de glossolalia, exegese ainda mais florescente desde que movimentos "pentecostais" e "carismáticos" voltaram a dar uma atualidade ao "dom das línguas".[11] Mas,

---

10 Ver Michel de Certeau, *L'Invention du quotidien, I*. Arts de faire. Nouv. éd. Paris, 1900, cap. XI, "Citations de voix", p. 225-238.

11 Atos dos Apóstolos, 12, 10 e 19 (caso de "falar em outras línguas"); 1ª Epístola aos Coríntios 14 (que encara antes uma língua falada "com o espírito", "manifestação do Espírito", inspirada, pois, mas privada de sentido inteligível, embora controlável pelos locutores). Ver Gerhard Kittel (éd.), *Theologisches Wörterbuch zum Neuen Testament*. Stuttgart, 1933. vol. I, art. "*glôssa*, Die Glossolalie", p. 721-726, e vol. X, n° 2, 1979, bibliographie récente, p. 1.025-1.026.

dois casos mais recentes, a análise saussuriana e o estudo psicanalítico de Pfister, bastarão para mostrar como o insensato do discurso glossolálico estende sua armadilha e faz delirar a interpretação.

PFISTER: O EQUÍVOCO DA COMUNICAÇÃO

Oskar Pfister, cuja fidelidade amigável e científica com Freud sustenta uma correspondência de quase 30 anos (1909-1938),[12] se interessava muito pela glossolalia. Ele lhe consagrou dois estudos[13] que são, aliás, o objeto de trocas epistolares com Freud[14] e Jung. O "método psicanalítico" exposto no segundo consiste em transcrever um fragmento do discurso glossolálico, recortado em unidades fonéticas – "*Esin gut efflorien meinogast schinohaz...*" etc. –, e, por associações, em buscar tateando, para cada uma dessas unidades, um significado que lhe corresponda. A associação de ideias é o desvio que fornece um substituto de etimologia e que permite, como esta, encontrar a significação, remontando a uma infância: no começo está o sentido. Para Pfister, com efeito, a glossolalia é uma regressão a estados infantis. Pelo retorno aos afetos da criança, a vocalização insensata é transformada em um discurso coerente.

---

12 *Correspondance de Sigmund Freud avec le pasteur Pfister 1909-1939.* Trad. Lily Jumel. Paris, 1966. Ver Sigmund Freud e Oskar Pfister, *Briefe 1909-1939*. Frankfurt/Main, 1963. A única carta que data de 1939 é escrita por Pfister à Senhora Freud.

13 *Die psychologische Enträtselung der religiösen Glossolalie und der automatischen Kryptographie.* Leipzig et Viena, 1912; *Die psychoanlytische Methode.* Leipzig, 1913, que compreende um capítulo sobre a "glossolalia religiosa" (ver *The Psychoanalytic Method.* Trad. Charles Rockwell Payne. Nova Iorque, 1917, em particular, p. 230-240.

14 Cartas de Freud, 27 de setembro de 1910, 18 de junho de 1911, 14 de dezembro de 1911 etc.

A partida dá o tom: "*Esin* quer dizer 'um sentido' (*ein Sinn*)". Brilhante ataque: desde a primeira "palavra", a interpretação estabelece seu postulado. O resto segue, mediante idas e vindas do alemão ao inglês (*Si wo* quer dizer: olha – *see*: inglês –, onde – *wo*: alemão – é você!") e frequentes apelos aos nomes próprios tirados das tradições mais heterogêneas (*Efflorien* vem de Florença). Uma chave da exegese aparece também desde a quarta "palavra", *Meinogast*, que significaria "meu (*mein*) Oskar": o intérprete (Oskar Pfister) está inscrito no próprio discurso que declara antecipadamente não poder estar separado desse "caro amigo". Não, diz a narração vocal, eu não serei tirado nem de ti nem do sentido; procura, e você encontrará. De fato, Pfister descobre esse "amigo" oculto, o sentido, que conta pela boca de um "fanático religioso de 24 anos" a ansiedade de exercer a profissão de pastor (Pfister é ele próprio um pastor suíço). A operação analítica, que trata uns após os outros os fragmentos desse discurso colocado em pedaços, os leva cada um ao sentido e ao mesmo por uma série de ligaduras: isso "significa", isto "quer dizer", isso "se refere a" etc. No fim, o exegeta pode "se atribuir o direito de formular o sentido" e de dar com clareza a *tradução escrita* da voz, assimilada a um "discurso secreto".

Essa vitória da interpretação, o que traz ela? "Os devotos", escreve Freud, "não são geralmente tão generosos em seus delírios".[15] Os eruditos, também não. A operação hermenêutica comporta um ganho. A aparência de sentido, arrancado, como uma confissão, com a voz fragmentada (torturada?), permite salvaguardar duas características *gerais* de toda língua, a saber: 1. que ela organiza o *sentido*, e 2. que ela articula o *real*. Pfister o obtém pela conversão do discurso "fanático" primeiramente em uma sequência de citações relativas a relatos concernentes à

---

15 Carta de 18 de junho de 1911.

infância do locutor (cada unidade fonética se torna um pequeno trecho de uma narração ausente), depois, em um conjunto de "complexos" que remontam a esses primeiros anos. Finalmente, é o sistema dos "complexos" (*i. e.*, um discurso do real) que permite construir sentido com citações. Por essa dupla passagem do vocal ao narrativo e do narrativo ao estrutural (passagem que corresponde ao programa que Freud fixava a seu amigo),[16] a ficção produzida garante a possibilidade de "entender" como uma língua o corpo falante. A exegese produz aí seus próprios postulados. Ela se repete na aparência que ela fabrica.

Com uma palavra que ele utilizará também para definir *Moisés e o monoteismo* ("um romance histórico"), Freud designa o *Glossolalieversuch* de Pfister como um "romance" (*Roman*), aliás "terrivelmente divertido".[17] Romance policial, com efeito, que essa sequência de voltas e desvios destinados a fazer aparecer atores coerentes e reais (os complexos) por trás das vozes insensatas que, como na etnografia dos *loas vodus*, são supostamente apenas "máscaras". Os artifícios da razão lutam contra essas vozes para alterá-las em um cenário determinado pelo "trabalho" que se opera nos bastidores. Mas essa antecena é um teatro também, uma espécie de alucinação científica. O sistema da interpretação aí se dá em representação os valores que ele privilegia – *sentido*, um *real*, o *trabalho* – e que tomam o lugar das "máscaras" (deuses, princípios ou valores) que a ópera glossolálica autoriza – o insensato (um excesso), a *ficção* (uma atopia) e o prazer (um jogo). Ele se conta sua própria história quando a exegese de Pfister faz dizer ao "discurso secreto" de seu jovem "fanático": "Você possui as

---

16   Em 27 de setembro de 1910, Freud escrevia a propósito da glossolalia: "Eu penso que você estará rapidamente em condição de desmascarar (*entlarven*) nessas performances ditas involuntárias o trabalho dos complexos" (Freud e Pfister, *Briefe*, p. 43).
17   Carta de 18 de junho de 1911 (Freud e Pfister, *Briefe*, p. 51-52).

capacidades necessárias, religiosas, morais e intelectuais, para tornar-se um ministro (pastor), com a ajuda de Deus, apesar das perseguições e das desgraças."[18] Você pode assim mesmo tornar-se o apóstolo de um sentido, de um real e de uma ascese produtora. Essa "moralidade" hermenêutica é tirada de seu contrário, a fábula, e ela a converte: a voz pode tornar-se o "ministro" do sentido.

Mas a explicação, estranha ao dizer glossolálico, lhe é ao mesmo tempo necessária: estranha porque, abstendo-se de toda língua efetiva, esse dizer abandona ao comentário toda a carga do sentido, ele não a controla mais e deixa, pois, a tarefa hermenêutica alterar-se em um delírio que pode somente repetir os pressupostos da interpretação. Por outro lado, a cena onde o dizer se isola em um "canto" enunciativo não se constitui senão se há, *por outro lado*, sentido. A aparência de língua postula línguas positivas e ela visa a uma possibilidade de falá-las. Ela já implica autonomização. Ou seja, *uma reciprocidade* liga entre elas a glossolalia e a interpretação, mas *no modo do equívoco*. Uma não vai sem a outra. A primeira desvia tanto a segunda que ela precisa desse referente para exilar-se do sentido. A explicação, por sua vez, se serve da glossolalia para se certificar em seus próprios princípios. O engano é a mola das relações necessárias entre essas duas figuras: cada uma delas se gera a partir da outra que ela transforma em simulacro de seu próprio objetivo – a língua que se torna uma aparência para o "assim mesmo" de um ato enunciativo, e o dizer que fornece material à ficção que, "apesar de tudo", afirma o sentido.

Essa problemática do quiproquó (um no lugar do outro) e do engano (um é a aparência do outro) caracteriza a relação (aqui necessária) entre duas posições da linguagem. Ela não concerne à organização dos enunciados, mas

---

18 O. Pfister, *The Psychoanalytic Method*, p. 238.

ao funcionamento da enunciação. Ela se desenvolve a partir do momento em que se trata da comunicação e não de seu conteúdo, portanto, de dizer e de ouvir, em suma, de falar, de ser de e para outrem. Essa questão, colocada pela glossolalia, gera sua recíproca hermenêutica. Ela faz sair o engano da relação. Assim, é-se levado a perguntar-se se o conteúdo não tem por função esconder o engano da comunicação e se, reciprocamente, a percepção de um engano camuflado pela organização do sentido não estaria na origem da utopia vocal que, destruindo a possibilidade de articular sentido, tenta restaurar um falar.

SAUSSURE: UM FALAR TOMADO COMO UMA LÍNGUA

Não menos típica a análise que Saussure fez, entre 1895 e 1898, do discurso mantido por um jovem médium e glossolálico sob o pseudônimo de Senhorita Hélène Smith pelo psicólogo genebrino Théodore Flournoy, incansável observador do "caso".[19] A senhorita falava marciano, mas também uma língua que parecia ser sânscrito (que ela ignorava). Para julgar o que ele chama "sanscritoide", Flournoy recorre a especialistas, entre outros Ferdinand de Saussure, "professor de sânscrito", de que ele cita inúmeras cartas e que ele pinta transcrevendo os sons, "pertinho de Hélène que cantava sentada no chão". Um areópago científico envolve a voz. Observando a "nulidade gramati-

---

19 Théodore Flournoy, *Des Indes à la planète Mars*. Étude sur un cas de somnambulisme avec glossolalie. 3. ed. Paris e Genebra, 1900. Sobre o mesmo caso, Flournoy publica ainda Nouvelles observations sur un cas de somnambulisme avec glossolalie. In: *Archives de psychologie de la Suisse romande*, p. 102-255, dezembro de 1901 (consagrado principalmente aos "sinais" ou "hieroglifos ultramarcianos" da Senhorita Smith); e um linguista, Victor Henry, publica *Le Langage martien*. Paris, 1901. Ver também Tzvetan Todorov, *Théories du symbole*. Paris, 1977, Le symbolisme chez Saussure, p. 323-338.

cal" do sânscrito de Hélène, Saussure estabelece o diagnóstico seguinte: 1. esse falar "se parece" com o sâncrito, "lembra" suas palavras e comporta "fragmentos" que têm um sentido; 2. o resto, ininteligível, não tem "nunca um caractere antissânscrito", isto é, não apresenta "grupos materialmente contrários ou em oposição com a imagem das palavras sânscritas"; 3. em particular, ele se caracterisa por uma maior frequência da vogal a[20] e por uma ausência da consoante f, como em sânscrito.[21] Por outro lado, ele faz a hipótese de que, sob esse discurso, há uma "trama" sintática de palavras francesas e que, para essas unidades semânticas já constituídas, o médium procura outros sons, "substitutos de aspecto exótico" e de origem heteróclita (inglesa, alemã etc.). O conjunto obedeceria, pois, a uma regra essencial: "É preciso antes de tudo, e somente, que isso não tenha a aparência de francês."[22]

Omitindo o f, Hélène obedece a essa regra: "A palavra 'francês'", observa Victor Henry, "começa por um f; por essa razão, o f deve lhe aparecer como a letra 'francesa' por excelência, e, portanto, ela o evita quanto ela pode". Como o observa Todorov, um sistema simbólico (F simboliza "francês") reorganiza a língua falada.[23] Por uma série de coincidências (frequência do a, desaparecimento do f etc.), o falar de Hélène é *entendido* como sânscrito, o que leva, sem dúvida, a locutora a desenvolver como ela pode essa semelhança. Mas essa identidade suposta, efeito de audição que cria a mobilização erudita (e sua armadilha), não deve fazer esquecer o essencial que é a

---

20 Isso é mais uma característica do falar glossolálico.
21 Saussure, citado em T. Flournoy, *Des Indes à la planète Mars*, p. 303 e 316.
22 Saussure, citado em T. Flournoy, *Des Indes à la planète Mars*, p. 305.
23 V. Henry, *Le Langage martien*, op. cit., p. 23; T. Todorov, *Théories du symbole*, op. cit., p. 327.

vontade de um dizer *outro*. O engano está no equívoco entre um falar que se quer outro (não francês) para dizer, e sua recepção, que o identifica com uma positividade estranha, mas conhecível (o sânscrito). Ele concerne não ao conteúdo, mas, aqui também, a um processo de comunicação: um falar tido como uma língua.

De onde vem, pois, que seja preciso que isso não tenha aparência de francês, engana-ouvido que induz nos ouvintes eruditos a ilusão de que isso deve ser sânscrito (ou sanscritoide)? A sinceridade da Senhorita Smith não está em causa. Todas as testemunhas concordam em reconhecer sua lealdade. Sem dúvida ela se pôs a falar "sânscrito" e a desenvolver suas paisagens sonoras porque seus ouvintes a esperavam e a ouviam aí, um pouco à maneira como uma criança se põe a falar a língua sobre a qual seus pais, *por sua audição*, comunicam sua simulação vocal aí recortando suas "primeiras palavras". Com certeza a Senhorita Smith sai de uma língua (o francês) em vez de nela entrar, mas essa "saída" teria, talvez, sido também a aprendizagem do sânscrito se o areópago de seus examinadores tivesse pensado responder-lhe mais do que observá-la, e procurado a comunicação (um falar) mais do que a existência de um saber (uma língua). Contudo sua "algaravia", como diz Saussure, visa não a uma língua, mas a algo como a instituição de um falar.

A INSTITUIÇÃO VOCAL

A glossolalia concerne a uma forma particular do poder dizer: sua fundação. Ela coloca em cena o que permite dizer. Essa cena é primeiramente física. Os glossolálicos contam: é "um acontecimento em minha garganta", e frequentemente, nos inícios, sem fonação; um movimento glossolabial, "um calor de minha língua e dos lábios" etc. Um som de glote inicia um falar. Pouco a pouco vêm as fonações rudes, depois uma articulação mais estruturada.

O começo se modula durante uma aprendizagem progressiva, até tornar-se uma "glossopoiese".[24] O "milagre vocal" se narrativiza. O limiar que faz passar do mutismo ao falar parece susceptível de extensão e de orquestração para ser constituído, como um *no man's land*, em espaço de manipulações e de jubilações vocais, já saídas do silêncio e ainda "não dependentes de uma língua particular". Jogos na fronteira. Embriaguez do começar. Análogos, sob seu aspecto técnico, ao trabalho de inversão, de extensão e de variações que se praticam no "ataque" de uma peça vocal ou instrumental. Comparáveis mais com o que se inaugurou um dia com um verso que apareceu a Dante à margem de uma clara ribeira: "minha língua falou como com seu próprio movimento", "eu o coloquei de lado em minha memória com grande alegria, pensando tomá-lo como meu começo", depois, "tendo pensado alguns dias, eu empreendi a partir desse começo uma canção ordenada".[25] Mas o início indutor de canção não é para o glossolálico um verso; é apenas uma "aparência" de começo.

Nesse lugar onde não há ainda produções frásticas, exerce-se a fundação de um teatro de ação que as permite. Outrora, na antiga Roma, era o papel de padres *fetiāles* abrir um espaço legítimo (*fās*) às ações guerreiras, militares ou comerciais que se quisesse tentar fora da Cidade. Sua procissão ritual, que ia do centro até o exterior da cidade, não garantia o sucesso dessas ações, mas ela autorizava seu teatro por uma *repetitio rerum* que consistia em repetir os relatos das origens em um novo espaço e também, como uma repetição geral, "abrindo" a cena de atividades futuras no estrangeiro.[26] Da mesma maneira, a

---

24 Ver Dr^a. Madeleine Masure, *Le Parler en langues*. Nice, 1974.
25 Dante, *Œuvres complètes*. Paris: Éd. André Pézard, 1965, *Vita nova*, 19, p. 36.
26 Ver Georges Dumézil, *Idées romaines*. Paris, 1969. p. 61-78; e M. de Certeau, *L'Invention du quotidien, I. Arts de faire*, p. 182-185.

glossolalia "repete" as fonações infantis, isto é, os começos do falar, mas com o objetivo de instaurar um teatro para operações linguísticas por vir.

As narrações vocais primeiras têm esse espaço: predominância das vogais *a* e *i*, depois *ū*, labiais e dentais, depois velares. Essas canções feitas com fonemas primitivos em muitas línguas,[27] "repetições", portanto, às vezes designadas como "línguas regressivas", criam pelo retorno ao original a autorização de um novo começo, como se para começar a falar, fosse preciso cada vez remontar a essa *archè*, a esse "princípio" do falar que é a Fábula inicial. Lugar de uma comodidade e de um jogo, também, porque ele não está ainda submetido às exigências técnicas e táticas impostas pela articulação linguística da comunicação. Lugar de um indeterminado jubilatório, "colocado de lado com grande alegria".

Esse momento de abertura corresponde ao que o poeta marca (já no recinto do poema, mas ainda em seu limiar) quando ele diz: "Vem, oh, Musa..." A invocação, sacrifício inaugural sobre a pedra verbal de um nome próprio, chama uma Voz "inspiradora" que fale e que faça falar, instaurando a área de uma linguagem. A Musa, dublê do Espírito, permite a passagem de um espaço ao outro. Ela funda a possibilidade do poema, e é preciso estar possuído por ela para ser introduzido no canto. Para os "carismáticos", aliás, que chamam sua glossolalia um "canto", há apenas uma preparação: "abandonar-se", "deixar-se ir", oferecer-se "como uma criança" ao que fala. Desde a origem, no bebê, é a voz, com efeito, que lhe abre (e circunscreve) uma esfera de comunicação preparatória à palavra. Invocada aqui como Espírito, ela define a função da glossolalia, que é de *instituir um espaço de enunciação*.

---

27 Esses fenômenos primitivos são também, como o observa Jakobson, os últimos a se perder.

A essa função instituinte, ligam-se as circunstâncias sociais e/ou psicológicas que caracterizam os retornos periódicos da glossolalia. Essas aparições dependem de uma questão que tem uma história, senão uma historiografia: a instauração da palavra. Em geral, em uma sociedade, as instituições fundam, garantem, distribuem o espaço do falar. Elas devem esse papel não ao capital de sentido que elas preservariam (está aí somente o que elas fazem crer), mas à sua capacidade de organizar um tabuleiro de lugares que, ao mesmo tempo que autoriza e limita uma circulação verbal, a reparte e a controla. A família, a profissão, a função pública definem cada um dos *tópicos de atos ilocutórios*, isto é, redes de lugares onde a palavra é permitida (fundada), mas em um sistema de convenções que fixam suas condições e sua pertinência: aqui se fala, mas não aí; isto se diz aqui, mas não em tais circunstâncias e não alhures etc. Inúmeros ritos e gestos marcam assim, em cada caso, o ato de começar a falar. A instauração da palavra se encontra, pois, tratada no modo de uma distribuição espacial, complexa e estratificada, que dissemina sua interrogação e que a mascara até atrás do jogo fechado dos usos e costumes.

O INSENSATO E A REPETIÇÃO

Nesse funcionamento sutil, dois traços curiosos devem ser levantados porque eles se encontram exorbitados, nos fenômenos extraordinários (glossolálicos em particular) que tendem a compensar essa instituição regular da palavra quando ela falta ou quando (na poesia, por exemplo) ela perde sua pertinência. No uso corrente, o que autoriza a falar é muito frequentemente da ordem do *insensato* e da *repetição*. Por um lado, Jakobson o observava (em um estudo consagrado à glossolalia),[28]

---

28 Roman Jakobson, *Selected Writings*. La Haye e Paris, 1966. t. IV, p. 637-644. O texto concernente à glossolalia foi traduzido por Nicolas Ruwet em *Tel Quel*, n° 26, p. 3-9, 1966.

"palavras" incompreensíveis, recebidas da tradição e que "ultrapassam tua razão", são precisamente as que fazem falar. A palavra parece renascer sem cessar dessas "palavras antigas" que são "palavras sábias" (*wise words*) porque *elas não têm sentido* e que, à maneira da instituição, elas objetivam a origem cega (a "fábula") de onde sai todo discurso sensato. Da conversação ordinária até a experiência psicanalítica, mil exemplos mostrariam essa relação da palavra articulada com "vozes", desprovidas de significação, que a tornaram possível.

Por outro lado, por meio dos estereótipos, os provérbios e todos os equivalentes quotidianos dessas "fórmulas infantis", de que se faz erroneamente a especialidade das crianças, a repetição é *também* a mola do falar: o já dito autoriza novas palavras, assim como a *repetitio rerum* dos padres *fetiāles* permitia outrora empreendimentos fora do lugar "recebido". Toda conversação é pontuada de "começos", isto é, de lugares onde se reitera a experiência de ser *infans*, sem falar, e onde ela leva o procedimento que "permite" repassar ao dizer por estereótipos verbais e provérbios rimados ou até, mais elementarmente, por ruídos de glote, por sons desconhecidos do sentido, por citações vocais etc. Esses tiques sonoros são repetições que "realçam" a palavra a partir de sua origem sonora. Apesar de sua dispersão, eles remetem à instituição vocal do falar.

Assim se identificam já uma autonomia e também uma instabilidade da voz em relação à articulação do sentido. O ato de falar, frágil nas circunstâncias, submetido à dificuldade de começar e ao perigo de malograr, introduz falhas e dissentimentos no belo acordo (suposto pela língua) entre o som e o sentido. Enquanto a língua não tem nem começo nem fim, o falar deixa à voz, às suas perturbações, às suas jubilações, o *pathos* do tempo, isto é, as preliminares dos inícios, retornos ao insensato originário, quedas e defecções. A voz é a história dramática ou cômica dessas mortes e desses nascimentos que o falar deve desempenhar e frustrar, ainda que a língua, eliminando-as, não a prepare para isso.

Por que, em certos momentos (históricos, socioculturais, psicológicos), esse jogo disperso no exercício quotidiano da palavra é focalizado em utopias vocais? Como "a instituição vocal" se esconde assim, por exemplo, sob a forma da glossolalia? Esses momentos são identificáveis e típicos: desvalorizações das instituições (eclesiais ou sociais) da palavra, deterioração dos usos e costumes, degradação das convenções de linguagem etc. Há também equivalentes psicológicos nesses fenômenos sociais. A glossolalia se apresenta, então, como um processo supletivo. Ela assume, vocalmente, essa "arte do não sentido"[29] que é, em suma, a arte de começar ou de recomeçar a falar *dizendo*.

As ideologias que envolvem a glossolalia orquestram somente essa função. Trata-se de *língua primitiva* e pré-babeliana (a origem) ou do que ocupa seu lugar; de *unidade* que supera o corte entre línguas ou entre locutores (um ponto zero, ou "neutro", ou divino do falar); de *inspiração* que seja precisamente o estar-aí do originário e que triunfa com a incerteza do começo; de *língua angélica* onde a transparência do conteúdo leva a privilegiar o "querer dizer" e a audição que caracterizam um puro ato de falar;[30] do balbucio *infantil* principalmente, passagem (sempre por refazer) do mutismo à linguagem, entre-dois riscado e criador, produção de espaço enunciativo.

EBRIETAS SPIRITUALIS: UMA ÓPERA

Assim, antes de ser explorada pelas instituições que a recuperam reduzindo-a a ser apenas "a ilustração" das

---

29 A expressão é de Elizabeth Sewel, citada por R. Jakobson, *Selected Writings*, t. IV, p. 642.
30 Ver Jean-Louis Chrétien, Le langage des anges selon la scolastique. In: *Critique*, n° 387-388, p. 674-689, agosto-setembro de 1979.

doutrinas escritas nos livros e conservadas por clérigos, a glossolalia tem como imagem ser uma *alegria de origem*. *"Ebrietas spiritualis"*, dizia-se na Idade Média, embriaguez espiritual, jubilação de um começo de palavra: "Deixar [...] a amplidão sem medida da alegria ultrapassar os limites das sílabas", diz Santo Agostinho.[31] Invenção de espaço vocal, a glossolalia multiplica, com efeito, as possibilidades do dizer. Ela não é mantida, ou retida, por nenhuma determinação de sentido. A decomposição das sílabas e a combinação dos sons elementares por jogos de aliterações criam *um indefinido* que não é mais submetido à legalidade de uma língua. Imensidão artificial e enfeitiçadora, essa floresta virgem vocal tem supostamente globalmente "sentido", como totalidade, mas aí se circula livremente, sem encontrar os limites que condicionam toda articulação de sentido. Nesse teatro privilegiado, artefato efêmero, não se trata mais de enunciados, mas de uma ópera que comportaria somente as modalizações vocais de que eles são susceptíveis. Não há mais efetuação de língua, mas, na cena de uma aparência de língua, *vocalização do sujeito*.

"Canteiro de vogais coloridas",[32] esse jardim de sons ricos que derivam e se exercem por vias múltiplas desaparece logo. Então, talvez, volte, cada vez mais restrita, a lei de uma ordem linguística e semântica de onde a voz se exilou para encontrar espaços autônomos. A dicotomia da voz e da língua permitiria somente "saídas" efêmeras relativas a um sistema reforçado. Mas está aí outro aspecto, social e político, da glossolalia.

---

31 *Enarratio in Ps. 32, 8* (CCL, t. XXXVIII, 254). Ver Francis A. Sullivan, art. Langues (don des), op. cit.
32 Francis Ponge, La promenade dans nos serres, texto retomado em sua coletânea *Le Parti pri des choses* seguido de *Proêmes*. Paris, 1967.

ÍNDICE ONOMÁSTICO

Este índice diz respeito aos nomes de pessoas mencionadas no texto e nas notas. Nas referências bibliográficas, não se levantaram nem os autores das edições críticas, nem os das traduções.

A

ADAM, Charles, 327
AGOSTINHO (santo), 56, 309, 381
AINDORFFER, Gaspard (abade de Tegernese), 42, 68, 95, 97, 98, 100, 110, 111, 118
ALBERTI, Leon Battista, 41, 51, 69
ALHAZEN, ver Ibn al-Haytham, 74
ALLEN, Thomas, 218, 243
ALONSO, Dámaso, 122, 156
ALONSO, ver Sánchez de Cepeda, Alonso.
ÁLVAREZ DE PAZ, Diego (ou Jacques), 215, 218, 221
ALVAREZ-GÓMEZ, Mariano, 61
AMELOTTE, P., 311
AMMERMAN, Robert R., 260
ANA DE SAN ALBERTO, 134
ANDRÉS, Melquíades, 160
ANGELLOZ, J.-F., 297
ANGELUS SILESIUS (Johannes Scheffler, dito), 11, 123, 163, 231, 238, 287, 289, 290, 293, 294
ANNAT, François, 348
ANNE DE JESÚS (madre), 139, 189
ANSELMO (santo), 89
ANTOINE DU SAINT-ESPRIT, 192
ANTONILEZ, Agustín, 170
ANZIEU, Didier, 123
APOLLINAIRE, Guillaume (Wilhelm Apollinaris de Kostrowitzky, dito), 295, 296, 299
APOLO, 223, 243
ARASSE, Daniel, 69
ARISTÓTELES, 42, 325, 342
ARNAULD, Antoine, 309
ARNOLFINI (esposo), 55
ARTAUD, Antonin, 270, 286
AUERBACH, Erich, 47
AUSTIN, John L., 125, 345
AUVRAY, Paul, 318, 320

B

BACH, Johann Sebastian, 162, 229
BAÏF, Jean-Antoine de, 311
BAKER, Augustin (Dom), 224
BALL, Hugo, 365
BALTHASAR (rei caldeu), 3

BALTHASAR, Hans Urs von (cardeal), 145
BALTRUŠAITIS, Jurgis, 356
BALZAC, Honoré de, 282
BAÑEZ, Domingo, 289
BARCOS, Martin de, 311, 313, 326
BAREILLE, G., 273
BARR, James, 308
BARTHES, Roland, 211
BARUZI, Jean, 19, 127, 129, 134, 139, 149, 150, 155, 192
BASTIDE, Claude, 166, 195, 197
BAUDELAIRE, Charles, 75, 295
BAXANDALL, Michael, 69
BEAUFRET, Jean, 347
BEDOUELLE, Guy, 111
BELLARMIN, ver Robert Bellarmin (santo).
BENJAMIN, Walter, 75, 270, 272, 296, 297, 299, 300, 301
BENOÎT DE CANFIELD (Guillaume Filch, em religião), 11
BENVENISTE, Émile, 126, 217, 334, 335, 336
BENZ, Ernst, 124
BERGSON, Henri, 18, 19, 20, 21, 26, 130
BERNINI, Gian Lorenzo (dito Bernin), 287, 289
BÉRULLE, Pierre de (cardeal), 313
BERZE, 359
BESANT, Annie, 282
BESSE, P. de, 311
BIECHLER, James E., 114
BIRNBAUM, Norman, 23
BLANCHOT, Maurice, 226
BLOCH, Ernst, 25

BLOCH, Marc, 25
BLUMENBERG, Hans, 25
BOBON, Jean, 359
BOCHART, Samuel, 321
BOEHME, Jacob, 228, 239, 271, 287, 290, 291, 292, 294
BOISSIER DE SAUVAGES, 27
BOISSY, marquesa de (mãe de Charlotte de Roannez), 329
BONAVENTURA (santo), 215, 285, 289
BONGIE, Laurence L., 26
BORGES, Jorge Luis, 211
BOSCH, Jérôme (Jheronimus Van Aken, dito), 125, 136, 141
BOSSUET, Jacques Bénigne, 7, 177, 241
BOTTA, Paolo, 45
BOUGAINVILLE, Louis Antoine de, 246
BOULIGAND, Georges, 89
BOUSQUET, Joë, 126
BOUVERESSE, Jacques, 326
BOVELLES, Charles de, 111
BRAMANTE (Donato d'Angelo, dito), 73
BREMOND, Henri, 6, 16, 17, 19, 28, 165, 175
BRETON, Stanislas, 104, 274
BRILLET, Gaston, 221
BRION-GUERRY, Liliane, 74
BROWER, Reuben A. 303
BRUNO, Giordano, 56, 60, 111
BRUNSCHVICG, Luis, 101, 329, 347
BRUYNE, Edgar de, 70, 74, 84
BUCI-GLUCKSMANN, Christine, 272, 299

Índice Onomástico

BUFFON, George Louis Leclerc, conde de, 70, 71
BUIGNON, Anne, 177
BURTON, Robert, 243, 264, 265

C

CAJETAN, Thomas (Giacomo de Vio, em religião) (cardeal), 51
CAJORI, Florian, 102
ÇANKARA, 30
CANTOR, Georg, 60
CANTOR, Moritz, 60, 108
CAPITAN, William H., 30
CAQUOT, André, 278
CARDAN, Jerônimo (Girolamo Cardano, *dito*), 282
CARIOU, Marie, 18, 19
CARKESSE, James, 243, 244
CARTER, B. A. R., 107
CASSIRER, Ernst, 48, 49, 52, 54, 60, 61
CASTELA, Henry, 203
CASTELLO, Vidal A., 283
CATERINA DA GENOVA, *ver* Catherine de Gênes.
CAVALLERA, Ferdinand, 166, 194, 242
CAVE, Terence, 292
CÉNAC, Michel, 359, 360
CERTEAU, Michel de, 3, 12, 17, 20, 32, 35, 62, 100, 118, 126, 128, 136, 158, 165, 166, 175, 176, 188, 189, 192, 197, 209, 212, 219, 229, 241, 246, 252, 258, 259, 276, 315, 319, 330, 368, 376
CESARINI, Giuliano (cardeal), 46, 56, 57, 96, 98, 118
CHAMBERS, Ross, 250
CHAMPEILS, Léonard, 197, 258

CHANDEBOIS, H., 192
CHAR, René, 109, 270, 272
CHARLETUS, Stephanus, *ver* Etienne Charlet.
CHENU, Marie-Dominique, 181
CHEVALLIER, Philippe (Dom), 123, 149, 152, 154
CHIRICO, Giorgio de, 79
CHOUET, 312, 321
CHRÉTIEN, Jean-Louis, 281, 380
CHUQUET, Nicolas, 102
CIFALI, Mireille, 20
CISNEROS, Francisco Jímenez de (cardeal), 129
CLAUBERG, J., 303
CLAVELIN, Maurice, 86
COGNET, Louis, COLET, Louise, 7, 241
COMITO, Terry, 216
CONGAR, Yves M. J. (cardeal), 180
COQUET, Jean-Claude, 233
CORAX, 342
CORBIN, Henry, 19, 124, 270
CORBIN, J., 311
COSTA, Eugenio, 254
COUSIN, Victor, 15
CRISÓGONO DE JESÚS, 151
CROMBECIUS, Joannes, *ver* Jan Van Crombeeck.
CUCHERMOYS, Jehan de, 203
CYPRIEN DE LA NATIVITÉ, 123, 160, 167, 172, 173, 188, 190, 191, 196, 200
CYRANO DE BERGERAC, Savinien de, 366

D

DAGENS, Jean, 181

DAMISCH, Hubert, 334
DANNHAUER, J. C., 303
DANTE ALIGHIERI, 128
DEBUS, Allen G., 218
DEGHAYE, Pierre, 292
DELACROIX, Henri, 19, 29
DELASSAULT, Geneviève, 312
DELEUZE, Gilles, 70
DELOOZ, P., 12
DEMANGE, Pierre, 282
DENIS, ver Denys l'Aréopagite (Dionísio o Areopagita).
DENYS L'AREOPAGITE, 90, 140, 146, 190, 275, 280
DENYS LE CHARTREUX, 275
DES AYGUES, Jacques, 172
DES AYGUES, Jeanne, 172
DESCARTES, René, 74, 86, 228, 264, 280
DESMARETS, Samuel, 312
DESNÉE, Roland, 330
DESPREZ, Guillaume, 327
DETTONVILLE, Amos (pseudônimo de Blaise Pascal), 330
DEVILLE, J. C., 311
DIEGO DE JÉSUS, 191, 192, 193, 194
DIODATI, J., 311
DOIRON, N., 203
DOLET, Étienne, 310
DON (ou Dom) JUAN (personagem de Tirso de Molina, depois de Molière), 221
DRAKE, Stillman, 230
DU SOUCY, François, 203
DUFY, Raoul, 296
DUGUÉ, Yves, 203
DUGUET, Raoul, 365

DUHEM, Pierre, 60, 74
DUMAS, Georges, 28
DUMÉZIL, Georges, 376
DUMONCEAUX, Pierre, 227
DUPUY, Pierre e Jacques (os irmãos Dupuy), 241
DURAS, Marguerite, 220
DURKHEIM, Émile, 17, 18
DURR, Joseph, 275
DUVERT, Tony, 221
DUVIVIER, Roger, 11, 122, 127, 134, 135

E

ECKHART, Maître, 30, 43, 45, 51, 57, 131, 136, 234, 292, 294
EDGAR (personagem do *Rei Lear*), 244
EDWARDS, Paul, 30
EISENSTEIN, Elizabeth L., 206, 207
ÉLISÉE DE SAINT-BERNARD, 177
ÉLUARD, Paul (Eugène Grindel, dito), 296
ENGELS, Friedrich, 25
EPÍCTETO, 352
ERASMO, Désiré, 306, 307, 323
EUGÊNIO IV (papa), 114
EULOGIO DE LA VÍRGEN DEL CARMEN, 122
ÉVAGRE LE PONTIQUE, 161
EZEQUIEL (profeta), 285, 311

F

FABIANI, Jean-Louis, 15, 22
FATIO, Olivier, 307
FECHNER, Gustav Theodor, 282
FEDER, Lillian, 243

Índice Onomástico

FELIPE II (rei da Espanha), 25
FELMAN, Shoshana, 250, 251
FÉNELON, François de Salignac de La Mothe, 26, 28, 319, 320
FICHTE, Johann Gottlieb, 60
FICINO, Marsile, 73, 74, 75
FIDÈLE DE ROS, 222
FILON DE ALEXANDRIA, 279, 280
FISCHER, David James, 20, 21
FLAUBERT, Gustave, 16
FLÉMALLE, Maître de, 55, 59, 76
FLORISOONE, Michel, 125, 177, 288
FLOURNOY, Théodore, 373, 374
FOLZ, Robert, 44
FONTAINE, Nicolas, 310, 312, 316, 317
FOUCAULT, Michel, 243, 264, 309, 314
FRAENKEL, Pierre, 307
FRANCASTEL, Pierre, 51, 76
FRANCÈS, Jacob, ver Jean Lopès.
FRANCISCA (madre), 135, 152
FRANCISCO DE ASSIS (santo), 285, 289
FRANCISCO DE SALES (santo), 28
FRANÇOISE DE LA MÈRE DE DIEU, 152
FREUD, Senhora (Martha Barnays, esposa de Sigmund Freud), 20, 28, 222, 260, 369, 370, 371
FREUD, Sigmund, 20, 21, 28, 222, 260, 369, 370, 371
FRIZON, P., 311
FROMOND DE CLAIRVAUX, 70
FULBECKE, W., 303
FUMAROLI, Marc, 347
FURETIÈRE, Antoine, 194
FUSTEL DE COULANGES, Numa Denis, 21

G

GADAMER, Hans Georg, 166
GALILEU (Galileo Galilei, dito), 86, 230
GANDILLAC, Maurice de, 56, 57, 71, 98, 108, 111, 272, 299
GARCÍA DE TOLEDO, 288
GARCILASO DE LA VEJA, 132
GATEAU, Jean-Charles, 296
GAULTIER, René, 170, 172, 173, 174, 175, 187, 188, 191, 200, 201
GAUVREAU, Claude, 365
GEDEÃO (juiz de Israel), 273, 277
GEERTZ, Clifford, 23
GEISSENFELD, Conrad de, 41, 42, 86
GELINEAU, Joseph, 189
GENETTE, Gérard, 211, 309
GEORGES DE TRÉBIZONDA, 116
GÉRARD DE CRÉMONE, 74
GERSON, Jean de (Jean Charlier, dito), 45, 112
GLOCK, C. Y., GOCHET, Paul, 23
GODARD, Jean-Louis, 108
GODEFROY, Frédéric, 230
GODINEZ, Miguel (Michael Wadding, dito), 192
GOICHOT, Émile, 17
GOMBRICH, Ernst H., 79, 85
GOMBROWICZ, Witold, 260
GORCEIX, Bernard, 271, 289, 290, 292, 295
GORDAN, Phyllis W. G., 45
GRABAR, André, 271

GRACIÁN, Jerónimo, 139, 196
GRANDIER, Urbain, 241
GRANGER, Gilles-Gaston, 36
GRATIEN, ver Gracián, Jerónimo.
GREEN, Julien, 241
GREIMAS, Algirdas Julien, 233
GRODEECK, Georg, 20, 263
GRUHLE, 359
GUARINONIUS, Christoph, 303
GUENÉE, Bernard, 47
GUENNOU, Jean, 11
GUERRIER, Pierre, 327
GUESPIN, Louis, 220
GUILHERME D'OCKHAM, 230
GUILLAUME DE CONCHES, 73, 74
GUILLAUME DE SAINT-THIERRY, 212, 218, 221
GUITEL, Geneviève, 103
GUMPERZ, John J., 211
GUTHRIE, W. K. C., 342
GUYON, Senhora (Jeanne-Marie Bouvier de La Motte), 19

H

HABERMAS, Jürgen, 2
HAENDEL, Georg Friedrich, 229
HAMANN, Johann Georg, 270
HAMMERSTEIN, Reinhord, 124
HAMMOND, P. E., 23
HAMON, Philippe, 354
Harphius, ver Henri Herp.
HARTOG, François, 247
HATZFELD, Helmut, 124
HAUBST, Rudolf, 43, 45
HAUZER, Mathias, 182
HEGEL, Friedrich, 60
HEIDEGGER, Martin, 124, 347

HÉLÈNE, ver Hélène Smith.
HENRY, Victor, 373, 374
HERMÓGENES, 308
HERÓDOTO, 247
HERR, Lucien, 21, 29
HILBERT, David, 60
HILDEGARDE DE BINGEN (santa), 65
HJELMSLEV, Louis, 308
HODENCQ, Alexandre de, 331
HOFFMANN, Ernst Theodor Amadeus, 225
HÖLDERLIN, Friedrich, 124, 125, 126
HONORÉ D'AUTUN, 74
HONORÉ DE SAINTE-MARIE, 182, 192
HUERGA, Alvaro, 7
HUGUES DE SAINT-VICTOR, 45
HUMBOLDT, Wilhelm, Baron von, 44
HUME, David, 26
HUSSERL, Edmund, 16, 26
HUXLEY, Aldous, 30
HYMES, Dell, 211

I

IBN AL-HAYTHAM (dito Alhazen), 74
INÁCIO DE LOYOLA (santo), 138, 171
INNOCENT DE SAINT-ANDRÉ, 170
IRIGARAY, Luce, 266
ISABELLE DES ANGES (madre), 171, 172
ISAÍAS (profeta), 311, 332, 333, 334, 340, 351, 353, 354, 355, 356

ISHIGURO, Hidé, 325

J

JACCOUD, Sigismond (doutor), 27
JACOB (patriarca), 177, 274, 277, 284
JACQUES DE VORAGINE (beato), 65
JACQUES DE JÉSUS, *ver* Diego de Jésus.
JAKOBSON, Roman, 147, 377, 378, 380
JAMBET, Christian, 270
JAMES, William, 29
JANET, Pierre, 28
JAUSS, Hans Robert, 210
JEAN D'AVILA (santo), 220
JEAN DE JÉSUS-MARIE, 179
JEAN PÈLERIN (*dito* Viator), 74
JEANNE DE CHANTAL (santa), 11
JEANNE DES ANGES (Jeanne de Belcier, em religião), 258
JEANNERET, Michel, 210, 311
JELLES, Jarig, 104
JOANA D'ARC (santa), 47
JOSÉ DE JESÚS MARÍA (Francisco de Quiroga, em religião), 170, 177, 192
JOSEPH DU SAINT-ESPRIT (o Andaluz), 192
JOSEPH DU SAINT-ESPRIT (o Português), 192
JOUTARD, Philippe, 323
JOYCE, James, 286
JUAN DE ÁVILA (santo), ver Jean d'Avila
JUAN DE BRETÓN, 170
JUAN DE LA CRUZ, ver João da Cruz.

JUNG, Carl Gustav, 30, 369
JUSTEL, Henri, 312, 320, 321

K

KAFKA, Franz, 270, 274
KANT, Emmanuel, 21, 126
KATZ, Steven, 31
KEPLER, Johannes, 60, 282
KIERKEGAARD, Søren Aabye, 190
KIRCHER, Athanase (ou Athanasius), 269
KITTEL, Gerhard, 368
KLEE, Paul, 270, 271, 296, 299
KOLAKOWSKI, Leszek, 33, 34, 35
KOYRÉ, Alexandre, 19, 33, 35, 60, 86
KRYNEN, Jean, 11, 170, 180
KUENTZ, Pierre, 225, 309, 329, 354, 355
KUSSMAUL, A., 360

L

LACAN, Jacques, 77, 78, 104, 300
LACOMBE, Olivier, 19
LA FEUILLADE, duquesa de, *ver* Charlotte de Roannez, 327
LAFUMA, Louis, 308, 329, 330
LANCELOT, Claude, 309, 314, 347
LANTENAHY, A. de: pseudônimo de M. Bertrand.
LAVISSE, Ernest, 21
LÁZARO (ressuscitado por Jesus), 226
LEÃO O GRANDE (papa Leão I) (santo), 138
LEAR (personagem de Shakespeare), 244
LE BRUN, Jacques, 7, 9, 304, 318

LE CLERC, Jean, 321
LE GOFF, Jacques, 145
LE MAISTRE DE SACY, Louis-Isaac, 306, 311, 312, 313, 314, 315, 316, 317, 318, 324, 326, 352, 353
LE MAISTRE, Antoine, 310, 311, 316
LECLERCQ, H., 271
LECLERCQ, Jean, 181, 224
LEFÈVRE D'ÉTAPLES, Jacques, 40, 111
LEIBNIZ, Gottfried Wilhelm, 70, 71, 303, 325
LEIBOVICI, Marcel, 279
LEONARDO DA VINCI, 69
LERNER, Robert E., 43
LÉRY, Jean de, 246, 248, 252
LESSIUS, Leonardus (Lenaert Leys, *dito*), 189
LEUBA, James, 29
LÉVY-BRUHL, Lucien, 18
LÉVI-STRAUSS, Claude, 248
LINSKY, Leonard, 355
LLAMAS MARTINEZ, Enrique, 11
LOMBARD, Émile, 360
LORRAINE, Charles de Guise, cardeal de, 131
LUBAC, Henri de (cardeal), 176, 197
LUIS DE GRANADA, 215, 224
LUIS XIV (rei da França), 25, 26
LUIS DE GRANADA, ver Louis de Grenade.
LUIS DE LEÓN, 170, 289
LUKÁCS, György, 33
LULLE, Raymond (beato), 238
LUTERO, Martinho, 304
LUYNES, Louis Charles d'Albert, duque de, 311

LYOTARD, Jean-François, 342

M

MACDONALD, Michael, 243
MACH, Ernest, 86
MADELEINE (paciente de Pierre Janet), 28
MAEDER, A., 360
MAGDALENA DEL ESPÍRITU SANTO, 127
MAJOR, René, 70
MALLARMÉ, 125, 296
MANDROU, Robert, 175
MANOAKH (pai de Sansão), 276
MARÉCHAL, Joseph, 29
MAREY, Étienne Jules, 129, 130
MARIE DE JÉSUS, 139
MARIE DE L'INCARNATION (Marie Guyard, em religião) (beata), 6, 11
MARIN, Louis, 101, 308, 310, 313, 326, 356, 357, 364
MAROLLES, M. de, 311
MÁRQUEZ, Antonio, 7
MARTIN, Henri-Jean, 312
MARTINENGUS, Celsius, 303
MASSIGNON, Louis, 19, 123, 193
MASURE, Madeleine (doutora), 376
MAVENOVA, M. R., 354
MEDICI, *ver* Médicis.
MENNINGER, Karl, 103
MERLEAU-PONTY, Maurice, 210
MERRILL, Daniel, 30
MERSENNE, Marin, 241
MESNARD, Jean, 327, 328, 331, 336

Índice Onomástico

METCHIES, M., 354
MEUTHEN, Erich, 114
MICHÉA (doutor), 27
MIGNE, Jacques Paul, 73, 90, 313
MIKAÊL (arcanjo Miguel), 285
MOLINO, Jean, 329
MONFASANI, John, 116
MONTAIGNE, Michel Eyquem de, 352
MONTALTE, Louis de (pseudônimo de Blaise Pascal), 329, 330, 355
MOORE, G. E., 260
MORAWSKI, S., 354
MOREL, Georges, 183
MORGENSTERN, Christian, 365
MORGENTHALER, W., 249
MOSCOVICI, Serge, 21
MOULINIER, Louis, 98
MOUNIN, Georges, 303
MÜNSTER, Sebastian, 72
MUNTEANO, Basil, 310
MURPHY, James J., 315
MYLE, Robert, 249

N

NAPIER, Richard, 243
NAVRATIL, Leo, 365
NERVAL, Gérard de (Gérard Labrunie, dito), 250, 251
NICÉRON, Jean-François, 355
NICOLAU V (papa), 68
NICOLAU DE CUSA (Nikolaus Krebs, dito) (cardeal), 39, 40, 41, 42, 43, 44, 45, 46, 48, 49, 50, 51, 52, 53, 54, 55, 56, 57, 58, 59, 60, 61, 63, 65, 66, 68, 69, 70, 71, 72, 74, 76, 78, 81, 84, 87, 88, 90, 92, 94, 95, 96, 97, 98, 99, 100, 101, 102, 104, 106, 107, 108, 109, 110, 111, 112, 113, 114, 115, 116, 118, 146, 272
NICOLÁS DE JESÚS MARÍA (Centurioni), 191
NICOLAS DE TRÈVES (nome de estudante de Nicolau de Cusa), 45
NICOLAS VON CUES, ver Nicolau de Cusa
NICOLE, Pierre, 311
NIDA, E. A., 303
NORGE, Géo, 296

O

OBRIST, Barbara, 66
OLBRECHTS-TYTECA, L., 342, 343
OLIER, Jean-Jacques, 242
OLIVETAN (Pierre Robert, dito), 311
OLPHE-GALLIARD, Michel, 166
ORCIBAL, Jean, 11, 165, 171, 174, 175, 181, 188, 196, 200, 241, 313
ORFER, Léo d', 125
OROZCO, Días Emilio, 131
OSUNA, Francisco de, 222
OTTO, Rudolf, 30, 31
OZMENT, Steven E., 25

P

PACHEU, P., 165
PANIER, Louis, 354
PANOFSKY, Erwin, 59, 62
PARRET, Herman, 339
PASCAL, Blaise, 101, 241, 308, 326, 327, 328, 329, 330, 331, 332, 334, 336, 340, 343, 344, 347, 348, 350, 352, 353, 355, 356, 357

PASCAL, Jacqueline (irmã de Blaise Pascal), 331
PAUL, Pastor, 365
PAULO (santo), 59, 140, 273, 333, 354
PAZ, Octavio, 39
PEIRESC, Nicolas Claude Fabri (ou Fabry) de, 241
PENIDO, M. T.-L., 267
PERELMAN, Charles, 342, 343
PÉRIER, Marguerite (filha de Gilberte Périer, sobrinha e afilhada de Blaise Pascal), 328
PÉRIER, Senhora (Gilberte Pascal irmã de Blaise Pascal, esposa de Florian Périer), 331
PETAU, Denys (ou Denis), 272
PETITOT, Jean, 70, 77, 84, 104
PEURBACH, Georg, 66, 107
PFERSDORFF, C., 360
PFISTER, Oskar, 28, 369, 370, 371, 372
PIERO DELLA FRANCESCA, 41, 69, 107
PLATÃO, 42, 43, 116, 121, 131, 342
PLOTINO, 104
POCOCK, John G. A., 25
POE, Edgar Allan, 295
POGGIO BRACCIOLINI, Gian Francesco, 44, 45
POLISENO, L. M., 197
PONGE, Francis, 381
POULAT, Émile, 19
PRALLE, Ludwig, 45
PROCLUS, 45, 59
PSEUDO-DENYS, ver Dionísio o Areopagita, 90, 140, 146, 275, 280

PTOLOMEU (geógrafo), 178

Q

QUERCY, P., 360
QUINE, Willard Van Orman, 325, 355
QUIROGA, Francisco de, ver José de Jesús María, 170, 177, 192

R

RABANT (ou Rabant-Lacôte), Christiane, 124
RABANT, Claude, 225
RABELAIS, François, 61, 210, 366
RAYEZ, André, 201
RECÉJAC, Édouard, 19
REGIOMONTANUS (Johan Müller, dito), 107
RENAN, Ernest, 16, 17
RENGSTORF, Michael, 233
RETZ, Jean François Paul de Gondi, cardeal de, 331
REUCHLIN, Johann (ou Johannes), 269, 281, 282, 299
REY-FLAUD, Henri, 71
RICCI, Bartolomeo, 204
RICHARD ROLLE DE HAMPOLE, 220
RIDÉ, Jacques, 44
RIGHINI BONELLI, Maria Luisa, 230
RILKE, Rainer Maria, 222, 223, 270, 296, 297, 298, 299
RITTER, G., 43
ROANNEZ, Charlote, 327, 328, 342
ROANNEZ, Arthur Gouffier, duque de (irmão de Chrlotte de Roannez), 327, 328, 330, 331, 336, 342, 356

Índice Onomástico

ROBINSON (herói de *Robinson Crusoé*), 80
ROCH-LECOURS, André, 359, 360
RODRÍGUEZ, José Vicente, 149, 152
ROLLAND, Romain, 19, 20, 21
ROMANOWSKI, Sylvie, 264
RONSARD, Pierre de, 131, 187
ROQUES, René, 140, 280
ROSE, Paul Lawrence, 54, 68, 107
ROUCHE, Dominique, 123, 124
ROUGET, Gilbert, 131
ROUSSET, Jean, 183
RUANO DE LA IGLESIA, Lucinio, 149
RUST, H., 365
RUUSBROEC, Jan (Van Ruusbroec), 124, 294
RUWET, Nicolas, 147, 378

S

SABBATUCCI, D., 19
SACY, *ver* Louis-Isaac Le Maistre de Sacy.
SADE, Donatien Alphonse François, conde de (*dito* o marquês de), 229
SAGERET, Jules, 19
SAINT-CYRAN, Jean Du Vergier de hauranne, abade de, 313, 314, 347
SAINT-JULIEN, senhor de: pseudônimo de Godefroy Hermant.
SAINT-SAUVEUR DU PUY, *ver* Jacques Dupuy.
SALOMÃO (rei dos Hebreus), 140
SAMARIN, William J., 360, 362
SANDAEUS, Maximilianus (Van der Sandt, *dito*), 182, 192, 225
SANSÃO (juiz de Israel), 273
SAUSSURE, Ferdinand de, 373, 374, 375
SCAZZOSO, Piero, 190
SCHEFFLER, Joannes, dito Angelus Silesius, *ver* esse nome.
SCHELLING, Friedrich Wilhelm Joseph von, 16
SCHLEIERMACHER, Friedrich, 16
SCHMITZ, Heinz R., 291
SCHOMER, Josef, 65
SCHOTT, Gaspard, 269
SCHREBER, Daniel Paul (presidente), 242
SEBASTIÁN DE CÓRDOBA, 132
SEIGNOBOS, Charles, 21
SELLIER, Philippe, 332, 355
SENGER, Hans Gerhard, 52, 53
SERRES, Michel, 357
SESÉ, Bernard, 149
SEWELL, Elizabeth, 380
SHAKESPEARE, William, 244
SHAROT, Stephen, 23
SHEA, William R., 230
SHUMAKER, Wayne, 6
SIEBEN, Hermann Josef, 204, 215
SIGISMOND, Conde de Tyrol, 39, 66
SIGMUND, Paul E., 48, 114
SIMON, Richard, 305, 306, 312, 315, 318, 319, 320, 321, 322, 323, 324, 325, 326
SMALLMAN, Basil, 229
SMART, Ninian, 30
SMITH, Hélène (glossolálica de Genebra), 373, 374, 375
SOBRINO, José Antonio de, 170
SÓCRATES, 343

SONNIUS, 172
SORBIÈRE, S., 203
SOURIAU, Étienne, 279, 280
SPINOZA, Baruch, 104, 113, 305, 316, 320, 322
SPRENGER, Marquard, 42
STACE, Walter T., 30
STAROBINSKI, Jean, 190
STICCA, Sandro, 229
STROELEN, Anselme, 275
SUÁREZ, Francisco, 272, 282, 283
SULLIVAN, Francis A., 367, 381
SURIN, Jean-Joseph, 12, 165, 166, 167, 168, 169, 170, 171, 172, 173, 174, 175, 176, 177, 179, 180, 181, 182, 183, 184, 185, 186, 187, 188, 189, 190, 191, 193, 194, 195, 196, 197, 198, 199, 200, 201, 218, 219, 229, 232, 235, 236, 237, 241, 242, 243, 244, 245, 249, 250, 253, 254, 255, 256, 257, 258, 259, 260, 261, 262, 263, 264, 265, 266, 267, 316
SURIN, Senhora (Anne, ou Jeanne, ou Jeanne-Nicole d'Arrérac, mãe de Jean-Joseph Surin), 258
SUSINI, Eugène, 163
SUSO, Heinrich Seuse *dito* (beato), 214
SWEDENBORG, Emanuel, 282

T

TÁCITO, 44
TASSO (Torquato Tasso, em francês precedido do artigo), 58
TAULER, Jean, 214
TELEMANN, Georg Philipp, 229
TERESA DE ÁVILA (santa), 11, 25, 62, 128, 135, 136, 139, 153, 157, 158, 176, 207, 213, 214, 215, 216, 217, 230, 231, 232, 235, 236, 238, 287, 288, 289, 290
TERESA DE JESÚS, *ver* Teresa de Ávila, 11
TEULIÉ, Guilhem, 359, 360
THÉVOZ, Michel, 249
THIERRY DE CHARTRES, 74
THIREAU, Jean-Louis, 26
THOMAS A JESU, ver Thomas de Jésus, 179
THOMAS DE JÉSUS, 170, 179
THOMAS DE VERCEIL, 84
THOMPSON, Colin P., 122
TISIAS, 342
TODOROV, Tzvetan, 101, 210, 309, 373, 374
TOLETUS, Petrus Jacobus, 303
TOMÁS DE AQUINO (santo), 146, 191, 271, 280, 281
TOSCANELLI, Paolo, 107
TOULMIN, Stephen, 342
TROELTSCH, Ernst, 23
TULTIE, Salomon de (pseudônimo de Blaise Pascal), 330
TURMEL, J., 273
TURRETINI (ou TURRETIN), François, 312, 321
TYNIANOV, Iouri, 210

U

UBERSFELD, Anne, 330
UNDERHILL, Evelyn, 30
UNSELD, Siegfried, 299

V

VACANT, Alfred, 281

VALÉRY, Paul, 127, 128, 173
VANDENBROUCKE, François, 181
VAN DER SANDT, Maximilien, ver Sandaeus.
VAN DER WEYDEN, Roger, 55, 62, 66
VAN EYCK, Jan, 55, 59
VANINI, Giulio Cesare, 282
VANINO, J. B., ver Vannini, Giovanni Battista.
VANSTEENBERGHE, Edmond, 40, 41, 42, 43, 45, 51, 63, 68, 86, 95, 97, 110, 111, 112
VAUCHEZ, André, 12
VEGA, Angel C., 131
VENDREDI (Sexta-feira, companheiro de Robinson), 80
VERON, F., 311
VÉRONIQUE (santa), 62
VICTOR, Joseph M., 111
VIGENÈRE, Blaise de, 311
VILAR, Pierre, 145
VILNET, Jean, 161
VINCENT D'AGGSBACH, 42, 112
VINCENT DE PAUL (santo), 242
VIROLLE, R., 183
VOLOCHINOV, 219

W

WACKERZAPP, Herbert, 45, 51
WAGING, Bernard de, 42, 43, 111, 112
WALZER, Michael, 26
WEBER, Max, 23
WEILHAIM, 86
WEINRICH, Harald, 336, 337, 338
WEITZMANN, Kurt, 62
WENCK, Johannes, 42, 43, 51, 57, 95, 101, 111
WERL (cônego), 55
WHITE, Alan R., 339
WIERSBICKA, A., 354
WILLIAM OF OCKHAM, ver Guilherme de Ockham.
WILLIS, Thomas, 243, 264
WILSON, Peter Lambonrn, 270
WITTGENSTEIN, Ludwig, 31, 260
WITTKOWER, Rudolf, 107
WYZEVA, Teodor de, 65

Y

YARDENI, Miriam, 323
YATES, Frances A., 111, 208
YENGUAS (ou Yanguas), Diego de, 139

Z

ZACARIAS (profeta), 279
ZACHIAS (ou Zacchias), Paul, 243
ZAEHNER, Robert Charles, 29, 30
ZAGORIN, Perez, 25
ZELLINGER, Eduard, 40
ZEVI, Bruno, 51
ZUMTHOR, Paul, 77

FORENSE
UNIVERSITÁRIA

www.forenseuniversitaria.com.br
bilacpinto@grupogen.com.br

Pré-impressão, impressão e acabamento

grafica@editorasantuario.com.br
www.editorasantuario.com.br
Aparecida-SP